プリント形式のリアル過去問で本番の臨場感！

福岡県

# 福岡大学附属大濠中学校

2025年春受験用

# 解答集

本書は，実物をなるべくそのままに，プリント形式で年度ごとに収録しています。
問題用紙を教科別に分けて使うことができるので，本番さながらの演習ができます。

## ■ 収録内容

・解答集(この冊子です)

書籍ＩＤ番号，この問題集の使い方，最新年度実物データ，リアル過去問の活用，
解答例と解説，ご使用にあたってのお願い・ご注意，お問い合わせ

・2024(令和６)年度 ～ 2020(令和２)年度　学力検査問題

JN131948

| ○は収録あり | 年度 | '24 | '23 | '22 | '21 | '20 | |
|---|---|---|---|---|---|---|---|
| ■ 問題収録 | | ○ | ○ | ○ | ○ | ○ | |
| ■ 解答用紙 | | ○ | ○ | ○ | ○ | ○ | |
| ■ 配点 | | | | | | | |

全教科に解説
があります

注)国語問題文等非掲載:2021年度の一，2020年度の三

**問題文などの非掲載につきまして**

著作権上の都合により，本書に収録している過去入試問題の本文や図表の一部を掲載しておりません。ご不便をおかけし，誠に申し訳ございません。

本文の一部を掲載できなかったことによる国語の演習不足を補うため，論説文および小説文の演習問題のダウンロード付録があります。弊社ウェブサイトから書籍ＩＤ番号を入力してご利用ください。

なお，問題の量，形式，難易度などの傾向が，実際の入試問題と一致しない場合があります。

教英出版

## ■ 書籍ＩＤ番号

入試に役立つダウンロード付録や学校情報などを随時更新して掲載しています。
教英出版ウェブサイトの「ご購入者様のページ」画面で，書籍ＩＤ番号を入力してご利用ください。

書籍ＩＤ番号　116440

（有効期限：2025年9月30日まで）

**【入試に役立つダウンロード付録】**
「要点のまとめ(国語／算数)」
「課題作文演習」ほか

## ■ この問題集の使い方

年度ごとにプリント形式で収録しています。針を外して教科ごとに分けて使用します。①片側，②中央のどちらかでとじてありますので，下図を参考に，問題用紙と解答用紙に分けて準備をしましょう（解答用紙がない場合もあります）。

針を外すときは，けがをしないように十分注意してください。また，針を外すと紛失しやすくなりますので気をつけましょう。

① 片側でとじてあるもの

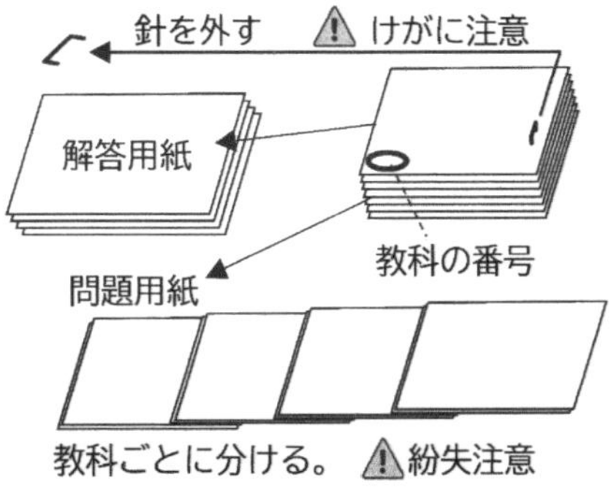


② 中央でとじてあるもの

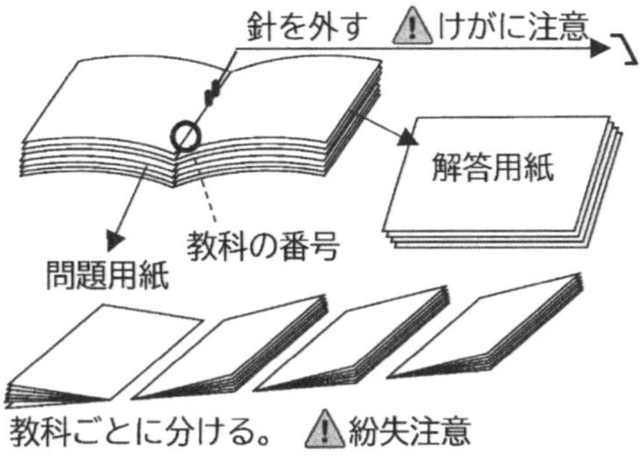


※教科数が上図と異なる場合があります。
解答用紙がない場合や，問題と一体になっている場合があります。
教科の番号は，教科ごとに分けるときの参考にしてください。

## ■ 最新年度　実物データ

実物をなるべくそのままに編集していますが，収録の都合上，実際の試験問題とは異なる場合があります。実物のサイズ，様式は右表で確認してください。

| | |
|---|---|
| 問題用紙 | Ａ４冊子(二つ折り) |
| 解答用紙 | Ｂ４片面プリント<br>国：Ａ３片面プリント |

# リアル過去問の活用

～リアル過去問なら入試本番で力を発揮することができる～

## 本番を体験しよう！

問題用紙の形式（縦向き / 横向き），問題の配置や余白など，実物に近い紙面構成なので本番の臨場感が味わえます。まずはパラパラとめくって眺めてみてください。「これが志望校の入試問題なんだ！」と思えば入試に向けて気持ちが高まることでしょう。

## 入試を知ろう！

同じ教科の過去数年分の問題紙面を並べて，見比べてみましょう。

### ①　問題の量

毎年同じ大問数か，年によって違うのか，また全体の問題量はどのくらいか知っておきましょう。どのくらいのスピードで解けば時間内に終わるのか，大問ひとつにかけられる時間を計算してみましょう。

### ②　出題分野

よく出題されている分野とそうでない分野を見つけましょう。同じような問題が過去にも出題されていることに気がつくはずです。

### ③　出題順序

得意な分野が毎年同じ大問番号で出題されていると分かれば，本番で取りこぼさないように先回りして解答することができるでしょう。

### ④　解答方法

記述式か選択式か（マークシートか），見ておきましょう。記述式なら，単位まで書く必要があるかどうか，文字数はどのくらいかなど，細かいところまでチェックしておきましょう。計算過程を書く必要があるかどうかも重要です。

### ⑤　問題の難易度

必ず正解したい基本問題，条件や指示の読み間違いといったケアレスミスに気をつけたい問題，後回しにしたほうがいい問題などをチェックしておきましょう。

## 問題を解こう！

志望校の入試傾向をつかんだら，問題を何度も解いていきましょう。ほかにも問題文の独特な言いまわしや，その学校独自の答え方を発見できることもあるでしょう。オリンピックや環境問題など，話題になった出来事を毎年出題する学校だと分かれば，日頃のニュースの見かたも変わってきます。

こうして志望校の入試傾向を知り対策を立てることこそが，過去問を解く最大の理由なのです。

## 実力を知ろう！

過去問を解くにあたって，得点はそれほど重要ではありません。大切なのは，志望校の過去問演習を通して，苦手な教科，苦手な分野を知ることです。苦手な教科，分野が分かったら，教科書や参考書に戻って重点的に学習する時間をつくりましょう。今の自分の実力を知れば，入試本番までの勉強の道すじが見えてきます。

## 試験に慣れよう！

入試では時間配分も重要です。本番で時間が足りなくなってあわてないように，リアル過去問で実戦演習をして，時間配分や出題パターンに慣れておきましょう。教科ごとに気持ちを切り替える練習もしておきましょう。

## 心を整えよう！

入試は誰でも緊張するものです。入試前日になったら，演習をやり尽くしたリアル過去問の表紙を眺めてみましょう。問題の内容を見る必要はもうありません。どんな形式だったかな？受験番号や氏名はどこに書くのかな？…ほんの少し見ておくだけでも，志望校の入試に向けて心の準備が整うことでしょう。

そして入試本番では，見慣れた問題紙面が緊張した心を落ち着かせてくれるはずです。

※まれに入試形式を変更する学校もありますが，条件はほかの受験生も同じです。心を整えてあせらずに問題に取りかかりましょう。

# 2024 解答例 令和６年度 福岡大学附属大濠中学校

## 《国　語》

一　問一．a．負担　b．防止　c．講義　問二．A．進／退　C．的　問三．ア　問四．エ　問五．イ　問六．エ　問七．「人と直～の重要性〔別解〕人と直接～の大切さ　問八．決められた時間の前後に行われる、あいさつや雑談、同じ経験をもとにした意見交換などの会話。　問九．自宅など職場から離れた場所で仕事をするリモートワークと、メンバーと直接会ってコミュニケーションをとりながら仕事をする出社勤務を組み合わせて、それぞれの良さを生かすように使い分けながら仕事を進めるあり方。　問十．⑴イ　⑵ウ

二　問一．イ　問二．ウ　問三．Köy から料理を届けに来た女の子にアラビア書道の体験講座のことをきいてみたかったものの、母に気がねしてきけなかったが、心残りがして、ききたい気持ちをあきらめきれなかったということ。　問四．ウ　問五．ア　問六．エ　問七．高校を辞めてから連絡先を交換することも連絡を取り合うこともなく置いてけぼりにされた気がしていたなかで、久しぶりに連絡先を交換できたうれしさを感じている。

問八．X．価値観　Y．別の『当たり前』がたくさんある　問九．エ，カ

三　問一．①賃貸　②往来　③劇的　④そむ　⑤どうがん　問二．①イ　②ア　③エ　④ア　⑤エ

問三．①たすき　②小判　③くぎ　④つめ　⑤あわ　問四．①ア　②ア　③ウ　④エ　⑤イ

## 《算　数》

1　①3.14　② $\frac{17}{24}$　③22.5　④ $\frac{506}{1518}$　⑤130　⑥8　⑦30　⑧4　⑨720　⑩14

2　⑪24　⑫8　⑬2　⑭30

3　⑮9　⑯100　⑰78　⑱15　⑲26　⑳130

4　㉑130　㉒ $2\frac{2}{3}$　㉓8　㉔7：4　㉕ $4\frac{4}{7}$

5　㉖1728　㉗72　㉘288　㉙1：1　㉚108

## 《理　科》

1　問１．イ　問２．豆電球１…１　豆電球２…１　問３．イ，エ，オ，ク　問４．エ，オ

問５．①イ　②ア　③イ

2　問１．６　問２．８　問３．４　問４．12　問５．オ

3　問１．イ　問２．イ　問３．C　問４．エ　問５．ア

4　問１．ア，エ　問２．ア　問３．イ　問４．ウ→ア→オ→イ→エ

5　問１．ア　問２．ウ　問３．イ　問４．エ　問５．400

6　問１．エ　問２．ウ　問３．イ　問４．ア　問５．エ

7　問１．9.1　問２．11.1　問３．12.22　問４．13.4

8　問１．ウ，エ　問２．ウ　問３．11.2　問４．4.5　問５．88

## 《社　会》

1 問１．ハ　問２．⑴イ　⑵ロ　⑶ロ　問３．ニ　問４．ハ　問５．ニ　問６．兵庫県　問７．ロ

2 問１．ニ　問２．⑴ニ　⑵商店街は中心市街地にあり，交通渋滞が発生しやすく，駐車場の確保も難しいから。
問３．ロ　問４．ハ　問５．ニ　問６．ホ　問７．レアメタル

3 問１．ハ　問２．ロ　問３．班田収授(法)　問４．ニ　問５．幼少の子に天皇の位をゆずり，上皇となって天皇を後見する　問６．ロ

4 問１．足利義政のあとつぎ争いと守護大名の対立。　問２．ロ　問３．イ　問４．ニ　問５．川柳
問６．ハ

5 問１．ハ　問２．ロ　問３．イ　問４．相手国の製品の不買運動をする　問５．ニ

6 問１．ハ　問２．ニ　問３．ロ　問４．行政裁判　問５．イ　問６．⑴ワイマール憲法　⑵イ
問７．ロ

## 《2024　国語　解説》

一　問二Ａ　「一進一退《いっしんいったい》」は、進んだり退いたりすること。事態が良くなったり悪くなったりすること。

Ｃ　「的《まと》を射《い》ている」は、的確に要点をとらえているという意味。

問五　――②の直前の段落で「対策は強制されるものではなくなったとはいえ～場面に応じたマスクの着用、手指消毒などは、今後も多くの現場に残る一つの生活様式になるだろう」と述べているので、イは適当でない。

問六　――②以降で、学校におけるオンライン授業や企業《きぎょう》におけるリモートワークについて具体的に述べている。ここから、エのようなことが読み取れる。――③の直前に「たしかにコロナウイルスは、リモートで人と関わることの可能性を私たちにさぐらせ、実際に学び方や働き方といった人々の活動に多様性をもたらした」とあるのも参照。ア、イのようなことは述べていない。本文中には「二〇一九年に法律が施行《しこう》されていた働き方改革～二〇二〇年からのコロナウイルス流行は思いがけずこの目標に向かう動きを活発にしたと言える」と書かれているので、ウは適当でない。

問七　――③以降で述べていることの要点をまとめた部分に着目し、25～30字の表現をさがす。――③の２段落後で「コロナ期間を経た人々が『遠くにいる人たちとのコミュニケーション』の可能性や便利さに気づいたのと同様に、『人と直接会ってコミュニケーションをとる』ことの重要性に改めて気づかされた」、本文最後の段落で「コロナを経て、私たちは遠くにいる人たちとコミュニケーションをとって活動する方法とその便利さを知った。しかしそれ以上に、人と直接会ってコミュニケーションをとることの大切さに気づいた」と述べている。

問八　――④の直前の「この」が指す内容をまとめる。つまり、「前後のコミュニケーション～リアルでの話し合い～時刻に余裕《よゆう》をもって集まる～その場にいる人とあいさつや雑談をしながら時間をつぶす～話し合いが終わった後も、その場に残って感想や疑問点を言い合ったり～確認したりといった交流」をまとめる。

問九　――⑤の前後から「オンライン」と「リアル」の「ハイブリッド」であることが読み取れる。つまり、リモートワークと出社勤務の組み合わせ。状況《じょうきょう》に応じてそれぞれのメリットを生かすということ。

問十⑴　【資料２】に「ＯＡ機器(モニター、プリンタなど)がそろっていない」「家族がいるときに、仕事に集中しづらい」「作業する場所の作業環境《かんきょう》(明るさ、室温、湿度《しつど》、机、椅子《いす》等)が整っていない」とあることから、イのようなことが言える。　⑵　【資料１】の「従業員同士の間でコミュニケーションが取りづらい」、【資料２】の「同僚《どうりょう》や部下とのコミュニケーションがとりにくい」「上司とのコミュニケーションがとりにくい」がいずれも上位であることから、ウが適する。

二　問二　頭の中心ではなくすみっこにあったということ。よって、ウの「なんとなくかかえ続けていた」が適する。

問三　「後《うし》ろ髪《がみ》を引かれる」は、心残りがして、きっぱりと思い切ることができないという意味。ここでの「私」が何に対して心残りがあるのかを具体的に説明する。

問四　伶来《レイラ》は、真歩《まほ》が「アラビア書道」に興味を持っていると聞いて、「時間ある？　歩きながら話そ。」と言った。その後の口調なので、ウが適する。

問五　伶来は、自分たちの文化に興味を持つ真歩に、打ち解けた口調で話した(問四参照)。「『真歩もやる？　断食。』～いたずらっぽい笑顔で私の目をのぞき込《こ》む」という言動、「こんなこと話したの、真歩が初めて。」「学校の友達には、あんまりイスラム教のことは意識させないようにしてる」と言っていることから、アのような心情が読み取れる。

問七　――⑥の直後の「アラビア書道を習えるかもっていう期待」については解答欄《かいとうらん》に書かれているから、その後の「連絡先《れんらくさき》の交換《こうかん》なんて久しぶり」について書く。それをうれしく感じる理由が語られた、直後の３行「四月に高校に入学～たくさんの人と連絡先を交換した。もうその誰《だれ》とも連絡を取っていない～何だかまぶしくて、苦しくなって～置いてけぼりにされた気がしてしまう」をふまえて書くとよい。

問八Ｘ　――⑦の直後で真歩が「私、学校を辞めても、学校の物差しで測ろうとしてる」と思ったことに着目する。ここでの「物差し」と同様の意味を持つ言葉なので、【資料】の１行目の「価値観」を抜《ぬ》き出す。　Ｙ　前後に「世の中には～気づいた」とあるので、学校以外の世界を知って気づくことが書かれている部分をさがす。【資料】の「ほかの世界に足を踏《ふ》み出してみると、別の『当たり前』がたくさんあることに気づく」より。

問九　アの「すっかり『世間』との関わりをなくしてしまっている」、イの「見た目をとても魅力的《みりょくてき》に感じていて、ぜひ友達になりたいと思っている」、ウの「高校を辞めざるをえなくなった真歩が母親に心を開けなくなってしまった」、オの「知らない人に話しかけるような社交性をもっていないことを表現している」は適さない。

三　問二①　検定　ア．実験　イ．検査　ウ．保険　エ．研究　②　規律　ア．規則　イ．発揮　ウ．起床　エ．机上
③　沿道　ア．円滑　イ．遠足　ウ．延期　エ．沿岸　④　体操　ア．操　イ．草　ウ．争　エ．奏
⑤　否　ア．秘密　イ．避難　ウ．批評　エ．否定

## 《2024　算数　解説》

1　(1)　与式＝3.14×(3.4－2.4)＝3.14×１＝**3.14**

(2)　計算の工夫をするより，通分をして計算した方が速い。与式＝$\frac{1}{2}+\frac{1}{6}+\frac{1}{24}=\frac{12}{24}+\frac{4}{24}+\frac{1}{24}=\mathbf{\frac{17}{24}}$

(3)　**【解き方】分母が等しい分数どうしを足していくと，$\frac{1}{2}$＝0.5，$\frac{3}{3}$＝１，$\frac{6}{4}$＝1.5，…となり，分母が１増えるごとにその和は0.5ずつ増加することがわかる。**

ａからｂまで等間隔《とうかんかく》に並ぶ$x$個の数の和は，$\frac{(a+b)\times x}{2}$で求められるから，0.5から4.5まで等間隔に並ぶ10－２＋１＝９(個)の数の和は，$\frac{(0.5+4.5)\times 9}{2}$＝**22.5**

(4)　**【解き方】約分すると$\frac{1}{3}$になるので，分子を①とすると分母は③となる。**

分子と分母の和が2024だから，①＋③＝2024　④＝2024　①＝2024÷４＝506　③＝506×$\frac{③}{①}$＝1518

よって，求める分数は，$\mathbf{\frac{506}{1518}}$

(5)　**【解き方】和差算を利用する。**

鉛筆《えんぴつ》の値段を80円高くすると，鉛筆と消しゴムの値段は同じになり，合計は180＋80＝260(円)となる。よって，消しゴムの値段は，260÷２＝**130**(円)

(6)　**【解き方】30＝２×３×５だから，１以上30以下の整数のうち，２の倍数でも３の倍数でも５の倍数でもない整数の個数を求める。２の倍数は30÷２＝15(個)，…と求めることもできるが，実際に数えた方が速い。**

条件に合う整数は，１，７，11，13，17，19，23，29の**８**個ある。

(7)　**【解き方】並べる玉の位置を左から順に①，②，③，④，⑤，⑥とし，どことどこを同じ色にするかのパターンが何パターンあるかを数える。**

同じ色にする位置は，(①と③，②と⑤，④と⑥)(①と④，②と⑤，③と⑥)(①と④，②と⑥，③と⑤)(①と⑤，②と④，③と⑥)(①と⑥，②と④，③と⑤)の５パターンある。どのパターンも赤，青，黄の３色の並べ方は３×２×１＝６(通り)あるから，玉の並べ方は全部で６×５＝**30**(通り)ある。

(8)　**【解き方】８◇(20◎６)は20を６回かけた数を８で割ることのできる回数を表す。**

8＝2×2×2だから，割られる数が素因数に2を3つ持てば8で1回割ることができる。20＝2×2×5であり，素因数に2を2つ持つから，20◎6は素因数に2を2×6＝12(個)持つ。

よって，8◇(20◎6)＝12÷3＝**4**

(9)　**【解き方】右のように作図し，五角形ＡＣＩＦＧと四角形ＢＤＥＨに分けて考える。**

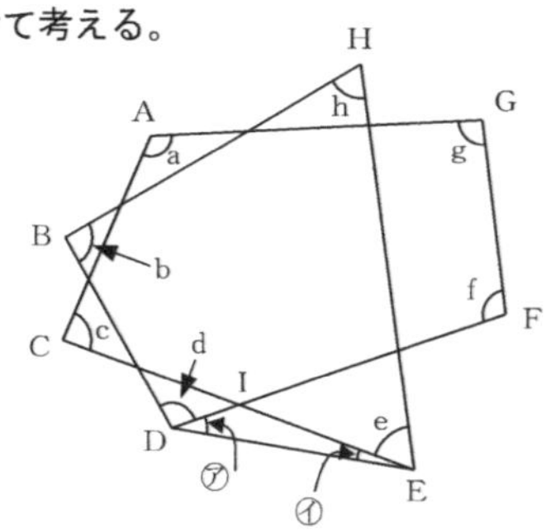


五角形ＡＣＩＦＧの内角の和より，

角ＤＩＥ＝角ＣＩＦ＝540°－(a＋c＋f＋g)

四角形ＢＤＥＨの内角の和より，角㋐＋角㋑＝360°－(b＋d＋e＋h)

三角形ＤＩＥの内角の和より，

540°－(a＋c＋f＋g)＋360°－(b＋d＋e＋h)＝180°

900°－(a＋b＋c＋d＋e＋f＋g＋h)＝180°

a＋b＋c＋d＋e＋f＋g＋h＝900°－180°＝**720°**

(10)　**【解き方】右図で，三角形ＯＡＢの底辺をＯＡとしたときの高さＢＨを求め，三角形ＯＡＢの面積→正十二角形の面積→色つき部分の面積の順に求めていく。**

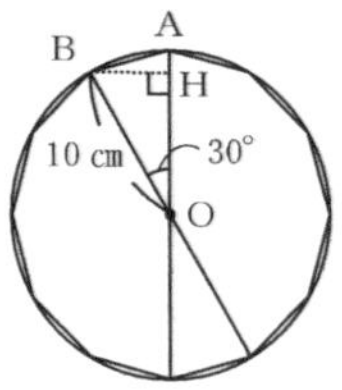


角ＡＯＢ＝360°÷12＝30°だから，三角形ＯＨＢは正三角形を二等分した形である。

よって，ＢＨ＝ＯＢ÷2＝5(cm)だから，三角形ＯＡＢの面積は，10×5÷2＝25(cm²)

正十二角形の面積は25×12＝300(cm²)となるので，色つき部分の面積は，

10×10×3.14－300＝**14**(cm²)である。

2　(1)　容器Ｃには，4.8%の食塩水が500ｇ入っているから，

食塩は500×0.048＝**24**(ｇ)入っている。

(2)　**【解き方】容器Ｂから容器Ｃに移した300ｇの食塩水には，(1)より，食塩が24ｇふくまれていた。**

容器Ｂの食塩水の濃度は，$\frac{24}{300}$×100＝**8**(%)である。

(3)　**【解き方】ふくまれていた食塩の量を順番に調べる。**

容器Ｂから容器Ｃに食塩水を移す直前に容器Ｂの中にふくまれていた食塩は，500×0.08＝40(ｇ)である。したがって，容器Ａから取り出した400ｇの食塩水には40ｇの食塩がふくまれていたので，容器Ａに残った食塩水には，40×$\frac{100}{400}$＝10(ｇ)の食塩がふくまれている。よって，求める濃度は，$\frac{10}{100+400}$×100＝**2**(%)

(4)　**【解き方】うでの長さを濃度《のうど》，おもりを食塩水の重さとしたてんびん図で考え，うでの長さの比とおもりの重さの比がたがいに逆比になることを利用する。**

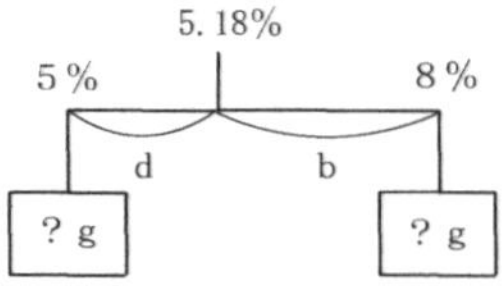


容器Ｄの食塩水に容器Ｂの食塩水を混ぜるから，右のようなてんびん図がかける。

d：b＝(5.18－5)：(8－5.18)＝3：47だから，容器Ｄの食塩水と容器Ｂの食塩水を混ぜた量の比は，3：47の逆比の47：3になる。よって，こぼした食塩水は500×$\frac{3}{47+3}$＝**30**(ｇ)

3　(1)　**【解き方】タイルの枚数は，1段目，2段目，3段目，…となると，1枚，3枚，5枚，…となるから，1段目の1枚から2枚ずつ増えていく。**

5段目のタイルは，1＋2×(5－1)＝**9**(枚)

(2)　**【解き方】各段までの合計枚数は，1段目まで，2段目まで，3段目まで，……で，1＝1×1(枚)，4＝2×2(枚)，9＝3×3(枚)，……となるから，n段目までだとn×n(枚)になる。**

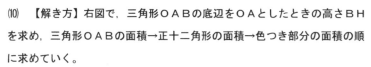

求めるタイルの枚数は，10×10＝**100**(枚)である。

⑶　**【解き方】一番大きい数は 20 段目の一番右のタイルに書かれた数である。**

20 段目のタイルは１＋２×(20－１)＝39(枚)並び，偶数が書かれているから，求める数は２×39＝**78** である。

⑷　**【解き方】奇数段目について，１段目，３段目，５段目，…となると，タイルの枚数は１枚，５枚，９枚，…と４枚ずつ増えるから，各段に並ぶタイルの枚数は４の倍数に１を足した数になる。**

51 は奇数段目の左から(51＋１)÷２＝**26**(枚目)である。４の倍数に１を足した数のうち，26 以上で最小のものは４×７＋１＝29 だから，タイルが 29 枚並ぶ段を求めると，１＋(29－１)÷２＝**15**(段目)である。

⑸　**【解き方】奇数段目と偶数段目に分けて３の倍数のタイルの枚数を調べていくが，奇数段目と偶数段目それぞれで，左から何枚目が３の倍数かに注目し，各段のタイルの枚数と比べる。**

偶数段目において３の倍数のタイルは，左から３番目，６番目，９番目，……と「３の倍数」番目に現れる。

したがって，その段の枚数を３で割ったときの商が，その段にある３の倍数のタイルの枚数である。

このように調べていくと，表Ⅰのようになる。

奇数段目において３の倍数のタイルは，左から２番目，５番目，８番目，……と「(３の倍数)－１」番目に現れる。したがって，その段の枚数に１を足した数を３で割ったときの商が，その段にある３の倍数のタイルの枚数である。このように調べていくと，表Ⅱのようになる。

よって，３の倍数のタイルは全部で，

67＋63＝**130**(枚)ある。

表Ⅰ(偶数段目)

| 段(段目) | タイルの枚数(枚) | ３の倍数の枚数(枚) |
|---|---|---|
| 2 | 3 | 1 |
| 4 | 7 | 2 |
| 6 | 11 | 3 |
| 8 | 15 | 5 |
| 10 | 19 | 6 |
| 12 | 23 | 7 |
| 14 | 27 | 9 |
| 16 | 31 | 10 |
| 18 | 35 | 11 |
| 20 | 39 | 13 |
| 合計 | | 67 |

表Ⅱ(奇数段目)

| 段(段目) | タイルの枚数(枚) | ３の倍数の枚数(枚) |
|---|---|---|
| 1 | 1 | 0 |
| 3 | 5 | 2 |
| 5 | 9 | 3 |
| 7 | 13 | 4 |
| 9 | 17 | 6 |
| 11 | 21 | 7 |
| 13 | 25 | 8 |
| 15 | 29 | 10 |
| 17 | 33 | 11 |
| 19 | 37 | 12 |
| 合計 | | 63 |

4　⑴　**【解き方】高さが等しい三角形の面積比は，底辺の比と等しいことを利用する。**

三角形ＡＢＣと三角形ＡＣＤで，底辺をそれぞれＢＣ，ＡＤとしたときの高さが等しいから，

(三角形ＡＢＣの面積)：(三角形ＡＣＤの面積)＝ＢＣ：ＡＤ＝20：６＝10：３となる。

よって，(四角形ＡＢＣＤの面積)＝(三角形ＡＢＣの面積)＋(三角形ＡＣＤの面積)＝$100\times\frac{10+3}{10}$＝**130**(㎠)

⑵　**【解き方】⑴をふまえる。右図のようにＡＦに補助線を引く。このとき，四角形ＡＥＦＤの面積は三角形ＡＥＦの面積と三角形ＡＦＤの面積の和だから，ＢＥ：ＦＣ：(ＡＤ＋ＥＦ)＝１：１：１である。**

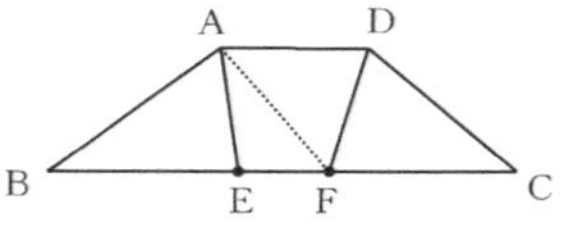


ＡＤ＋ＥＦ＝(ＡＤ＋ＢＣ)×$\frac{1}{1+1+1}$＝26×$\frac{1}{3}$＝$\frac{26}{3}$(cm)だから，ＥＦ＝$\frac{26}{3}$－６＝$\frac{8}{3}$＝**$2\frac{2}{3}$**(cm)

⑶　**【解き方】右のように作図し，三角形ＡＢＨと三角形ＧＨＩの高さの比から底辺の比を求める。**

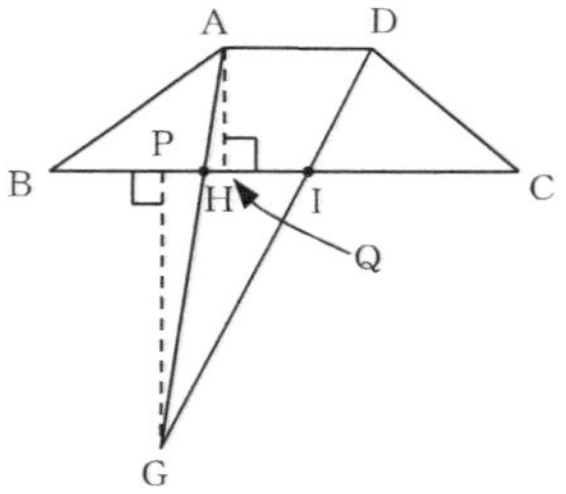


ＡＤとＢＣは平行だから，三角形ＧＡＤと三角形ＧＨＩは形が同じで大きさが異なる三角形なので，ＧＡ：ＧＨ＝ＡＤ：ＨＩ＝６：４＝３：２

したがって，ＡＨ：ＧＨ＝(３－２)：２＝１：２だから，ＡＱ：ＧＰ＝１：２

三角形ＡＢＨと三角形ＧＨＩの底辺をそれぞれＢＨ，ＨＩとすると，

高さの比がＡＱ：ＧＰ＝１：２で面積が等しいから，底辺の比は２：１となる。

よって，ＢＨ＝ＨＩ×２＝４×２＝**8**(cm)

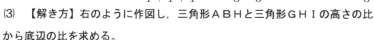

(4)　**【解き方】三角形ＡＢＨと三角形ＧＨＩの面積が等しいから，三角形ＡＢＩと三角形ＧＡＩの面積も等しい。よって，三角形ＡＢＩと三角形ＧＡＩで底辺をそれぞれＡＩとしたときの高さが等しいので，右図のＡＩとＢＧは平行である。ＡＤとＢＧを延長して交わる点をＪとする。**

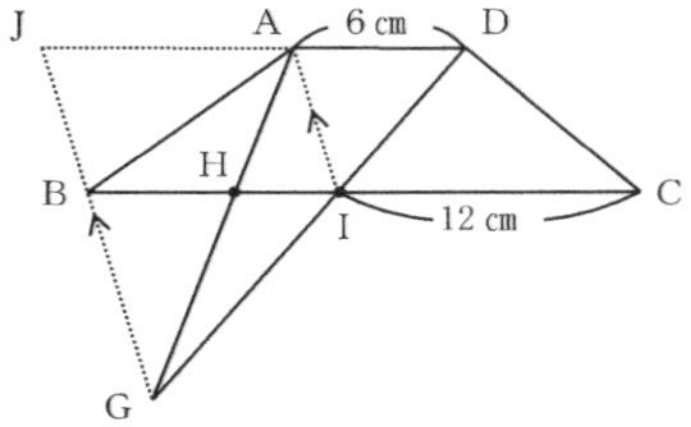


ＡＤとＢＣ，ＢＧとＡＩはそれぞれ平行だから，四角形ＪＢＩＡは平行四辺形である。よって，ＪＡ＝ＩＢ＝ＢＣ－ＣＩ＝20－12＝8(cm)

また，三角形ＧＤＪと三角形ＧＩＢは形が同じで大きさが異なる三角形であり，辺の長さの比はＤＪ：ＩＢ＝(ＪＡ＋ＡＤ)：ＩＢ＝(8＋6)：8＝7：4となるので，ＧＤ：ＧＩ＝7：4

三角形ＧＡＤと三角形ＧＨＩは形が同じで大きさが異なる三角形だから，ＡＤ：ＨＩ＝ＧＤ：ＧＩ＝**7：4**

よって，ＨＩ＝ＡＤ×$\frac{4}{7}$＝6×$\frac{4}{7}$＝$\frac{24}{7}$(cm)だから，ＢＨ＝ＢＩ－ＨＩ＝8－$\frac{24}{7}$＝$\frac{32}{7}$＝**$4\frac{4}{7}$**(cm)

**5**　(1)　立方体ＡＢＣＤ－ＥＦＧＨの体積は，12×12×12＝**1728**(㎤)

(2)　三角形ＨＯＮは直角をつくる2辺の長さが12÷2＝6(cm)の直角二等辺三角形だから，面積は6×6÷2＝18(㎠)である。よって，求める三角すいの体積は，18×12×$\frac{1}{3}$＝**72**(㎤)

(3)　**【解き方】四角形ＬＭＮＯの面積は，四角形ＥＦＧＨの面積の$\frac{1}{2}$倍である。**

(四角形ＬＭＮＯの面積)＝12×12×$\frac{1}{2}$＝72(㎠)だから，求める四角すいの体積は72×12×$\frac{1}{3}$＝**288**(㎤)である。

(4)　**【解き方】前半では，平面ＡＥＧＣと切断面が交わってできる直線が，ＭＮの真ん中の点Ｓを通ることを利用して，図1のＲＰ：ＲＴを求める。**
**後半では，切断してできた四角すいを2つの三角すいに分け，図2の「三角形すいを切断してできる三角形すいの体積の求め方」を利用して体積を求める。**

図1

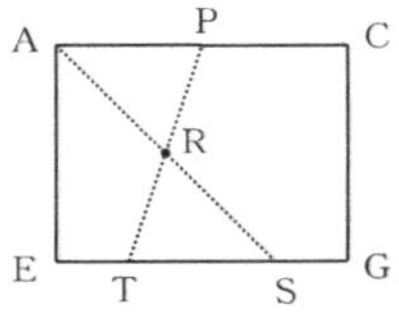


図1で，ＡＰ＝ＡＣ×$\frac{1}{2}$であり，Ｔは ＯＬの真ん中の点だから，ＳＴ＝ＭＬ＝ＡＣ×$\frac{1}{2}$より，ＡＰ＝ＳＴである。
ＡＣとＥＧは平行だから，三角形ＡＲＰと三角形ＳＲＴは形が同じであり，ＡＰ＝ＳＴより，合同だとわかる。
したがって，ＰＱ：ＱＬ＝ＰＲ：ＴＲ＝**1：1**

図2

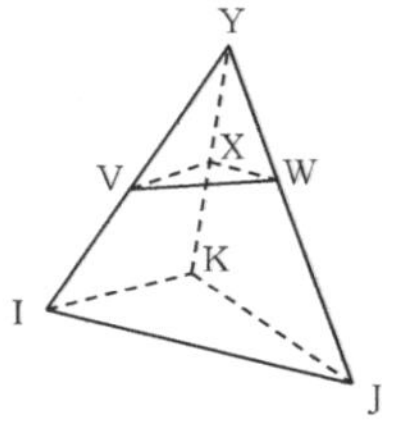


**三角すいを切断してできる**
**三角すいの体積の求め方**
左の三角すいＹ－ＶＷＸの体積は，
(三角すいＹ－ＩＪＫの体積)×$\frac{YV}{YI}$×$\frac{YW}{YJ}$×$\frac{YX}{YK}$
で求められる。
※三角すい以外の角すいでは成り立たないことがあるので，三角すいだけに使うこと。

図3

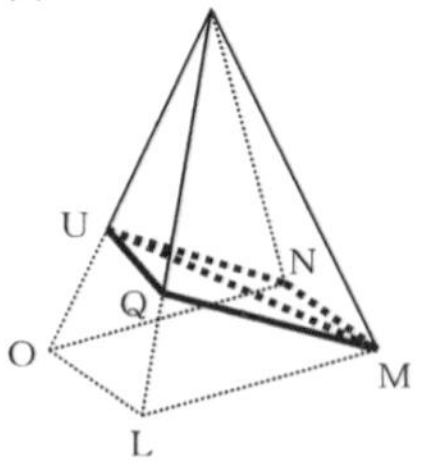


次に図3のように，四角すいＰ－ＯＬＭＮをさらに2つの三角すいＰ－ＯＬＭと三角すいＰ－ＯＭＮに分け，それぞれを切断すると考える。
ＱはＰＬの真ん中の点であり，ＵＱとＭＮは平行だから，
ＰＱ＝$\frac{1}{2}$ＰＬ，ＰＵ＝$\frac{1}{2}$ＰＯより，(三角すいＰ－ＵＱＭの体積)＝
(三角すいＰ－ＯＬＭの体積)×$\frac{1}{2}$×$\frac{1}{2}$×$\frac{1}{1}$＝(三角すいＰ－ＯＬＭの体積)×$\frac{1}{4}$

また，(三角すいＰ－ＵＭＮの体積)＝(三角すいＰ－ＯＭＮの体積)×$\frac{1}{2}$×$\frac{1}{1}$×$\frac{1}{1}$＝
(三角すいＰ－ＯＭＮの体積)×$\frac{1}{2}$

三角すいＰ－ＯＬＭの体積と三角すいＰ－ＯＭＮの体積は等しく，四角すいＰ－ＬＭＮＯの$\frac{1}{2}$倍だから，求める体積は，(288×$\frac{1}{2}$×$\frac{1}{4}$)＋(288×$\frac{1}{2}$×$\frac{1}{2}$)＝288×$\frac{3}{8}$＝**108**(㎤)である。

## 《2024　理科　解説》

1　**問1，2**　アのように直列つなぎの豆電球の数を多くすると，回路に電流が流れにくくなるので，それぞれの豆電球の明るさは図1のときよりも暗くなる。これに対し，イのように並列つなぎの豆電球の数を多くしても，それぞれの豆電球に流れる電流の大きさは変化しないので，それぞれの豆電球の明るさは図1のときと同じである。

**問3，4**　ＬＥＤは正しい向き(図2の左の回路と同じ向き)に電流が流れるときだけ光る。また，ＬＥＤと豆電球を直列つなぎにしたとき，ＬＥＤが光らなければ豆電球も光らないことに注意しよう。　ア．上の豆電球とＬＥＤは光るが，下の豆電球とＬＥＤは光らない。　イ．ＬＥＤは光らず，3つの豆電球が直列つなぎになって光る。　ウ．上の豆電球とＬＥＤは光らず，2つの直列つなぎの豆電球が光る。　エ．すべて光る。　オ．すべて光る。　カ．すべて光らない。　キ．下の2つの豆電球が直列つなぎになって光り，それ以外は光らない。　ク．左の2つの豆電球が並列つなぎになり，その並列部分と右の1つの豆電球が直列つなぎになるので，豆電球はすべて光るが，ＬＥＤは光らない。

**問5**　解答例のようにつないだ場合，電池の＋極を左にすると，左下のＬＥＤ→検流計→②の順に電流が流れる(検流計には下から上に向かって電流が流れる)。また，電池の＋極を右にすると，③→検流計→①の順に電流が流れる(検流計には下から上に向かって電流が流れる)。

2　**問1**　図1より，ばねの伸《の》びはおもりの重さに比例することがわかる。このばねは50ｇで2㎝伸びるから，50ｇの3倍の150ｇでは2㎝の3倍の6㎝伸びる。

**問2**　図2のように，ばねを直列につないだ場合，すべてのばねに50ｇの重さがかかるので，どのばねも2㎝伸びる。よって，伸びの合計は2×4＝8(㎝)である。

**問3**　図3のように，ばねを並列につないだ場合，ばね2とばね4には50ｇの重さが等しく分かれて25ｇずつかかる。さらに，ばね2と直列つなぎのばね1，ばね4と直列つなぎのばね3にもそれぞれ25ｇの重さがかかる。よって，ばね1本の伸びは2㎝の半分の1㎝だから，伸びの合計は1×4＝4(㎝)である。

**問4**　ばね1とばね2には50×2＝100(ｇ)の重さがかかるからそれぞれ4㎝，ばね3とばね4には50ｇの重さがかかるからそれぞれ2㎝伸びる。よって，伸びの合計は4×2＋2×2＝12(㎝)である。

**問5**　おもりの数が同じとき，上の方のばねにつり下げられたおもりの数が多いときほど伸びは小さくなるから，おもりの数が2個のアとイではイの方が小さく，おもりの数が3個のウ～オではオが最も小さい。イとオについて，一番下のおもりによる伸びは同じだから，イの上のおもりとオの上の2つのおもりによる伸びを比べる。イの上のおもりはばね1～3を2㎝ずつ(合計で6㎝)伸ばし，オの上の2つのおもりはばね1を4㎝伸ばすから，オの方が伸びが小さくなる。なお，それぞれの伸びを求めると，以下のようになる。　ア．すべてのばねに100ｇの重さがかかるので，伸びの合計は4×4＝16(㎝)である。　イ．ばね1～ばね3には100ｇ，ばね4には50ｇの重さがかかるので，伸びの合計は4×3＋2＝14(㎝)である。　ウ．ばね1とばね2には150ｇ，ばね3には100ｇ，ばね4には50ｇの重さがかかるので，伸びの合計は6×2＋4＋2＝18(㎝)である。　エ．ばね1に150ｇ，ばね2とばね3に100ｇ，ばね4に50ｇの重さがかかるので，伸びの合計は6＋4×2＋2＝16(㎝)である。　オ．ばね1に150ｇ，ばね2～ばね4に50ｇの重さがかかるので，伸びの合計は6＋2×3＝12(㎝)である。

3　**問1**　1日目の雲画像の雲がある位置と，前線や低気圧の位置を見比べると，イが1日目の天気図だと考えられる。なお，低気圧や前線は，日本付近の上空をふく強い西風(偏西風《へんせいふう》)によって西から東へ移動するので，2～4日目は，エ→ウ→アの順になる。

**問2**　①が問1のエ，②が問1のア，③が問1のウである。よって，問1解説より，①→③→②の順になる。

**問3**　雲の位置と，雲があるところでは雨が降る可能性があることなどから，Ａは福岡，Ｂは大阪，Ｃは札幌，Ｄは東京だと考えられる。

**問4**　問２の②の雲画像で，日本の東側にある雲がさらに東に移動してエになると考えられる。

**問5**　問４のエの雲画像で，大阪や福岡に雲がかかっていないことに着目する。

**4**　**問1**　イ×…月は自ら光を出しておらず，太陽の光を反射させることで光って見える。　ウ×…双眼鏡《そうがんきょう》ではプリズムを利用することで，視野の上下左右が逆にならないようにしている。

**問2**　図１では，月の東側半分が光っているから，太陽は東にある。太陽は東の地平線からのぼり，正午ごろに南の空で最も高い位置に来るから，太陽が東にあるのは午前である。

**問3**　太陽光にふくまれるいろいろな色の光のうち，赤色の光だけが地球の大気で屈折《くっせつ》して本影《ほんえい》の中にある月に届くため，赤黒い色に見える。

**問4**　図３で，月は地球の影《かげ》を西から東へ追いこしていくので，月の東側(左側)から少しずつ欠けていき，すべて本影に入った後は，東側から少しずつ見えてくる。よって，ウ→ア→オ→イ→エの順である。

**5**　**問5**　10か所(10㎡)に合計で４＋１＋２＋５＋７＋３＋３＋４＋６＋５＝40のススキが生息している。草地全体についても，これと同じ割合でススキが生息していると考えればよい。よって，全体の面積は(17.5＋22.5)×５÷２＝100(㎡)だから，全体に生息するススキの個体数は$40\times\frac{100}{10}=400$だと考えられる。

**6**　**問1**　ア×…しりびれは，オスが平行四辺形の形，メスが三角形の形をしている。　イ×…水道水にふくまれるカルキ(塩素)はメダカにとって有害なので，水道水をくんでからしばらく置いて，カルキをぬく必要がある。
ウ×…水そうに直射日光が当たらないようにするのは，水の温度上昇《じょうしょう》を防ぐためである。

**問2**　光合成を行い，自ら養分をつくり出す生物は，葉緑体という緑色のつぶをもっていて，緑色に見える。ゾウリムシは葉緑体をもたず，他の生物を食べることで養分を得ている。

**問3**　汚水《おすい》流入地点に近いところほど水が汚《よご》れていて，下流にいくほど水がきれいになると考えればよい。よって，AとBにとても汚《きたな》い水質で見られる生き物，Cに汚い水質で見られる生き物，Dにきれいな水質で見られる生き物という組み合わせになっているイが正答となる。

**問4**　汚染流入地点で細菌《さいきん》類の個体数が一気に増えている。川の汚れはおもに有機物であり，細菌類は有機物を無機物に分解するはたらきがある。

**問5**　細菌類は酸素を使って有機物を分解するので，細菌類が多いところでは酸素が少なくなる。また，藻類《そうるい》は光合成によって酸素を放出するので，藻類が多くなってくると酸素も多くなってくる。

**7**　**問1**　表２より，食塩は20℃の水100ｇに35.8ｇまで溶《と》けるから，ビーカーＡでは食塩がすべて溶け，100＋10＝110(ｇ)の食塩水ができる。よって，〔食塩水の濃《こ》さ(%)＝$\frac{食塩の重さ(g)}{食塩水の重さ(g)}\times100$〕より，$\frac{10}{110}\times100=9.09\cdots\rightarrow$ 9.1%となる。

**問2**　問１解説と同様に考えると，ビーカーＢでも食塩はすべて溶けるので，ビーカーＡとＢの食塩水を混ぜると，水200ｇに25ｇの食塩が溶けていることになる。よって，$\frac{25}{200+25}\times100=11.11\cdots\rightarrow$11.1%となる。

**問3**　食塩は20℃の水100ｇに35.8ｇまで溶けるから，20℃の水90ｇには$35.8\times\frac{90}{100}=32.22$(ｇ)まで溶ける。よって，あと32.22－20＝12.22(ｇ)溶かすことができる。ここでは答えが割り切れたと考えて，小数第２位を四捨五入していない。

**問4**　食塩は80℃の水100ｇに38.0ｇまで溶けるから，80℃の水70ｇには$38.0\times\frac{70}{100}=26.6$(ｇ)まで溶ける。よって，40ｇ加えた食塩のうち，40－26.6＝13.4(ｇ)が溶け残る。

**8**　**問1**　アでは酸素，イではアンモニア，オでは水素が発生する。

**問2**　石灰水に二酸化炭素を通じると，白く濁《にご》る。この白い濁りは，二酸化炭素と石灰水が反応してできる炭酸カルシウムという水に溶けにくい物質によるものである。さらに二酸化炭素を通じ続けると，水に二酸化炭素が溶けて炭酸水ができ，炭酸カルシウムは炭酸水に溶けるため，無色透明《とうめい》になる。

問３　実験①より，16ｇのメタンの体積が22.4Ｌだから，16ｇの半分の８ｇの体積は22.4Ｌの半分の11.2Ｌである。

問４　反応に関わる物質の重さ(または体積)の割合は常に一定である。実験①では，メタン16ｇと酸素64ｇが過不足なく反応して，二酸化炭素44ｇと水36ｇが生じた。メタン11.2Ｌ→８ｇと酸素８ｇでは，(メタンが不足し)酸素８ｇがすべて反応するから，生じる水は$36\times\frac{8}{64}$＝4.5(ｇ)である。

問５　メタンが１ｇ反応すると，二酸化炭素が$\frac{44}{16}$＝2.75(ｇ)生じ，プロパンが１ｇ反応すると，二酸化炭素が$\frac{132}{44}$＝３(ｇ)生じる。104ｇすべてがメタンだとすると，生じる二酸化炭素は2.75×104＝286(ｇ)であり，これは308ｇよりも308－286＝22(ｇ)小さい。ここで，メタン１ｇをプロパン１ｇにおきかえると，生じる二酸化炭素が３－2.75＝0.25(ｇ)大きくなるから，22ｇ大きくなるのは22÷0.25＝88(ｇ)をプロパンにおきかえたときである。つまり，混ぜ合わせた気体のうち，88ｇがプロパン，104－88＝16(ｇ)がメタンだとわかる。

## 《2024　社会　解説》

1　問１　ハ　Ａは丹波高地，Ｂは紀伊山地であり，紀伊山地の方が高く険しい山が多い。淀川は大阪府を流れ，熊野川は和歌山県南部から太平洋に注ぐ河川である。

問２⑴　イ　泉の集落の南部には，果樹園(○)と田(‖)は見られるが，畑(∨)は見られない。

⑵　ロ　千葉県北東部には，砂浜海岸の九十九里浜が広がる。

⑶　ロ　(Ⅰ)正しい。(Ⅱ)誤り。地震にともなう被害は，高潮ではなく津波によって引き起こされる。

問３　ニ　夏は南東季節風が暖流の日本海流上空で湿った空気となり，山地にぶつかり太平洋側に雨を降らせる。冬は北西季節風が暖流の対馬海流上空で湿った空気となり，山地にぶつかり日本海側に雪を降らせる。

問４　ハ　イは和歌山県(Ｆ)，ロは千葉県，ニは長野県。

問５　ニ　大都市圏を形成する関東・近畿・中京に人口密度の高い都府県が集中する。イは第２次産業従事者数，ロは65歳以上人口の割合，ハは人口増加率。

問６　兵庫県　1995年に発生した兵庫県南部地震は，阪神淡路大震災を引き起こした。

問７　ロ　沿岸部の埋立地には，大企業により大規模な工場が建設されている。家族経営の中小企業は内陸部に多い。

2　問１　ニ　イ．誤り。国際連合の本部はアメリカ合衆国のニューヨークにある。ロ．誤り。ＳＤＧｓの17の目標はすべての国が目指すものである。ハ．誤り。ユネスコ(国連教育科学文化機関)は，教育・科学・文化を通して，平和で持続可能な社会をつくるための活動をする国際連合の専門機関である。世界各地の難民の保護や支援に取り組む機関は国連難民高等弁務官事務所(ＵＮＨＣＲ)である。

問２⑴　ニ　2021年の自動車生産台数は，中国＞アメリカ合衆国＞日本の順であり，ドイツは第６位である。

⑵　モータリゼーションの進展による問題だから，都市型の商店街に自動車で買い物に行く場合の不便な点を考える。

問３　ロ　航空輸送では，小型軽量で単価の高い商品が扱われやすく，船舶輸送では，大型で重量がある商品が扱われやすい。また，日本の港別の貿易額は，成田国際空港が最も高いことは覚えておきたい。イは名古屋港，ハは関西国際空港，ニは東京港。

問４　ハ　全過程のうち，走行時を含まない場合の温室効果ガスの排出量は，ガソリン車が60.3－39.3＝21，電気自動車が29.8－0.0＝29.8だから，電気自動車の方が多い。

問５　ニ　東北地方と九州地方に集中していることから，地熱発電所と判断する。

問６　ホ　石炭と鉄鉱石の区別は，オーストラリアに次ぐ第２位の国で判断しよう。

問７　レアメタル　レアメタルの産出地はロシア・中国・アフリカ大陸・南北アメリカ大陸に分布する。

3　問１　ハ　土偶は縄文時代，埴輪は古墳時代につくられた。また，鉄剣は弥生時代に武器として使われた。

**問2**　ロ　　大和政権があった古墳時代は，中国に対して朝貢形式での貿易をしていたため，大和政権は大宰府で中国の商人と貿易は行わなかった。

**問3**　班田収授(法)　　戸籍をもとにして，６歳以上の男女に口分田を与え，税を納めさせ，死ねば口分田を朝廷に返させた。

**問4**　ニ　　朝廷は，国司に一定額の税の納入を請け負わせ，一国内の統治を委ねた。

**問5**　院政は，自分の子孫の系統に皇位を継承させようとするところから始まったもので，白河上皇のあとも，鳥羽上皇・後白河上皇と院政が100年あまり続き，法や慣例にこだわらない政治が行われた。

**問6**　ロ　　干鰯は，江戸時代にお金を出して買う肥料(金肥)であった。

4　**問1**　室町幕府の第８代将軍足利義政と妻の日野富子の間に長く子が生まれなかったため，義政の弟の義視を養子としたが，その後義尚が生まれたことで，あとつぎ問題が起きた。また，室町幕府は，斯波氏・畠山氏・細川氏の三氏が管領を交代で勤めていたが，斯波氏や畠山氏は一族の中で家督争いが起きていた。この頃，すでに将軍の力は弱まり，各地の守護大名が力をつけていたが，特に細川勝元と山名持豊(宗全)の勢力が強まり，争っていた。将軍や管領のあとつぎ問題が起きると，それぞれが細川氏と山名氏につき，京都で戦乱が始まった。細川氏は東軍，山名氏は西軍の兵を率いて京都を主戦場として戦い，戦乱は11年間におよんだ。

**問2**　ロ　　織田信長は，足利義昭をたてて入京し，義昭を将軍職につけ，全国統一の足掛かりとした。

**問3**　イ　　曲亭馬琴は，化政文化の時代の『南総里見八犬伝』の作者である。

**問4**　ニ　　鈴木春信の『弾琴美人』である。歌川広重は『東海道五十三次』，葛飾北斎は『富嶽三十六景』などの風景画で知られる。東洲斎写楽は18世紀後半の１年弱の間に多くの役者絵を版行した謎の浮世絵師である。

**問5**　川柳　　５・７・５・７・７の形で表した狂歌も流行した。

**問6**　ハ　　肥後熊本藩の細川重賢は，和紙の原料のこうぞや，ろうそくの原料のはぜなどを専売とした。イ．誤り。田沼意次は倹約ではなく，経済活動を活発にして，財政を立て直そうとした。ロ．誤り。上知令は水野忠邦が出した法令である。ニ．誤り。尊王攘夷運動は19世紀後半のことである。

5　**問2**　ロ　　五・四運動は，日本の二十一か条の要求のほとんどがパリ講和会議(1919年)で認められたことから起きた。南満州鉄道株式会社は1906年に設立された。張作霖爆殺事件は1928年のことである。

**問3**　イ　　新渡戸稲造は，五千円紙幣の肖像になった人物で，著書に『武士道』がある。

**問5**　ニ　　五・一五事件で暗殺されたのは，加藤高明ではなく犬養毅である。

6　**問1**　ハ　　ａ．誤り。ルソーは直接民主制を主張した。間接民主制を主張したのはロックである。ｂ．正しい。

**問2**　ニ　　フランス人権宣言は，フランス革命の中で発表された。

**問3**　ロ　　ａ．正しい。ｂ．誤り。国務大臣は内閣総理大臣が任命する。ｃ．正しい。

**問4**　行政裁判　　行政訴訟は民事裁判の１つである。

**問5**　イ　　憲法改正について，衆議院と参議院の各議院の総議員の３分の２以上の賛成をもって，憲法改正の発議が行われ，国民投票において，有効投票の過半数の賛成が得られれば，天皇が国民の名において，ただちに憲法改正の公布をする。最高裁判所裁判官の国民審査は，衆議院議員総選挙と同時に行われる。

**問6**(1)　ワイマール憲法　　ワイマール憲法は，1919年にドイツで制定された。　(2)　イ　公的扶助の財源は，税収および国や地方公共団体の一般収入によってまかなわれ，申請者が負担しない。

**問7**　ロ　　知る権利に基づいて，情報公開制度がある。

# 2023 解答例 令和5年度　福岡大学附属大濠中学校

## 《国　語》

一　問一．a．余地　b．導入　c．乱雑　d．支持　問二．A．目　C．首　問三．B．時代錯誤　D．一石二鳥　問四．ア　問五．イ　問六．エ　問七．イ　問八．教科書を忘れて困るという経験をして反省し、忘れ物をしないように、きちんと準備することの大切さ　問九．ウ　問十．筆者は、手書きとＩＣＴ機器にはそれぞれの良さがあると述べているので、目的や場面に応じて使い分けるべきである。

二　問一．A．ほんしょう　C．いっきょ　問二．B．エ　E．イ　問三．D．以心伝心　F．一語一句　問四．ア　問五．ア　問六．Ⅰ．ボールをぶつけられることはない　Ⅱ．悪口を言われることはない　Ⅲ．イ　問七．ウ　問八．ウ　問九．エ　問十．イ　問十一．ウ，オ

三　問一．①招待　②経済　③別冊　④届　⑤存亡　問二．①いさぎよ　②かせん　③かくさん　④つ　⑤きぼ　問三．①くくる　②つくす　③さす　④かぶる　⑤切る　問四．①エ　②ウ　③イ　④エ　⑤ア

## 《算　数》

1　① $\frac{1}{2}$　②８　③4969　④24　⑤12　⑥162　⑦2400　⑧80　⑨12　⑩109

2　⑪36　⑫7.5　⑬１，54　⑭1.5　⑮6.3

3　⑯５　⑰70　⑱２，２，１，１　⑲31　⑳０，１，４

4　㉑9.42　㉒3.14　㉓60　㉔５　㉕15.7

5　㉖540　㉗20　㉘五　㉙６　㉚190

## 《理　科》

1　問１．断層　問２．記号…カ　気体…二酸化炭素　問３．ア　問４．イ　問５．E→D→C→B→F

2　問１．ウ　問２．オ　問３．夏至…a　秋分…b　問４．イ

3　問１．ウ　問２．イ　問３．ア　問４．イ　問５．イ，カ　問６．エ

4　問１．ア，エ　問２．イ，オ　問３．ウ　問４．３，48

5　問１．20　問２．(1)90.4　(2)9.6　問３．(1)エ　(2)イ　(3)20

6　問１．中和　問２．イ　問３．10　問４．12　問５．28

7　問１．1.8　問２．(1)1.7　(2)8.5　問３．3.4

8　問１．ア，イ　問２．エ　問３．240　問４．(1)イ，ウ，オ　(2)キ

## 《社　会》

1 問1．越後　問2．栃木　問3．イ　問4．ニ　問5．イ　問6．ホ　問7．⑴ロ　⑵ハ
問8．(例文)熱をためやすいアスファルトやコンクリートに，道路や建物がおおわれている

2 問1．ユネスコ　問2．ニ　問3．ハ　問4．ロ　問5．イ　問6．ヘ　問7．ニ

3 問1．ニ　問2．銅鏡が副葬されており，祭りの指導者　問3．ハ　問4．ロ　問5．寝殿造
問6．イ

4 問1．ハ　問2．ロ　問3．イ　問4．ニ　問5．おくのほそ道　問6．ハ

5 問1．教育勅語　問2．ロ　問3．ハ　問4．ロシア　問5．ロ，ニ

6 問1．参政　問2．イ　問3．ハ　問4．イ　問5．国会は，主権がある国民が選挙で選んだ国会議員によって，組織されているから。　問6．ロ　問7．ニ　問8．ハ

## 《2023　国語　解説》

一　問二Ａ　「目をみはる」とは、ここでは、おどろいたり感動したりするという意味。　Ｃ「首をかしげる」とは、ここでは、不思議に思うという意味。

問五　――①で挙げられている「えんぴつやノート、教科書」というのは、すべて勉強をするときに不可欠なものである。ＩＣＴ機器もこれらと同様のものになるということなので、イが適する。

問六　――②の前で、自宅学習で「書いて覚える」「手を動かす」代わりに、英単語アプリなどを使う生徒が出てきたことで、英単語のつづりの間違《まちが》いが目立つようになったと書かれている。つまり、ＩＣＴ機器を利用することで、勉強の成果があがらなくなってしまったのである。よって、エが適する。

問七　問六の解説にあるように、「書いて覚える」のをやめたことで、英単語のつづりの間違いが目立つようになった。これは、手書きをしなくなったことで記憶《きおく》が定着しにくくなったことの一例である。また、――③の後にも、スマートフォンに予定をメモするようになってから、予定を忘れてしまうことが多くなったことが書かれている。こうした記憶への悪影響《えいきょう》があることをふまえて、生徒に対して掲示物《けいじぶつ》を写真で撮《と》ってはいけないと伝えても、生徒はその意味が理解できずに首をかしげてしまう。つまり、手書きをしなくなったことで記憶が定着しにくくなったことに、生徒は気づいていないのである。筆者はこのことを問題視しているので、イが適する。

問八　「教科書を忘れる」例における「失敗」とは、――②の４行前にあるように、「授業についていけずに困ること」である。教科書を忘れて困った経験をすれば、きちんと準備しなかったことを反省し、その大切さを学ぶことができる。そして、次は忘れないように気をつけようと思ったり、忘れるのを防ぐ工夫をしたりするはずである。

問九　ア．――②の前の、「書いて覚える」のをやめたことで、英単語のつづりの間違いが目立つようになったという話から、手書きは勉強をする上で有効であることがわかるので、アは適当。　イ．═══ｃをふくむ段落の「丁寧《ていねい》に書かれた文字からは、読み手に対する書き手の思いを感じられるからではないだろうか」などから、イも適当。　ウ．本文に書かれていない内容なので、ウが正解。　エ．最後の段落の２～４行目の「書くことの～心を落ち着かせることのできるぜいたくな時間ではないだろうか」より、エは適当。

問十　設問にある「ある生徒」は、ＩＣＴ機器であるタブレットをまったく使わずに勉強すると述べている。しかし、筆者は最後の段落の１～２行目で、手書きとＩＣＴ機器にはそれぞれの良さがあり、どちらか一方のみを支持するのはよくないと述べている。よって、この筆者の意見を用いて反論すればよい。

二　問四　[ i ]に入る語を考えると、一番解きやすい。直前に「なかなか言葉がうかばなくて」とある。できるだけ多くの言葉を書かなければならないのに、なかなか言葉がうかばないことから、あせったり、うろたえたり、落ち着かなかったりする気持ちが読み取れる。よって、アにある「おろおろ」が入る。

問五　直後に「ひとつだけ想像できたのは～瑠雨《るう》ちゃんのまばたきがはげしくなったのだ」とあるので、話しかけても反応のない瑠雨の様子からできるだけ感情を読み取ろうとしていることがわかる。よって、アが適する。

問六Ⅰ　風香《ふうか》はドッジボールについて、「一回ボールぶつけられたら、こわいのもそこでおしまいだし」「コートの外側は平和だもんね」と言っている。つまり、コートの外側は、人にボールをぶつけられることのない平和な場所だと思っている。　Ⅱ　――②の直前に、「瑠雨ちゃんは人の悪口も言わない。瑠雨ちゃんのそばは平和だ」とあり、これを受けて「そう～コートの外みたいに」と表現している。また、文章の最後の方で、風香は瑠雨に、家族のことを悪く言われるのがすごくいやだったと言っている。このことから考えると、コートの外側とは、（家族の)悪口を言われない場所ということになる。　Ⅲ　――③の２行後に「びくびくしながら他人の足に合わせなくても、自分のペースを守っていられる」とある。これは、周りの人に無理に合わせる必要がないということなので、イが適する。

**問七**　瑠雨が書いた「美しいもの」を見た風香は、瑠雨が自分にはない発想をもっていることに気づいた。91～94行目に「意外な発見をしたその日から、わたしが瑠雨ちゃんを見る目が変わった～わたしたちにはきこえないものも、瑠雨ちゃんの耳にはきこえているのかもしれない」とあるように、風香は、瑠雨への印象が変化するとともに、その世界のとらえ方に興味をいだき始めた。その後、ターちゃんと話をする中で「まずは仲よくなる」ことだという助言をもらった風香は、「瑠雨ちゃんのことをもっと知りたい～そのためには、まずはもっと瑠雨ちゃんに近づくことだ」と思い、これまで以上に瑠雨と親しくなりたいと考えている。よって、ウが適する。

**問八**　――④の前後に「気がつくと、口からこぼれていた」「家族以外のまえで、あんなふうに、ぽろっと言葉が出てくるなんて」とある。瑠雨は、自分でも意識しないうちに、家族以外のまえで言葉が出てきたことにおどろいている。よって、ウが適する。

**問九**　――⑤の「しめった声。短調のひびき」から考える。短調は、一般《いっぱん》的に暗いひびきになる。よって、「沈《しず》んだ調子」とあるエが適する。

**問十**　問六の解説にあるように、瑠雨は人とうまく付き合うことができなかった。風香もまた、ふだんは明るく楽しそうにしていても、人間関係に悩《なや》みをかかえている。瑠雨は、風香も自分と同じような悩みをかかえていると知り、その悩みに共感するとともに、手にした傘《かさ》をふることで風香に対して意思表示をして心を通い合わせている。――⑥の表現は、何か心地よいものに包まれているように、風香に受け入れてもらったように感じていることを表している。よって、イが適する。

**問十一**　ウ．49 行目から 61 行目にかけて、風香は自然に関する語を多く連想している。しかし、このことから「自然に親しむ風香の人柄《ひとがら》」は読み取れない。たまたま「空つながり」と「アウトドアつながり」で連想したので、自然に関する語が多くなっただけである。よって、ウは正解。　オ．156 行目には「人が発する音」が挙げられている。しかし、159 行目以降には人間の音以外のものが挙げられているので、「人が発する音」だけを気にしているわけではない。瑠雨は、人間関係の築き方に悩みをかかえているが、156 行目の表現から「人の顔色をうかがう臆病《おくびょう》な性格であること」は読み取れない。よって、オは正解。

## 《2023　算数　解説》

1　(1)①　与式 $=\frac{7}{6}-\frac{2}{3}\times\frac{5}{3}\times0.6=\frac{7}{6}-\frac{10}{9}\times\frac{3}{5}=\frac{7}{6}-\frac{2}{3}=\frac{7}{6}-\frac{4}{6}=\frac{3}{6}=\frac{1}{2}$

(2)②　与式より，$(17-\square\times3\div2)\times6-10=4\times5$　　$(17-\square\times3\div2)\times6=20+10$

$17-\square\times3\div2=30\div6$　　$\square\times3\div2=17-5$　　$\square\times3=12\times2$　　$\square=24\div3=8$

(3)③　**【解き方】$\frac{1}{1}\mid\frac{1}{2}$，$\frac{2}{2}\mid\frac{1}{3}$，$\frac{2}{3}$，$\frac{3}{3}\mid\frac{1}{4}$，…のように分数を分け，それぞれ１グループ目，２グループ目，３グループ目，…とする。nグループにある分数の分母はすべてnであり，分数の個数はnである。**

**また，１からNまでの連続する整数の和は，$\frac{N\times(N+1)}{2}$で表せることを利用する。**

$\frac{19}{100}$は 100 グループ目の 19 番目の分数である。99 グループ目までに，分数は $1+2+3+\cdots+99=\frac{99\times(99+1)}{2}=$ 4950(個)並ぶから，$\frac{19}{100}$は $4950+19=4969$(番目)にあらわれる。

(4)④　**【解き方】ある数を○，175 をある数で割ったときの商と余りを△とすると，175÷○＝△余り△より，**

**○×△＋△＝175　　○×△＋１×△＝175　　(○＋１)×△＝175**

**余りは割る数より小さいから，○＞△である。**

175の約数は，１と175，５と35，７と25だから，(○＋１，△)の組み合わせは，(175，１)(35，５)(25，７)の３通りある。よって，ある数は，175－１＝174，35－１＝34，25－１＝24の３つある。

⑸⑤　**【解き方】赤と青の玉が２個ずつあるので，先に赤と青の玉の並べ方を考え，その並べ方に対して，条件に合う黄の玉の並べ方が何通りあるのかを考える。**

赤と青の玉の並べ方は，赤赤青青…㋐，赤青赤青…㋑，赤青青赤…㋒，青赤赤青…㋓，青赤青赤…㋔，青青赤赤…㋕の６通りある。

㋐のとき，どこに黄の玉を入れても同じ色の玉がとなり合うので，条件に合う並べ方はない。㋕も同じである。

㋑のとき，★赤★青★赤★青★について，★印の５か所どこに黄の玉を入れてもよいので，条件に合う並べ方は５通りある。㋔も同じく５通りある。

㋒のとき，条件に合う並べ方は「赤青黄青赤」の１通りある。㋓も同じく１通りある。

よって，条件に合う並べ方は全部で，５＋５＋１＋１＝12(通り)

⑹⑥　**【解き方】１年生に配る鉛筆を５－４＝１(本)ずつ減らし，２年生に配る鉛筆を５－３＝２(本)ずつ増やすと，配るのに必要な鉛筆の本数は，６＋20＝26(本)増える。**

１年生に配る鉛筆を１本減らして２年生に配る鉛筆を２本増やした状態からさらに，１年生と２年生に配る鉛筆をともに１本ずつ増やした場合，配るのに必要な鉛筆の本数は40本増える。このとき，１年生に配る本数は，１本減らして１本増やすことになるから，結果的に変わらず，２年生に配る鉛筆を２＋１＝３(本)ずつ増やしたことになり，配るのに必要な鉛筆の本数は26＋40＝66(本)増える。よって，２年生の人数は66÷３＝22(人)，１年生の人数は40－22＝18(人)だから，はじめに用意していた鉛筆は全部で，５×18＋３×22＋６＝162(本)

⑺⑦　**【解き方】花子さんが持っているお金は変わらないので，花子さんの持っているお金の比の数を合わせる。**

太郎くんと花子さんが持っている金額の比は，太郎くんが900円を使う前が３：１＝24：８，使った後が15：８である。この比の差の24－15＝９が900円にあたるから，太郎くんが最初に持っていたお金は，$900\times\frac{24}{9}=2400$(円)

⑻⑧　**【解き方】折って重なる角の大きさは等しいことを利用し，正方形をもとに戻したときの図形について，右のように作図する。**

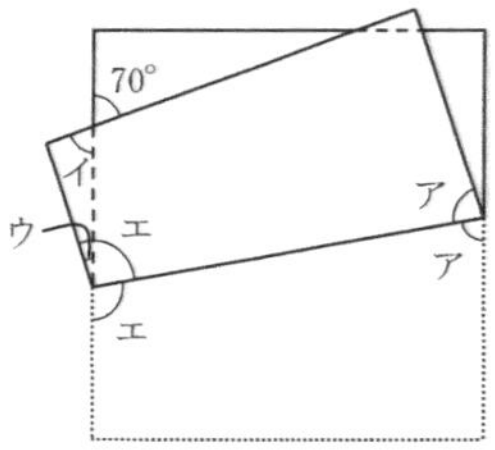


対頂角は等しいので，角イ＝70°

三角形の内角の和より，角ウ＝180°－90°－70°＝20°

よって，角エ＋角エ＝180°＋20°＝200°だから，角エ＝200°÷２＝100°

四角形の内角の和より，角ア＝360°－90°－90°－100°＝80°

⑼⑨　**【解き方】ひもの長さがもっとも短くなるとき，ひもは右の展開図の太線であらわせる。**

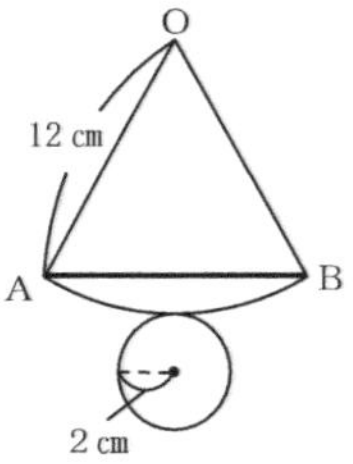


側面のおうぎ形ＯＡＢの曲線部分の長さは底面の円周に等しく，２×２×3.14＝４×3.14(cm)

半径がＯＡ＝12 cmの円の円周は12×２×3.14＝24×3.14(cm)だから，おうぎ形ＯＡＢの中心角は，$360°\times\frac{4\times3.14}{24\times3.14}=60°$である。ＯＡ＝ＯＢで，角ＡＯＢ＝60°だから，三角形ＯＡＢは，正三角形とわかる。よって，求める長さは，ＡＢ＝ＯＡ＝12 cm

⑽⑩　一番大きな正方形，２番目に大きな正方形，一番小さな正方形の１辺の長さをそれぞれＡ，Ｂ，Ｃと表す。ＡはＢより２cm長く，Ｃより５cm長い。

ＡとＢとＣの和は17 cmだから，Ａの３倍は17＋２＋５＝24(cm)である。よって，Ａ＝24÷３＝８(cm)，Ｂ＝８－２＝６(cm)，Ｃ＝８－５＝３(cm)だから，求める面積の和は，８×８＋６×６＋３×３＝109(cm²)

2 ⑴⑪　Aのコースを下るのにかかる時間と上るのにかかる時間の比は，速さの比である２：１の逆比の１：２となる。Aのコースは往復で１時間48分＝108分かかるから，求める時間は，$108\times\frac{1}{1+2}$＝36(分)

⑵⑫　**【解き方】(静水での速さ)＝{(下りの速さ)＋(上りの速さ)}÷２で求められる。**

Aのコースについて，下るのにかかる時間は$\frac{36}{60}=\frac{3}{5}$(時間)だから，下りの速さは，時速$(6\div\frac{3}{5})$km＝時速10km

よって，上りの速さは時速(10÷２)km＝時速５kmだから，静水での速さは，時速{(10＋５)÷２}km＝時速7.5km

⑶⑬　Aのコースを下ると36分かかるので，Bのコースを上ると１時間39分−36分＝１時間３分かかる。

Bのコースを下ると１時間45分−１時間３分＝42分，Aのコースを上ると１時間48分−36分＝１時間12分かかるので，求める時間は，42分＋１時間12分＝１時間54分

⑷⑭⑮　**【解き方】下りと上りでかかった時間の比から，速さの比を求める。**

**⑵で求めた静水での速さを利用して，Bのコースでの下りの速さを求める。**

Bのコースについて，下りと上りの速さの比は，かかった時間の比である(42分)：(１時間３分)＝(42分)：(63分)＝２：３の逆比の３：２となるので，下りの速さは上りの速さの$\frac{3}{2}$＝1.5(倍)である。

また，この比の(３＋２)÷２＝2.5が船の静水での速さである時速7.5kmにあたるので，Bのコースでの下りの速さは，時速$(7.5\times\frac{3}{2.5})$km＝時速９kmである。下りでかかった時間は$\frac{42}{60}=\frac{7}{10}$(時間)だから，Bのコースは片道，$9\times\frac{7}{10}=\frac{63}{10}$＝6.3(km)である。

3 【図１】と【図２】のDの針，【図３】のFの針が１周以上している場合を考えると，答えが１つに定まらないので，以降の問題は【図１】と【図２】のDの針，【図３】のFの針は１周していないものとして考える。

⑴⑯　Aの針はコインを３枚入れるごとに１周する。Aの針が１周するごとにBの針が１つ分進むから，Bの針はコインを３枚入れるごとに１つ分進む。よって，図１はコインを１×３＋２＝５(枚)入れた状態である。

⑵⑰　Bの針が１周するごとにCの針が１つ分進むから，Cの針はコインを３×４＝12(枚)入れるごとに１つ分進む。同様に，Dの針はコインを12×３＝36(枚)入れるごとに１つ分進む。

よって，図２はコインを１×36＋２×12＋３×３＋１＝70(枚)入れた状態である。

⑶⑱　コインを100枚入れると，Dの針が100÷36＝２余り28より２つ分進み，さらにCの針が28÷12＝２余り４より２つ分進み，さらにBの針は４÷３＝１余り１より１つ進み，さらにAの針は１つ進む。

よって，文字盤の下の数が左から順に，２，２，１，１となる。

⑷⑲　Bの針はコインを３枚入れるごとに１つ分進み，CとDの針はともに，コインを３×３＝９(枚)入れるごとに１つ分進む。【図３】は，Fの針が進んでおらず，Eの針が１だけ進んでいるから，Dの針は１周し，Cの針は３つ分進んだことがわかる。Dはコインを９×３＝27(枚)入れるごとに１周し，さらにBの針が１つ分，Aの針が１つ分進んでいることから，コインを27＋３＋１＝31(枚)入れた状態だとわかる。

⑸⑳　**【解き方】Cはコインを９×４＝36(枚)入れるごとに１周し，Dはコインを27枚入れるごとに１周する。**

**Cの針とDの針が何周したのかを求め，次にEの進んだ数，Fの進んだ数を求める。**

コインを273枚入れると，Cは273÷36＝７余り21より７周，Dは273÷27＝10余り３より10周する。

また，Dは27×10＝270(枚)で10周し，残りの３枚で針は進まないので，Dの針は０の位置となる。

Eの針は合わせて７＋10＝17(つ)進むから，17÷４＝４余り１より，Eの針は４周と１つ進む。

したがって，Fの針は４つ進むから，文字盤の下の数は左から順に，０，１，４となる。

**4** ⑴㉑㉒　**【解き方】図形Ｌを転がすとき，図形Ｌが直線に接している点から直線に対して垂直な線を引き，図形Ｌの曲線部分との交わる点まで伸《の》ばすと，その直線の長さは常にもとの円の半径に等しく１cmとなる。**

**よって，Ａで再び接したときの各点をＡ′，Ｂ′，Ｃ′とすると，図形Ｌが通過した部分は，右図の太線で囲まれた部分となる。**

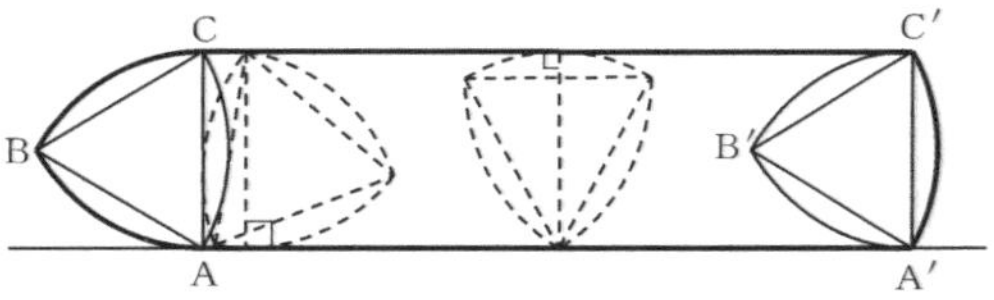


ＡＡ′とＣＣ′の長さは，図形Ｌの周の長さに等しいので，図形Ｌが通過した部分の周の長さは，図形Ｌの周の長さの３倍だとわかる。図形Ｌの周の長さは，半径が１cm，中心角が60°のおうぎ形の曲線の長さの３倍だから，

$1\times2\times3.14\times\frac{60^\circ}{360^\circ}\times3=3.14$(cm)　　よって，図形Ｌが通過した部分の周の長さは，$3\times3.14=9.42$(cm)

図形Ｌが通過した部分の面積は，図形Ｌの面積に，長方形ＡＡ′Ｃ′Ｃの面積である，ＡＡ′×ＡＣ＝3.14×１＝3.14(cm²)を足したものである。

⑵㉓㉔㉕　**【解き方】図形Ｌが何回転しているかを求める問題は，図形Ｌの中心が動いた長さに注目する。この問題は図形Ｌの周の長さが3.14cmだから，図形Ｌの中心が3.14cm進むごとに図形Ｌは１回転する。**

【図２】について，おうぎ形ＯＡＡの曲線部分の長さは，図形Ｌの周の長さに等しく3.14cmである。

円Ｏの円周は$3\times2\times3.14=6\times3.14$(cm)だから，アの角は，$360^\circ\times\frac{3.14}{6\times3.14}=60^\circ$

【図１】から，図形Ｌを転がして初めて【図１】のようになるときの図形Ｌが通過した部分は，右図の色付き部分，図形Ｌの中心が通った部分は，右図の太線である。図形Ｌが動いた長さは，半径が$3-1\div2=2.5$(cm)の円の周の長さに等しく，$2.5\times2\times3.14=5\times3.14$(cm)だから，図形Ｌは最初の【図１】から，$(5\times3.14)\div3.14=5$(回転)している。

図形Ｌが通過した部分の図形の面積は，半径が３cmの円の面積から，半径が$3-1=2$(cm)の円の面積をひけばよいので，$3\times3\times3.14-2\times2\times3.14=15.7$(cm²)

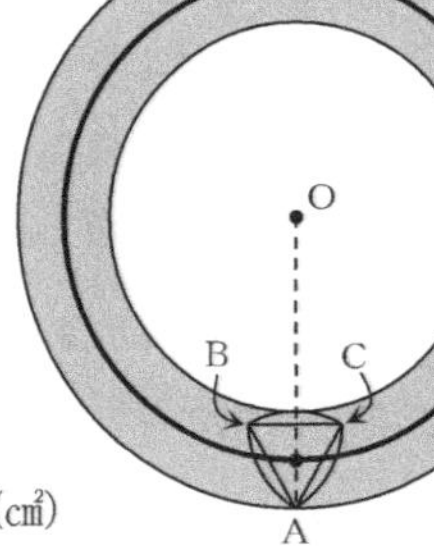


**5** ⑴㉖　正六角柱Ｐは，底面積が30cm²，高さが18cmだから，体積は，$30\times18=540$(cm³)

⑵㉗　**【解き方】正六角形ＡＢＣＤＥＦについて，右のように合同な12個の三角形にわける。**

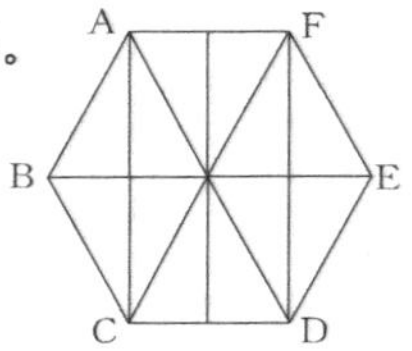


12個にわけた三角形のうち，８個の三角形を合わせると四角形ＡＣＤＦができるので，

四角形ＡＣＤＦの面積は，$30\times\frac{8}{12}=20$(cm²)

⑶㉘㉙　**【解き方】切り口が辺ＦＬと交わる点をＮとすると，切り口は五角形ＡＣＭＫＮとなる。切り口について，図ｉのように作図する。**

図ｉ

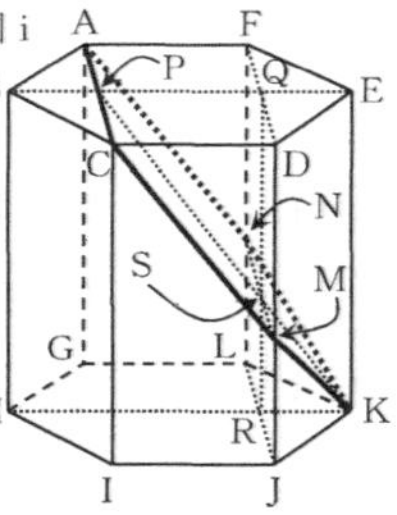


図ⅱ

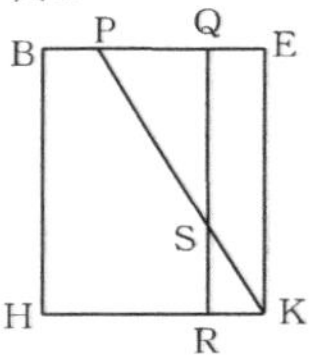


４点Ｂ，Ｅ，Ｋ，Ｈを通る平面について考えると，図ⅱのようになる。

三角形ＰＱＳと三角形ＫＲＳは同じ形の三角形で，⑵の解説の図より，

ＰＱ：ＫＲ＝２：１とわかるから，ＱＳ：ＲＳ＝２：１

よって，ＭＪ＝ＲＳ＝$\text{QR}\times\frac{1}{2+1}=18\times\frac{1}{3}=6$(cm)

⑷㉚　**【解き方】右のように作図し，三角すいＫ－ＴＭＮと三角柱ＥＤＦ－ＴＭＮと三角柱ＣＤＭ－ＡＦＮに分け，それぞれの体積を求める。**

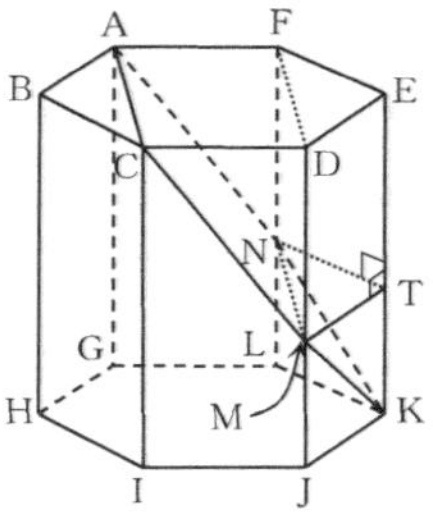


三角形ＴＭＮの面積は，⑵で分けた合同な三角形２つ分の面積に等しく，$30\times\frac{2}{12}=5$(cm²)

ＴＫ＝ＭＪ＝６cmだから，三角すいＫ－ＴＭＮの体積は，$5\times6\times\frac{1}{3}=10$(cm³)

ＤＭ＝18－６＝12(cm)だから，三角柱ＥＤＦ－ＴＭＮの体積は，$5\times12=60$(cm³)

三角柱CDM‐AFNを２つ合わせると，底面が四角形ACDFで，高さがDM＝12㎝の四角柱ができるから，三角柱CDM‐AFNの体積は，(20×12)÷２＝120(㎤)

したがって，求める体積は，10＋60＋120＝190(㎤)

## 《2023　理科　解説》

1 問２　石灰岩にうすい塩酸をかけると，二酸化炭素が発生する。

問３　ア×…火山灰の粒《つぶ》(鉱物という)は，流水のはたらきを受けないので，角がとがっている。

問４　ア×…粒自体の重さは水よりも重い。　ウ，エ×…軽石は，地表付近で火山ガスが外に出てできたものである。

問５　地層はふつう下にあるものほど古い。また，断層によってずれている地層は，断層よりも前にできたものである。よって，古い方からE→D→C→B→F→Aの順となる。

2 問２　オ○…図１より，午後１時に気温が急に下がり，湿度《しつど》が最も高くなっていることがわかる。よって，午後１時前後に雨が降ったと考えられる。

問３，４　ａが夏至の日，ｂが秋分の日，ｃが冬至の日である。夏至の日は冬至の日に比べて太陽が出ている時間が長いが，５時間以上ではない。

3 問１，２　ホウセンカは双子葉類で，図３の方向から観察したときに，水が通る管はイのように輪のような形で分布している。これを図２の方向から見ると，ウのようになる。

問３　ア○…ホウセンカの花は花びらが１枚ずつ離《はな》れている離弁花《りべんか》である。なお，ナスの花は花びらが根元でくっついている合弁花である。

問４　イ○…塩化コバルト紙は水に反応して，青色から赤色に変化する。また，根から吸い上げた水が気こうから水蒸気の形で出ていく現象を蒸散という。気こうは葉のうら側に多いので，塩化コバルト紙の色の変化が最も明確であった部分は葉のうら側である。

問５　イ，カ○…ワセリンをぬった部分からは水蒸気が出ていかないので，水蒸気が出ていく部分はA(葉の表，葉のうら，茎)，B(葉のうら，茎)，C(葉の表，茎)，D(茎)である。よって，葉のうら側からの蒸散量を調べるには，Aの蒸散量からCの蒸散量をひくか，Bの蒸散量からDの蒸散量をひけばよい。

4 問１　コウモリ，クジラ，シャチはほ乳類，ペンギンは鳥類，イモリは両生類である。

問２　ほ乳類，鳥類，は虫類，両生類の成体は肺呼吸(両生類の成体はひふ呼吸もする)，両生類の幼生と魚類はえら呼吸である。カメ，ヤモリはは虫類，メダカ，サメは魚類，イルカはほ乳類である。

問３　ウ○…①８時から 20 時まで光を当てたときのマウスの行動リズムのパターンから，このマウスは夜行性だとわかる。　②～⑤４日目から 10 日後の 13 日目の活動開始時刻は１～３日目までと比べて６時間→360 分遅《おそ》くなっているので，このマウスの体内時計は１日当たり 360÷10＝36(分)，24 時間よりも長いと考えられる。

問４　常に暗い環境で飼育してから 10 日目の午前２時に活動を開始するので，その３日後の 13 日目には 36×３＝108(分)→１時間 48 分後の午前３時 48 分に活動を開始する。

5 問１　$25\times\frac{80}{100}=20$(ｇ)

問２⑴　硫酸銅五水和物 15ｇにふくまれる水は $15\times\frac{9}{25}=5.4$(ｇ)だから，水は 85＋5.4＝90.4(ｇ)である。

⑵　硫酸銅五水和物 15ｇにふくまれる硫酸銅は 15－5.4＝9.6(ｇ)だから，〔濃《こ》さ(%)＝$\frac{\text{とけているものの重さ(g)}}{\text{水よう液の重さ(g)}}$×100〕より，$\frac{9.6}{100}\times100=9.6$(%)となる。

問３⑴　エ○…ろ過では，ガラス棒を伝わらせるようにして，液体をろうとに注ぐ。ろうとの先のとがった方をビーカーのかべにつける。　(2)　イ○…ろ紙は四つ折りにしてろうとにはめるので，とけ残った固体はろ紙の半分の部分につく。　(3)　30℃の硫酸銅水よう液でとけ残りができるとき，濃さは$\frac{25}{100+25}$＝20(%)である。水の量が変わっても，とけ残りが出るときの濃さは20%で変わらない。

[6] **問１**　酸性の水よう液とアルカリ性の水よう液を混ぜると互いの性質を打ち消し合う中和が起こる。

**問２**　イ○…塩酸と水酸化ナトリウム水よう液を混ぜて中和が起こるとき，食塩と水ができる。ちょうど中性になったときには食塩水ができるので，水を蒸発させると食塩の結晶ができる。

**問３**　Ｃの濃さはＢの２倍だから，中性にするのに必要な塩酸の量はＢの２倍の 10 ㎤である。

**問４**　Ｂ50 ㎤に塩酸を加えて中性にすると，２ｇの白いつぶができた。ＡはＢの 10 倍，ＣはＢの２倍の濃さだから，ＤはＢの $10\times\frac{1}{2}+2\times\frac{1}{2}=6$ (倍)の濃さである。よって，Ｄ50 ㎤では，$2\times6=12$(ｇ)の白いつぶが残る。

**問５**　問４解説と同様に考えると，ＥはＢの $10\times\frac{2}{3}+\frac{1}{3}=7$ (倍)の濃さである。よって，Ｅ100 ㎤では，$2\times7\times\frac{100}{50}=28$(ｇ)の白いつぶが残る。

[7] **問１**　612÷340＝1.8(秒)

**問２**(1)　スピーカーからの音と自動車が進む距離の合計が 612mになる。１秒間にスピーカーからの音と自動車は340＋20＝360(m)近づくので，612÷360＝1.7(秒後)である。　(2)　９秒間で自動車は20×９＝180(m)進むので，９秒後のスピーカーと自動車の距離は 612－180＝432(m)である。よって，自動車に乗っている人はその 432÷360＝1.2(秒後)の 10.2 秒後まで音が聞こえるので，音が 10.2－1.7＝8.5(秒間)聞こえる。

**問３**　クラクションの音と自動車が進む距離の合計が 612×２＝1224(m)となる。１秒間に音と自動車は合計で360m進むので，壁に当たってはね返ってきた音が自動車に聞こえ始めるのは，クラクションを鳴らしてから 1224÷360＝3.4(秒後)である。

[8] **問１**　ア，イ○…図１の状態でつり合っていたので，図１の左側のおもりは 100ｇである。左側のおもりの方が軽いときに，左側を下向きに引くと，左右のおもりが動き出さないようにすることができる。

**問２**　エ○…左側のおもり(100ｇ)との重さの差が大きいほど，おもりに加える力が大きくなる。

**問３**　Ａの左右でおもりがつり合うように，80ｇのおもりを 120－80＝40(ｇ)で引く。その結果，Ｂの左側には120×２＝240(ｇ)の力がかかるので，Ｂの右側につけたおもりの重さは 240ｇである。

**問４**(1)　80ｇのおもりを 40ｇの力で引いたとき，左側のＡの左右にはそれぞれ 120ｇの力がかかるので，右側のＡの左右にもそれぞれ 120ｇの力がかかるようにする。左右どちらかの重さが 120ｇのカとキではおもりが動き出さない。また，120ｇのおもりを 40ｇの力で下から支えたとき，左側のＡの左右にはそれぞれ 80ｇの力がかかるので，右側のＡの左右にもそれぞれ 80ｇの力がかかるようにする。左右どちらかの重さが 80ｇのアとエではおもりが動き出さない。　(2)　右側のＡの左右どちらかのおもりに加える力はいずれも 40ｇだから，おもりが動き出さないア，エ，カ，キのうち，加える力が最も小さいものを選ぶ。アは 20ｇ，エは 30ｇ，カは 30ｇ，キは 10ｇの力を加えるとおもりが動き出さないので，加えた力の大きさの合計が最も小さくなるおもりの組合わせはキである。

## 《2023　社会　解説》

[1] **問１**　新潟県の旧国名は越後である。場所だけでも山脈名は答えられるようにしておこう。「越」が旧国名についている県は，富山県の「越中」，福井県の「越前」があるので，あわせて覚えておくとよい。

**問２**　「那須」「日光」「足尾」「鬼怒川」「渡良瀬川」より，栃木県と判断する。

**問３**　Ｘ―Ｙの線上の等高線をＸ→Ｙの方向でみると，Ｘ付近は広く台地であり，次に低地と台地が数回交互にくり返され，Y付近になると広く低地になっている。よって，イと判断できる。

**問4**　関東の割合が大きいハ・ニがそれぞれ人口・年間商品販売額のどちらかであることがわかる。関東には日本の人口の３割が住んでいるので，ハが人口であり，ニが年間商品販売額であるとわかる。イは北海道の割合が最も高いので面積であり，残ったロが農業生産額である。

**問5**　大分市には日本製鉄があり，臨海工業地域を形成している。

**問6**　昼間人口の比率が圧倒的に高い(１)が東京であると考える。学校や企業が多く集まる東京には，昼間に周辺地域から多くの人口が流入する。川口市は東京に隣接《りんせつ》しているので，昼間は東京に多くの人口が流出すると考えて(３)，宇都宮市は栃木県の県庁所在地なので，周辺地域からの人口流入もあると考え，(２)と判断する。

**問7**　(1)X.「東京都庁がある」より，新宿と判断する。　Y.「研究学園都市」より，筑波と判断する。

(2)　1995～2020年の埼玉県をみると，人口が減少している市町村も多いが，県庁所在地近くの都市部で人口が増加していて総人口が減少しているかはわからないので，ハが誤り。

**問8**　ヒートアイランド現象の原因は土地利用の変化と人工排熱の影響が原因とされている。特に土地利用の変化では，草地，森林であれば，地面の土に水分が多くふくまれるので，気化熱によって気温の上昇をおさえられるが，コンクリートやアスファルトの場合は直射日光で表面温度が高温になるので，気温が上昇しやすい。また，夜間も熱を保持するので，気温が下がりにくくなる。

**2**　**問2**　静岡市は太平洋側の気候なので，夏に降水量が多いエを選ぶ。　イは富山市，ロは仙台市，ハは高松市。

**問3**　魚の卵を人工的にふ化させて，稚魚を海や川へもどすのが栽培漁業であり，海藻類を養殖することではないので，ハが誤り。

**問4**　昆布は冷たい海でしかとれず，現在でもそのほとんどが北海道でとれるものである。江戸時代，蝦夷地でとれた昆布は北前船によって大阪に運ばれた。菱垣廻船は大阪・江戸間で運航された船であるので誤り。

**問5**　(P)はオーストラリアとアメリカ合衆国が多いので牛肉と判断する。牛肉の輸入は 2015 年まではほとんどがアメリカからであったが，アメリカでＢＳＥが発生し，一時輸入が停止されたことで，その間の輸入はほとんどがオーストラリアからとなった。アメリカからの輸入が再開してからは，アメリカの割合がだんだん増え，現在ではオーストラリアとアメリカが同じくらいとなり，この２国でほとんどの割合を占めている。(R)はブラジルの割合が多いので，鶏肉と判断する。ブラジルは鳥インフルエンザの心配がないといわれ，安定した供給が見こめることもあり，割合が多くなっている。アメリカの割合が多くないことは覚えておきたい。残った(Q)が豚肉と判断すればよい。

**問6**　日本で最も多いのがYなので，Yは米，アメリカ合衆国，ドイツで最も多いのがZなので，Zが小麦と判断する。残ったXがいも類となる。アジアでは米，欧米では小麦，アフリカではいも類を主食とする国が多くある。

**問7**　ピーマンは茨城県をはじめ，温暖な気候を生かした促成栽培がさかんな宮崎県や高知県で生産が多いので，ニが正しい。　イ．オリーブは乾燥に強い植物である。年間降水量が少ない香川県ではその気候を生かし，オリーブの生産をしている。国内のオリーブの生産のほとんどは香川県であるので，誤り。　ロ．メロンは茨城県，北海道，熊本県などで生産がさかんなので，誤り。　ハ．キャベツは愛知県，群馬県などで生産がさかんなので，誤り。

**3**　**問1**　縄文時代の遺跡はニの，三内丸山遺跡のみである。　イ．登呂遺跡は静岡県にある，弥生時代の農業集落遺跡であるので誤り。　ロ．吉野ヶ里遺跡は佐賀県にある弥生時代の遺跡で，争いに備えた設備がある，日本最大級の環濠集落《かんごうしゅうらく》であるので，誤り。　ハ．岩宿遺跡は群馬県にある，旧石器時代の遺跡なので誤り。

**問3**　四天王寺は飛鳥時代，聖徳太子によって建立された。　イの平等院鳳凰堂は藤原頼通(平安時代)，ロの延暦寺は最澄(長岡京の時代)，ニの東大寺は聖武天皇(奈良時代)によって建立された。

**問4**　防人とは，北九州の警備についた兵士のことなので，ロが誤り。都の警備をしたのは衛士。

**問5**　寝殿造は，平安時代中期頃に発達した国風文化の建築様式である。寝殿造は中央に寝殿があり，周りの建物と廊《ろう》下《か》でつながっていた。部屋は板の間で，間仕切りはほとんどなく，屏風などで仕切られていた。

**問6**　守護が荘園の年貢の半分を取り立てることを認めたのは室町幕府である。鎌倉時代の記述としては不適なので，イが誤り。

**4**　**問1**　「1279 年」とあるので，鎌倉時代だと判断する。「裁判」とあるので，鎌倉幕府の問注所に旅立つと考えると，目的地は鎌倉幕府が置かれたハの鎌倉だとわかる。

**問2**　イ．馬借は各地に拠点をおいて馬をのりついだが，当時の宿駅とは異なるものなので誤り。　ハ．関所で鉄砲の取り締まりが行われたのは江戸時代なので，誤り。鉄砲が種子島に伝来したのは1543年である。　ニ．木綿が広まりはじめたのは室町時代であるが，この頃はまだすべて輸入したものであったので誤り。

**問4**　『東海道中膝栗毛』は十返舎一九の作品なので，ニが誤り。曲亭(滝沢)馬琴は，『南総里見八犬伝』の作者である。

**問5**　資料4は江戸時代の元禄文化の頃に活やくした，俳人である松尾芭蕉の『おくのほそ道』の冒頭部である。

**問6**　X．徳川光圀は「水戸黄門」として知られている人物である。それがわからなくても，「徳川」とあるので，江戸幕府の親藩の御三家であった水戸と判断できるようにしたい。　Y．日米修好通商条約では新たに，神奈川(横浜)・兵庫(神戸)・新潟・長崎が開港された。平戸は出島に移設される前のオランダ商館があった場所である。

**5**　**問1**　不敬事件は内村鑑三が教育勅語に最敬礼をしなかったことで，教職を追われた事件であるが，「国民道徳の基準」「憲法発布の翌年に公布」(憲法は大日本帝国憲法のこと)から教育勅語と判断できるとよい。

**問2**　日本銀行は 1882 年に創設された。Bグループの発表や設問文中に「紡績業・製糸業などが急速に発展する基礎」とあることから，明治時代初期の，政府による近代化政策の１つと判断すればよい。

**問3**　第一次世界大戦は 1914 年～1918 年であるので，それ以降の貿易額をみるとよい。第一次大戦の時期に日本は好景気となり(大戦景気)，貿易額は大幅に増加した。1920 年以降は戦後恐慌となるものの，戦前の規模にもどっているとはいえないので，誤り。イの関東大震災は 1923 年，金融恐慌は 1927 年～である。ニの世界恐慌は 1929 年である。

**問4**　日清戦争後，下関条約によって日本は中国から遼東半島を割譲することになったが，この頃不凍港を求めて満州への進出をねらっていたロシアはそれに危機感を強め，ただちにドイツ，フランスとともに遼東半島を返すようせまった(三国干渉)。

**問5**　海軍の青年将校によって犬養毅首相が暗殺された，五・一五事件(1932 年)によって，政党内閣が終わり，軍部が力をもつようになった。　ロ．柳条湖事件をきっかけとした満州事変(1932 年)によって，日本は満州国を建国したが，国際連盟が派けんした，図３のリットン調査団の報告から，満州国の建国が認められなかったため，日本は国際連盟からの脱退を通告した(1933 年)。　イ．国家総動員法は日中戦争中の 1938 年に制定されたので誤り。

ハ．張作霖爆殺事件は柳条湖事件より前の 1928 年に起きたので誤り。

**6**　**問2**　国会は内閣が署名した外国との条約を承認するので，イが正しい。　ロ．内閣総理大臣が行う。国務大臣の過半数は国会議員の中から選ばなければならない。　ハ．天皇の国事行為の一つ。　ニ．内閣が行う。

**問3**　ハの職業を選ぶ権利は，自由権のうちの経済活動の自由にふくまれる。イは教育を受ける権利で社会権，ロは労働三権の一つで社会権にふくまれる。ニは請願権である。

**問４**　「社会権は20世紀になって登場した権利」とあるので，ロの大日本帝国憲法(1889年)，ハのアメリカ独立宣言(1776年)，ニのフランス人権宣言(1789年)は誤りだと判断できる。イの国際人権規約は1966年に国際連合総会で採択された。世界人権宣言の内容を条約化したものである。

**問６**　解散があり，参議院より任期が短い衆議院では，いくかの事項において衆議院の意思が優先され，これを衆議院の優越という(右図)。

| 優越事項 | 内容 | 結果 |
|---|---|---|
| 法律案の議決 | 衆議院→可決<br>参議院→否決<br>衆議院で出席議員の３分の２以上の多数で再可決 | 法律となる |
| 予算の議決<br>条約の承認 | 衆議院と参議院の議決が異なり，両院協議会を開いても不一致<br>(参議院が，衆議院が可決した議案を受け取った後30日以内に議決しない場合) | 衆議院の議決が国会の議決となる |
| 内閣総理大臣の指名 | 衆議院と参議院の指名が異なり，両院協議会を開いても不一致<br>(衆議院の指名後10日以内に参議院が議決しない場合) | |
| 予算の先議 | 予算は衆議院が先に議決する | |
| 内閣不信任決議 | 内閣不信任決議は衆議院だけができる | |

**問７**．下図

| 国会の種類 | 召集 | 主な議題 |
|---|---|---|
| 常会<br>(通常国会) | 毎年１月中に召集され会期は150日間 | 翌年度の予算の議決 |
| 臨時会<br>(臨時国会) | 内閣が必要と認めたとき，またはいずれかの議院の総議員の４分の１以上の要求があったとき | 臨時の議題の議決 |
| 特別会<br>(特別国会) | 衆議院解散による衆議院議員総選挙が行われた日から30日以内 | 内閣総理大臣の指名 |
| 参議院の<br>緊急集会 | 衆議院の解散中に，緊急の必要がある場合に，内閣が求めたとき | 緊急を要する議題の議決 |

**問８**．簡易裁判所からの控訴は，民事裁判の場合は地方裁判所，刑事裁判の場合は高等裁判所にするので誤り(下図)。

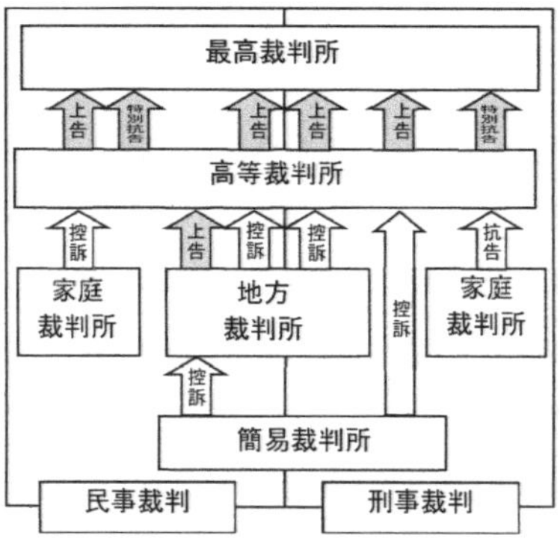

# ★福岡大学附属大濠中学校

## 《国　語》

一　問一．a．起因　b．著　c．根幹　d．祖先　問二．A．目／然　B．日／月
問三．C．寸　D．筋　問四．イ　問五．エ　問六．ただの紙切れを価値があるように仕立てた虚構の産物であり、／ただの一個人を大きな権力に見合う人物であるように仕立てた虚構の産物である　問七．ア
問八．ウ　問九．エ　問十．高度に多義的で、存分に読み応えがあり、表面上の文意の背後にある事情を付度する必要性が高い　問十一．Ⅰ．世の中や人の心理への洞察力　Ⅱ．ア

二　問一．Ⅰ．目じり　Ⅱ．目頭　問二．イ　問三．エ　問四．ウ　問五．雨音の誕生日を母親の手料理で祝うために、国吉さんにも言わずに、毎年国吉さんが作った料理をテイクアウトしているということ。
問六．ア　問七．ウ　問八．ア　問九．これまでは国吉さんから間接的に誕生日を祝ってもらっていたが、事情が明らかになった今、レストランのコックとしてではなく母親として直接祝ってもらえる場をつくることで、同居人ではなく家族としての関係を築きたいと思ったから。　問十．イ　問十一．イ

三　問一．ウ　問二．エ　問三．ア　問四．物は所有することに意味があるのではなく利用することに意味があるのだと考え、いつでも好きなだけ利用できる安心感とお得感を求める　問五．ア

## 《算　数》

1　①22　②$2\frac{4}{5}$　③8　④450　⑤1650　⑥15　⑦9　⑧32.56　⑨162　⑩ウ

2　⑪30　⑫12，24　⑬46　⑭108

3　⑮金　⑯日　⑰2033　⑱48　⑲日　⑳1950　㉑14

4　㉒45　㉓144.5　㉔84.5　㉕265.33　㉖25：204

5　㉗1　㉘$2\frac{2}{3}$　㉙$5\frac{1}{3}$　㉚$\frac{2}{3}$　㉛6

## 《理　科》

1　問１．ア　問２．イ　問３．ウ　問４．①イ　②ア　問５．ア，エ

2　問１．イ　問２．北極星　問３．東…D　西…B　南…A　北…C　問４．57　問５．オ

3　問１．エ　問２．イ　問３．エ　問４．ア　問５．ケ　問６．ウ

4　問１．ア　問２．イ　問３．ア　問４．③　問５．ア　問６．0.4725　問７．イ

5　問１．ア，エ　問２．①オ　②イ　③ウ　問３．ウ　問４．①ア，ウ　②ア，イ

6　問１．ウ，オ　問２．エ　問３．a．ア　b．ア　c．イ　問４．ウ

7　問１．エ　問２．イ　問３．イ，オ　問４．ウ　問５．オ

8　問１．a．塩化水素　b．中和　問２．食塩〔別解〕塩化ナトリウム　問３．2.7　問４．4.1

## 《社　会》

1 問1．⑴ハ　⑵ロ　⑶ニ　問2．ハ　問3．ニ　問4．ヘ　問5．イ　問6．河川沿いでは，洪水が発生し，海岸沿いでは高潮が発生する。

2 問1．ニ　問2．⑴茨城　⑵福島　問3．ハ　問4．ロ　問5．カルデラ　問6．イ　問7．ロ

3 問1．ハ　問2．イ　問3．ニ　問4．ロ　問5．ロ　問6．ハ

4 問1．ハ　問2．ニ　問3．ニ　問4．ロ　問5．イ　問6．アヘン戦争で清がイギリスに敗れたことを知った幕府は，異国船打払令を薪水給与令に改め，外国船には水や燃料を与え，国外に退去させる政策に切りかえた。

5 問1．2　問2．史料1は，第8条で裁判はその国の法律で裁くことを保障しているが，史料3は，第11条で朝鮮での事件を日本の領事が裁くとしている点。　問3．ハ　問4．イ　問5．ハ

6 問1．ホ　問2．イ　問3．ハ　問4．イ　問5．⑴ロ　⑵イ　問6．⑴勤労　⑵Y．税を納める人　Z．税を負担する人　（YとZは順不同）

←解答例は前のページにありますので，そちらをご覧ください。

## 《2022　国語　解説》

一 **問五**　直前の二文の内容から、英語を「生きた言語」、古語を「死んだ言語」と表現していることがわかる。英語は、「国際交流やビジネスのうえで必要不可欠の知識」である。一方、古語は、「現代社会でどのように役立つのか分からない」古典文学を読みこなすための知識であり、それ以外の使い道を見いだせない。よって、こうした内容と一致《いっち》するエが適する。

**問六**　お金(紙幣《しへい》)は「もとはただの紙切れ」なのに、「それにあたかも価値があるような虚構《きょこう》をつくりだし」、その虚構、フィクションを「日本人全体で共有している」。また、政治家も、大臣ともなれば「国家運営の一翼《いちよく》を担うような権力を与《あた》えられ」、その権力を与えるに値する人物としてあつかわれる。しかし、選挙で当選し、政治経験を積んだ大臣であっても、もとは「ただの一個人」である。――②の直後に「経済が価値をめぐるフィクションだとすれば、政治は権力をめぐる虚構だとでもいえようか」とあるように、お金と政治家には、人間が作り出したフィクションが深く関わっている。

**問七**　「化けの皮が剥《は》がれる」とは、隠していた性質や真実などがばれてしまうこと。――②の直後に「経済が価値をめぐるフィクションだとすれば、政治は権力をめぐる虚構だとでもいえようか」とある。経済も政治もフィクションであること、つまり信じていただけの価値や中身がないということが、バブル崩壊《ほうかい》や政治家の汚職《おしょく》によってばれてしまったということ。よって、アが適する。

**問八**　「失地回復」とは、失われた土地や地位、勢力などを取り戻《もど》すこと。筆者は、文章の２段落目で「大人になるにつれ、経済や政治といったものを実学として尊び、文学を虚構として軽視するのは少しおかしなことである」と述べている。――④の前までで、実学である「経済や政治」も虚構に過ぎないということを説明しているのは、虚構であるという理由で軽視されている文学の評価を取り戻すためである。よって、ウが適する。

**問九**　アとウは、「フィクションを通した疑似的《ぎじてき》な体験」と関係がないので適さない。イは、「フィクションを通した疑似的な体験」が「現実世界での大きな失敗や不幸の体験を回避《かいひ》すること」につながっているとは言えず、適さない。エは、「主人公が出世して傲慢《ごうまん》になり孤立《こりつ》する」という内容の本を読むことが、「フィクションを通した疑似的な体験」にあたり、また、それを反面教師にしてふるまったことが、「現実世界での大きな失敗や不幸の体験を回避すること」にあたる。よって、エが適する。

**問十**　すぐれた古典文学は、「高度に多義的であり、存分に読み応えがあるものである～一朝一夕には読みこなせず、想像力を駆使《くし》して行間を読んでいかなければならない」。また、古典文学には「表面上の文意の背後にある事情を忖度《そんたく》する面白さ」もある。こうした特徴《とくちょう》をもつ古典文学を読むことで、「世の中や人の心理への洞察力《どうさつりょく》」が鍛《きた》えられる。――⑥の「根源的な力」は、この「世の中や人の心理への洞察力」を指している。

**問十一**　Ⅰ　――④の４行後以降で、文学や古典文学を学ぶ意味について述べている。最後の段落で、古典文学を読むことで、「世の中や人の心理への洞察力」が鍛えられると述べている。　Ⅱ　文章中に、「実学重視の志向は、今後も変わらないかもしれない」が、「私たちの人生は～経済的に恵まれれば、それで幸せだというほどには、単純ではない」とあり、筆者はここに文学や古典文学を読む意味を見いだしている。よって、アが適する。

二 **問三**　66行目で、「じゃあなんで(去年の雨音《あまね》の誕生日に)来てくれなかったの？　もしかしたら帆波《ほなみ》さん、気をつかって」とたずねる雨音に対し、帆波さんは「それもあるけど、ちょっと悔《くや》しかったのもあるかな」と答えている。

帆波さんが悔しかったのは、後の会話にあるように、雨音の十八歳の誕生日までは、国吉さんの料理をテイクアウトしてお祝いをすると言われたことである。帆波さんは、広希さんのこの言葉で、血縁関係のない自分は、やはり実の母親(＝国吉さん)にはかなわないと感じたのである。よって、エが適する。

**問四**　後の会話に、「広希さん、毎年ここのお料理をテイクアウトしてたんだね」「お誕生日は、お母さんの料理を食べさせてあげたかったんだよ」とある。雨音は、毎年誕生日に食べていた煮込《にこ》みハンバーグが、今いるレストランでテイクアウトしたもので、国吉さんが作っていたものであることを知らなかった。そのため、目の前に置かれた煮込みハンバーグを見て驚いたのである。よって、ウが適する。

**問五**　ここで話題にしているのは、少し前の帆波さんの言葉にあるように、広希さんが、雨音のお誕生日には、「お母さんの料理を食べさせてあげた」くて、「毎年ここのお料理をテイクアウトして」いたということ。また、直前の会話にあるように、このことを広希さんは国吉さんに伝えていなかった。

**問六**　帆波さんは、「国吉さんは毎年、広希さんが雨音ちゃんの誕生日に料理をテイクアウトしていたことに、気づいていたんじゃないかな」と言っている。──④の「そういうこと」とは、国吉さんはこのことを知っていたので、家ではほとんど洋食を作らないのではないかということ。つまり、帆波さんは、国吉さんが家でほとんど洋食を作らないのは、誕生日の料理を自分が作っていたことを雨音に知られたくないからだと考えている。よって、アが適する。

**問七**　少し前で帆波さんは、「雨音ちゃんは、ずっとずっと小さい頃《ころ》から、お母さんにもお誕生日をお祝いしてもらっていたんだよ」と言っている。このあと雨音は、誕生日にハンバーグを食べる自分を嬉《うれ》しそうに見ていた広希さんのことを思い出した。そして、自分の誕生日のお祝いには、そんな両親の思いが込められていたことを初めて知って、感動している。よって、ウが適する。

**問八**　──③の前に、このレストランのオーナーが、誕生日のお祝いの計画に毎年協力していたことが書かれている。両親の思いに感動していた雨音は、オーナーを前にして照れくさくなり、このように言ったと考えられる。共犯者という言葉は、ふつうはよくないことを行った人に対して使うものであり、ここでは照れかくしに冗談《じょうだん》めかして言っている。よって、アが適する。

**問九**　設問にある文章には、一緒に生活する三人の会話が少ないことや、国吉さんが「『わたしと暮らしますか』ではなく『わたしと住みますか』と言った」ことが書かれている。こうした描写から、雨音と国吉さんは実の親子であるにも関わらず、その関係は同居人の関係に近いことがわかる。国吉さんからのお祝いのケーキも、親子としてではなく、レストランのコックと客という関係で渡されている。雨音は、ケーキを家に持って帰って三人で一緒に食べる、つまり家族としてお祝いをしてもらうことで、これからは家族としての関係を築きたいと思っている。

**問十**　67 行目の「ちょっと悔しかったのもあるかな」や、73 行目の「わたし、国吉さんにやきもち焼いていたんだよ」といった言葉は、帆波さんが自身の複雑な心境を吐露《とろ》したものである。また、51 行目の「雨音ちゃんは、ずっとずっと小さい頃から、お母さんにもお誕生日をお祝いしてもらっていたんだよ」や、109 行目の「国吉さんが帰ってきたら三人で食べようね」という言葉からは、雨音の気持ちに寄り添おうとしていることが読み取れる。よって、イが適する。

**問十一**　イについては、直前の帆波さんの言葉で、国吉さんが誕生日のハンバーグのことに気づいていたかもしれないという話が現実味を増し、雨音が動揺《どうよう》する様子を表現している。よって、イが適する。

三　**問一**　サブスクリプションの売上は、2016 年が 200 億円、2020 年が 589 億円と、３倍近くに増えているので、ウが適する。

**問二**　円グラフは、各項目の構成比率を読み取るのに便利なグラフであり、それらを年度別にならべると、構成比率の変化が見やすくなる。よって、アとイは適する。サブスクリプションの比率は、2017 年は 46%、2020 年は 75%であり、急速に普及したことがよくわかるので、ウも適する。よって、エが正解。

**問三**　2020 年は、車両台数が約４万台、会員数が約 200 万人となっている。200 万÷４万＝50 なので、アが適する。

**問四**　直後で先生が、「Ａさんの言うように、人々の物に対する価値観が変化し、何に満足感を覚えるのかも変わってきているということでしょうね」と言っている。これをふまえると、 X に入るのは、人々の物に対する価値観がどう変化し、何に満足感を覚えるのかといった内容である。【資料４】を見ると、「モノを持つこと（持てること）」が豊かさの表れであると考えている人は 32.5%にとどまっている。また、「音楽のサブスクやカーシェアリング」はモノを所有せずに利用するものであり、これらがはやっているということは、モノを持つのではなく利用することに意味があると考える人が増えてきていると考えられる。

**問五**　サブスクリプションの説明に「あらかじめ決められた料金を月ごとなどに支払う」とある。アは「その都度有料で」とあるので、サブスクリプションにはあたらない。よって、アが正解。

## 《2022　算数　解説》

**1**　(1)①　与式$=14+8\times9\times\frac{1}{3}-7\times6\times\frac{1}{3}-2=14+24-14-2=22$

(2)②　与式$=\frac{4}{7}\times(\frac{9}{5}-\frac{7}{5}\times\frac{2}{7}+\frac{7}{2})=\frac{4}{7}\times(\frac{9}{5}-\frac{2}{5}+\frac{7}{2})=\frac{4}{7}\times\frac{7}{5}+\frac{4}{7}\times\frac{7}{2}=\frac{4}{5}+2=2\frac{4}{5}$

(3)③　**【解き方】ａからｂまで等間隔《とうかんかく》で並ぶｎ個の数の和は，（ａ＋ｂ）×ｎ÷２で求められることを利用する。**

$\frac{1}{\square}+\frac{2}{\square}+\frac{3}{\square}+\cdots\cdots+\frac{15}{\square}=\frac{1+2+3+\cdots\cdots+15}{\square}=\frac{(1+15)\times15\div2}{\square}=\frac{8\times15}{\square}$　　これが 15 になるから，□＝8

(4)④　**【解き方】Ａ３個とＢ５個の金額が等しいのだから，ＡとＢの値段の比は５：３である。**

Ｂ１つの金額は，$1200\times\frac{3}{5+3}=450$(円)

(5)⑤　**【解き方】全体の道のりの$\frac{3}{5}$と$\frac{11-6}{11}=\frac{5}{11}$との差が 240mである。**

240mは全体の道のりの，$\frac{3}{5}-\frac{5}{11}=\frac{8}{55}$にあたるから，全体の道のりは，$240\div\frac{8}{55}=1650$(m)

(6)⑥　**【解き方】１人の個数を 12－10＝２(個)増やしたら，必要なチョコレートの個数は 30－18＝12(個)増えた。**

人数が 12÷２＝６(人)で，チョコレートは 10×６＋30＝90(個)あるから，90÷６＝15(個)ずつに分ければ余らない。

(7)⑦　**【解き方】すべての場合を書き出す。**

４人をＡ，Ｂ，Ｃ，Ｄとし，それぞれが用意したプレゼントをａ，ｂ，ｃ，ｄとすると，交換の仕方は右表の９通りある。

| A | B | C | D |
|---|---|---|---|
| b | a | d | c |
| b | c | d | a |
| b | d | a | c |
| c | a | d | b |
| c | d | a | b |
| c | d | b | a |
| d | a | b | c |
| d | c | a | b |
| d | c | b | a |

(8)⑧　**【解き方】ひもは右図のように直線部分と曲線部分に分けられる。**

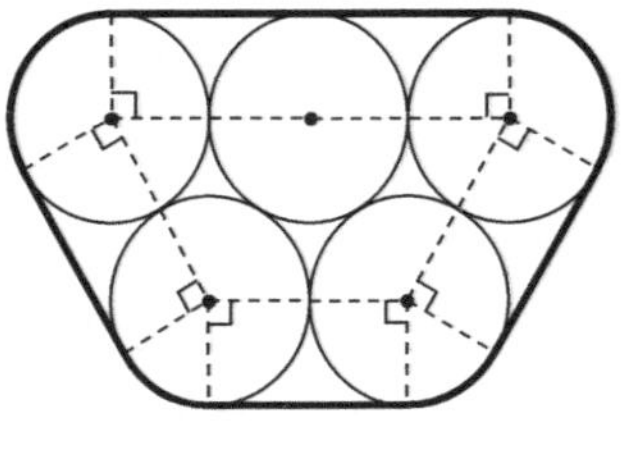

直線部分の長さの和は，２×10＝20(cm)　　曲線部分を合わせると半径２cmの円ができるから，曲線部分の長さは，２×２×3.14＝12.56(cm)

よって，ひもの長さは，20＋12.56＝32.56(cm)

**⑼⑨　【解き方】正六角形は右図のように合同な９×６＝54(個)の正三角形に分けることができる。**

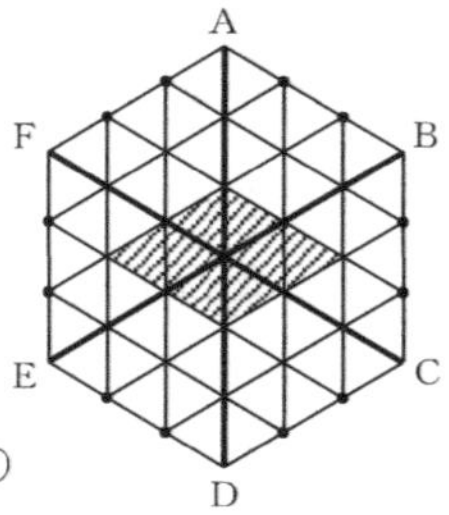


斜線部分の面積は小さな正三角形８個分だから，

正六角形ＡＢＣＤＥＦの面積は，$24\times\frac{54}{8}=162$(㎠)

⑽⑩　ア．Ａの１着がわかってもＢとＣ(Ｅ)のどちらが先かはわからない。　イ．Ｂの２着がわかると，１位から順にＡＢＤ○○となるが，ＣとＥのどちらが先かはわからない。　ウ．Ｃの３着がわかると，１位から順にＡＥＣＢＤに決まる。

エ．Ｄの４着がわかると，１位から順にＡ○ＢＤ○となるが，ＣとＥのどちらが先かはわからない。

オ．Ｅの５着がわかっても，ＡとＢのどちらが先かはわからない。

2　⑴(ア)⑪　125 cm＝1.25mだから，1.25×(25－１)＝30(m)

**(イ)⑫　【解き方】最前列の生徒が渡り始めてから最後尾の生徒が渡り終わるまでに最前列の生徒は，(橋の長さ)＋(列の長さ)だけ移動する。**

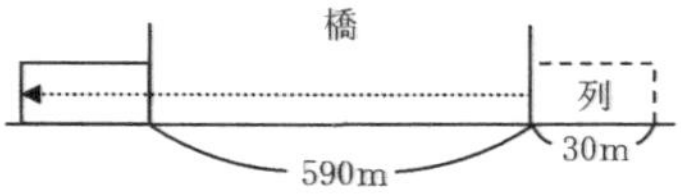


列が 590＋30＝620(m)進む時間を求めるから，$620\div50=\frac{62}{5}=12\frac{2}{5}$(分)，

つまり，12 分$(\frac{2}{5}\times60)$秒＝12 分 24 秒

**⑵⑬　【解き方】(小学生の列の長さ)÷(追いこす時間)＝(小学生と走っている人の速さの差)となる。**

小学生の列の長さは，1.1×(15－１)＝15.4(m)，６秒$=\frac{6}{60}$分$=\frac{1}{10}$分だから，速さの差は，

分速$(15.4\div\frac{1}{10})$m＝分速 154mである。よって，小学生の速さは，分速(200－154)m＝分速 46m

**⑶⑭　【解き方】(２つの列の速さの和)×(すれちがう時間)＝(２つの列の長さの和)となる。**

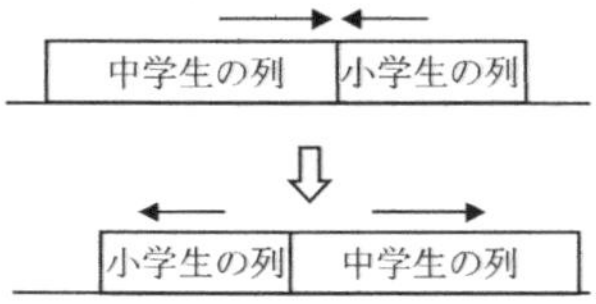


$\frac{144}{5}$秒$=\frac{144}{5\times60}$分$=\frac{12}{25}$分だから，２つの列の長さの和は，$(50+46)\times\frac{12}{25}=\frac{1152}{25}$(m)

(中学生の列の長さ)：(２つの列の長さの和)$=\frac{9}{7}:(\frac{9}{7}+1)=9:16$ だから，

中学生の列の長さは，$\frac{1152}{25}\times\frac{9}{16}=\frac{648}{25}$(m)　　よって，中学生の列の前の人との間隔は，$\frac{648}{25}\div(25-1)=1.08$(m)，つまり，108 cmである。

3　**⑮⑯⑰　【解き方】365 日後は，365÷７＝52 余り１より，52 週と１日後だから，１年後のちょうど同じ日の曜日は１つあとの曜日になる。ただし，うるう年の２月 29 日をまたぐ場合は１日増えるから，２つあとの曜日になる。**

| | |
|---|---|
| 2024 | 日 |
| 2025 | 月 |
| 2026 | 火 |
| 2027 | 水 |
| 2028 | 金 |
| 2029 | 土 |
| 2030 | 日 |
| 2031 | 月 |
| 2032 | 水 |
| 2033 | 木 |

2023 年の４月 14 日の曜日は木曜日の１つあとの⑮金曜日，2024 年の４月 14 日の曜日は金曜日の２つあとの⑯日曜日である。また，１年１年曜日を確かめていくと右表のようになる(太線で囲まれた年はうるう年)から，４月 14 日が次に木曜日になるのは，⑰2033 年である。

⑱⑲　2222 年は 2022 年の 200 年後だから，その間に４の倍数の年は 200÷４＝50(回)ある。そのうち 100 の倍数の年が 2100 年と 2200 年の２回あり，400 の倍数の年はないから，2022 年から 2222 年までに「うるう年」は全部で，50－２＝⑱48(回)ある。したがって，2222 年の４月 14 日の曜日は，2022 年４月 14 日の曜日である木曜日の，200＋48＝248 あとの曜日であり，248÷７＝35 余り３より，３つあとの曜日である。よって，その曜日は⑲日曜日である。

⑳㉑　創立の年は 1951－１＝1950(年)だから，ａ＝⑳1950＋ｂである。$\frac{a}{b}$が整数になる年が「良い年」だから，$\frac{1950+b}{b}=\frac{1950}{b}+1$ が整数になる年を探せばよい。つまり，ｂが 1950 の約数ならばよいが，$1\leqq b\leqq72$ であることに注意する。1950 を素数の積で表すと，1950＝２×３×５×５×13 と表せるから，これらの素因数の組み合わせを考えることで 1950 の約数を求められる。１以上 72 以下の 1950 の約数は，１，２，３，５，13，２×３＝６，

２×５＝10，２×13＝26，３×５＝15，３×13＝39，５×５＝25，５×13＝65，２×３×５＝30，２×５×５＝50 の 14 個あるから，「良い年」は 1951 年から 2022 年までの間に㉑14回ある。

4 ⑴㉒ **【解き方】三角形ＡＢＣと三角形ＥＤＡが合同であることを利用する。**

三角形ＡＣＥはＡＣ＝ＡＥの二等辺三角形である。また，角ＢＡＣ＋角ＤＡＥ＝角ＢＡＣ＋角ＢＣＡ＝90°だから，角ＣＡＥ＝180°－90°＝90°なので，三角形ＡＣＥは直角二等辺三角形である。よって，角㋐＝45°

⑵㉓ 四角形ＢＣＥＤは台形だから，面積は，(12＋５)×(５＋12)÷２＝144.5(㎠)

⑶㉔ 四角形ＢＣＥＤの面積から三角形ＡＢＣの面積の２倍を引いて，144.5－(５×12÷２)×２＝84.5(㎠)

⑷㉕ **【解き方】直角二等辺三角形は正方形を半分にしてできる三角形だから，Ａ，Ｃ，Ｅを通る円の中心はＣＥの真ん中の点であり，右のように作図できる。円の半径をｒ㎝とし，三角形ＡＣＥの面積から，ｒ×ｒの値《あたい》を求める。**

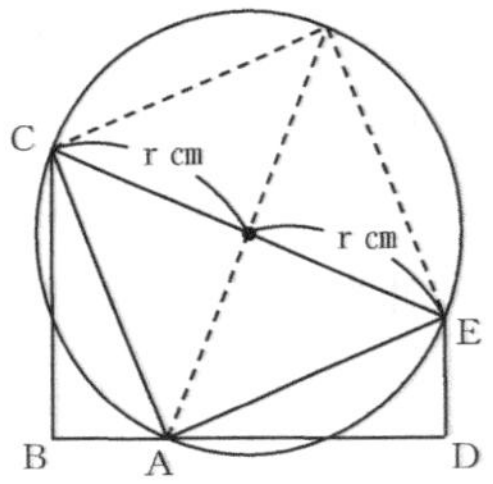


三角形ＡＣＥの面積が 84.5 ㎠で，対角線の長さがｒ×２(㎝)の正方形の面積の半分だから，(ｒ×２)×(ｒ×２)÷２÷２＝84.5 より，ｒ×ｒ＝84.5

よって，円の面積は，84.5×3.14＝265.33(㎠)

⑸㉖ **【解き方】右のように作図することで，三角形ＡＢＦと三角形ＣＨＦは同じ形となり，ＡＦ：ＣＦ＝ＡＢ：ＣＨとなる。ＧＨ，ＣＨの順に長さを求めていく。**

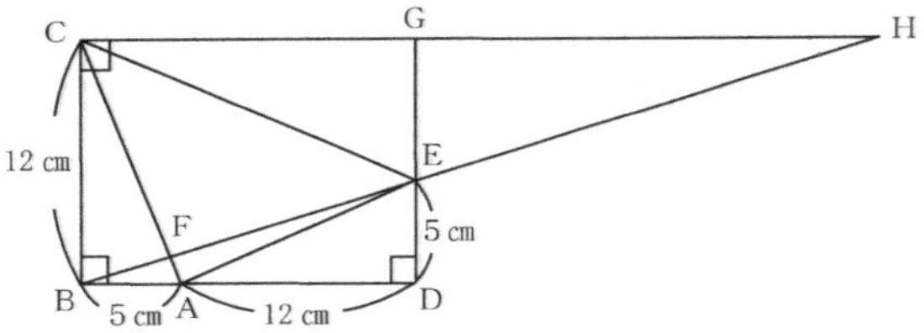


三角形ＤＢＥと三角形ＧＨＥは同じ形だから，

ＤＢ：ＧＨ＝ＤＥ：ＧＥ＝５：(12－５)＝５：７

ＧＨ＝ＤＢ×$\frac{7}{5}$＝17×$\frac{7}{5}$＝$\frac{119}{5}$(㎝)

ＣＨ＝ＣＧ＋ＧＨ＝17＋$\frac{119}{5}$＝$\frac{204}{5}$(㎝)だから，ＡＦ：ＣＦ＝ＡＢ：ＣＨ＝５：$\frac{204}{5}$＝25：204

5 ⑴㉗ 三角形ＡＥＧと三角形ＣＥＨは合同だから，ＥＧ＝ＥＨ　よって，ＥＧ＝ＧＨ÷２＝２÷２＝１(㎝)

⑵㉘ 三角形ＯＡＢの面積が２×２÷２＝２(㎠)で，三角形ＯＡＢを底面としたときの三角すいＯＡＢＣの高さはＯＣ＝４㎝だから，体積は，２×４×$\frac{1}{3}$＝$\frac{8}{3}$＝２$\frac{2}{3}$(㎤)

⑶㉙ **【解き方】右図のように記号をおく。直方体ＡＯＢＪ－ＫＣＬＤの体積から，合同な４つの三角すいＯＡＢＣ，ＪＢＡＤ，ＫＣＤＡ，ＬＤＣＢの体積の和を引けばよい。**

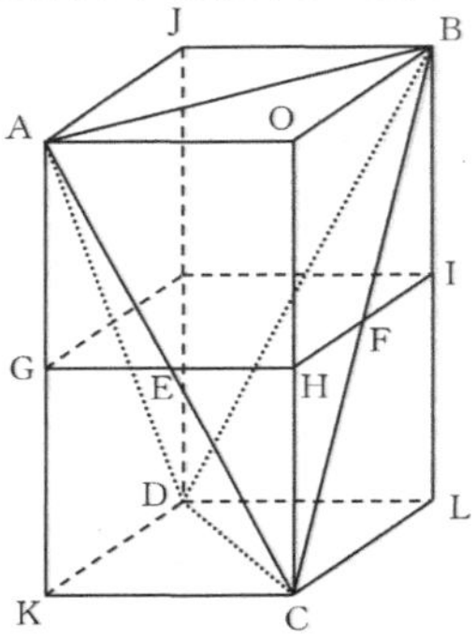


直方体ＡＯＢＪ－ＫＣＬＤの体積は，２×２×４＝16(㎤)

合同な４つの三角すいの体積の和は，⑵より，$\frac{8}{3}$×４＝$\frac{32}{3}$＝10$\frac{2}{3}$(㎤)

よって，三角すいＡＢＣＤの体積は，16－10$\frac{2}{3}$＝５$\frac{1}{3}$(㎤)

⑷㉚ **【解き方】ＯＰ，ＰＱ，ＱＯの長さの和が最小になるのは，展開図上でＯ，Ｐ，Ｑが一直線上に並ぶときである。したがって，三角すいＯＡＢＣの展開図を右のように作図する。$O_1$，$O_2$，$O_3$は組み立てるとき重なり，$O_2$，Ｐ，Ｑ，$O_3$は一直線上に並んでいる。また，展開図全体は１辺が４㎝の正方形である。**

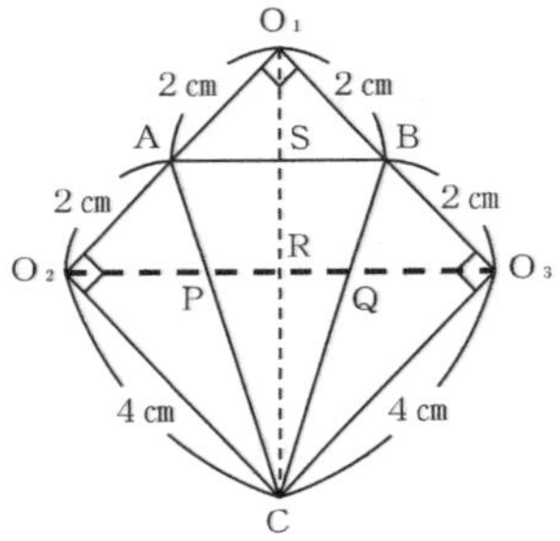


図形の対称性からＡＢと$O_2O_3$が平行だから，三角形ＡＢＣと三角形ＰＱＣは同じ形であり，対応する辺の比はＳＣ：ＲＣと等しい。

また，ＡＢと$O_2O_3$が平行だから，$O_1$Ｓ：ＳＲ＝$O_1$Ａ：Ａ$O_2$＝１：１

$O_1$Ｒ：ＲＣ＝１：１だから，$O_1$Ｓ：ＳＲ：ＲＣ＝１：１：(１＋１)＝１：１：２

したがって，ＳＣ：ＲＣ＝(１＋２)：２＝３：２だから，ＡＢ：ＰＱ＝３：２
よって，ＰＱの長さはＡＢの長さの$\frac{2}{3}$倍である。

**⑸㉛　【解き方】⑷より，１辺が４㎝の正方形の面積から，三角形ＡＢＣ以外の部分の面積を引けばよい。**
４×４－２×２÷２－(２×４÷２)×２＝６(㎠)

## 《2022　理科　解説》

[1] **問１，２**　岩石は川を流れる間に川底や他の岩石とぶつかるなどして角がとれ，丸みを帯びていく。よって，下流にあるものほど角がなく，丸い。

**問４**　①のようなまっすぐな川では，川の中央のＢ地点で水の流れが最も速い。また，②のような曲がった川では，カーブの外側のＡ地点で水の流れが最も速く，内側のＣ地点で水の流れが最もおそい。

**問５**　流れる水には，土砂をけずるはたらき(しん食作用)，土砂を運ぶはたらき(運ぱん作用)，土砂を積もらせるはたらき(たい積作用)があり，流れが速いところではしん食作用と運ぱん作用が大きく，流れがおそいところではたい積作用が大きい。流れが速いＡ地点側では，川底や川岸が大きくけずられてがけになりやすいため，護岸ブロックを設置するとよい。また，小さな土砂は流されて，大きな岩石が残る。これに対し，流れがおそいＣ地点側では，川底は浅く，小さな土砂がたい積して川原ができやすい。

[2] **問１**　地球が太陽のまわりを約１年で１周する運動を公転といい，公転による星の見かけの動きを年周運動という。

**問２**　北極星(ポラリス)は，南極と北極を結んだ直線である地軸《ちじく》の延長線付近にあるため，地球が自転してもほとんど動かないように見える。

**問３**　北極星が見えるＣが北だから，Ａは南，Ｂは西，Ｄは東である。

**問４**　図で，点線ＹＯは地軸の一部だから，角ＹＯＱは90度である。また，北極星の高度(角ＣＯＹ)は観測地点の緯度(33度)と等しい。よって，ａの角度＝180－角ＹＯＱ－角ＣＯＹ＝180－90－33＝57(度)と求められる。なお，真東から上って真西に沈《しず》む星は，春分(秋分)の日の太陽と同じように動くから，春分の日の太陽の南中高度を求めるときと同じように，90－緯度＝90－33＝57(度)と求めることもできる。

**問５**　星の日周運動は地球の自転による見かけの運動だから，北極星以外の星の通り道はすべて星Ｘの通り道と同じかたむきになる。また，星は太陽と同じように，東の地平線から上り，西の地平線に沈む。よって，星ＺはＤとＣの間から上って，ＢとＣの間に沈む。

[3] **問１**　磁石につく金属は，鉄，ニッケル，コバルトなどの一部の金属である。スチール缶《かん》は鉄でできている。

**問２**　棒磁石では，両はしの極の部分で磁石の力が強く，たくさんのクリップがつく。

**問３**　同じ極どうしは反発し合い，異なる極どうしは引きつけ合う。図１と２より，電磁石の右がＮ極(左がＳ極)だとわかるから，Ｂに置いた方位磁針はＳ極が右を指す。

**問４**　電流の向きだけを逆にすると電磁石の極は入れかわるから，問３解説より，左がＮ極，右がＳ極になる。

**問５，６**　２つの電磁石に対して上下にずれた位置にある①と③は，２つの電磁石から受ける力に差が生じると，より大きな力を受ける電磁石に引きつけられるように針の向きが変化する。問５では，①を少し右側にずらすから，電磁石２から受ける力の方が強くなり，方位磁針のＮ極が電磁石２の左のＳ極に強く引きつけられるようになる。また，問６では，電磁石１に流れる電流の大きさを大きくすることで，電磁石１から受ける力の方が強くなり，方位磁針のＳ極が電磁石１の右のＮ極に強く引きつけられるようになる。②については，問５と６のどちらの操作をしても針の向きが変化しない。

4　**問1**　ふりこの周期は，おもりの重さやふれはばを変えても変化せず，ふりこの長さを変えると変化する。ふりこの長さが同じであれば周期も同じということだから，表１より，ふりこの長さが10cmのときの周期は0.63秒である。

**問2**　問１と同様に考えて，ふりこの長さが60cmのときの周期は1.55秒である。

**問3**　表１より，ふりこの長さと周期の関係を読み取る。ふりこの長さが10cmからその４倍の40cmになると，周期が0.63秒からその２倍の1.26秒になっていることがわかる。この関係が，他のふりこの長さのときにも成り立っているので，ふりこの長さを40cmの４倍の160cmにすると，周期は1.26秒の２倍の2.52秒になると考えられる。

**問4**　釘《くぎ》の有無にかかわらず，おもりは放した高さと同じ高さまで上がる。

**問5**　釘の下の40－30＝10(cm)の糸がふれて③の高さまで上がるから，糸はおもりを放したときよりも水平に近づき，ふれはばは15度より大きくなる。

**問6**　釘の左側では40cmのふりことしてふれ，釘の右側では10cmのふりことしてふれる。Ａから釘に引っかかるまでの時間と，釘に引っかかってから最高点に初めて達するまでの時間は，それぞれの長さのふりこの周期の４分の１だから，(1.26÷４)＋(0.63÷４)＝0.4725(秒)である。(答えが割り切れたと判断したため四捨五入していない)

**問7**　おもりがＣに達したとき，ふりこの速さは最大で，次の瞬間《しゅんかん》には水平方向に動こうとするが，糸に引っぱられることで上に上がっていく。ここでは，Ｃに達したときに糸が切れたので上に上がることはなく，一瞬水平方向へ動くが，すぐにおもりにはたらく重力によって下に引かれるので，イのように落下していく。

5　**問1**　カボチャ，ツルレイシ，ヘチマなどのウリ科の植物の花は，雄花《おばな》と雌花《めばな》にわかれている。

**問2**　Ｂを柱頭，Ｄを子房という。なお，Ａはがくである。

**問3**　アは「主に葉，茎《くき》を食べるグループ」，イは「主に根，球根，地下茎《ちかけい》を食べるグループ」，ウは「主につぼみ，実，種子を食べるグループ」である。

**問4**　ある条件が必要であることを確かめるには，その条件だけが異なる２つの結果を比べる。また，ヨウ素液による葉の色の変化より，光合成が行われてデンプンがつくられたのはアだけだから，２つのうち１つは必ずアでなければ，光合成が行われたことが確かめられない。よって，①ではアと光の条件だけが異なるウ，②ではアと葉の緑色の部分の条件だけが異なるイを比べればよい。

6　**問1**　昆虫《こんちゅう》の育ち方には，卵，幼虫，蛹《さなぎ》，成虫の順に育つ完全変態と，蛹にならず卵，幼虫，成虫の順に育つ不完全変態がある。

**問2**　卵からかえることをふ化，蛹になることを蛹化《ようか》，成虫になることを羽化という。多くの昆虫が成虫になるときにしっかりとした羽をもつようになるため，成虫になるときの変態を羽化という。

**問3**　$N_1$が$N_0$より大きければ，次世代の個体数は増加し，$N_1$が$N_0$より小さければ，次世代の個体数は減少したということである。つまり，図１で，曲線が点線より上にあるときにはア，曲線が点線より下にあるときにはイを選べばよい。

**問4**　問３より，成虫個体数が550より少ないときには次世代の成虫個体数が増加し，成虫個体数が550より多くなると次世代の成虫個体数が減少する。このような増減をくり返すことで，成虫個体数がやがて$N_1=N_0$となる550に近づくと考えればよい。

7　**問1，2**　実験１より，ＡとＢは重曹《じゅうそう》か炭酸カルシウムのどちらかであり，実験２より，Ａが重曹，Ｂが炭酸カルシウムだとわかる。重曹の水溶液《すいようえき》はアルカリ性を示すから，赤色のリトマス紙につけると青色になるが，赤色のリトマス紙につけても色は変化しない。なお，実験５からもＡが重曹だとわかる。

**問3**　重曹や炭酸カルシウムが塩酸と反応したときに発生する気体は二酸化炭素である。メタンガスやろうそくには炭素がふくまれている。このような物質を有機物といい，有機物を燃やすと炭素と酸素が結びついて二酸化炭素が発生する。アでは酸素，ウでは水素，カではアンモニアが発生し，エでは鉄と酸素が結びついて酸化鉄ができる。

**問4，5**　実験３より，酸性の塩酸に加えることで赤色リトマス紙の色が変化するようになったＣとＤは，水溶液がアルカリ性を示す水酸化カルシウムか水酸化ナトリウムである(酸性とアルカリ性の水溶液がたがいの性質を打ち消し合う中和が起こり，ＣとＤを溶《と》かす量を増やしていくことで，水溶液が酸性→中性→アルカリ性へと変化した)。また，実験４より，二酸化炭素を吹《ふ》き込《こ》むことで炭酸カルシウムが生成する(白くにごる)反応は，石灰水に息を吹き込んだときと同じだから，Ｃは石灰水に溶けている物質である水酸化カルシウム，Ｄは水酸化ナトリウムだとわかる。なお，Ｅは食塩である。

[8] **問3**　表より，両方のリトマス紙の色が変化しなかったＤのとき，塩酸と水酸化ナトリウム水溶液が過不足なく反応したから，実験２より，塩酸50㎤と水酸化ナトリウム水溶液40㎤が反応すると，3.6ｇの食塩ができることがわかる。Ｃでは，塩酸が50㎤あるが，水酸化ナトリウム水溶液が30㎤しかないので，水酸化ナトリウム水溶液30㎤反応したときにできる食塩の重さを求めればよい。よって，$3.6\times\frac{30}{40}=2.7$(ｇ)となる。

**問4**　Ｅでは，水酸化ナトリウム水溶液が50㎤あるが，塩酸が50㎤しかないので，塩酸50㎤と水酸化ナトリウム水溶液40㎤が反応して，3.6ｇの食塩ができる。また，このとき反応していない水酸化ナトリウム水溶液が50－40＝10(㎤)残っているので，この水分を完全に蒸発させることで得られる水酸化ナトリウムの固体の重さも求める必要がある。実験２より，水酸化ナトリウム水溶液40㎤から2.0ｇの水酸化ナトリウムの固体が得られるから，その４分の１の10㎤からは2.0÷４＝0.5(ｇ)の固体が得られる。よって，食塩と水酸化ナトリウムで合計3.6＋0.5＝4.1(ｇ)の固体が得られる。

## 《2022　社会　解説》

[1] **問1⑴**　ハ．Ａの青森県は津軽平野でりんご栽培が盛んだから「い」，Ｂの和歌山県は和歌山平野でもも・かき・うめなどを栽培している。「え」の地域は紀伊山地の山間部である。　**⑵**　ロ．Ｄは長野県，Ｅは山梨県だから，中部地方である。　**⑶**　ニ．いよかんから伊予国とつなげる。

**問2**　ハが誤り。「大規模ショッピングセンター」ではなく，都市の郊外には計画的に「衛星都市や住宅団地(ニュータウン)」がつくられた。

**問3**　ニ．エクアドルが上位だから，バナナである。オレンジ(Ｃ)はアメリカ・オーストラリア，キウイフルーツ(Ｄ)はニュージーランド，パイナップル(Ｂ)はフィリピンからの輸入量が多い。

**問4**　ヘ．日本の食料自給率(重量ベース)は高い順に，米，野菜，果実，肉類，小麦である。

**問5**　イが誤り。地球温暖化が進むと，南極や北極の氷が溶けて海面が上昇し，ツバルなどの島国が水没する恐れがある。

**問6**　台風では大雨・洪水・高潮などが発生し，大雨によって山の斜面で土砂災害が発生する恐れもある。

[2] **問1**　滋賀県の県庁所在地は大津市だから，ニを選ぶ。

**問2**　湖の大きさは，琵琶湖(滋賀県)＞霞ヶ浦(茨城県)＞サロマ湖(北海道)＞猪苗代湖(福島県)である。

**問3**　水力はブラジルで割合が高いから，ハである。日本で割合が高いイは火力，ドイツで割合が高いニはその他(風力発電など)，ロは原子力。

**問4**　輪島塗は石川県(中部地方)の伝統的工芸品だから，誤り。

**問5**　洞爺湖は，カルデラ内に水がたまってできたカルデラ湖である。

**問6**　島根県の宍道湖はしじみ漁が盛んだから，イを選ぶ。ロはうに，ハは昆布，ニはカニ(松葉ガニ)。

**問7**　ロは斐伊川の南側に畑(∨)が見られるから，誤り。

**3**　**問1**　史料１の銅鏡は祭りの道具として古墳に納められたから，ハが正しい。イは縄文時代，ロは弥生時代，ニは飛鳥時代。

**問2**　イが正しい。朝廷は，調や庸の負担をのがれて，僧になろうとする人々を罰した。貴族は，戸籍に登録された土地から離れた人々を国司にあずけて働かせた。

**問3**　平安時代初期と判断し，ニを選ぶ。征夷大将軍の坂上田村麻呂は蝦夷を平定して，東北地方の支配を固めた。イは飛鳥時代の７世紀，ロとハは平安時代末期の 12 世紀。

**問4**　ロ．武士は地頭となって年貢の取り立てや土地の管理をしたため，鎌倉時代に荘園領主との間で年貢や土地支配をめぐる争いが起こった。

**問5**　ロ．11 世紀中頃，末法思想から，阿弥陀如来にすがって死後に極楽浄土へ生まれ変わることを願う浄土信仰が広まり，多くの阿弥陀堂が造られた。藤原頼通は，道長から若くして摂政の地位を譲られ，長く摂関政治を続けたことでも知られる。

**問6**　Ｘのみ誤りだから，ハを選ぶ。農民は地頭の非法を領主に訴えている。

**4**　**問1**　ハ．中国王朝は，漢→隋→唐→宋→元→明→清の順である。

**問2**　ニが正しい。キリシタン大名らがローマ法王のもとに天正遣欧使節を派遣した。　イ．種子島に来航したポルトガル人が鉄砲を伝えた。　ロ．南蛮貿易で生糸は輸入品であった。　ハ．長崎は大村純忠によってイエズス会に寄進されたが，後に豊臣秀吉によって没収された。

**問3**　ニは江戸時代の化政文化だから，誤り。

**問4**　ロ．島原の乱(島原・天草一揆)をおこしたのは天草四郎で，３代将軍徳川家光により鎮圧された。

**問5**　江戸時代も関所は使われていたから，イが誤り。江戸の関所では，江戸を出る女(出女)や鉄砲(入鉄砲)を厳しく取り締まった(入鉄砲出女)。

**問6**　異国船打払令は，理由を問わず，日本沿岸に近づく外国船を砲撃・撃退せよというものだった。

**5**　**問1**　１．日清修好条規(1871 年)→３．日朝修好条規(1876 年)→２．下関条約(1895 年)→４．ポーツマス条約(1905 年)→５．二十一か条の要求(1915 年)

**問2**　日朝修好条規の「事件は，全て日本国の領事が裁判を行う(朝鮮に領事裁判権がない)」に注目すれば，日朝修好条規が朝鮮にとって不平等な条約だったと導ける。

**問3**　ハ．日清戦争の講和条約である下関条約で，日本は多額の賠償金や台湾・澎湖諸島・遼東半島(後に三国干渉で清に返還)を獲得した。また，朝鮮が日本領となったのは 1910 年の韓国併合時である。

**問4**　イ．日露戦争の講和条約であるポーツマス条約で，ロシアから日本に譲渡された長春・旅順間の鉄道を 1906 年に南満州鉄道株式会社として運営を始めた。

**問5**　第一次世界大戦中，日本はヨーロッパに大量の軍需品を輸出して好況(大戦景気)となったから，ハが誤り。

**6**　**問2**　イ．日本国憲法第９条に「戦争放棄」「戦力不保持」「交戦権の否認」が規定されている。

**問3**　ハが正しい。イとロは経済活動の自由，ニは身体の自由。

**問4**　イが正しい。衆議院議員総選挙のときに最高裁判所の裁判官の適任・不適任を国民が審査する。ロとハは請求権，ニは社会権。

**問5⑴**　ロ．自己決定権には，医療分野で治療を受ける患者が医師の十分な説明を受け，それに基づいてどのような治療方法を選択するか決定するインフォームド・コンセントなども含まれる。　(2)　3番から読み取れるイが正しい。　ロ．1番より，心臓停止後にも臓器の提供は認められている。　ハ．1番や2番を選んだ人は，提供したくない臓器を選択できる。　ニ．本人と家族の署名は自筆であり，友人は署名できない。

問6(2)　消費税は税金を納めるのは売り手だが負担するのは消費者なので，間接税に当てはまる。

## 2021 解答例 令和3年度 ★福岡大学附属大濠中学校

### 《国　語》

一 問一．a．社交　b．集約　c．障子　d．典型　問二．A．ア　B．エ　問三．①エ　⑤イ
問四．ア　問五．ア　問六．ア　問七．単にルールに従って動作をするだけではなく、目の前にいる客の気持ちを考えて、その客にとって最も良いと思われる対応をする　問八．高温多湿な気候と木造建築であることから、壁というものがなく、天候や使用目的に応じて、外部や他の部屋との仕切りを自由に取り外しできるようになっているというもの。　問九．エ　問十．ア

二 問一．A．あば　B．しんしょう　問二．a．ウ　b．エ　問三．ア　問四．イ　問五．幽霊を見たと言った　問六．学に痛い所をつかれたと感じながらも、ぎりぎりのところで反論しようとするが、合理的な理由で次々と否定され、自分が自分でいるための支えであった超能力があるということが言えなくなり、次第に追いつめられていく、不安で苦しい気持ち。　問七．エ　問八．みなみが超能力として話すことを、嘘つきが言うことだと思って信用せず、勘違いだと冷ややかに見る、しらけた態度。　問九．イ　問十．ア　問十一．ウ

三 問一．ウ　問二．エ　問三．イ　問四．1　問五．ア　問六．ジビエの利用量が一気に増えるとともに、ジビエを食べたことがない子どもたちが最初に食べる機会となって「食わず嫌い」が減り、ジビエの美味しさに気づいてまた食べたいと思う人が増えれば、消費の拡大につながる

### 《算　数》

1 ①5　② $\frac{1}{6}$　③1　④11　⑤125　⑥8　⑦750　⑧40　⑨25.12　⑩1203

2 ⑪300　⑫48　⑬4，10　⑭8，45　⑮1，15

3 ⑯ $\frac{1}{8}$　⑰31　⑱45　⑲ $\frac{1}{3}$　⑳ $\frac{1}{2}$　㉑1　㉒ $\frac{1}{7}$

4 ㉓40　㉔4　㉕112　㉖3　㉗19.5

5 ㉘192　㉙256　㉚172　㉛158

### 《理　科》

1 問1．オ　問2．(1)B　(2)c　問3．(1)D　(2)a　問4．エ

2 問1．イ　問2．星A…北極星　星Bをふくむ星座…カシオペヤ　問3．ア　問4．6　問5．エ

3 問1．エ　問2．(1)オ　(2)イ　問3．(1)ウ　(2)ア，オ

4 問1．①2　②3　③1　④0　問2．オ　問3．図1…ア　図2…オ　問4．①ア　②ウ　③キ

5 問1．ウ，オ　問2．60　問3．名称…酸素　体積…25　問4．22
問5．空気の体積…20　水の重さ…57

6 問1．二酸化炭素　問2．ア，ウ　問3．3.3　問4．7.3　問5．イ　問6．3.7

7 問1．エ　問2．④，⑦　問3．④，⑥　問4．6

8 問1．②，③　問2．A，D　問3．イ　問4．イ　問5．G

## 《社　会》

1 問1．あ．神戸　い．岐阜　問2．リアス海岸　問3．(1)ハ　(2)ニ　問4．ロ　問5．(1)イ　(2)ニ　(3)ハ

2 問1．小売　問2．ヘ　問3．イ　問4．パルプ　問5．ロ　問6．イ　問7．小型軽量なものや，単価の高いもの。

3 問1．ハ　問2．調と庸を都に納めに行くこと。　問3．ニ　問4．ハ　問5．寄合　問6．イ

4 問1．ニ　問2．ハ　問3．イ　問4．ハ　問5．徳川吉宗　問6．ロ

5 問1．ハ　問2．ニ　問3．イ　問4．国際連盟　問5．ロ

6 問1．ロ　問2．イ　問3．(1)ニ　(2)ニ　問4．国会に対して連帯して責任を負う　問5．A．総務　B．公正取引　問6．ホ

# 福岡大学附属大濠中学校

←解答例は前のページにありますので，そちらをご覧ください。

## 《2021　国語　解説》

一　著作権に関係する弊社《へいしゃ》の都合により本文を非掲載《ひけいさい》としておりますので、解説を省略させていただきます。ご不便をおかけし申し訳ございませんが、ご了承《りょうしょう》ください。

二　**問二 a**　社会見学の翌日、登校したみなみは、教室に学がいたことにびっくりした。学に「予言どおりに死んでなくて、残念？」と本音を暴かれて、みなみは「……え、でも……」「でも……本当に夢で」とうろたえている。よってウが適する。　**b**　みなみは、自分に超能力《ちょうのうりょく》があると信じていて、「人とは違《ちが》うと思いたかった～これだけは誰《だれ》にも負けないという力」を頼《たよ》りにして「胸を張って立つことができた」。よってエが適する。

**問三**　みなみは、学が「社会見学の日に事故で命を落とすことを予言し」、その通りになることで、「自分に特別な力があると証明したかった」。ところが、学が教室にいたので、みなみは驚《おどろ》いた。「目を見張る」は、怒《おこ》ったり、驚いたり、感心したりして目を大きく見開くという意味。よってアが適する。

**問四**　──①の４～５行後に「どこの世界に～おまえは死ぬなんて断言されて、嬉《うれ》しがる人がいるの？～君は自分のために予言したんだ。自分の満足のために」とある。みなみが学の気持ちを考えずに、自分の気持ちを優先させて発言した様子が、学に怒《いか》りと軽蔑《けいべつ》の感情を呼び起こしたことがわかる。よってイが適する。

**問五**　──②の４～５行後に「幽霊《ゆうれい》って、他人には見えないことが前提で、答え合わせの必要がないからね。言ったもの勝ちなんだ～手塚さんもそうなのかな？」とある。また、──④の３～７行前に「『僕《ぼく》も、トンネルのところで女の人を見たよ』亮介がふいに口を開いた。『だから、手塚さんが幽霊を見たのも、本当だと思うよ』～息を吸って吐《は》くかのように、自然に嘘《うそ》をつく亮介。その亮介が、幽霊を見たと言った」とある。これらから、みなみがトンネル跡《あと》でどのようなことをして、騒動《そうどう》を起こしたか想像できる。

**問六**　──③の直前に「みなみは自分が崖《がけ》の上に佇《たたず》む心象風景を見た」とある。これは、学の容赦《ようしゃ》ない攻《せ》めに、ぎりぎりのところで何とか持ちこたえている自分の立ち位置を表している。──③の「その崖が学の一言一言で崩《くず》れ」は、今まで信じていた自分を学に否定されているようすを表している。「どんどん立っていられるスペースが小さくなっていく」は、自分が次第に追いつめられていくようすを表している。ここには、みなみの不安で苦しい気持ちが、映し出されている。

**問七**　「普通《ふつう》にできる」ことについて、「当たり前のこととして受け止めているよね」「特別だとアピールするなんて、考えもつかないだろうな。だって、自分にとっては特別じゃないんだから」と指摘《してき》している。その上で、「どこか自慢《じまん》げだなって感じた。自慢するのは手塚さんもそれが『特別』だと思っているからだ～当たり前じゃない出来事だからだ。つまり、君には霊能力なんてないんだ」とみなみに突《つ》きつけた。よって、エが適する。

**問八**　直前に「この冷めた感覚、嘘つきと思う気持ちは、今まで自分に向けられていた」とある。「女の人（幽霊）を見た」と嘘をつく亮介に対して自分が感じるのと同じ気持ちで、学やみんなも自分のことを冷ややかに見ていたのだと、ようやく気づかされたのだ。

**問九**　ア．「威圧感《いあつかん》がほとばしり出ていた。その威圧感は、次に怒りと軽蔑に変わった」「目つきに侮蔑《ぶべつ》を混じらせた」などとあるため、「感情を表に出さずに」は適さない。　イ．「残念？」「違う？」「知らなかった？」「自慢したことはある？」「わかる？」などと、みなみに畳《たた》みかけ、他の予言も当たっていないことを示してみせるなど「みなみを追い詰《つ》め続けていた」。その後も「つまり、君には霊能力なんてないんだ。手塚さんはとりたてて取り柄《え》のない、ただの人なんだよ」と容赦なく言い放った。　ウ．学はみなみの予言によって不快な思いをさせられたし、学の言っていることは筋が通っているため、「自らの言い分を通そうとする自分勝手な人物」とは言えない。　エ．憲太と亮介には事前に根回しをしていたと思われるが、それは「相手に反論させまい」とするためではなく、みなみ自身に誤りを気づかせるためである。　よってイが適する。

**問十**　(中略)の前は、一年前の事件をふり返るみなみの気持ちで、「悲しかった」「主役になんて絶対なれない」「そのへんに普通にいる通行人Aのまま～ずっと生きるのって～いてもいなくてもいい感じで～がっかりしました」から、「自分の人生を悲観的に捉《とら》えるようになってしまった」ことがわかる。(中略)の後は、一年後のみなみの気持ちで、「これでいいとわかりました」「普通って～きっと価値がある」「普通に遊んで、普通に勉強して、普通の大人になって、普通に働いたり～わたし、幸せだと思います」から、「ありのままの自分を受け入れられるようになったということがわかる」。よってアが適する。

**問十一**　ア．「学の機嫌《きげん》が徐々《じょじょ》に良くなっている」ことがわかる表現は本文にない。　イ．「みなみは初耳の情報(＝村長によるもの)に手から力が抜《ぬ》けた」ため、鞄《かばん》を床《ゆか》に落とした。「学に対する不満が極限に達している」からではない。　ウ．今まで信じていた自分を学に否定されて、すっかり動揺《どうよう》するみなみを表している。　エ．弥生のみなみに対する優しさは描《えが》かれているが、それが「みなみの超能力を信じている」ことによるものだとは本文中に書かれていない。　よってウが適する。

三　**問一**　ア．「捕獲《ほかく》頭数が減少に転じた」ことは５回ある。　イ．約 30 万頭から約 48 万頭に増えているので、「倍増して」はいない。　ウ．約 15 万頭から約 60 万頭に増えているので、約４倍に増加している。　エ．【資料１】から、「捕獲頭数増加の原因」は読み取れない。　よってウが適する。

**問二**　【資料２】から、エで述べられていることの理由が、イノシシが「シカより生息数が多いため」かどうかは読み取れない。よってエが正解。

**問三**　「若者と高齢《こうれい》者」の両方の増減がわかる資料。「新規狩猟免許《しゅりょうめんきょ》取得者数」だけではなく、返納者数や死亡者数も確かめたいので、「狩猟免許所持者数」の年齢別内訳を表す資料が必要である。よってイが適する。

**問四**　イノシシの解体頭数を捕獲頭数で割ると、イノシシがジビエとして利用されている率がわかる。よって、捕獲頭数のわかる【資料１】も必要である。

**問五**　ア．「ジビエ振興《しんこう》の支障となる～問題点」は示されていない。　イ．【資料６】の上半分に示されている。　ウ．全体的に「文字の大小や太さを変える」ことで、強調したい点がわかりやすくなるよう、工夫されている。　エ．【資料６】の下半分に示されている。　よってアが正解。

**問六**　ジビエを全国で一斉《いっせい》に学校給食に導入したら、どのような効果があるかという視点で、会話文をふり返ろう。ジビエの利用量が増える、ジビエを食べたことがない子どもたちが初めて食べる機会となり「食わず嫌《ぎら》い」が減る、ジビエの美味しさに気づいて再度食べたいと思う人が増える、などが考えられる。その結果、消費の拡大につながることが予想される。

## 《2021　算数　解説》

1　(1)①　与式$=32-(30-7)-4=32-23-4=5$

(2)②　与式$=\frac{3}{8}\div(\frac{3}{4}+\frac{3}{4}\times\frac{2}{3})\times\frac{5}{9}=\frac{3}{8}\div(\frac{3}{4}+\frac{2}{4})\times\frac{5}{9}=\frac{3}{8}\div\frac{5}{4}\times\frac{5}{9}=\frac{3}{8}\times\frac{4}{5}\times\frac{5}{9}=\frac{1}{6}$

(3)③　与式より，$\frac{5}{4}\times(\square-\frac{2}{5})=\frac{19}{20}-\frac{4}{20}$　　$\square-\frac{2}{5}=\frac{15}{20}\div\frac{5}{4}$　　$\square-\frac{2}{5}=\frac{3}{4}\times\frac{4}{5}$　　$\square=\frac{3}{5}+\frac{2}{5}=1$

(4)④　**【解き方】右のてんびん図を利用して考える。**

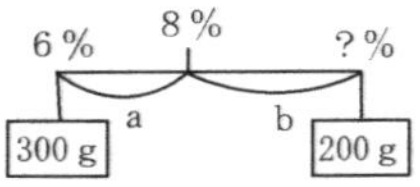


**a：bは，食塩水の量の比の逆比に等しくなる。**

a：bは300：200＝3：2の逆比に等しいから，a：b＝2：3である。

$b=a\times\frac{3}{2}=(8-6)\times\frac{3}{2}=3$(％)だから，求める濃度は，8＋3＝11(％)

(5)⑤　消しゴム2つ分の値段は150＋100＝250(円)なので，消しゴム1つの値段は，250÷2＝125(円)である。

(6)⑥　**【解き方】面積図で考える。今回の点を含めると平均点が60＋5＝65(点)になるので，右図のようになる。また，㋐と㋑の面積は等しい。**

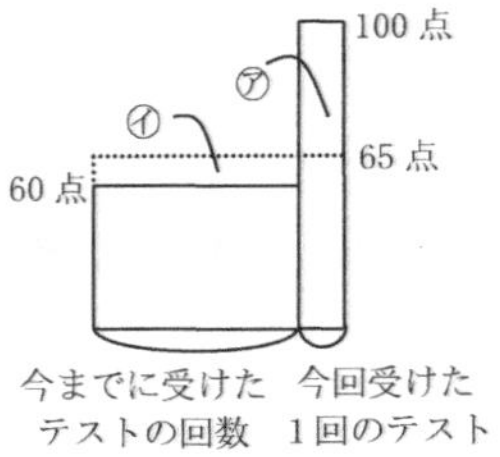


㋑の面積は，㋐の面積に等しく，(100－65)×1＝35である。よって，今までに受けたテストの回数は，35÷(65－60)＝7(回)だから，全部で7＋1＝8(回)行われている。

(7)⑦　**【解き方】販売価格が12500＋2500＝15000(円)となればよい。**

定価は$12500\times(1+\frac{4}{10})=17500$(円)だから，定価の10％引きは$17500\times(1-\frac{1}{10})=15750$(円)である。

よって，セールからさらに15750－15000＝750(円)値引きして販売した。

(8)⑧　**【解き方】仕事の全体の量を1とする。最初に2人で5日間仕事をしたとき，残りの仕事の量は，$1-1\times\frac{5}{15}=\frac{2}{3}$である。ここから，太郎くんと次郎くんの1日の仕事の量をそれぞれ求める。**

残り$\frac{2}{3}$の仕事を太郎くんは16日間で仕上げたのだから，太郎くんの1日の仕事の量は，$\frac{2}{3}\div16=\frac{1}{24}$

2人合わせて1日に$\frac{1}{15}$の仕事をするので，次郎くんの1日の仕事の量は，$\frac{1}{15}-\frac{1}{24}=\frac{1}{40}$

したがって，この仕事を次郎くん1人ですると，$1\div\frac{1}{40}=40$(日)かかる。

(9)⑨　**【解き方】点Oの動いた道のりは，右図の太線となる。**

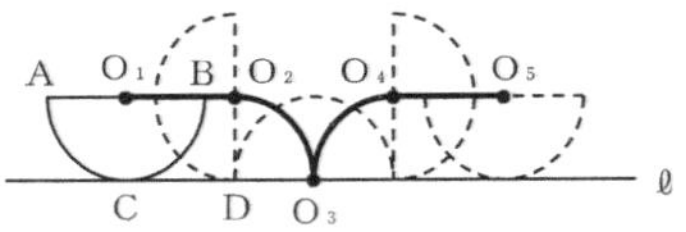


**四角形$O_1CDO_2$は長方形だから，$O_1O_2$＝CDであり，CDの長さはおうぎ形$O_1CB$の曲線部分の長さに等しい(すべることなく移動しているため)。つまり，$O_1O_2$の長さは，半径が4cmの円の円周の$\frac{1}{4}$に等しい。**

同様にして，$O_4O_5$の長さも，半径が4cmの円の円周の$\frac{1}{4}$に等しいことがわかる。したがって，求める長さは，半径が4cmの円の円周の$\frac{1}{4}$が4つ分なので，$(4\times2\times3.14\times\frac{1}{4})\times4=8\times3.14=25.12$(cm)である。

(10)⑩　**【解き方】4種類の数字を使って表される1けた，2けた，3けたの整数がいくつあるのかを考える。**

1けたの数は，0，1，2，3の4個ある。2けたの数は，十の位の数が1～3の3通りあり，その十の位の数1つに対して，一の位の数が0～4の4通りあるから，全部で3×4＝12(個)ある。同様にして，3けたの数は，百の位の数が1～3の3通り，十の位と一の位の数がそれぞれ0～3の4通りあるから，全部で3×4×4＝48(個)ある。よって，3けたまでの整数は4＋12＋48＝64(個)あるので，あと100－64＝36(個)並べる。

4けたの整数のうち，千の位の数が1で百の位の数が0である数は，十の位と一の位の数がそれぞれ0～3の4通りあるから，全部で4×4＝16(個)ある。同様に，千の位の数が1で百の位の数が1である数も16個ある。ここからあと36－16×2＝4(個)並べればよいから，1200，1201，1202，1203，…より，求める数は1203である。

2　(1)⑪　**【解き方】同じ時間で移動した道のりの比は，速さの比に等しいことを利用する。**

良子さんが『動く歩道』を利用せずに歩いた時間は5分－2分30秒＝2分30秒であり，『動く歩道』を利用していた時間に等しい。よって，歩いた道のりと『動く歩道』の長さ(道のり)の比は，歩く速さと『動く歩道』の上で歩いたときの速さの比である2：(2＋3)＝2：5に等しい。よって，求める長さは，$420\times\frac{5}{2+5}=300$(m)

⑵⑫　良子さんが歩いた道のりは420－300＝120(m)であり，これを２分30秒間＝$\frac{5}{2}$分間で歩いたのだから，求める速さは，分速(120÷$\frac{5}{2}$)m＝分速48mである。

⑶⑬　**【解き方】同じ距離《きょり》を移動した時間の比は，速さの比の逆比に等しいことを利用する。**

『動く歩道』の速さと『動く歩道』の上で歩いたときの速さの比は，３：５である。よって，花子さんが『動く歩道』に乗っていた時間と良子さんが『動く歩道』に乗っていた時間($\frac{5}{2}$分)の比は，この逆比である５：３となるから，求める時間は，$\frac{5}{2}\times\frac{5}{3}=\frac{25}{6}=4\frac{1}{6}$(分)，つまり，４分($\frac{1}{6}$×60)秒＝４分10秒である。

⑷⑭　求める時間は，420÷48＝$\frac{35}{4}=8\frac{3}{4}$(分)，つまり，８分($\frac{3}{4}$×60)分＝８分45秒である。

⑸⑮　**【解き方】歩いた時間と走った時間について，つるかめ算を利用して求める。**

最初から歩く速さの２倍で走り出すと，良子さんが搭乗口に到着したとき(出発から５分後)，受付から(48×２)×５＝480(m)進んでしまい，実際より480－420＝60(m)長い。２倍の速さで走り出した１分間を歩いた１分間に置きかえると，進んだ道のりは48×２－48＝48(m)短くなる。

よって，歩いていた時間は60÷48＝$\frac{5}{4}=1\frac{1}{4}$(分)，つまり，１分($\frac{1}{4}$×60)秒＝１分15秒である。

3　⑯　$\frac{1}{3}\ominus\frac{1}{5}=\frac{5-3}{3\times5+1}=\frac{2}{16}=\frac{1}{8}$

⑰　$\frac{1}{5}\ominus\frac{1}{6}=\frac{6-5}{5\times6+1}=\frac{1}{31}$より，$\frac{1}{n}=\frac{1}{31}$だから，n＝31

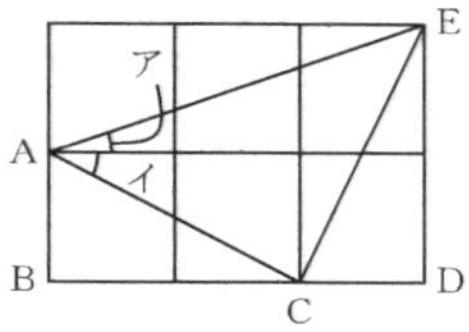


⑱　**【解き方】図２について，右のように作図する。三角形ＡＢＣと三角形ＣＤＥは合同だから，三角形ＣＡＥはＡＣ＝ＣＥの二等辺三角形である。**

角ＡＣＥ＝180°－(角ＡＣＢ＋角ＥＣＤ)である。角ＡＣＢ＋角ＥＣＤ＝角ＡＣＢ＋角ＣＡＢであり，三角形ＡＢＣの内角の和より，角ＡＣＢ＋角ＣＡＢ＝180°－角ＡＢＣ＝180°－90°＝90°である。

よって，角ＡＣＥ＝180°－90°＝90°だから，角アと角イの和は，(180°－90°)÷２＝45°である。

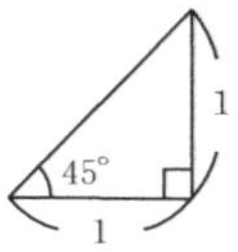


⑲⑳㉑　図１より，角アは⑲$\frac{1}{3}$，角イは⑳$\frac{1}{2}$と分数で表せる。

$\frac{1}{3}\oplus\frac{1}{2}=\frac{3+2}{3\times2-1}=$㉑1であり，$1=\frac{1}{1}$だから，角度で表すと，右図のように45°となる。

㉒　**【解き方】図１について，右図のように記号をおく。**

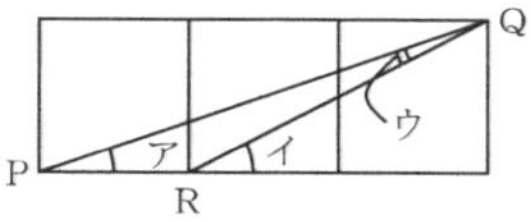


**三角形の外角の性質より，三角形ＰＱＲについて，角ウ＝角イ－角アが成り立つ。**

よって，角ウの大きさを最も簡単な分数で表すと，$\frac{1}{2}\ominus\frac{1}{3}=\frac{3-2}{2\times3+1}=\frac{1}{7}$になる。

4　⑴㉓　出発時は，ＰがＡ上，ＱがＣ上にあるから，図形Ｔは三角形ＡＢＣとなる。このときの面積は，図３より80㎠であり，三角形ＡＢＣはＢＣを底辺とすると，高さがＤＣ＝４㎝となるから，ＢＣ＝80×２÷４＝40(㎝)

⑵㉔　**【解き方】出発から６秒後は，右図のようにＰがＤ上，ＱがＣＢ上(Ｂに向かっている)にあることがわかる。このとき，図形Ｔの面積は68㎠であり，ＢＱ＝40－５×６＝10(㎝)である。このことから，ＡＤの長さを求める。**

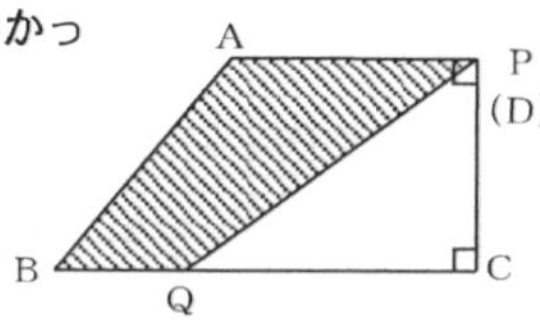


図形Ｔの面積について，(ＡＰ＋ＢＱ)×ＤＣ÷２＝68㎠だから，

ＡＰ＋ＢＱ＝68×２÷４＝34(㎝)であり，ＡＰ＝34－10＝24(㎝)である。

よって，出発から６秒間でＰはＡＤ＝24㎝を移動したから，求める速さは，毎秒(24÷６)㎝＝毎秒４㎝

⑶㉕　**【解き方】図形Ｔの面積が最大となるのは，ＡＰ＋ＢＱが最大となるときである。出発してから，ＡＰは24÷４＝６(秒)ごと，ＢＱは40÷５＝８(秒)ごとにその長さが最大または最小となる。**

Ｐが２往復するまでの６×４＝24(秒間)について，ＡＰとＢＱの長さを表にまとめると，右表のようになる(表の太線矢印の間は一定の割合

| 出発してからの時間(秒後) | 0 | | 6 | | 8 | | 12 | | 16 | | 18 | | 24 |
|---|---|---|---|---|---|---|---|---|---|---|---|---|---|
| ＡＰの長さ(㎝) | 0 | → | 24 | → | 16 | → | 0 | → | 16 | → | 24 | → | 0 |
| ＢＱの長さ(㎝) | 40 | → | 10 | → | 0 | → | 20 | → | 40 | → | 30 | → | 0 |
| ＡＰ＋ＢＱの長さ(㎝) | 40 | → | 34 | → | 16 | → | 20 | → | 56 | → | 54 | → | 0 |

で長くなり，点線矢印の間は一定の割合で短くなる）。よって，ＡＰ＋ＢＱが最大となるのは，出発してから16 秒後の 56 cmであり，このときの図形Ｔの面積は，56×４÷２＝112(㎠)である。

(4)㉖　(3)の表を利用する。ＡＰ＋ＢＱが 40×２÷４＝20(cm)となればよいので，６秒後から８秒後の間に１回，12 秒後で１回(このときの図形Ｔは三角形)，18 秒後から 24 秒後の間に１回あるので，全部で３回ある。

(5)㉗　**【解き方】Ｐが２回目の往復でＤからＡに戻ってくるのは，出発から 18 秒後から 24 秒後の間である。出発から 18 秒後は，ＰはＤ上にあり，ＱはＢＣ上のＢＱ＝30 cmとなる位置にある。このとき，ＰＡ：ＢＱ＝24：30＝４：５であり，その後，ＰはＡに向かって毎秒４cm，ＱはＢに向かって毎秒５cmで移動することから，出発から 18 秒後から 24 秒後の間は，右図のようにＰがＤ上になくても，常にＰＡ：ＢＱ＝４：５となる。このことと，高さの等しい三角形の面積の比は，底辺の長さの比に等しいことを利用する。**

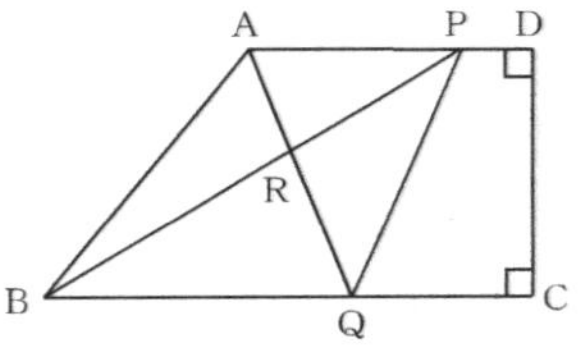


三角形ＢＱＲと三角形ＢＱＡの面積の比は，ＱＲ：ＱＡである。三角形ＢＱＲと三角形ＰＡＲは同じ形の三角形だから，ＱＲ：ＡＲ＝ＢＱ：ＰＡ＝５：４である。よって，ＱＲ：ＱＡ＝５：(５＋４)＝５：９だから，三角形ＢＱＡの面積が，$25\times\frac{9}{5}=45$(㎠)となるのが何秒後なのかを考えればよい。

三角形ＢＱＡは底辺をＢＱとすると高さがＤＣ＝４cmだから，ＢＱ＝45×２÷４＝22.5(cm)ならばよい。

出発してから 16 秒後から 24 秒後の間，ＢＱの長さは 40 cmから１秒ごとに５cm短くなるから，22.5 cmとなるのは，16 秒後から(40－22.5)÷５＝3.5(秒後)の，16＋3.5＝19.5(秒後)である。

したがって，三角形ＢＱＲの面積が 25 ㎠となるのは，出発してから 19.5 秒後である。

5　(1)㉘　底面を，真正面から見た図の面にすると，立体Ｐは，底面積が６×６－２×２＝32(㎠)，高さが６cmの柱体だから，体積は，32×６＝192(㎤)である。

(2)㉙　**【解き方】求める面積は，立体Ｐを前後上下左右から見たときに見える面の面積(立体Ｐの外側の面積)と，㋐くり抜いた部分である底面が２cm×２cmの正方形で高さが６cmの四角柱の側面積(立体Ｐの内側の面)の和で求められる。**

立体Ｐを前後から見たときに見える面の面積は，(1)より 32 ㎠である。

立体Ｐを上下左右から見たときに見える面の面積は，６×６＝36(㎠)

柱体の側面積は(底面の周の長さ)×(高さ)で求められるから，㋐の側面積は，(２×４)×６＝48(㎠)

よって，求める面積は，32×２＋36×４＋48＝64＋144＋48＝256(㎠)

(3)㉚　**【解き方】ここまでの解説をふまえる。真上から見た図について，右のように作図する。立体Ｑの体積は，立体Ｐの体積から，㋑底面が三角形ＩＪＫ，高さが６cmの三角柱の体積をひき，㋐と㋑が重なっている部分の立体の体積を足せばよい(この部分の体積を余分にひいているため)。また，㋐は，右図の太線の内側を通る。**

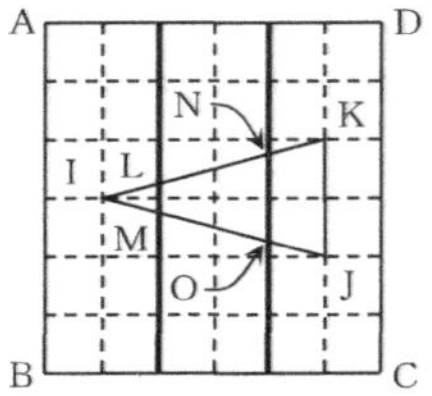


三角形ＩＪＫの面積はＫＪ×４÷２＝２×４÷２＝４(㎠)だから，㋑の体積は，４×６＝24(㎤)

㋐と㋑が重なっている部分の立体は，底面が台形ＬＭＯＮ，高さが２cmの柱体なので，台形ＬＭＯＮの面積を求める。三角形ＩＪＫ，ＩＯＮ，ＩＭＬは同じ形の三角形であり，それぞれＪＫ，ＯＮ，ＭＬを底辺としたときの高さの比が４：３：１となるから，ＭＬ＝ＫＪ$\times\frac{1}{4}=\frac{1}{2}$(cm)，ＯＮ＝ＫＪ$\times\frac{3}{4}=\frac{3}{2}$(cm)である。これより，台形ＬＭＯＮの面積は$(\frac{1}{2}+\frac{3}{2})$×２÷２＝２(㎠)であり，㋐と㋑が重なっている部分の立体の体積は２×２＝４(㎤)である。したがって，求める体積は，192－24＋４＝172(㎤)

⑷㉛　**【解き方】⑵，⑶をふまえる。真横から見た図について，右のように作図する。**

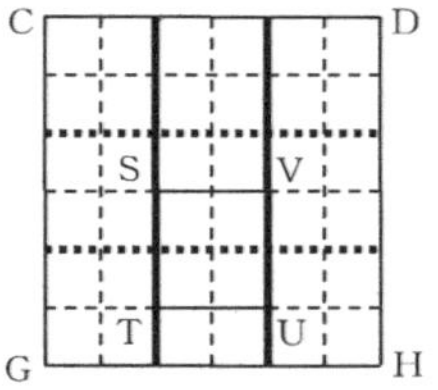


**立体Ｒの体積は，立体Ｑの体積から，㋒底面が四角形ＳＴＵＶ，高さが６㎝の四角柱の体積をひき，㋐と㋒，㋑と㋒が重なっている部分の立体の体積をそれぞれ足し，さらに㋐と㋑と㋒が重なっている部分の立体の体積をひけばよい。**

**また，㋐は太線の点線の内側，㋑は太線の内側を通る。**

㋒の体積は，２×２×６＝24(㎤)

㋐と㋒が重なっている部分の立体は，底面が２㎝×２㎝の正方形で，高さが１㎝の四角柱だから，

体積は(２×２)×１＝４(㎤)

㋑と㋒が重なっている部分の立体は，底面が三角形ＩＪＫと合同な三角形で，高さが２㎝の四角柱だから，

体積は４×２＝８(㎤)

㋐と㋑と㋒が重なっている部分の立体は，底面が台形ＬＭＯＮと合同な三角形で，高さが１㎝の四角柱だから，

体積は２×１＝２(㎤)

したがって，求める体積は，172－24＋４＋８－２＝158(㎤)

## 《2021　理科　解説》

**1**　**問１**　高気圧に覆《おお》われると，晴れて気温が上がる。最高気温が 25℃以上の日を夏日，最高気温が 30℃以上の日を真夏日，最高気温が 35℃以上の日を猛暑日という。

**問２，３**　Ａは台風があるので，夏の終わりから秋にかけての雲画像で，その天気図は台風があるｂである。Ｂは太平洋や日本列島の太平洋側に雲が少ないので，問１の日(真夏)の雲画像で，その天気図は太平洋上に高気圧があるｃである。Ｃは日本列島の南側に帯状の雲があるので，梅雨期の雲画像で，その天気図は太平洋上に梅雨前線があるｄである。Ｄは日本海にすじ状の雲があるので，冬の雲画像で，その天気図は西高東低の気圧配置になっているａである。

**問４**　エ○…〔湿度《しつど》(％)＝$\frac{水蒸気量(g/m^3)}{飽和水蒸気量(g/m^3)}$×100〕で求める。飽和《ほうわ》水蒸気量とは空気中に含むことができる水蒸気の最大量のことであり，気温が高いほど飽和水蒸気量は大きくなる。

**2**　**問１，２**　北斗七星，カシオペヤ座，北極星が見られるのは北の空である。

**問３**　地球は自ら回転している。この動きを地球の自転という。この自転のために，北の空の星座は１日→24 時間で約 360 度反時計回りに回転して，ほぼもとの位置に戻るように見える。したがって，１時間で 360÷24＝15(度)反時計回りに回転するので，午後８時の４時間後の午後 12 時には 15×４＝60(度)反時計回りに回転してアの位置に見える。

**問４，５**　地球は太陽のまわりを１年で１回転している。この動きを地球の公転という。地球の公転によって，地球は太陽のまわりを１年→12 ヶ月で 360 度回転するので，１か月で 360÷12＝30(度)回転する。このため，同じ時刻に観測する星座の位置は少しずつ変わっていく。図３のように 180 度回転した位置に見えるのは 180÷30＝６(ヶ月)後である。

**3**　**問１**　エ○…例えば，バッタの数が増加すると，バッタを食べるカエルの数が増加し，カエルを食べるヘビの数が増加する。しかし，食べる生物の数が増えすぎると，食べられる生物の数が減少し，やがて元の数にもどる。

**問２**　Ｙの変化から少しおくれてＸに同じ変化が起こっていることから，Ｘは食べる生き物，Ｙは食べられる生き物だとわかる。また，ふつうはＸの数のほうがＹの数より少ないが，その逆になることもある。

**問３⑴**　ウ○…割合が最も大きいフジツボを選ぶ。　**⑵**　ア×…ヒザラガイとカサガイがいなくなったのは，えさの紅藻《こうそう》がなくなったからである。オ×…ヒトデを完全に除去し続けると生き物の種類数が減少したので，ヒトデがいることで，この岩場で生活する生き物の種類数が保たれていると言える。

**4** **問1**　Aさん，Bさん，Cさんの発表より，共通点の数を答える。Aさんの発表より，マツ以外の４種類が，Bさんの発表より，ダイズ，クリ，カキが，Cさんの発表より，イネとカキ，ダイズとクリがそれぞれ共通していることがわかる。したがって，①(クリとカキ)は２，②(ダイズとクリ)は３，③(イネとクリ)は１，④(マツとクリ)は０である。

**問2**　オ○…ある条件について調べたいときは，その条件だけが異なる２つの実験の結果を比べる。この場合，子葉が発芽に必要かどうかを調べるので，Dさんの実験がふさわしい。なお，Fさんの実験も子葉の条件だけが異なるが，葉，茎，根を取ってしまうと発芽しないので，結果を比べられない。

**問3**　ア，オ○…ダイズは栄養分(でんぷん)を子葉にたくわえている。

**問4**　発芽後のダイズは光を受けてでんぷんを作る光合成を行うことで成長する。密度が高い２では，光を求めてダイズが上に伸びようとするため，１のダイズと比べて茎が細くなり，周囲に競争相手が多い２の中央部分では，特に上に伸びやすい。

**5** **問1**　ア×…気体は発生しない。イ×…酸素は水にとけにくい。エ×…酸素にはつんとするにおいはない。

**問2**　反応容器内の気体の体積が０になったときに過不足なく反応するので，図２より，30mL の酸素と過不足なく反応する水素は 60mL である。

**問3**　問２より，過不足なく反応する酸素と水素の体積比は 30：60＝１：２である。したがって，水素 30mL と酸素 30÷２＝15(mL)が過不足なく反応するので，酸素が 40－15＝25(mL)残る。

**問4**　酸素と水素が反応して生じる水の重さは，反応する酸素と水素の重さの和である。酸素 15mL の重さは 1.3×15＝19.5(mg)，水素 30mL の重さは 0.082×30＝2.46(mg)だから，19.5＋2.46＝21.96→22 mgとなる。

**問5**　空気にはちっ素と酸素が４：１の体積比で混ざっているので，16mL のちっ素が残ったことから，この反応で加えた空気は $16\times\frac{4+1}{4}$＝20(mL)である。また，この反応では，水素が 80－２＝78(mL)反応した。問４で水素が 30mL 反応したときにできた水の重さが 21.96 mgだから，$21.96\times\frac{78}{30}$＝57.096→57 mgとなる。

**6** **問2**　ア，ウ○…主成分が炭酸カルシウムの石灰石と貝殻を選ぶ。エの石灰水は水酸化カルシウムの水よう液である。

**問3**　十分な量のチョークの粉があるとき，発生する気体の重さは，塩酸の重さに比例する。発生する気体の重さは $2.2\times\frac{150}{100}$＝3.3(g)となる。

**問4**　3.65%の塩酸 100ｇから 2.2ｇの気体が発生したことから，1.1ｇの気体が発生するとき，反応した同じ濃度の塩酸の重さは半分，つまり，3.65%の塩酸 50ｇが反応したことになる。反応した塩酸は 25ｇだから，濃度は２倍の 3.65×２＝7.3(%)となる。

**問5**　イ○…石灰水に二酸化炭素を通すと，炭酸カルシウムと水ができる。

**問6**　反応する物質の重さの合計と，反応してできた物質の重さの合計は等しいので，石灰水に含まれる反応した物質(水酸化カルシウム)の重さは(５＋0.9)－2.2＝3.7(g)となる。したがって，石灰水 100ｇの中に 3.7ｇの水酸化カルシウムが含まれているので，この石灰水の濃度は 3.7%である。

**7** **問1**　エ○…てこでは，棒をかたむけるはたらきを〔おもりの重さ(g)×支点からの距離〕で表し，この値が左右で等しくなるときにつり合う。図１では，左側の２個のおもりは支点から６つ目の穴につるしたので，棒を左にかたむけるはたらきは２×６＝12 であり，棒を右にかたむけるはたらきも 12 になるように，12÷３＝４(つ目)の穴につるせばよい。

**問2**　④，⑦○…おもり３個を２か所に分けてつるし，棒を右にかたむけるはたらきが 12 になるようにすればよいので，２×３＋１×６＝12 より，３つ目の穴(ウ)に２個と６つ目の穴(カ)に１個，または２×５＋１×２＝12 より，５つ目の穴(オ)に２個と２つ目の穴(イ)に１個つるせばよい。

問３　④，⑥○…棒の右側の１つの穴に４個のおもりをつるす場合，12÷４＝３(個目)の穴につるせばよい。ここで，３個目の穴につるした４個のおもりは，距離が等しい２つの穴に２個ずつ分けてつるしても，棒を右にかたむけるはたらきは同じになるので，イとエに２個ずつ，またはアとオに２個ずつである。

問４　棒の重さは棒の中央にかかる。３個のおもりが棒を左にかたむけるはたらきは，３×４＝12だから，12÷２＝６(個)より，棒の重さはおもり６個分である。したがって，棒の重さはおもりの重さの６倍である。

8　問１　②，③○…乾電池１個，豆電球１個を基準に考える。乾電池を直列つなぎにすると，豆電球は明るくなり，乾電池を並列つなぎにしても，豆電球の明るさは変わらない。また豆電球を直列つなぎにすると，豆電球は暗くなり，並列つなぎにしても豆電球の明るさは変わらない。したがって，図１の豆電球よりも暗いのはＢの②と③である。

問２　Ａ，Ｄ○…乾電池を並列つなぎにするか，豆電球を直列つなぎにすると，豆電球は長時間つき，乾電池を直列つなぎにするか，豆電球を並列つなぎにすると，短い時間で豆電球はつかなくなる。

問３　イ○…問１解説の通り，乾電池を並列つなぎにしても，豆電球の明るさは１個のときと変わらないので，並列つなぎの乾電池を１個にしても，豆電球の明るさは変わらない。

問４　イ○…豆電球をソケットから外すと，豆電球はつかなくなるので，⑥だけがつく。問１解説の通り，豆電球を並列つなぎにしても，豆電球の明るさは１個のときと変わらない。

問５　Ｇ○…問２解説より，乾電池が並列つなぎ，豆電球が直列つなぎのものを選ぶ。

## ―《2021　社会　解説》―

1　問１　図１の右上に標高が2000～3000ｍの飛騨山脈があること，伊勢湾に面して濃尾平野，大阪湾に面して大阪平野があることから，「あ」を兵庫県神戸市，「い」を岐阜市と判断できる。

問２　①は若狭湾沿岸にみられるリアス海岸で，山地が沈降した谷の部分に海水が入りこんでできた地形である。

問３　②は岐阜県の関ヶ原である。　(1)　ハを選ぶ。関ヶ原の戦いで，石田三成を中心とする西軍に勝利した徳川家康は，天下統一を果たした。イとニは愛知県，ロは長野県。　(2)　ニを選ぶ。イは新大阪と博多，ロは東京と名古屋を結ぶ。ハは上信越と北陸地方を通る。

問４　ロ．日本海側のⅰは北西季節風の影響で冬の降水量が多いＡである。残ったうち，標高が高いⅱの方が，気温が低くなるからＣ，ⅲはＢとなる。

問５(1)　イ．地形図の中央に注目すると950ｍと1200ｍの計曲線の間にもう４本の計曲線があることから，計曲線は50ｍごと，主曲線は10ｍごとと読み取れる。　(2)　山の斜面の左側が高く，右側が低いこと，風(伊吹おろし)が伊吹山から濃尾平野に向かって吹くことから，ニと判断する。　(3)　石灰石の産地であるハを選ぶ。イは石炭，ロは銀，ニは金の産地である。

2　問２　ヘ．販売額において，百貨店は減少傾向のＣ，大型スーパーはほとんど変化がないＢ，コンビニエンスストアは近年急増しているＡと判断する。

問３　イが誤り。「液化天然ガス」でなく「石油」である。液化天然ガスは主にオーストラリア，カタール，マレーシアなどから輸入されている。

問５　えび養殖が盛んな東南アジア諸国が上位のロを選ぶ。イは牛肉，ハはコーヒー豆，ニはとうもろこし。

問６　イ．愛媛県は，今治タオルの産地として有名である。

問７　ＩＣなどは，小型軽量なわりに単価が高いことから，高い輸送費をかけても利益が出るため，航空機を使って輸送されることが多い。

3　問１　縄文時代の記述のハが正しい。イとニは弥生時代，ロは古墳時代。

問２　税は，租(稲の収穫高の３％を地方の国府に納める)・調(絹，麻や地方の特産品などを都に納める)・庸(都での10日間の労役に代えて，都に布を納める)からなっていた。調・庸を都に運ぶ人夫を運脚と呼んだ。

問３　ニを選ぶ。平治の乱に勝利した平清盛は，一族の者を朝廷の高い位につけ，自らは太政大臣の地位に就いて，西日本を中心として政治の実権をにぎった。イとハは鎌倉時代，ロは平安時代中頃の人物である。

問４　ハが誤り。禅宗が伝わったのは「室町時代」でなく「鎌倉時代」である。

問５　惣は，寄合を開いて村のおきてを定めたり，用水の管理や年貢納入などを共同で行ったりした。

問６　イが誤り。五人組は，江戸時代につくられた連帯責任を負わせる制度である。

4　問１　ニ．南蛮貿易では，日本からは銀が輸出され，中国からは生糸，絹織物，陶磁器などがもたらされた。

問２　ハが誤り。「六波羅探題」でなく「京都所司代」である。六波羅探題は，承久の乱後に鎌倉幕府が置いた。

問３　イが正しい。　ロ．「譜代大名」でなく「親藩」である。譜代大名は関ヶ原の戦い以前から徳川氏に従っていた大名である。　ハ．管領は室町幕府に置かれた役職である。　ニ．「若年寄」でなく「寺社奉行」である。若年寄は旗本や御家人を取りしまった。

問４　ハが誤り。江戸幕府は寛永通宝という銅銭をつくり，全国に流通させたため，明銭は使われなくなった。

問５　８代将軍徳川吉宗は，享保の改革の中で，キリスト教に関係のない洋書の輸入を認めた。

問６　ロ．敵対していた薩摩藩と長州藩の間を坂本龍馬が取り持ち，薩長同盟が結ばれると，倒幕の動きは強まった。

5　問１　ハが正しい。世界恐慌は1929年，南満州鉄道株式会社の成立は1906年，排日移民法の制定は1924年，ＡＢＣＤ包囲網の結成は1938年。

問２　ニを選ぶ。『舞姫』は森鴎外，『羅生門』は芥川龍之介，『伊豆の踊子』は川端康成の作品である。

問３　イが正しい。板垣退助らが民撰議院設立の建白書を提出したことから自由民権運動が始まった。ロは陸奥宗光，ハは大隈重信，ニは田中正造についての記述である。

問５　ロは吉野作造だから，誤り。イは津田梅子，ハは伊藤博文，ニは野口英世である。

6　問２　イが誤り。第二審を求めるのが「控訴」，第三審を求めるのが「上告」である。

問３(1)　ニが誤り。最高裁判所長官の指名は内閣の権限である。

問４　議院内閣制に基づいて，衆議院で内閣不信任決議案が可決されると，内閣は総辞職するか，10日以内に衆議院を解散しなければならない。

問５Ｂ　公正取引委員会が運用している独占禁止法は，同じ業種の企業同士が，競争を避けるために価格の維持や引き上げの協定を結ぶカルテルなどを禁じている。

問６　ホ．国税庁は財務省の外局だからＹ，特許庁は経済産業省の外局だからＺ，消費者庁は内閣府の外局だからＸである。

# ★福岡大学附属大濠中学校

## 《国　語》

一 問一．a．祭典　b．推進　c．積極　d．動向　問二．エ　問三．A．異／同　B．悪／苦　C．信／疑　問四．イ　問五．しっかりとしたルールがあり、卓越した技術が観客を感動させる点と、性別や身体的条件についての平等性が保証されている点。　問六．ウ　問七．エ　問八．例えば、ゲ　問九．ア　問十．X．人とうまく関わる力と高度な思考力　Y．ウ

二 問一．A．イ　B．ウ　問二．イ　問三．ウ　問四．イ　問五．いろいろな価値観を持つ人が、おたがいの価値観のちがいを認めて受け入れることで、深みが出ておもしろくなる　問六．エ　問七．エ　問八．ウ　問九．X．切るとなみだが出る　Y．紗希とサナエが仲直りした日　Z．うれしい　問十．ア

三 問一．ウ　問二．ア　問三．イ　問四．ウ　問五．エ　問六．給食の食べ残しの最大の原因が「きらいなものがあるから」であることを強調した上で、献立表でそれぞれの食材に大事なはたらきがあることを理解してもらい、食べ残しを減らすねらい。

## 《算　数》

1 ①24　②$\frac{1}{2}$　③4.5　④1616　⑤55　⑥3.5　⑦4　⑧8　⑨48　⑩46.17　⑪$4\frac{11}{16}$

2 ⑫8　⑬14　⑭㋑　⑮22.5　⑯5　⑰12

3 ⑱8　⑲18　⑳4.5　㉑23

4 ㉒4　㉓2　㉔3　㉕12　㉖64，96　㉗6　㉘61

5 ㉙12　㉚12　㉛37.68　㉜85.68

## 《理　科》

1 問1．A．③　C．②　D．④　G．⑥　問2．二酸化炭素　問3．エ→ア→オ→ウ→イ

2 問1．3.4　問2．1440　問3．1.0　問4．ウ　問5．ウ　問6．エ

3 問1．イ　問2．③，④　問3．ア，エ　問4．ア，イ，オ　問5．ア

4 問1．①10　②14　問2．オ，ク　問3．③イ　④ア　⑤ア　⑥イ　問4．ウ　問5．ウ，エ

5 問1．10.8　問2．50　問3．100　問4．0.5　問5．4.0

6 問1．エ　問2．ウ　問3．ア

7 問1．イ　問2．ウ　問3．ア　問4．エ

8 問1．イ　問2．ウ　問3．エ　問4．イ　問5．ウ

## 《社　会》

1 問1．有明　問2．ニ　問3．ロ　問4．B．伊勢　C．愛知　問5．ハ　問6．千葉　問7．ロ　問8．イ

2 問1．ハ　問2．ハブ空港　問3．イ　問4．ニ　問5．イ　問6．ハ　問7．急激な経済成長によって国内総生産が増え，一人当たり国民総所得も増えたので，富裕層の数が増加したから。

3 問1．ハ　問2．ロ　問3．推古　問4．イ　問5．ニ　問6．源頼朝が御家人たちに与えた御恩が大きかったこと。

4 問1．ロ　問2．ニ　問3．ニ　問4．イ　問5．伊能忠敬　問6．ロ

5 問1．X．ロ　Y．ホ　問2．領事裁判権の撤廃に成功した　問3．孫文　問4．ロ　問5．ロ

6 問1．精神　問2．ニ　問3．ハ　問4．ハ　問5．ロ　問6．イ　問7．公務員は，全体の奉仕者であって，一部の奉仕者ではないこと。

←解答例は前のページにありますので，そちらをご覧ください。

## 《2020　国語　解説》

一　問三Ａ　「異口同音《いくどうおん》」は、多くの人が口をそろえて同じことを言うこと。　Ｂ　「悪戦苦闘《あくせんくとう》」は、非常に苦しい戦いをすること。　Ｃ　「半信半疑《はんしんはんぎ》」は、半分は信じ、半分は疑うこと。

問四　「市民権を得る」は、広く世の中に認められて一般化《いっぱんか》するという意味。このことに関係がない、イの「選手一人当たりの練習時間がどれくらい増えているか」が誤り。

問五　――②の直後で「まず～さらに～」と二つの点をあげていることに着目する。「しっかりとしたルールがあり、卓越《たくえつ》した技術は観客を感動させる」ということと、「性別や身体的条件についての平等性は保証されている」ということをおさえる。

問六　□の直前の「指先だけを動かして～そんなものをスポーツ競技として認めることはできない」という主張の根底にある考え方なので、ウの「スポーツは、体を動かし汗《あせ》水垂らしてやるものだ」が適する。

問七　「自分たちの学校の運動会」という身近な具体例を示すことで、自分としてはどう思うのかを考えてみるよううながしている。よって、エが適する。アの「大きく話題を変化させて」、イの「新しい主張について～あらかじめ知らせる」、ウの「誰《だれ》もが同じ見方になる」は適さない。

問八　「負のイメージ」とは、好ましくない印象（マイナスイメージ）のこと。よって、ゲームの悪い影響《えいきょう》を述べている、Ⅲの３～４行後の「例えば、ゲーム依存症《いそんしょう》になるのではないか、現実の場で人とうまく関わる力がなくなるのではないか、学力に悪影響があるのではないか、などがあげられる。」という一文。

問九　イの「ｅスポーツがますます日本で普及《ふきゅう》すると信じて疑わない」、ウの「問題点について明らかにし、それを解消しようとする取り組みを紹介《しょうかい》している」、エの「利点にのみ目を向けて普及していくべきだ」などは適さない。よって、アが適する。

問十Ｘ　ｅスポーツに高い意識をもって取り組む人に備わる能力であり、他の人から見て手本になるような良い価値をもつもの。本文の「ｅスポーツ～このような能力の他に、高度な思考力も必要となる」より、下線部の２点をおさえる。「このような能力」とは、直前の段落で述べた「同じ目標に向かって～ときに議論し、ときに励《はげ》まし合っている～先輩《せんぱい》が後輩に熱心に指導する～仲間と切磋琢磨《せっさたくま》して自分を高めようとする姿」にみられる力のこと。

Ｙ　Ｘで読み取ったような価値があるならば、オリンピックの基本精神に合うといえる。よって、ウが適する。

二　問二　サナエが「そっか。じゃあ、しょうがないね」と言ったのは建前で、「本音はそうじゃなかった」。その本音が「ガリ勉ってやだよね。友だちより勉強のほうが大事って、どうなの？」という、自分のお誕生日会《たんじょうびかい》を断《ことわ》って「塾《じゅく》の全国テスト」に行った紗希《さき》への不満。この気持ちを示そうとしたので、イが適する。

問三　「サナエちゃんは～気が強い。堂々と反対意見をぶつけられるのは、同じくらい気の強い、当の紗希くらいなのだ」とあるのを参照。クラスの中で気が強い二人の対立である。したがって、他の女子たちは対立に巻きこまれる形になり、クラス全体の雰囲気《ふんいき》がぎくしゃくしているということ。よって、ウが適する。

問五　――③の前後から、おじさんが言いたいことを読み取る。それは「問題は、その（＝価値観の）ちがいを受け入れられない人間がいるってこと～同じにしなくたっていい～みんな同じじゃ、つまらんからな」、つまり、価値観のちがう人たちが、おたがいにちがいを認めて受け入れることで、うまくいくのだということ。このことを言うために「いろんな種類のスパイスを入れるから、味に深みが出ておいしくなる」というたとえを用いた。

**問六**　〜〜〜aは「なにそれ〜あやまるってこと？」という反感の気持ち。反発する紗希の言葉を、千春《ちはる》は「目をそらさずに、ただ聞いていた」。すると紗希は「がんばらなきゃ、ついてけないんだもん」「クラスもまた落ちちゃったし」という自分の悩みを打ち明け始めた。千春が「わたしも〜さびしいよ」「サナエちゃんも〜そうだと思う」「さびしいけど〜応援《おうえん》したいと思ってる」と言ったのを聞いて、かたくなだった心がほどけ始めたのである。よって〜〜〜bには、千春の思いを受け止めようとする気持ちが表れていると考えられる。この変化に、エが適する。

**問七**　「わたしもそう思うよ」と紗希の気持ちを受け止めながらも、反発する紗希にしっかりと向き合い、「わたしも〜さびしいよ」「サナエちゃんも〜そうだと思う」「さびしいけど〜応援したいと思ってる」という気持ちを伝えた。このあり方に、エが適する。アの「あやまるしか解決方法がない」、イの「価値観の相違《そうい》をなくしていくしかない」は誤り。ウのような内容は書かれていない。

**問八**　千春の話を真剣《しんけん》に聞いてくれるおじさんは、自分の考えを押《お》しつけたり、こうするといいよという具体的な方法を示したりはせず、「きみはどう思う？」などと問いかけている。そのように、千春自身に考えさせるよう導いたうえで、「価値観がちがったって、友だちでいられる」「認めればいい。自分とはちがう考えかたも存在するってことを〜おたがいを認められれば、仲直りできる」ということを伝えた。このような人物像に、ウが適する。

**問九**　冒頭で、ゆううつそうな千春の顔を見たおじさんが「今日はたまねぎか？」と聞いたことと、本文最後の「はちみつ？」「はちみつ！」というやりとりから、「はちみつ」と「たまねぎ」が何を意味するのかが読み取れる。　X　はちみつの「食べると笑みがこぼれる」に対応させる。　Y　たまねぎの「紗希とサナエのすれ違《ちが》いがあった日」に対応させる。　Z　たまねぎの「かなしい」に対応させる。

**問十**　5行目で紗希が「悔《くや》しそうに断った」のは、本心からのことで、本当はサナエのお誕生日会に行きたいという気持ちの表れである。紗希のこの気持ちは、16〜18 行目に「紗希も来たがってたよ』本当のことだった〜プレゼントを買って、休み明けに学校で渡《わた》すつもりだと聞いていた」とあることからわかる。よって、アが誤り。

三　**問一**　ア．「約 357 万トン」は「約 646 万トン」の「半分以下」ではない。　イ．〈食品ロス(推計)の経年変化〉を見てみると、減っている年もある。　エ．このような内容は示されていない。　よって、ウが適する。

**問二**　イ．「常に感じている」かどうかは示されていない。　ウ．「残す量」がどのくらい減るかは読み取れない。エ．「給食時間が短いから」残すという人がいるので、「変わらない」とは言えない。　よって、アが適する。

**問三**　1〜7の数字が「目標の重要度に差があること」を示しているかどうかはわからない。よって、イが誤り。

**問四**　――④の直前から、給食室をガラス張りにしたのは「【資料３】の『目標５』を達成するため」だとわかる。【資料３】の「目標５」とは、「食生活が食にかかわる人々の様々な活動に支えられていることについての理解を深め、勤労を重んずる態度を養うこと」である。よって、ウが適する。

**問五**　先生は「これでは効果が低いと思います」と指摘しているが、先生自身の考えや具体的な解決策は示さず、「もう少し調べて工夫してみるとよいでしょう」と導いている。よって、エが適する。

**問六**　食べ残しの理由について、「色々あります」ではなく「最大の原因はきらいなものがあるからです」と具体的に示した。そして、それを受けて、「きらいなものだからって残していいの？」という問題提起をし、食材の働きに注目させることで、残さず食べるようにうながしている。

## 《2020　算数　解説》

1　(1)①　与式＝36－(78－30)÷４＝36－48÷４＝36－12＝24

(2)②　与式$=\frac{5}{6}\times(\frac{5}{10}-\frac{2}{10})+\frac{1}{12}\times3=\frac{5}{6}\times\frac{3}{10}+\frac{1}{4}=\frac{1}{4}+\frac{1}{4}=\frac{1}{2}$

(3)③　与式より，$□\times\frac{4}{5}-1.4=8.8\times\frac{1}{4}$　　$□\times\frac{4}{5}=2.2+1.4$　　$□=3.6\div\frac{4}{5}=3.6\times\frac{5}{4}=4.5$

(4)④　(分母と分子の和)：(分母)＝(１＋４)：４＝５：４だから，求める分母は，$2020\times\frac{4}{5}=1616$

(5)⑤　正方形のタイルの１辺の長さは140と308の公約数である。できるだけ大きなタイルを使うのだから，タイルの１辺を140と308の最大公約数にすればよい。右図より，１辺を２×２×７＝28(cm)にするのだから，縦に140÷28＝５(枚)，横に308÷28＝11(枚)並び，全部で５×11＝55(枚)となる。

2 ) 140 308
2 ) 70 154
7 ) 35 77
5 11

(6)⑥　同じ道のりを進むときにかかる時間の比は，速さの比の逆比となる。したがって，行きと帰りでかかった時間の比は，７：３の逆比の３：７だから，行きでかかった時間は，$100\times\frac{3}{10}=30$(分)である。
30分＝$\frac{30}{60}$時間＝$\frac{1}{2}$時間だから，Ａ町からＢ町までの距離《きょり》は，$7\times\frac{1}{2}=3.5$(km)

(7)　100円玉３枚と50円玉１枚の計４枚を１セットとする。１セットの金額は100×３＋50＝350(円)である。24枚すべてが10円玉だとすると，合計で10×24＝240(円)となり，実際より1480－240＝1240(円)低くなる。10円玉４枚を１セットにおきかえると，合計は350－10×４＝310(円)高くなるから，セットの数は1240÷310＝４(セット)である。よって，50円玉は１×４＝⑦４(枚)，10円玉は24－４×４＝⑧８(枚)ある。

(8)⑨　クラスの人数を$\boxed{1}$とすると右表のようにまとめられる。
㋐＝$\boxed{\frac{1}{2}}-\boxed{\frac{1}{4}}=\boxed{\frac{1}{4}}$，㋑＝$\boxed{1}-\boxed{\frac{2}{3}}=\boxed{\frac{1}{3}}$だから，
㋑－㋐＝$\boxed{\frac{1}{3}}-\boxed{\frac{1}{4}}=\boxed{\frac{1}{12}}$が４人にあたる。
よって，$\boxed{1}$は$4\div\frac{1}{12}=48$(人)だから，クラスの人数は48人である。

| | | B ○ | B × | 合計 |
|---|---|---|---|---|
| A | ○ | $\boxed{\frac{1}{4}}$ | ㋐ | $\boxed{\frac{1}{2}}$ |
| A | × | | ４人 | |
| 合計 | | $\boxed{\frac{2}{3}}$ | ㋑ | $\boxed{1}$ |

(9)⑩　ＡＢ，ＤＣの真ん中の点をそれぞれＯ，Ｅとする。Ｏは円の中心だから，右のように作図でき，四角形ＡＯＥＤと四角形ＯＢＣＥは合同な正方形である。
正方形の面積はひし形と同様に，(対角線)×(対角線)÷２で求められるから，
正方形ＡＯＥＤの面積は，$9\times9\div2=\frac{81}{2}$(cm²)
よって，長方形ＡＢＣＤの面積は，$\frac{81}{2}\times2=81$(cm²)だから，色のついた部分の面積は，９×９×3.14÷２－81＝46.17(cm²)

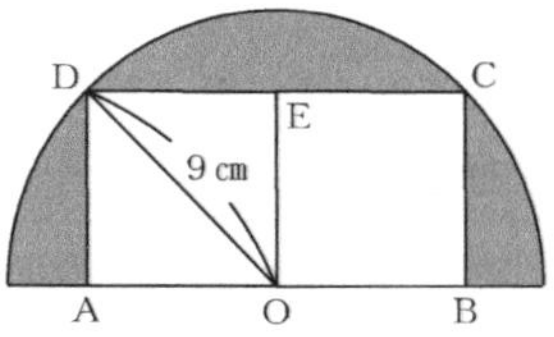


(10)⑪　水の体積と水そう全体の容積の比がわかれば，三角形ＡＢＣを底面としたときの水面の高さを求められる。右図のように記号をおく。
三角形ＣＧＨと三角形ＣＡＢは同じ形の三角形であり，対応する辺の比はＣＧ：ＣＡ＝(８－６)：８＝１：４だから，面積比は，
(１×１)：(４×４)＝１：16である。したがって，
(四角形ＧＡＢＨの面積)：(三角形ＣＡＢの面積)＝(16－１)：16＝15：16
これは水の体積と水そう全体の容積の比でもあるから，三角形ＡＢＣを底面としたときの水面の高さは，
$BE\times\frac{15}{16}=5\times\frac{15}{16}=\frac{75}{16}=4\frac{11}{16}$(cm)

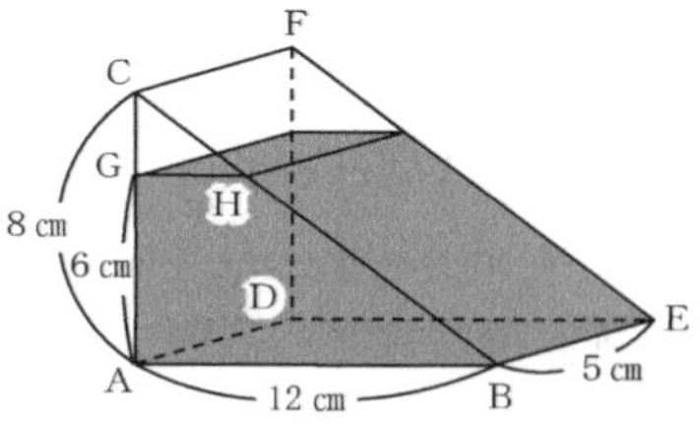


**2**　(1)　この数の列を次のようにグループに分ける。１，２｜１，３，３，｜１，４，４，４｜１，５，５，５，５｜…
ｎ番目のグループは，一番左が１で，そのあとはｎ＋１がｎ個並んでいる。
(ア)⑫　９－１＝８(個)

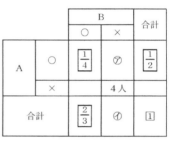

(イ)⑬　ｎ番目のグループにはｎ＋１(個)の数が含《ふく》まれる。各グループに含まれる整数の個数を足していき，合計が100をこえるところを探すと，２＋３＋４＋５＋６＋７＋８＋９＋10＋11＋12＋13＝90，90＋14＝104
よって，91番目から104番目の数は14番目のグループに含まれ，100番目の数は14とわかる。

(2)⑭　正方形の折り紙を折って●に穴を開けた状態から，折り紙を折ったときと逆の手順で開いていくときの図をかいて考えればよい。右図のようになるから，㋑が正しいとわかる。

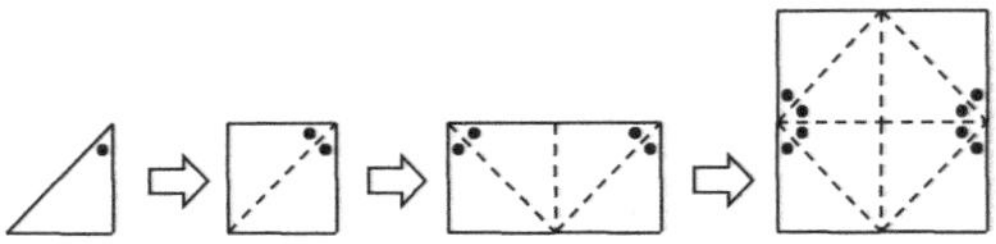

(3)⑮　右のように作図する。三角形ＡＤＦと三角形ＢＥＦの面積を$\boxed{1}$とし，高さが等しい三角形の面積比は，底辺の長さの比に等しいことを利用する。

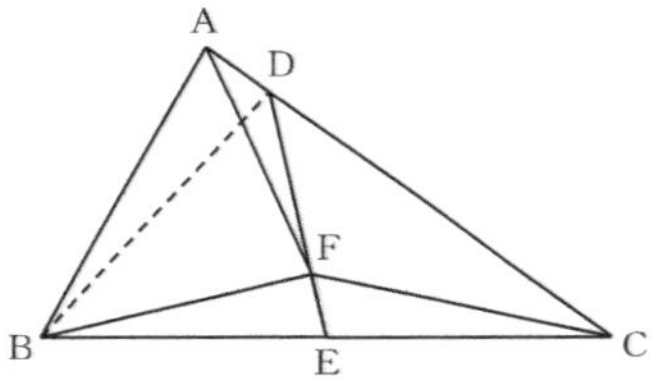


(三角形ＢＥＦの面積)：(三角形ＣＥＦの面積)＝ＢＥ：ＥＣ＝１：１だから，
(三角形ＣＥＦの面積)＝(三角形ＢＥＦの面積)＝$\boxed{1}$
(三角形ＡＤＦの面積)：(三角形ＣＤＦの面積)＝ＡＤ：ＤＣ＝１：５だから，
(三角形ＣＤＦの面積)＝(三角形ＡＤＦの面積)×５＝$\boxed{1}$×５＝$\boxed{5}$
(三角形ＢＣＤの面積)：(三角形ＣＥＤの面積)＝ＢＣ：ＥＣ＝２：１だから，
(三角形ＢＣＤの面積)＝(三角形ＣＥＤの面積)×２＝($\boxed{1}$＋$\boxed{5}$)×２＝$\boxed{12}$
(三角形ＡＢＣの面積)：(三角形ＢＣＤの面積)＝ＡＣ：ＤＣ＝(１＋５)：５＝６：５だから，
(三角形ＡＢＣの面積)＝(三角形ＢＣＤの面積)×$\frac{6}{5}$＝$\boxed{12}$×$\frac{6}{5}$＝$\boxed{\frac{72}{5}}$
したがって，(三角形ＡＢＦの面積)＝(三角形ＡＢＣの面積)－(三角形ＡＤＦ，ＢＥＦ，ＣＥＤの面積の和)＝
$\boxed{\frac{72}{5}}$－($\boxed{1}$＋$\boxed{1}$＋$\boxed{6}$)＝$\boxed{\frac{32}{5}}$　　これが10㎠にあたるから，$\boxed{1}$は10÷$\frac{32}{5}$＝$\frac{25}{16}$(㎠)にあたる。
よって，(三角形ＡＢＣの面積)＝$\boxed{\frac{72}{5}}$＝$\frac{25}{16}$×$\frac{72}{5}$＝22.5(㎠)

図Ⅰ：３枚の場合　　図Ⅱ：４枚の場合

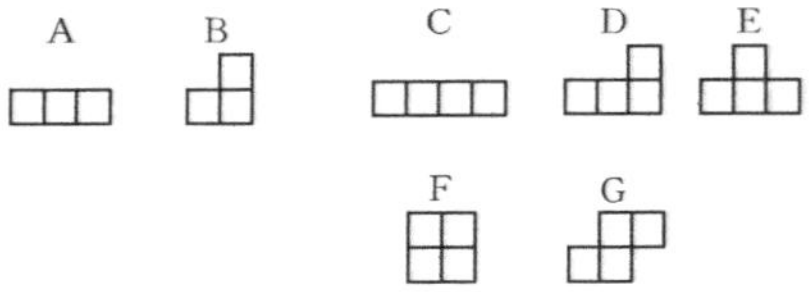


(4)(ア)⑯　正方形が３枚の場合は，右図ⅠのＡとＢの２種類の図形ができる。正方形が４枚の場合は，Ａに１枚増やすことを考えると，図ⅡのＣ，Ｄ，Ｅが，Ｂに１枚増やしてＣ，Ｄ，Ｅ以外の図形を作ることを考えると，Ｆ，Ｇができる。よって，４枚の場合は全部で，５種類の図形ができる。

図Ⅲ：５枚の場合

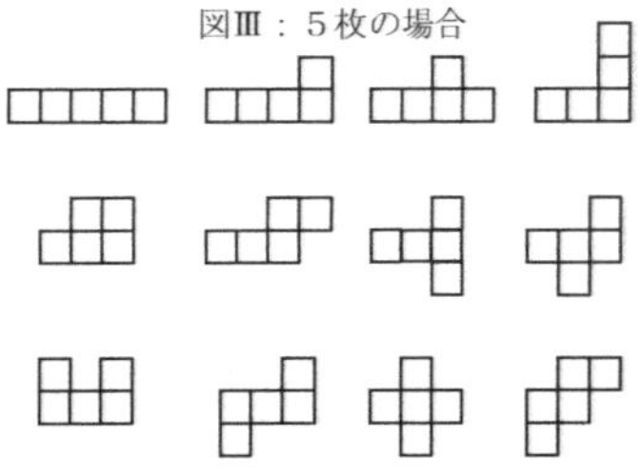

(イ)⑰　(ア)の解説と同様に１つ１つ探していくと，右図Ⅲの12種類の図形ができるとわかる。

$\boxed{3}$　(1)⑱　３回はずんでＤの位置に来るから，27×$\frac{2}{3}$×$\frac{2}{3}$×$\frac{2}{3}$＝８(cm)

(2)⑲　２回はずんでＣの位置に来たから，８÷$\frac{2}{3}$÷$\frac{2}{3}$＝18(cm)

(3)⑳　右図のように記号をおく。
㋐＝14－８＝６(cm)だから，㋑＝６×$\frac{2}{3}$＝４(cm)
㋒＝８－３＝５(cm)だから，㋓＝(４＋５)×$\frac{2}{3}$＝６(cm)
よって，Ｈの位置で，一番下の床からボールまでの高さは，(６＋３)×$\frac{1}{2}$＝4.5(cm)

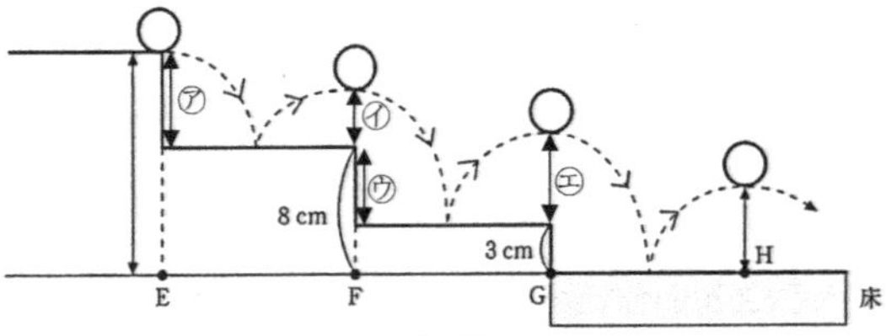


【図２】

(4)㉑　(3)の解説をふまえる。㋓＋３cmが，6.5÷$\frac{1}{2}$＝13(cm)だから，㋓＝13－３＝10(cm)　　㋑＋㋒が10÷$\frac{2}{3}$＝15(cm)で，㋒＝５cmだから，㋑＝15－５＝10(cm)
よって，㋐＝10÷$\frac{2}{3}$＝15(cm)だから，Ｅの位置で，一番下の床からボールまでの高さは，15＋８＝23(cm)

[4] (1)　12を1枚のカードで作ると，「[12]のカード1枚」，2枚のカードで作ると，「[2]のカード1枚と[6]のカード1枚」，「[3]のカード1枚と[4]のカード1枚」，3枚のカードで作ると，「[2]のカード2枚と[3]のカード1枚」だから，作り方は全部で㉒4通りある。49を1枚のカードで作ると，「[49]のカード1枚」，2枚のカードで作ると，「[7]のカード2枚」だから，作り方は全部で㉓2通りある。

(2)㉔　30を素数の積で表すと，30＝2×3×5だから，30は3枚のカードで作る。

(3)㉕　2から100までの整数のうち，素数を4つかけあわせてできる数が何個あるかを求めればよい。[2]のカードを何枚使うかで場合を分けて探していくと，右表のように12個の数が見つかる。

| | |
|---|---|
| [2]を4枚使ってできる数 | 2×2×2×2＝16 |
| [2]を3枚使ってできる数 | 2×2×2×3＝24 |
| | 2×2×2×5＝40 |
| | 2×2×2×7＝56 |
| | 2×2×2×11＝88 |
| [2]を2枚使ってできる数 | 2×2×3×3＝36 |
| | 2×2×3×5＝60 |
| | 2×2×3×7＝84 |
| | 2×2×5×5＝100 |
| [2]を1枚使ってできる数 | 2×3×3×3＝54 |
| | 2×3×3×5＝90 |
| [2]を0枚使ってできる数 | 3×3×3×3＝81 |

(4)　最も小さい[2]のカードをできるだけたくさん使うと，2×2×2×2×2×2＝64ができる。したがって，使うカードが最も多いときの枚数は㉗6枚である。6枚でできる他の数を探すと，2×2×2×2×2×3＝96が見つかるので，6枚でできる数は，㉖64，96である。

(5)㉘　＜ルール3＞によってできる数はすべて，素数の積で表したとき，同一の素数を2個以上ふくまない数である（2×3×5＝30や2×17＝34など）。このような数はかなり個数が多く数えるのが大変なので，素数の積で表したとき，同一の素数を2個以上ふくむ数を調べる。

まず，同じ素数を2個かけあわせてできる数は，2×2＝4，3×3＝9，5×5＝25，7×7＝49の4個である。したがって，素数の積で表したとき，同一の素数を2個以上ふくむ数は4か9か25か49の倍数だから，2から100までの数のうち，4または9または25または49の倍数の個数を求める。最小公倍数の存在に気をつけなければいけないが，2以上100以下で，4，9，25，49のうちの2つの数の最小公倍数は，4と9の最小公倍数の36，4と25の最小公倍数の100だけであり，3つ以上の数の最小公倍数はない。

4の倍数は100÷4＝25(個)，9の倍数は100÷9＝11余り1より11個，25の倍数は100÷25＝4(個)，49の倍数は100÷49＝2余り2より2個，36の倍数は100÷36＝2余り28より2個，100の倍数は100÷100＝1(個)ある。よって，2から100までの数のうち，4または9または25または49の倍数の個数は，
25＋11＋4＋2－(2＋1)＝39(個)ある。よって，＜ルール3＞でできる数は，2から100までの数には
99－39＝60(個)あり，さらに0もできる数だから，全部で，60＋1＝61(種類)

[5] (1)　右図は，図3においてひもを通り机に垂直な面で立方体を切断し，全体を正面から見た図に記号をおいたものである。太線は立方体の影の部分を表しており，三角形BHIは三角形BDEを拡大した三角形である。AF＝4㎝，AD＝AF－DF＝4－3＝1(㎝)だから，三角形BHIは三角形BDEを$\frac{AF}{AD}=\frac{4}{1}=4$(倍)に拡大した三角形なので，HI＝DE×4＝3×4＝12(㎝)

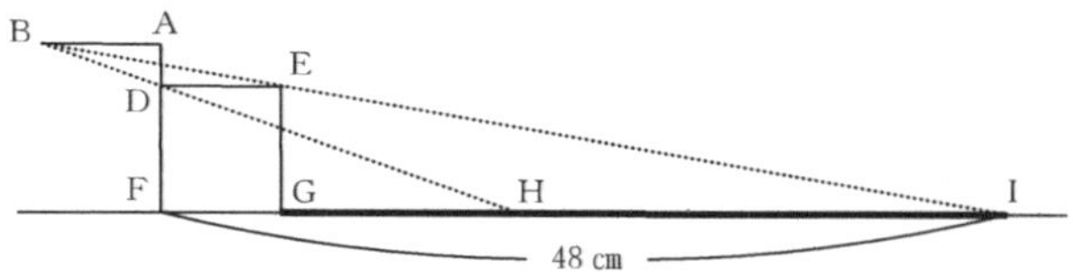


したがって，図3において立方体の上の面の影はもとの面を4倍に拡大した正方形だから，RS＝㉙12㎝
また，三角形DABと三角形DFHは同じ形の三角形であり，大きさの比はAD：FD＝1：3だから，
AB＝FH×$\frac{1}{3}$＝(48－12)×$\frac{1}{3}$＝㉚12(㎝)

(2)㉛　右図は，図４においてひもを通り机に垂直な面で円柱を切断し，全体を正面から見た図に記号をおいたものである。太線は円柱の影の部分を表しており，三角形ＡＯＭは三角形ＡＮＫを拡大した三角形である。

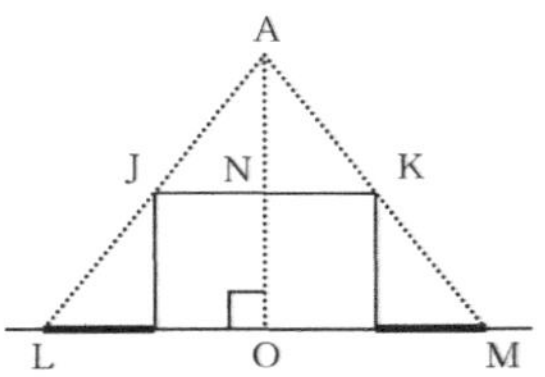


ＡＯ＝４㎝，ＡＮ＝２㎝だから，三角形ＡＯＭは三角形ＡＮＫを$\frac{AO}{AN}=\frac{4}{2}=2$（倍）に拡大した三角形なので，ＯＭ＝ＮＫ×２＝２×２＝４（㎝）

よって，机にできた影の面積は，半径が４㎝の円の面積から円柱の底面積を引いた値に等しいから，

４×４×3.14－２×２×3.14＝(16－４)×3.14＝12×3.14＝37.68(㎠)

(3)㉜　(2)の解説をふまえる。Ｃから発せられた光が円柱にさえぎられずにＪを通って机に達する点をＴとすると，ＮＡ＝ＮＯより，三角形ＪＡＣと三角形ＪＬＴは合同になるから，ＬＴ＝ＡＣ＝６㎝である。したがって，Ｔはちょうど円柱の底面の円周上にある。豆電球がＣの位置にあるときの円柱の上の面の影は，右図の円Ｖである。

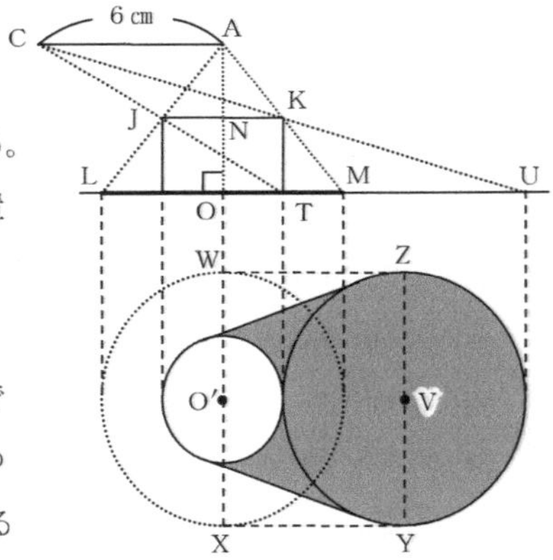


三角形ＣＴＵは三角形ＣＪＫを２倍に拡大した三角形だから，

ＴＵ＝ＪＫ×２＝４×２＝８(㎝)なので，円Ｖの半径は８÷２＝４(㎝)である。豆電球をＡの位置からＣの位置まで移動させると，円柱の上の面の影は，半径が４㎝の円Ｏ′の位置から円Ｖの位置まで移動するので，求める面積は，長方形ＷＸＹＺと半径がＯ′Ｗの半円と半径がＶＺの半円の面積の和から，円柱の底面積を引いた値に等しく，

８×６＋４×４×3.14÷２×２－２×２×3.14＝48＋16×3.14－４×3.14＝48＋12×3.14＝85.68(㎠)

## 《2020　理科　解説》

1　問１　実験１より，ＡとＢはアンモニア水か塩酸のどちらかであり，実験３より，青色リトマス紙が赤色に変わったＢが酸性の⑤塩酸，赤色リトマス紙が青色に変わったＡがアルカリ性の③アンモニア水である。実験２より，Ｇは⑥炭酸水である。実験５で，Ｂ(塩酸)との反応から，Ｆは⑦水酸化ナトリウム水溶液《すいようえき》であり，Ｅは①食塩水である(酸性の塩酸とアルカリ性の水酸化ナトリウム水溶液を混ぜると，たがいの性質を打ち消し合う中和が起こり，食塩水ができる)。実験３で，ＡとＦ以外でアルカリ性のＣは②石灰水，Ｅ以外で中性のＤは④砂糖水である。

2　問１　塩酸がすべて反応するまでは，Ｘの重さとＹの体積は比例の関係にある。Ｘが 1.0ｇのときＹの体積が 180mL であることと，Ｙの体積が最大で 612mL であることから，塩酸 100mL がすべて反応する(Ｙが 612mL 発生する)のに必要なＸは，$1.0\times\frac{612}{180}=3.4$(ｇ)である。

**問２**　問１の塩酸とＸが過不足なく反応するときの体積と重さの関係より，塩酸 250mL とＸ8.0ｇでは，塩酸が余り，Ｘがすべて反応することになる。したがって，Ｘが 8.0ｇ反応すると，Ｙが $180\times\frac{8.0}{1.0}=1440$(mL)発生する。

**問３**　塩酸 200mL がすべて反応するとＹが $612\times\frac{200}{100}=1224$(mL)発生するから，ここでは純粋《じゅんすい》な炭酸カルシウム 1.0ｇがすべて反応してＹが 225mL 発生したことがわかる。①で発生したＹが 180mL であることに着目すると，Ｘ 1.0ｇ中には炭酸カルシウムが $1.0\times\frac{180}{225}=0.8$(ｇ)，食塩が 1.0－0.8＝0.2(ｇ)含《ふく》まれていることになるから，Ｘ 5.0ｇ中に含まれる食塩は，Ｘが 1.0ｇのときの５倍の 0.2×５＝1.0(ｇ)である。

**問４**　アはちっ素，イは酸素，エとオは水素の性質に関する記述である。

**問５**　ウ〇…ろうとに液体を注ぐときはガラス棒を伝わらせ，ろうとの足の長い方をビーカーの壁《かべ》につけて，液体が飛び散らないようにする。

**問6**　エ○…塩酸は水に塩化水素をとかした水溶液だから，X中の炭酸カルシウムが塩酸と反応するとともに，X中の食塩は水にとける(炭酸カルシウムと塩酸が反応してできた塩化カルシウムも水にとける)。したがって，塩酸がすべて反応して炭酸カルシウムが余るようになるまではろ紙に固体が残らない。

**3**　**問1**　ア×…トンボは，はねが4枚ある。　ウ×…クモは，頭胸部から足が4対出ている。　エ×…ダンゴムシが好んで食べるのは落ち葉である。植物のやわらかい根や新芽を食べることもある。

図I

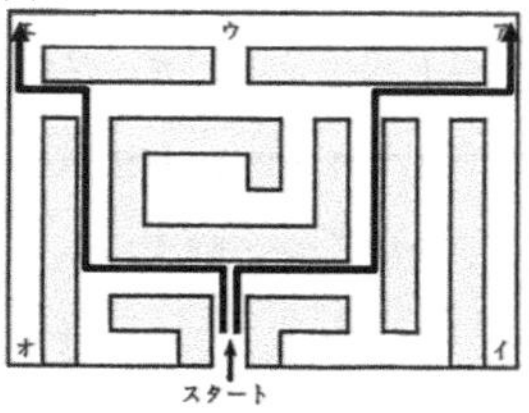


**問2**　昆虫《こんちゅう》の体は，頭部，胸部，腹部の3つに分かれていて，胸部から足が3対出ている。①と②は昆虫類，③はクモ類，④は甲殻《こうかく》類に分類される。

**問3**　図I参照。最初に右に曲がったときはア，最初に左に曲がったときはエにたどり着く。

**問4**　ア，イ，オ○…不完全変態のなかまには，カマキリやバッタなどのように幼虫と成虫で体の形が似ているものが多い。トンボは例外で，幼虫と成虫で体の形が似ていないが，不完全変態のなかまである。

**問5**　ア○…グラフで，風を送った方向(横軸《じく》)が右のとき，移動した方向(縦軸)が左になっている。また，風を送った方向が左のとき，移動した方向が右になっている。これら以外の点に着目しても，風を送った方向と反対の方向に移動することがわかる。

**4**　**問2**　表と会話より，日照時間(光)は花の開閉に影響《えいきょう》を与《あた》えていないと考えられるので，ア～エは誤り。花の開閉と温度の関係に着目すると，表より，日中は花が開いた6日，10日，14日，16日は，花が閉じたままだった1日，3日，11日よりも最高気温が高かったことから，ある温度を上回らないと花が開かない(ク)と考えられる。また，これを逆に考えると，ある温度を上回っていたときに開いていた花は，ある温度を下回ると閉じる(オ)可能性があるということである。

**問3**　花びらの内側と外側で，大きく成長した方の反対側に反り返るということである。内側に反り返ると花は閉じ，外側に反り返ると花は開く。

**問4**　ウ×…球根は種子と比べてくさりやすく，保管には注意が必要である。また，チューリップの花はふつう春に咲《さ》く。

**問5**　ウ×…日照時間は花の開閉に影響を与えていないと考えられる。　エ×…6日と16日は最高気温が20℃を上回っているが，花は散っていない。

**5**　**問1**　表より，Aは20gで10.4－10.0＝0.4(cm)のびるから，40gではその2倍の0.8cmのびて10.0＋0.8＝10.8(cm)になる。

**問2**　問1解説より，Aは20gで0.4cmのびるから，1.0cmのばすには$20\times\frac{1.0}{0.4}=50$(g)のおもりが必要である。

**問3**　ばねの長さを半分にするとのび方も半分になるので，Bを1.0cmのばすには，Aを1.0cmのばすときの2倍の重さのおもりが必要である。Aを1.0cmのばすには50gのおもりが必要だから，その2倍の100gが正答となる。

**問4**　図2のように，ばねの両端《りょうたん》に同じ重さのおもりをつるしたときは，一方のおもりを壁に置きかえて考えてよい。したがって，Bに50gのおもりをつるしたときののびを求めればよい。Aに50gのおもりをつるしたときののびが1.0cmだから，その半分の0.5cmが正答となる。

**問5**　Aに100gのおもりをつるすと50gのときの2倍の2.0cmのびる。問2と同様に考えて，同じ100gでのCののびはAの$\frac{0.8}{2.0}=0.4$(倍)だから，CはAを10.0×0.4＝4.0(cm)に切断してできたと考えられる。

6 問１　エ○…光が水中から空気中に出るときの進み方は，図１の矢印の向きを反対にしたものと考えればよい。

問２　ウ○…図３で，容器の右端を通る光は図２のようにくっ折して空気中に出ていく。

問３　ア○…図４で，容器の右端を通る光は図１のようにくっ折して水中に入っていく。

7 問１　イ○…昼の長さは，日の出の時刻（５時 09 分）から日の入りの時刻（19 時 31 分）までの時間である。

問２　ウ○…南中時刻は，日の出の時刻と日の入りの時刻のちょうど真ん中の時刻である。つまり，昼の長さが 12 時間 06 分だから，日の出の時刻（６時 23 分）の６時間 03 分後の 12 時 26 分である。

問３　ア○…昼の長さが約 12 時間のＢが春か秋，12 時間より長いＡが夏，12 時間より短いＣが冬と考えればよい。

問４　エ○…日本では，南にある地点ほど南中高度が大きくなるので，福岡より南にある鹿児島では，Ａの日の南中高度が 79.8° より大きくなる。

8 問１　イ○…ａ．Ａは$\frac{60}{3}$＝20（秒後），Ｂは$\frac{60}{2}$＝30（秒後）だから，30－20＝10 がはいる。　ｂ．$\frac{10}{5}$＝２がはいる。

問２　ウ○…ＡとＢが始まった時刻の差が，Ｘでは３秒，Ｙでは９秒だから，震源からＹまでの距離《きょり》は，震源からＸまでの距離の$\frac{9}{3}$＝３（倍）である。

問３　エ○…ＸＹ間の距離が 36 ㎞で，ＸとＹでＡが始まった時刻の差は６秒だから，$\frac{36}{6}$＝（秒速）６（㎞）である。

問４　イ○…問２より，震源からＹまでの距離は，震源からＸまでの距離の３倍であり，ＸＹ間の距離は 36 ㎞だから，３点の位置関係は図Ⅱのように表せる。したがって，震源からＸまでの距離は 36 ㎞の半分の 18 ㎞であり，震源からＹまでの距離は 18＋36＝54（㎞）である。

図Ⅱ

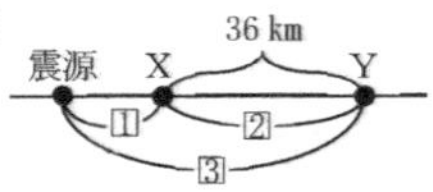


問５　ウ○…Ａの伝わる速さは秒速６㎞，震源からＹまでの距離は 54 ㎞だから，この地震が発生した時刻は，ＹでＡが始まった時刻（10 時 30 分 06 秒）の$\frac{54}{6}$＝９（秒前）の 10 時 29 分 57 秒である。

## 《2020　社会　解説》

1 問２　ニ．（実際の距離）＝（地図上の長さ）×（縮尺の分母）より，５×200000＝1000000（㎝）＝10000（ｍ）＝10.00（㎞）。

問３　ロが誤り。有明海沿岸部は「干拓地」であって「埋立地」ではない。

問５　ハが誤り。「くわな」駅と「やとみ」駅の間のＪＲの鉄道は複線以上である。

問７　ロ．関東地方を流れる利根川は，日本の暴れ川のうちの１つとしても有名である。

問８　大豆の生産は北海道の十勝平野で盛んだから，イを選ぶ。ロは米，ハはブロイラー，ニはレタス。

2 問１　ハが誤り。液化天然ガス（ＬＮＧ）は「コンテナ船」でなく「ＬＮＧタンカー」で輸送されている。

問２　ハブは自転車などの車輪の軸を意味する。ハブ空港を拠点に四方へのびる航空路が車輪の形に似ていることから名付けられた。

問３　イが誤り。（増加率）＝（増加後の量－増加前の量）÷（増加前の量）×100 より，輸出額の増加率は，1960 年代が（８－１）÷１×100＝700（％），1990 年代が（50－42）÷42×100＝19.04…（％）となり，1960 年代の方が 1990 年代よりも高い。

問４　ニを選ぶ。日本は，原油の多くを中東の国から輸入している。イはブラジル，ロはアルジェリア，ハは南アフリカ共和国，ホはインド，ヘはオーストラリア。

問５　イ．「瀬戸内の山陽地方」「水島地区」「水島コンビナート」「学生服やジーンズの製造など繊維工業が盛ん」から倉敷市と判断する。

問６　ハ．Ａは国際線の乗降客数が圧倒的に多いから成田国際空港である。残ったうち，国内線の乗降客数が多いＢを新千歳空港，Ｃを中部国際空港と判断する。中部国際空港は，東京―大阪間にあるため，利用者は多くない。

**問7**　2003年と2018年を比べると，国内総生産は13.61÷1.66＝8.19…(倍)，一人当たり国民総所得は9470÷1280＝7.39…(倍)に増えている。中国では2000年代になって急激に工業化が進み，富裕層の数が増加した。

**3**　**問1**　ハが誤り。岩宿遺跡は旧石器時代の遺跡であり，打製石器が発見された。

**問2**　ロが正しい。　イ．「高句麗」でなく「新羅」であれば正しい。　ハ．冠位十二階は，家柄に関係なく能力がある者を役人にするため，飛鳥時代に聖徳太子によって定められた。　ニ．わが国最古の貨幣は富本銭である。和同開珎は流通が確認された最古の貨幣である。

**問3**　聖徳太子は，摂政としておばの推古天皇に代わって政治を行った。

**問4**　イが正しい。東大寺は，奈良時代に，聖武天皇と妻の光明皇后が仏教の力で国家を守るために建てたもので，その宝庫である正倉院には聖武天皇の遺品が納められている。延暦寺と『古今和歌集』は平安時代，『平家物語』は鎌倉時代。

**問5**　ニが正しい。浄土信仰は，念仏を唱え，阿弥陀仏にすがれば極楽浄土に生まれかわれるという教えである。藤原頼通は浄土信仰の影響を受けて平等院鳳凰堂を建てた。　イ．神戸の港(大輪田泊)を整備して日宋貿易を進めたのは平清盛である。　ロ．天皇が幼少だったり女性だったりしたときに天皇に代わって政治を行う役職を「摂政」，天皇が成人した後に政治を補佐する役職を「関白」と言う。　ハ．清少納言は『枕草子』，紫式部は『源氏物語』を書いた。

**問6**　鎌倉幕府は，将軍と，将軍に従う御家人との結びつきによって支えられた。将軍は，御恩として御家人の以前からの領地を保護したり，新たな領地を与えたりして，御家人は，奉公として京都や幕府の警備につき命をかけて戦った。

**4**　**問1**　ロ．図1は踊念仏をする一遍を描いた「一遍上人絵伝」である。一遍は時宗を開き，踊念仏による布教を行った。

**問2**　ニが誤り。雪舟は「茶の湯」でなく「水墨画」を完成させた。

**問3**　ニが正しい。豊臣秀吉は宣教師の追放を命じるバテレン追放令を出したが，南蛮貿易を奨励していたため，徹底されなかった。また，織田信長は仏教勢力を抑えるため，キリスト教を保護した。絵踏の実施は江戸幕府がキリスト教徒を見つけるために行った。

**問4**　イを選ぶ。喜多川歌麿は化政文化を代表する浮世絵師である。化政文化を代表する浮世絵には，歌川広重の「東海道五十三次」などもある。菱川師宣は「見返り美人図」で知られる浮世絵師，尾形光琳は「紅白梅図屏風」「燕子花図屏風」で知られる画家で，元禄期(元禄文化)に活躍した。

**問6**　ロ．欧米諸国との貿易が始まると，輸出品となった生糸・茶・蚕卵紙などの生活必需品が買い占められ，国内では品不足となって価格が高騰した。

**5**　**問1**　大日本帝国憲法の制定前に，板垣退助が民撰議院設立の建白書を提出して自由民権運動を進め，その結果，国民の声を反映する「民撰議院(衆議院)」による国会が開設されたことから考える。

**問2**　不平等条約の改正については，1911年に外相の小村寿太郎が日米通商航海条約を結んだことで関税自主権の完全回復に成功したことも覚えておきたい。

**問3**　孫文は，1905年に東京で中国革命同盟会を結成し，運動の目標として三民主義をかかげた。その後帰国し，1911年には辛亥革命を指導し，1912年に中華民国を建国した。

**問4**　ロ．五・一五事件は，1932年に海軍の青年将校らによって犬養毅首相が暗殺された事件である。

**問5**　張作霖爆殺事件は1928年だから，ロを選ぶ。

6 **問2**　ニが誤り。請願権は日本国憲法第16条によって保障されている。

**問3**　ハが誤り。参議院議員の任期は6年(3年ごとに半数改選)である。

**問4**　ハを選ぶ。　a．誤り。日本の国政において，拒否権は存在しない。　b．正しい。天皇の国事行為の中に衆議院の解散があり，国事行為には内閣の助言と承認が必要なことから，実質上，衆議院の解散権を常に内閣が持っているとする考えがある。

**問5**　ロが誤り。裁判員制度は「行政裁判」でなく「重大な刑事裁判」の第一審に導入されている。

**問7**　「全体の奉仕者」とは，公務員が国民全体の利益のために行動しなければならず，一党派や一部の社会勢力などの利益のために奉仕してはならないという意味で，日本国憲法15条に規定されている。

## ■ ご使用にあたってのお願い・ご注意

（1）問題文等の非掲載

著作権上の都合により，問題文や図表などの一部を掲載できない場合があります。

誠に申し訳ございませんが，ご了承くださいますようお願いいたします。

（2）過去問における時事性

過去問題集は，学習指導要領の改訂や社会状況の変化，新たな発見などにより，現在とは異なる表記や解説になっている場合があります。過去問の特性上，出題当時のままで出版していますので，あらかじめご了承ください。

（3）配点

学校等から配点が公表されている場合は，記載しています。公表されていない場合は，記載していません。

独自の予想配点は，出題者の意図と異なる場合があり，お客様が学習するうえで誤った判断をしてしまう恐れがあるため記載していません。

（4）無断複製等の禁止

購入された個人のお客様が，ご家庭でご自身またはご家族の学習のためにコピーをすることは可能ですが，それ以外の目的でコピー，スキャン，転載（ブログ，ＳＮＳなどでの公開を含みます）などをすることは法律により禁止されています。学校や学習塾などで，児童生徒のためにコピーをして使用することも法律により禁止されています。

ご不明な点や，違法な疑いのある行為を確認された場合は，弊社までご連絡ください。

（5）けがに注意

この問題集は針を外して使用します。針を外すときは，けがをしないように注意してください。また，表紙カバーや問題用紙の端で手指を傷つけないように十分注意してください。

（6）正誤

制作には万全を期しておりますが，万が一誤りなどがございましたら，弊社までご連絡ください。

なお，誤りが判明した場合は，弊社ウェブサイトの「ご購入者様のページ」に掲載しておりますので，そちらもご確認ください。

## ■ お問い合わせ

解答例，解説，印刷，製本など，問題集発行におけるすべての責任は弊社にあります。

ご不明な点がございましたら，弊社ウェブサイトの「お問い合わせ」フォームよりご連絡ください。迅速に対応いたしますが，営業日の都合で回答に数日を要する場合があります。

ご入力いただいたメールアドレス宛に自動返信メールをお送りしています。自動返信メールが届かない場合は，「よくある質問」の「メールの問い合わせに対し返信がありません。」の項目をご確認ください。

また弊社営業日（平日）は，午前９時から午後５時まで，電話でのお問い合わせも受け付けています。

2025 春

株式会社教英出版

〒422-8054　静岡県静岡市駿河区南安倍３丁目 12-28

TEL　054-288-2131　　FAX　054-288-2133

URL　https://kyoei-syuppan.net/

MAIL siteform@kyoei-syuppan.net

## 神奈川県

①［県立］
- 相模原中等教育学校
- 平塚中等教育学校

②［市立］南高等学校附属中学校
③［市立］横浜サイエンスフロンティア高等学校附属中学校
④［市立］川崎高等学校附属中学校
✿⑤聖光学院中学校
✿⑥浅野中学校
⑦洗足学園中学校
⑧法政大学第二中学校
⑨逗子開成中学校（1次）
⑩逗子開成中学校（2·3次）
⑪神奈川大学附属中学校（第1回）
⑫神奈川大学附属中学校（第2·3回）
⑬栄光学園中学校
⑭フェリス女学院中学校

## 新潟県

①［県立］
- 村上中等教育学校
- 柏崎翔洋中等教育学校
- 燕中等教育学校
- 津南中等教育学校
- 直江津中等教育学校
- 佐渡中等教育学校

②［市立］高志中等教育学校
③新潟第一中学校
④新潟明訓中学校

## 石川県

①［県立］金沢錦丘中学校
②星稜中学校

## 福井県

①［県立］高志中学校

## 山梨県

①山梨英和中学校
②山梨学院中学校
③駿台甲府中学校

## 長野県

①［県立］
- 屋代高等学校附属中学校
- 諏訪清陵高等学校附属中学校

②［市立］長野中学校

## 岐阜県

①岐阜東中学校
②鶯谷中学校
③岐阜聖徳学園大学附属中学校

## 静岡県

①［国立］静岡大学教育学部附属中学校（静岡·島田·浜松）

②
- ［県立］清水南高等学校中等部
- ［県立］浜松西高等学校中等部
- ［市立］沼津高等学校中等部

③不二聖心女子学院中学校
④日本大学三島中学校
⑤加藤学園暁秀中学校
⑥星陵中学校
⑦東海大学付属静岡翔洋高等学校中等部
⑧静岡サレジオ中学校
⑨静岡英和女学院中学校
⑩静岡雙葉中学校
⑪静岡聖光学院中学校
⑫静岡学園中学校
⑬静岡大成中学校
⑭城南静岡中学校
⑮静岡北中学校

⑯
- 常葉大学附属常葉中学校
- 常葉大学附属橘中学校
- 常葉大学附属菊川中学校

⑰藤枝明誠中学校
⑱浜松開誠館中学校
⑲静岡県西遠女子学園中学校
⑳浜松日体中学校
㉑浜松学芸中学校

## 愛知県

①［国立］愛知教育大学附属名古屋中学校
②愛知淑徳中学校

③
- 名古屋経済大学市邨中学校
- 名古屋経済大学高蔵中学校

④金城学院中学校
⑤椙山女学園中学校
⑥東海中学校
⑦南山中学校男子部
⑧南山中学校女子部
⑨聖霊中学校
⑩滝中学校
⑪名古屋中学校
⑫大成中学校
⑬愛知中学校
⑭星城中学校
⑮名古屋葵大学中学校（名古屋女子大学中学校）
⑯愛知工業大学名電中学校
⑰海陽中等教育学校（特別給費生）
⑱海陽中等教育学校（I·II）
⑲中部大学春日丘中学校
新刊⑳名古屋国際中学校

## 三重県

①［国立］三重大学教育学部附属中学校
②暁中学校
③海星中学校
④四日市メリノール学院中学校
⑤高田中学校
⑥セントヨゼフ女子学園中学校
⑦三重中学校
⑧皇學館中学校
⑨鈴鹿中等教育学校
⑩津田学園中学校

## 滋賀県

①［国立］滋賀大学教育学部附属中学校

②［県立］
- 河瀬中学校
- 守山中学校
- 水口東中学校

## 京都府

①［国立］京都教育大学附属桃山中学校
②［府立］洛北高等学校附属中学校
③［府立］園部高等学校附属中学校
④［府立］福知山高等学校附属中学校
⑤［府立］南陽高等学校附属中学校
⑥［市立］西京高等学校附属中学校
⑦同志社中学校
⑧洛星中学校
⑨洛南高等学校附属中学校
⑩立命館中学校
⑪同志社国際中学校
⑫同志社女子中学校（前期日程）
⑬同志社女子中学校（後期日程）

## 大阪府

①［国立］大阪教育大学附属天王寺中学校
②［国立］大阪教育大学附属平野中学校
③［国立］大阪教育大学附属池田中学校

④[府立]富田林中学校
⑤[府立]咲くやこの花中学校
⑥[府立]水都国際中学校
⑦清風中学校
⑧高槻中学校(A日程)
⑨高槻中学校(B日程)
⑩明星中学校
⑪大阪女学院中学校
⑫大谷中学校
⑬四天王寺中学校
⑭帝塚山学院中学校
⑮大阪国際中学校
⑯大阪桐蔭中学校
⑰開明中学校
⑱関西大学第一中学校
⑲近畿大学附属中学校
⑳金蘭千里中学校
㉑金光八尾中学校
㉒清風南海中学校
㉓帝塚山学院泉ヶ丘中学校
㉔同志社香里中学校
㉕初芝立命館中学校
㉖関西大学中等部
㉗大阪星光学院中学校

## 兵庫県

①[国立]神戸大学附属中等教育学校
②[県立]兵庫県立大学附属中学校
③雲雀丘学園中学校
④関西学院中学部
⑤神戸女学院中学部
⑥甲陽学院中学校
⑦甲南中学校
⑧甲南女子中学校
⑨灘中学校
⑩親和中学校
⑪神戸海星女子学院中学校
⑫滝川中学校
⑬啓明学院中学校
⑭三田学園中学校
⑮淳心学院中学校
⑯仁川学院中学校
⑰六甲学院中学校
⑱須磨学園中学校(第1回入試)
⑲須磨学園中学校(第2回入試)
⑳須磨学園中学校(第3回入試)
㉑白陵中学校
㉒夙川中学校

## 奈良県

①[国立]奈良女子大学附属中等教育学校
②[国立]奈良教育大学附属中学校
③[県立]
国際中学校
青翔中学校
④[市立]一条高等学校附属中学校
⑤帝塚山中学校
⑥東大寺学園中学校
⑦奈良学園中学校
⑧西大和学園中学校

## 和歌山県

①[県立]
古佐田丘中学校
向陽中学校
桐蔭中学校
日高高等学校附属中学校
田辺中学校
②智辯学園和歌山中学校
③近畿大学附属和歌山中学校
④開智中学校

## 岡山県

①[県立]岡山操山中学校
②[県立]倉敷天城中学校
③[県立]岡山大安寺中等教育学校
④[県立]津山中学校
⑤岡山中学校
⑥清心中学校
⑦岡山白陵中学校
⑧金光学園中学校
⑨就実中学校
⑩岡山理科大学附属中学校
⑪山陽学園中学校

## 広島県

①[国立]広島大学附属中学校
②[国立]広島大学附属福山中学校
③[県立]広島中学校
④[県立]三次中学校
⑤[県立]広島叡智学園中学校
⑥[市立]広島中等教育学校
⑦[市立]福山中学校
⑧広島学院中学校
⑨広島女学院中学校
⑩修道中学校
⑪崇徳中学校
⑫比治山女子中学校
⑬福山暁の星女子中学校
⑭安田女子中学校
⑮広島なぎさ中学校
⑯広島城北中学校
⑰近畿大学附属広島中学校福山校
⑱盈進中学校
⑲如水館中学校
⑳ノートルダム清心中学校
㉑銀河学院中学校
㉒近畿大学附属広島中学校東広島校
㉓AICJ中学校
㉔広島国際学院中学校
㉕広島修道大学ひろしま協創中学校

## 山口県

①[県立]
下関中等教育学校
高森みどり中学校
②野田学園中学校

## 徳島県

①[県立]
富岡東中学校
川島中学校
城ノ内中等教育学校
②徳島文理中学校

## 香川県

①大手前丸亀中学校
②香川誠陵中学校

## 愛媛県

①[県立]
今治東中等教育学校
松山西中等教育学校
②愛光中学校
③済美平成中等教育学校
④新田青雲中等教育学校

## 高知県

①[県立]
安芸中学校
高知国際中学校
中村中学校

## 福岡県

①［国立］福岡教育大学附属中学校（福岡・小倉・久留米）

②［県立］
- 育徳館中学校
- 門司学園中学校
- 宗像中学校
- 嘉穂高等学校附属中学校
- 輝翔館中等教育学校

③西南学院中学校
④上智福岡中学校
⑤福岡女学院中学校
⑥福岡雙葉中学校
⑦照曜館中学校
⑧筑紫女学園中学校
⑨敬愛中学校
⑩久留米大学附設中学校
⑪飯塚日新館中学校
⑫明治学園中学校
⑬小倉日新館中学校
⑭久留米信愛中学校
⑮中村学園女子中学校
⑯福岡大学附属大濠中学校
⑰筑陽学園中学校
⑱九州国際大学付属中学校
⑲博多女子中学校
⑳東福岡自彊館中学校
㉑八女学院中学校

## 佐賀県

①［県立］
- 香楠中学校
- 致遠館中学校
- 唐津東中学校
- 武雄青陵中学校

②弘学館中学校
③東明館中学校
④佐賀清和中学校
⑤成穎中学校
⑥早稲田佐賀中学校

## 長崎県

①［県立］
- 長崎東中学校
- 佐世保北中学校
- 諫早高等学校附属中学校

②青雲中学校
③長崎南山中学校
④長崎日本大学中学校
⑤海星中学校

## 熊本県

①［県立］
- 玉名高等学校附属中学校
- 宇土中学校
- 八代中学校

②真和中学校
③九州学院中学校
④ルーテル学院中学校
⑤熊本信愛女学院中学校
⑥熊本マリスト学園中学校
⑦熊本学園大学付属中学校

## 大分県

①［県立］大分豊府中学校
②岩田中学校

## 宮崎県

①［県立］五ヶ瀬中等教育学校

②［県立］
- 宮崎西高等学校附属中学校
- 都城泉ヶ丘高等学校附属中学校

③宮崎日本大学中学校
④日向学院中学校
⑤宮崎第一中学校

## 鹿児島県

①［県立］楠隼中学校
②［市立］鹿児島玉龍中学校
③鹿児島修学館中学校
④ラ・サール中学校
⑤志學館中等部

## 沖縄県

①［県立］
- 与勝緑が丘中学校
- 開邦中学校
- 球陽中学校
- 名護高等学校附属桜中学校

# もっと過去問シリーズ

## 北海道

北嶺中学校
7年分（算数・理科・社会）

## 静岡県

静岡大学教育学部附属中学校
（静岡・島田・浜松）
10年分（算数）

## 愛知県

愛知淑徳中学校
7年分（算数・理科・社会）
東海中学校
7年分（算数・理科・社会）
南山中学校男子部
7年分（算数・理科・社会）
南山中学校女子部
7年分（算数・理科・社会）
滝中学校
7年分（算数・理科・社会）
名古屋中学校
7年分（算数・理科・社会）

## 岡山県

岡山白陵中学校
7年分（算数・理科）

## 広島県

広島大学附属中学校
7年分（算数・理科・社会）
広島大学附属福山中学校
7年分（算数・理科・社会）
広島学院中学校
7年分（算数・理科・社会）
広島女学院中学校
7年分（算数・理科・社会）
修道中学校
7年分（算数・理科・社会）
ノートルダム清心中学校
7年分（算数・理科・社会）

## 愛媛県

愛光中学校
7年分（算数・理科・社会）

## 福岡県

福岡教育大学附属中学校
（福岡・小倉・久留米）
7年分（算数・理科・社会）
西南学院中学校
7年分（算数・理科・社会）
久留米大学附設中学校
7年分（算数・理科・社会）
福岡大学附属大濠中学校
7年分（算数・理科・社会）

## 佐賀県

早稲田佐賀中学校
7年分（算数・理科・社会）

## 長崎県

青雲中学校
7年分（算数・理科・社会）

## 鹿児島県

ラ・サール中学校
7年分（算数・理科・社会）

※もっと過去問シリーズは
国語の収録はありません。

教英出版
〒422-8054
静岡県静岡市駿河区南安倍3丁目12−28
TEL 054-288-2131
FAX 054-288-2133
詳しくは教英出版で検索
教英出版　検索
URL https://kyoei-syuppan.net/

令和六年度　福岡大学附属大濠中学校

入学試験問題

# 国語

〔時間　六〇分〕

注　意

1．答えはすべて解答用紙に記入してください。

2．解答用紙には氏名・受験番号（算用数字　例10001）をきちんと書いてください。

3．特に指定がない限り、句読点や記号も１字として数えます。

**一**　次の文章を読んで、後の問いに答えなさい。

「ウィズコロナ」という言葉をみなさんも聞いたことがあるだろう。

二〇二〇年に感染が拡大し始めてから、長い間人々の日常に影響を与えてきた新型コロナウイルス感染症（ＣＯＶＩＤ－19）。昨年五月、感染症の分類が2類相当（注1）から季節性インフルエンザと同じ5類（注2）へと引き下げられた。このことは①人々の暮らしにコロナウイルスと共に暮らすという新しい局面をもたらしたと言えるだろう。

5類移行の変化としては、病院（注3）の受け入れ体制や医療費の公費ａフタンの見直しなどをあげることができる。しかし、最も強く変化を感じるのは、日ごろの感染対策だ。私たちの生活を制限した外出自粛《じしゅく》の呼びかけは過去のものとなり、マスクの着用や換気《かんき》などの基本的な感染対策も、あくまで個人の判断にまかされることになった。この文章を読んでいるみなさんも、マスクの有無や学校行事の再開など、5類移行の変化を感じる場面は多くあったのではないだろうか。

三年以上にわたり私たちの生活に大きな影響を与え続けた2類相当のコロナ期間。国内の感染状況はＡ一□一□をくり返しており完全に終息したとは言えない。けれども、厳しい行動制限や感染対策が行われていた期間を思えば、昨年五月を一つの終着点と考えることはできるだろう。

「コロナを経験する前」と「コロナを経験した後」では、社会はどのように変化したのだろうか。

まずあげられるのは感染対策についての人々の意識の変化だ。みなさんも知ってのとおり、「ウイルスをもらわない、うつさない」ための対策は強制されるものではなくなったとはいえ、コロナを経験する前に完全に戻るわけではない。「密」を避《さ》ける心がけや場面に応じたマスクの着用、手指消毒などは、今後も多くの現場に残る一つの生活様式になるだろう。

また、②インターネットを介したオンラインでの活動の増加も、コロナウイルスが社会にもたらした大きな変化といえる。その代表的な事例がオンライン授業（注4）だ。小中学校ではインターネットをめぐるさまざまな課題から、活動内容や規模を制限しつつも教員が直接授業を行う対面授業が主流のままだった。しかし一方で、大学や専門学校ではオンラインへの移行が急速に進んだ。学生間の感染をｂボウシできるのはもちろん、通学の手間がかからず時間が有効に活用できることやｃコウギをくり返し聴《き》くことができるといったメリットもあり、多くの学校が積極的にオンライン授業に取り組んだのだ。

そしてこの動きは大人の働き方にも現れた。二〇一九年に法律が施行《しこう》されていた働き方改革は、「働く人たちが、それぞれの事情にあわせて、多様な働き方を選択できる社会」を実現するための政策だった。二〇二〇年からのコロナウイルス流行は思いがけずこの目標に向かう動きを活発にしたと言える。（注5）リモートワークという名の通り、自宅など職場から離れた場所で仕事をする働き方が広まり、働き方にそれまでにない多様性をもたらした。「（注6）Ｚｏｏｍ（ズーム）」に代表されるウェブ会議を可能とするシステムをはじめ、仮想世界をビジネスに活用する動きも目立ち始めた。外出自粛という制限の中で経済活動を続けていくための手段として、オンラインを活用したビジネスツールがB脚光を浴びる転換《てんかん》点となったのだ。

　会社に出社しての勤務が基本だったコロナ以前は、多くの企業が東京をはじめとする大都市に集中していたことから、通勤に便利な都会に住む人が圧倒的に多かった。しかし、X自宅にいながらにしての勤務（在宅勤務）や、日数をしぼった出社のあり方を選べる人が増えた現在、交通の便利さ以外の魅力で住む場所を決める人も多くなってきたという。この「遠くにいる人たちとのコミュニケーション」を前提とした生活様式を選べるようになったことも、コロナウイルスが社会に与えた大きな変化だ。

　しかし、はたして変化はそれだけだろうか。たしかにコロナウイルスは、リモートで人と関わることの可能性を私たちにさぐらせ、実際に学び方や働き方といった人々の活動に多様性をもたらした。だが一方で、私たちに「③あること」についても改めて考えさせるきっかけになったと言えるのではないだろうか。

　昨年三月、アメリカの経済新聞『ウォール・ストリート・ジャーナル』に、「リモートワーク時代が終わった米国」という見出しの記事が掲載《けいさい》された。内容は、アメリカ労働省のアンケートに対し、労働者がほぼ出社勤務をしていると回答した企業がコロナ前に近い割合に戻ったというものだ。アメリカの大手企業「アップル」や「アマゾン・ドット・コム」なども、従業員に週三日程度の出社を求めており、「リアル回帰」という言葉も最近よく耳にするようになった。

　オンラインの有用性が広く認められた社会の流れと逆行しているようにも見えるこの現象は、何を意味しているのだろうか。それは、コロナ期間を経た人々が「遠くにいる人たちとのコミュニケーション」の可能性や便利さに気づいたのと同様に、「人と直接会ってコミュニケーションをとる」ことの重要性に改めて気づかされたということだ。

　ではこの「人と直接会う」、つまりリアルでのコミュニケーションは、パソコンなどの画面上で会うオンラインでのコミュニケーションとどのように違うのか。第一に挙げられるのは（注7）タイムラグの問題だろう。オンラインでのコミュニケーションにおいては、発言を相手が受け取るまでにどうしても「間」が発生する。ほんのわずかな時間ではあるのだが、これが思いのほかコミュニケーションに与える影響が大きく、話し合いの場において、会話のテンポを損《そこ》なったり、発言のタイミングに気を遣《つか》ったりするなどの制約につながった。結果、リアルに比べて「発言が少ない」「議論が盛り上がらない」といった声が聞かれるようになり、リアルでのコミュニケーションの価値について、考え直す流れが生まれた。

さらに、前後のコミュニケーションの取りやすさという点でも違いがある。たとえばある議題について、三十分の話し合いの場を設けるとする。オンラインで話し合いをする場合、ウェブシステムでの開始時刻に人が集まり、決まった時間が過ぎてインターネット接続が切れると同時に参加者は解散してしまう。一方でリアルでの話し合いの場合は、時刻に余裕をもって集まることが一般的であるため、その場にいる人とあいさつや雑談をしながら時間をつぶすことも多く起こりうる。また話し合いが終わった後も、その場に残って感想や疑問点を言い合ったりその後の動きについて確認したりといった交流も起こりやすい。この④「余白」でのコミュニケーションこそがリアルで人と会うことのよさではないだろうか。

［Ⅰ］、話し合い以外での人との交流は必要不可欠ではない。考えようによってはむだで非効率的な時間だと受け取れるだろう。リモートワークを望む立場の人があげる「人間関係のわずらわしさが少ない」、「話しかけられることがないので仕事に集中して取り組める」といった理由も、一つの側面ではC［　］を射ていると言える。実際に、限られた時間でより多くの活動をこなす過ごし方を重視する「タイムパフォーマンス（タイパ）」という言葉もある。そういった意味においては、リアルでの話し合いはオンラインでの話し合いに比べて「タイパが悪い」と言えるのだ。

［Ⅱ］、話し合いの例のようにチームで何かに取り組む際、そこでの人間関係ほど大切なものはない。なぜならチームで活動する目的は、その場を共有するメンバーと意見やアイディアを出し合い考えることによって、個人でたどり着く以上により良いものを生み出していくことにあるからだ。そしてここで重要となるのは、そこに持ち込まれた一人一人の意見やアイディアの優秀さよりも、それを実際に発言して他者に伝えることができる関係性であると言える。［Ⅲ］、どんなにすぐれた考えであったとしても、発言されなければ人に伝わらず、成果に結びつかないからだ。そのように考えると、チームで仕事をする人々がよりよいものを生み出していくためには、他者との関係、ひいてはコミュニケーションがきわめて重要だと考えることができる。

一度はオンラインを重視した社会だが、コミュニケーションという側面におけるリアルの価値が見直されつつある。この流れは、先ほどあげたような話し合いでの成果だけを求めたものではない。人間関係を築く上でも重要な意味をもつものだ。時間効率のよいオンライン上での話し合いの場に多く参加することで、人と人の関係が深まる側面はもちろんあるだろう。しかしそれにも増して、日々のあいさつや雑談、同じ経験をもとにした互《たが》いの意見の交換といった日常会話の積み重ねこそが、相手との信頼関係を築くのではないか。人間関係を構築する上で重要な役割を担うリアルで人と関わる価値を、私たちはコロナ禍の三年間を通じて学ぶことができたといえる。

　コロナを経て、私たちは遠くにいる人たちとコミュニケーションをとって活動する方法とその便利さを知った。しかしそれ以上に、人と直接会ってコミュニケーションをとることの大切さに気づいた。⑤最近ではハイブリッド型と言われる勤務のあり方もあるそうだ。ただ効率や便利さだけを追い求めてオンラインを選ぶのではなく、リアルのまま残しておくべきもの、またその意義についてももう一度考える必要があるのではないだろうか。

（注1）2類相当……………現在、日本に存在している感染症の中では最も危険性が高いとされる病原体を区分する分類。
（注2）5類…………………感染症の中では危険性が最も低いとされる分類。
（注3）病院の受け入れ体制……コロナウイルス感染症が「5類」に移行してからは、「2類相当」のときには特定の医療機関で集中的に受け入れてきた患者を、医療機関全体でまんべんなく受け入れていく体制に移行していくことになった。
（注4）オンライン授業………教員が教室で直接授業を行う対面授業に対し、インターネットを介して行う授業形態のこと。
（注5）リモートワーク………「Ｒｅｍｏｔｅ（遠隔）」と「Ｗｏｒｋ（働く）」を組み合わせた造語。自宅などオフィスから離れた遠隔地で働く勤務形態を指す。
（注6）Ｚｏｏｍ（ズーム）……パソコンやスマートフォンなどを使用し、オンライン上でミーティングなどを開催するために開発されたアプリ。
（注7）タイムラグ…………話し手の発言を相手が受け取る間に生じる時間的なずれ。

問一 ＝＝a～cのカタカナを漢字で書きなさい。

問二 〰〰A「一□一□」・C「□を射ている」が文脈にふさわしい四字熟語や慣用表現になるように、それぞれの□内に適当な漢字一字を補いなさい。

問三 〰〰B「脚光を浴びる」の意味として最も適当なものを次の中から選び、記号で答えなさい。

ア 注目を集める
イ 批判にさらされる
ウ 大いに期待される
エ 広く知れわたる

問四 [Ⅰ]・[Ⅱ]・[Ⅲ]に当てはまる語の組み合わせとして最も適当なものを次の中から選び、記号で答えなさい。

ア（Ⅰ なるほど　Ⅱ ただし　Ⅲ 実は）
イ（Ⅰ 明らかに　Ⅱ また　Ⅲ もしも）
ウ（Ⅰ あたかも　Ⅱ ところが　Ⅲ 加えて）
エ（Ⅰ たしかに　Ⅱ しかし　Ⅲ なぜなら）

問五 ――①とありますが、「新しい局面」の例として**適当でないもの**を次の中から一つ選び、記号で答えなさい。

ア 学校行事など人が集まるイベントが再び行われるようになった。
イ 手指消毒のための消毒液が店頭から取り去られた。
ウ 政府主導の大規模な行動制限がなくなった。
エ マスクの着用は基本的に個人の判断にまかされることになった。

問六　――②とありますが、この「インターネットを介したオンラインでの活動の増加」が社会に与えた影響についての筆者の考えを説明したものとして最も適当なものを次の中から選び、記号で答えなさい。

ア　小中学生がインターネットを介して学ぶことについての問題点が明らかになったと筆者は考えている。

イ　人や物流の動きの制限によってコロナの感染状況は大きく改善されることを証明したと筆者は考えている。

ウ　多様な働き方を議論するきっかけになり政府による「働き方改革」の発案をうながしたと筆者は考えている。

エ　直接人と会わなくても学業や仕事といった活動ができるということを人々に気づかせたと筆者は考えている。

問七　――③とありますが、「あること」が指し示す内容を本文中から抜き出し、最初と最後の四字を答えなさい。ただし、二十五～三十字で抜き出すこと。

問八　――④とありますが、「『余白』でのコミュニケーション」とはどのようなものですか。説明しなさい。

問九　――⑤について、「ハイブリッド型」とは「異なるもののかけ合わせ」という意味ですが、この場合どのような勤務のあり方を指していますか。詳しく説明しなさい。

問十　━━━X「自宅にいながらにしての勤務（在宅勤務）」とありますが、【資料1】と【資料2】から読み取れる内容についての問いにそれぞれ答えなさい。

(1)　アンケート結果の説明として最も適当なものを次の中から選び、記号で答えなさい。

ア　企業も従業員も労働時間の申告について課題を感じていると答えた割合が4割を占めている。

イ　従業員があげる課題には自宅で仕事をする際の設備や環境面についての項目が複数ある。

ウ　企業は2社に1社の割合で書類の電子化ができていないことを課題にあげている。

エ　情報セキュリティの確保を課題にあげる企業の割合は従業員の割合よりも小さい。

(2)　在宅勤務の課題についての説明として最も適当なものを次の中から選び、記号で答えなさい。

ア　子育て世代の従業員の間では家族がいる自宅で仕事に集中しづらいことが問題として上位にあがっている。

イ　できる業務が限られていることについて、従業員は特に問題に感じていないが企業側は問題だと感じている。

ウ　企業と従業員のどちらも職場の人間同士のコミュニケーションのとりづらさが問題として上位にあがっている。

エ　在宅勤務が増えることによって仕事の生産性や効率が低下することを企業側は最も問題だと感じている。

【資料１】 **企業に対する調査** －在宅勤務で感じた問題点－

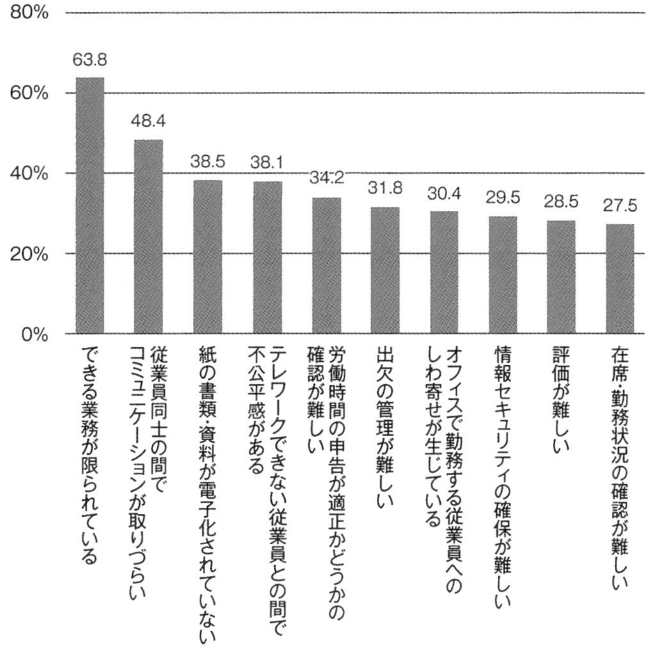


【資料２】 **従業員に対する調査** －在宅勤務で感じた問題点－

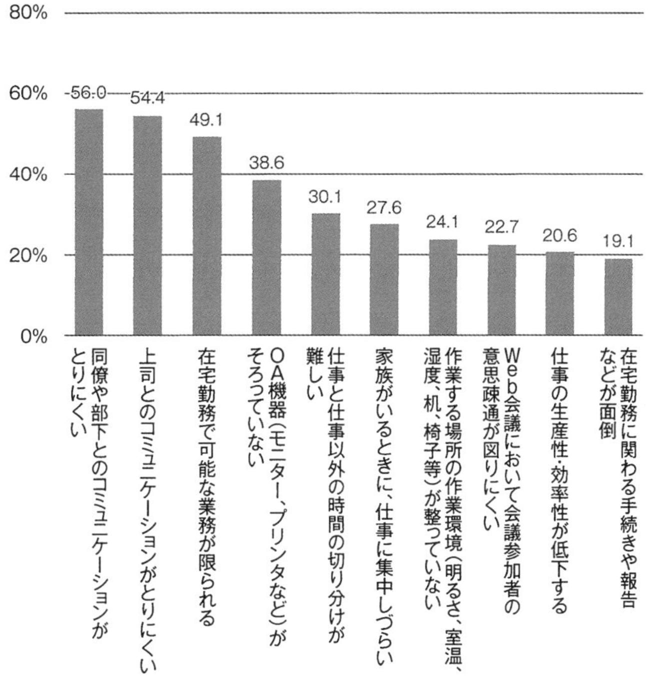


厚生労働省「これからのテレワークでの働き方に関する検討会」（第４回）資料
「テレワークの労務管理等に関する実態調査（速報版）」を参考に作成した

# 二

次の文章は、こまつあやこ『雨にシュクラン』の一節である。主人公の真歩《まほ》は、憧《あこが》れの影山《かげやま》高校書道部に入り、充実した生活を送っていたが、高校一年の六月、親の都合で遠方に引っ越すことになってしまった。影山高校以外の学校に通うことが考えられなかった真歩は、高校を途中で辞《や》めて、自力で大学に行くために毎日図書館に通って勉強することにした。図書館に通ううちに、真歩は図書を宅配するボランティアをすることになり、宅配先である船島《ふなしま》さんから、「アラビア書道」の話を聴いて興味をひかれる。以下の文章を読んで、後の問いに答えなさい。

船島さんに初宅配をした翌週の土曜日。世間は夏休み期間に突入していた。

「ねえねえ、今日の夕ご飯ここにしない？」

母はひらひらとチラシを振りながら、マンション一階の郵便受けからリビングに戻《もど》ってきた。

私は何となくテレビを見ていたけれど、

「へえ、この辺にトルコ料理の店なんてあるんだね。」

父の相槌《あいづち》が耳に入るなり［Ｉ］立ち上がった。

「もしかしてKöy《キョイ》ってお店？」

「へー、真歩知ってるの？」

「知ってるってほどじゃないけど……。そこ、(注1)花音《かのん》の同級生のお店だよ。」

私は母からチラシを受け取りながら答えた。

《オープン十五周年キャンペーン！

デリバリーで四千円以上ご注文の方、シシケバブ一本プレゼント！》

チラシには、串に刺さったお肉の写真が載《の》っている。これがきっとシシケバブだ。

「トルコ料理って、昔は仕事仲間と食べたりしたけど、もう何年も食べてないわ。こっち来てからずっと自炊だったし、たまにはデリバリーしない？」

母の言葉に父もうなずいている。

「じゃあ、僕電話しておくよ。花音ちゃんが塾から帰ってくるくらいの時間に持ってきてもらおう。」

船島さんのおうちを訪ねて以来、①頭の片隅《かたすみ》で気になっていた。
どんな講座だったんだろう。また開催したりするのかな。
船島さんは、前に Köy でアラビア書道の体験講座が開かれたと言っていた。
だけど、私が一番に気になるのはそこじゃない。
チラシの裏面を見ると、メニューがズラッと並んでいる。
「やった。真歩も食べたいもの選んでね。」
十八時三十分。
オーダーどおりの時間にインターホンが鳴った。
「真歩も来て。いっぱい頼んじゃったから、一緒に運んで。」
代金を手に玄関へ向かう母の後ろをついていく。
「はーい、今開けまーす。」
母が開けたドアの向こうにいたのは、私より少し年上に見える女の子だった。
「Köy です！　お待たせしました。」
髪は私と同じ黒だけど、華やかな顔立ちだ。コスメ売り場のポスターから抜け出してきた外国人の女の子みたい。彫りの深い目元は夏らしい水色のアイシャドー、唇はかき氷のいちごシロップ色に彩《いろど》られていた。
「インゲン豆のサラダ、ほうれん草のピデ(注2)二つ、白チーズの春巻き八本、ケバブサンド四つ。以上で大丈夫《だいじょうぶ》ですか？」
伝票を見ながら読み上げる女の子。思わず、扇《おうぎ》のようなまつ毛に見入ってしまう。
その長いまつ毛が、記憶のなかの人物と重なる。もしかして、千凪《セナ》くんのお姉さん？
「重いのにありがとう。お疲れさま。」
母から代金を受け取った女の子は、料理の入った紙袋を渡しながらにっこり笑った。
「サービスのシシケバブも入ってます。」
その笑顔は親しみやすくて、私は体験講座のことをきいてみたくなった。

いや、でも母もいるしな。

母にはアラビア書道に興味を持ったことをまだ話していない。

「ありがとうございました！　またよろしくお願いしまーす。」

私たちの間でドアが閉まる。

「ほら真歩、いい匂《にお》いね。早く食べたい。花音まだ帰ってこないのかな。」

「うん……。」

母と一緒に料理を運びながらも、②私の後ろ髪はドアの外側に引かれていた。

もうこんなチャンスないかもしれない。

「ちょっと出かけてくる。」

「え？」

「花音が帰ってきたら先に食べてていいよっ。」

ちょっと真歩、と引き留める母を背に、私は靴《くつ》を引っかけて外に出た。マンションの共用廊下《ろうか》から見下ろすと、駐輪場にさっきの女の子が見えた。

間に合うかも！

私は外階段で三階から駆け下りた。

自転車のハンドルを握り、スタンドを外していた女の子に後ろから声をかける。

「すみませんっ。」

振り返った女の子は首を傾《かし》げる。

「あの、もしかして千凪くんのお姉さんですか？」

私がちょっと緊張しつつ尋《たず》ねると、女の子はうなずいた。

「あ、はい。千凪の中学の人？」

「いえ、妹が同級生なんです。私は姉の真歩っていうんですけど、あの、ちょっとおききしたいことがあって……。」

私は単刀直入にきいてみた。

「前にお店でアラビア書道の体験講座やったんですか?」

千凪くんのお姉さんは、私の顔を見たまま、自転車のスタンドを立てた。

「私、図書館の宅配ボランティアをしてるんですけど、こないだ利用者さんから、体験講座のことを聞いて……。それで、どんなイベントだったのかなって気になったんです。」

「マホちゃんアラビア書道好きなの!?」

お姉さんが大きな目をぱちっと見開く。いきなり「ちゃん」付けで呼ばれると思っていなかった私は、［ Ⅱ ］答える。

「好きって言うか、興味を持っただけで……。」

「時間ある? 歩きながら話そ。」

千凪くんのお姉さんは、もう一度ガチャンと自転車のスタンドを外した。

熟した桃みたいな夕暮れ空のもと、私たちは並んで歩く。

千凪くんのお姉さんは、伶来《レイラ》と名乗った。

「夏休みに入ったから、家の手伝いしてるんだ。あ、バイト代はちゃんともらうよ。」

③さっきより打ち解けた口調で伶来さんは話す。

「ていうか、本の宅配ボランティアって、レストランのデリバリーとちょっと似てるね。真歩ちゃんも高校生だよね?」

あ、やば。どう答えよう。

ちょっと気まずいなと思いながら、

「えっと、六月まで高一でした。でも、もう高校辞めたんで、ただの十六歳です。」

キャラに似合わず、てれっと笑ってみせた。

深刻に見えないようにしなくちゃ。相手がリアクションに困らなくてすむように。

「そっか。私は十七。」

あれ、そんな［ Ⅲ ］? 変に気づかったり、詮索《せんさく》したり、警戒したり。そういうふうに扱《あつか》われないことが、不思議だった。

「さっきのアラビア書道の体験講座だけど、うちのオープン十周年のときにやったイベントなんだ。私はコドモだったからあんまり覚えてないけど……。」
④アラビア書道と聞いて目を輝かせていたわりに、伶来さんはそんなに詳しくないみたいだ。記憶の箱を探るように言葉を続けた。
「十人以上いたかな、集まったお客さんたちが書き方を先生に教えてもらって……。あ、先生にはお客さんの名前を書いてもらって、体験講座のおみやげにしたって、父親から聞いたことある。」
「先生？」
「うん、父親の知り合いのアラビア書道の先生に来てもらったんだよ。」
「アラビア書道の先生……。」
日本の書道に先生がいるように、アラビア書道にもその道の先生がいる。それはきっと当然のことだけど、未《いま》だかつて出会ったことがない。⑤何だかベールに包まれた存在だ。
「十周年イベントだったんですね。」
「うん、その一回だけだったと思う。今年はシシケバブだし。」
じゃあもう今はやってないのか、と心のなかのつぶやきを聞き取ったかのように、
「でももしかしたら、今もアラビア書道の先生に連絡つくかもしれない。父親に頼んでみるよ。」
「えっ、そこまでしてもらうの申し訳ないです……。」
「実は私もちょっとやってみたいの。」
「ほんとですかっ？」
「うん。あの、連絡先教えてもらえる？」
そう言って、伶来さんはポケットからスマホを取り出した。
ふと、⑥胸の底からプツプツと炭酸の泡みたいなものが湧《わ》き上がる。それはアラビア書道を習えるかもっていう期待だけじゃない。連絡先の交換なんて久しぶり。
四月に高校に入学したとき、真新しいスマホをかざしてたくさんの人と連絡先を交換した。もうその誰とも連絡を取っていない。
最近ではＳＮＳにアップされるみんなの近況《きんきょう》も何だかまぶしくて、苦しくなってしまって。
自分から学校を辞めたのに、置いてけぼりにされた気がしてしまう。

「ていうか、敬語使わなくていいよ。伶来って呼んで。」

伶来さんがスマホから顔を上げる。

「でも、十七歳ってことは高二か三ですよね？」

「まあ高二だけど。私たち先輩《せんぱい》でも後輩《こうはい》でもないよ？」

⑦その言葉で、あっと気づかされる。私、学校を辞めても、学校の物差しで測ろうとしてる。

そうだった、私はもう学生じゃない。

「そうだね。じゃあ、今から伶来って呼ぶ。」

桃色の空から、夕暮れの涼《すず》しい風が吹き抜けた。

（こまつあやこ『雨にシュクラン』）

注1　花音の同級生のお店……花音は、真歩の妹で中学三年生。真歩は花音から、転校先の中学校にお父さんがトルコ人の同級生がいるという話を聴いており、その同級生（ユルマズ千凪《せな》）と偶然立ち話をしたことがある。

注2　ピデ……………トルコ風のピザとして親しまれている料理。

問一 [Ⅰ]～[Ⅲ] に入る言葉の組み合わせとして最も適当なものを次の中から選び、記号で答えなさい。

ア（Ⅰ すくっと　Ⅱ のろくさと　Ⅲ さっぱり）
イ（Ⅰ バッと　Ⅱ たじたじと　Ⅲ あっさり）
ウ（Ⅰ のっそりと　Ⅱ あたふたと　Ⅲ うっかり）
エ（Ⅰ ビクッと　Ⅱ おどおどと　Ⅲ はっきり）

問二 ――①「頭の片隅で気になっていた」とありますが、これはどういうことですか。その説明として最も適当なものを次の中から選び、記号で答えなさい。

ア アラビア書道を習いたいという気持ちがじょじょに高まっていたということ。
イ アラビア書道について知りたいという気持ちをたまに感じていたということ。
ウ アラビア書道に心をひかれる思いをなんとなくかかえ続けていたということ。
エ アラビア書道をやってみたいという思いで頭がいっぱいであったということ。

問三 ――②「私の後ろ髪はドアの外側に引かれていた」とはどういうことですか。説明しなさい。

問四 ――③「さっきより打ち解けた口調で伶来さんは話す」とありますが、この時の伶来について説明したものとして最も適当なものを次の中から選び、記号で答えなさい。

ア お店のお客さんとしてではなく、真歩を自分と同じくらいの世代の人として、対等な立場で話している。
イ まったくの他人としてではなく、真歩を弟に関わりがある人として、千凪の姉という立場で話している。
ウ お店のお客さんとしてではなく、真歩を自分たちの文化に興味をもつ人として、親しみをもって話している。
エ まったくの他人としてではなく、真歩を同じような活動をしている人として、仲間意識をもって話している。

問五　次の会話は、生徒Ａ・Ｂが――④について話したものです。これを読んで、後の問いに答えなさい。

生徒Ａ――伶来はアラビア書道についてくわしくないのに、どうして真歩に体験教室について尋《たず》ねられたときに目を輝かせたのかな。

生徒Ｂ――『雨にシュクラン』を読み進めていくと、伶来が真歩にイスラム教徒の断食《だんじき》について話す場面があったよ。ここを少し読んでみて。

「真歩もやる？　断食。」

伶来がいたずらっぽい笑顔で私の目をのぞき込む。

「さ、書道の続きやろうっと！　ほら伶来も早く。」

ごまかしたけれど、伶来と一緒なら試してみたいかなとちょっぴり思っていた。ほんの一日くらいなら。

「ていうか、こんなこと話したの、真歩が初めて。」

「そうなの？」

「うん。学校の友達には、あんまりイスラム教のことは意識させないようにしてるっていうか……。自分たちとは無縁っていうか、あんまりいいイメージ持ってない子もいるからさ。」

テレビやネットのニュースが、私の脳裏《のうり》に浮かんだ。国際情勢のニュースで聞く「イスラム」という言葉は、多くの緊張を伴《ともな》う。ショックな映像が流れることもある。

だから私だって、アラビア書道の体験レッスンに行くとき、内心ドキドキしていた。

でも、今は違う。

知るのが楽しい。伶来やトルコのことを知るたびに、視界の横幅《よこはば》が広がるような気がする。

生徒Ｂ――ここを読むと、伶来がふだん自分がイスラム教徒だと意識させないようにしていることがわかるよ。

生徒Ａ――でも、断食や、食べるものとか、伶来の生活にはイスラム教が密接に関わっているはずなのに……。それを意識させないようにふるまうって、伶来にとってとても大変なことだと思う。

生徒Ｂ――だからこそ、真歩がアラビア書道について自分に尋ねてきてくれて嬉しかったんじゃないかな。

生徒A――そうか。伶来は［　　　　］と感じたんだろうね。

（問い）［　　　　］に入る言葉として最も適当なものを次の中から選び、記号で答えなさい。

ア　真歩とならありのままの自分でいられる友達になれるかもしれない

イ　真歩がイスラム教についてよいイメージをもってくれてうれしい

ウ　真歩と一緒に自分も知らないアラビアの文化を深く学んでいきたい

エ　真歩には誤解をおそれずに自分の生き方をさらけだしていきたい

問六　――⑤とありますが、「ベールに包まれた」とはどういう意味ですか。その言い換えとして最も適当なものを次の中から選び、記号で答えなさい。

ア　驚異的な　　イ　閉鎖的な　　ウ　奇跡的な　　エ　神秘的な

問七　――⑥「胸の底からプツプツと炭酸の泡みたいなものが湧き上がる」とありますが、この時の真歩の心情について、解答欄の形式に合わせて説明しなさい。

問八　――⑦について、次の【資料】を読んで、後の問いに答えなさい。なお、この作品の作者・こまつあやこは高校一年の時に親の決めた学校を辞め、その後別の高校に入学しなおしています。

【資料】『朝日新聞デジタル』（二〇二三年五月一九日）より引用した、こまつあやこへのインタビュー記事の一部（足立朋子記者による）。「　」内がこまつあやこの言葉。

　自分の他にもいろいろな事情を抱える同世代がいることや、そもそも出身国や宗教など文化が違えば、価値観が全く違うことにも気づいた。改めて1年遅れで高校受験に挑戦することを決め、やり直したいと思う生徒を、快く受け入れてくれる学校に進学することができた。

「子ども時代は『家』と『学校』がすべてで、そこでうまくいかないと絶望してしまう。でも少しだけがんばってほかの世界に足を踏み出してみると、別の『当たり前』がたくさんあることに気づく」

（中略）日々の苦しさと、別の世界があると知って心がふっと軽くなった喜び。当時の心の動きはその後大人になっても深く自分に刻まれ、司書として働きながら「そういう時代を生きている人を応援したい」と十代にあてて物語を書くようになった。

（『世界は「家」と「学校」だけじゃない　15歳で中退した作家が見た光』）

（問い）　――⑦において、真歩はどのようなことに「気づかされ」たのですか。［X］・［Y］に入る言葉を【資料】よりそれぞれ抜き出して、答えを完成させなさい。

真歩は退学して高校生ではなくなっていたのに学校の中の［X］にまだとらわれていたが、もうその必要はなく、世の中には［Y］ということに気づいた。

問九　本文の表現について述べたものとして、適当なものを次の中から**二つ選び**、記号で答えなさい。

ア　1行目「世間は夏休み期間に突入していた」という表現では、真歩がすっかり「世間」との関わりをなくしてしまっていることを表現している。

イ　32行目の伶来の化粧《けしょう》にまつわる表現は、真歩が彼女の見た目をとても魅力的に感じていて、ぜひ友達になりたいと思っていることを暗に表現している。

ウ　41行目「いや、でも母いるしな」という表現は、高校を辞めざるをえなくなった真歩が母親に心を開けなくなってしまったことを表現している。

エ　54・55行目の表現では「間に合うかも！」「私は外階段で三階から駆け下りた。」と短い文を行を変えて重ねることによって、真歩のはやる思いをいきいきと表現している。

オ　82行目「キャラに似合わず、てれっと笑ってみせた」という表現は、本来の真歩が知らない人に話しかけるような社交性をもっていないことを表現している。

カ　117行目「桃色の空から、夕暮れの涼《すず》しい風が吹き抜けた」という表現は、伶来との出会いによって、真歩が新しい世界に出会う予感を表現している。

# 三

次の漢字・語句の問いに答えなさい。

問一 ①～⑤の各文に付けられた――について、それがカタカナなら漢字で書き、漢字なら読みをひらがなで書きなさい。

① チンタイ住宅に住む。
② 夏休みになり人のオウライが増える。
③ かつての友人とゲキテキな再会をする。
④ 上司からの命令に背く。
⑤ 彼はとても童顔だ。

問二 ①～⑤の各文に付けられた――に相当する漢字を含むものをア～エの中からそれぞれ一つずつ選び、記号で答えなさい。

① 英語の技能ケンテイを受ける。
ア 理科室でジッケンを行う。
イ インフルエンザのケンサを受ける。
ウ 生命ホケンに加入する。
エ 日本語についてケンキュウする。

② 社会のキリツを守る。
ア キソク正しい生活を送る。
イ 大舞台で実力をハッキする。
ウ 六時にキショウする。
エ 彼女の考えはキジョウの空論だ。

③ エンドウからランナーを応援する。
ア エンカツに大会が進行する。
イ エンソクで公園に行く。
ウ 台風で旅行がエンキになる。
エ 筑後川のエンガンに住む。

④ 明日の授業ではタイソウ服が必要だ。
ア 人形をアヤツる。
イ 公園のクサむしりに参加する。
ウ 二人は首位をアラソっている。
エ 素晴らしい音色をカナでる。

⑤ 経験不足であることはイナめない。
ア 重要なヒミツを知る。
イ 火事を想定したヒナン訓練を行う。
ウ 小説のヒヒョウを読む。
エ 人の考えをヒテイするのはよくない。

問三　①〜⑤の□に適当な語句を補って、（　）内の意味を持つことわざを完成させなさい。答えは漢字でもひらがなでもかまいません。

①　帯に短し□に長し（物事が中途半端で役に立たないこと）
②　猫に□（どんなに貴重なものでも、その価値のわからない者には無意味であること）
③　糠《ぬか》に□（一向に手ごたえも効き目もないこと）
④　能ある鷹《たか》は□を隠す（すぐれた才能のある人は、むやみにそれをひけらかさないこと）
⑤　濡れ手で□（何の苦労もしないで利益を得ること）

問四　①〜⑤の各文に付けられた――の言葉の意味として最も適当なものをア〜エの中からそれぞれ一つずつ選び、記号で答えなさい。

①　おざなりな謝罪をする。
ア　その場限りの間に合わせである　　イ　丁寧で誠意が感じられる
ウ　ものごとを軽く見ていい加減な　　エ　速やかでその場にふさわしい

②　先生につぶさに報告する。
ア　詳しく　　イ　すばやく
ウ　正確に　　エ　大げさに

③　一人で親の帰りを待つ子がいじらしい。
ア　大人びていて立派だ　　イ　無邪気であやうい
ウ　痛々しくかわいそうだ　　エ　むしょうに愛おしい

④　話の大事な部分をことさらに強調する。
ア　少しだけ　　イ　さりげなく
ウ　余計に　　エ　わざと

⑤　試合に向けた努力が徒労に終わった。
ア　予想外の成果をあげた　　イ　むだに力を費やした
ウ　確かな実力をつけた　　エ　時間が価値あるものになった

令和６年度

福岡大学附属大濠中学校

# 入学試験問題

# 算　数

[時間　60分]

注　意

1．答えはすべて解答用紙に記入してください。

2．解答用紙には氏名・受験番号（算用数字　例10001）をきちんと書いてください。

## 1 次の各問いに答えなさい。

(1) $3.14 \times 3.4 - 2.4 \times 3.14$ を計算すると [ ① ] です。

(2) $\dfrac{2-1}{1\times 2} + \dfrac{3-2}{1\times 2\times 3} + \dfrac{4-3}{1\times 2\times 3\times 4}$ を計算すると [ ② ] です。

(3) 次のように，ある規則にしたがって分数が並んでいます。

$\dfrac{1}{2}$, $\dfrac{1}{3}$, $\dfrac{2}{3}$, $\dfrac{1}{4}$, $\dfrac{2}{4}$, $\dfrac{3}{4}$, ……, $\dfrac{1}{10}$, $\dfrac{2}{10}$, $\dfrac{3}{10}$, $\dfrac{4}{10}$, $\dfrac{5}{10}$, $\dfrac{6}{10}$, $\dfrac{7}{10}$, $\dfrac{8}{10}$, $\dfrac{9}{10}$

これらをすべて足すと [ ③ ] です。

(4) 分子と分母の和が 2024 であり，約分すると $\dfrac{1}{3}$ になる分数は [ ④ ] です。

(5) 鉛筆《えんぴつ》と消しゴムの値段は合わせて 180 円です。鉛筆は消しゴムより 80 円安いです。このとき，消しゴムの値段は [ ⑤ ] 円です。

(6) 1 から 30 の整数で，30 と最大公約数が 1 である整数の個数は [ ⑥ ] です。

(7) 赤，青，黄の 3 色の玉が 2 個ずつ，合計 6 個あります。同じ色の玉がとなり合わないように左から一列に並べます。並べ方は [ ⑦ ] 通りです。

(8) 2◎3は，2を3回かけることを表します。つまり，2◎3 = 2 × 2 × 2 = 8です。
3◇18は，18が3で割り切れる回数を表します。
つまり3◇18 = 2です。また，3◇24 = 1です。
このとき，8◇(20◎6) = [ ⑧ ] です。

(9) 右の図の印をつけたすべての角の大きさの和は [ ⑨ ] 度です。

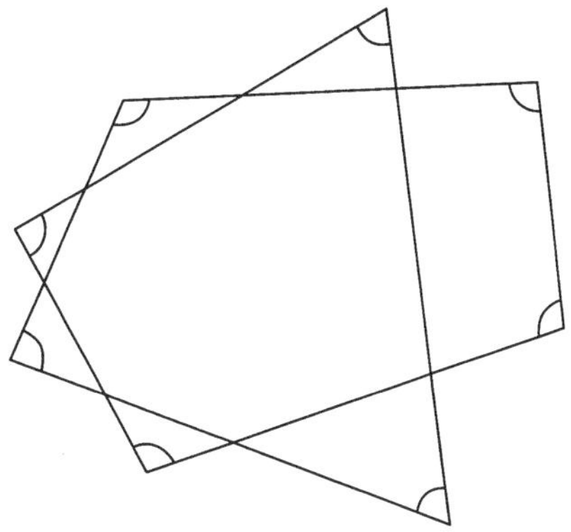

(10) 右の図は，半径10cmの円と，頂点がすべて円周上にある正十二角形です。
色を付けた部分の面積をすべて足すと [ ⑩ ] $cm^2$ です。
ただし，円周率は3.14とします。

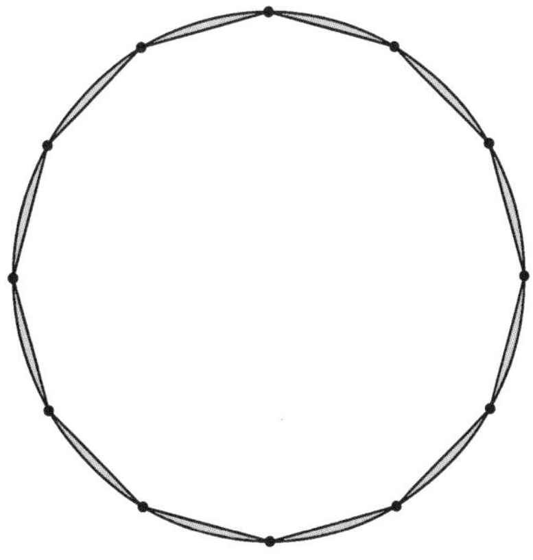

**2** 下の図のように，4つの容器A，B，C，Dがあり，容器Aには食塩水（濃さが分からない）が500g，容器Bと容器Cは空で，容器Dには5%の食塩水が500g入っています。
容器Aから食塩水400gを取り出して容器Bに入れ，その容器Bに水を100g加えました。
500gの食塩水が入った容器Bから食塩水300gを取り出して容器Cに入れ，その容器Cに水を200g加えました。500gの食塩水が入った容器Cを調べたところ，4.8%の食塩水でした。

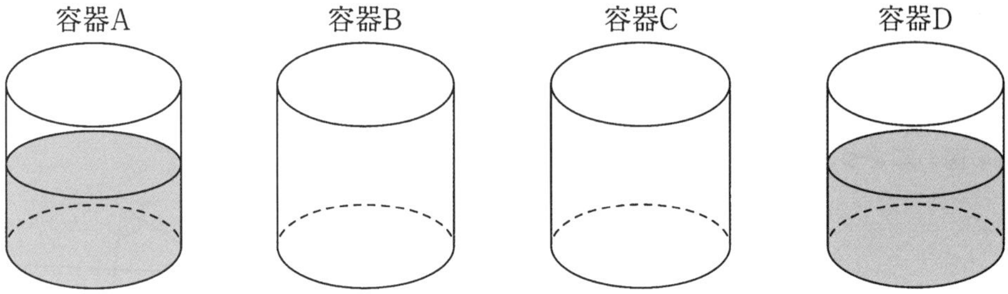


(1) 容器Cに含まれている食塩は ⑪ gです。

(2) 容器Bに残っている200gの食塩水の濃さは ⑫ %です。

(3) 容器Aに残っている100gの食塩水に水を400g加えました。
容器Aの食塩水の濃さは ⑬ %です。

(4) 容器Dの食塩水が少しこぼれてしまいました。容器Bに残っている食塩水を，
容器Dに加えて500gにしたところ，容器Dの食塩水の濃さは5.18%になりました。
容器Dからこぼれた量は ⑭ gです。

2024(R6) 福岡大学附属大濠中
教英出版

## 3

下の図のように，一辺が1cmの正方形のタイルを1段目は1枚，2段目は3枚，3段目は5枚，…というように，2枚ずつ増やしながら並べます。

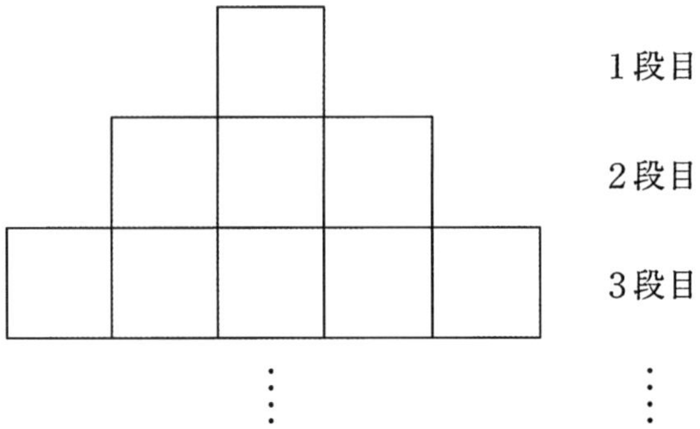


(1)　5段目まで並べたとき，5段目にタイルは [ ⑮ ] 枚並んでいます。

(2)　10段目まで並べたとき，1段目から10段目まで，タイルは全部で [ ⑯ ] 枚並んでいます。

20段目までタイルを並べました。

下の図のように奇数段目のタイルには左から小さい順に奇数を，偶数段目のタイルには左から小さい順に偶数を書きました。

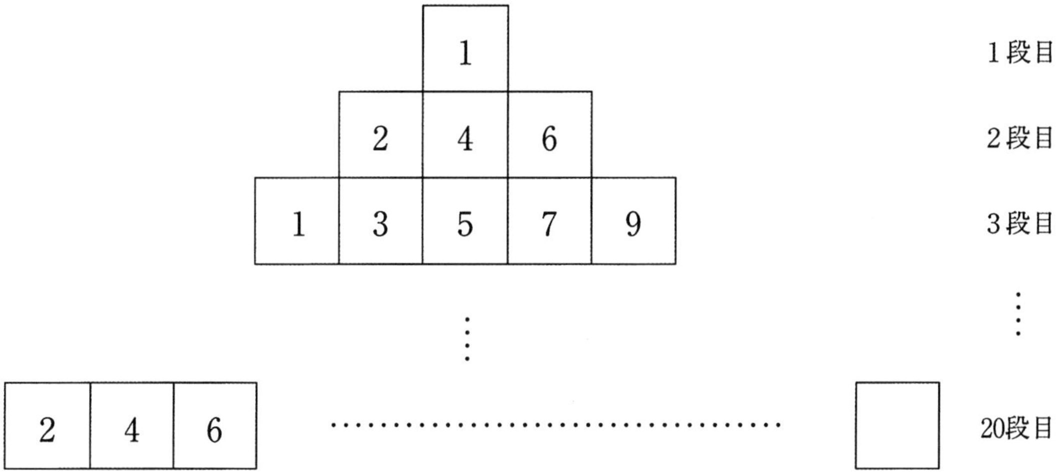


(3)　タイルに書かれた数で一番大きいものは［⑰］です。

(4)　51が書かれたタイルで一番上にあるタイルは［⑱］段目の左から［⑲］番目にあります。

(5)　3の倍数が書かれたタイルは全部で［⑳］枚です。

## 4

下の図のように，辺 AD と辺 BC が平行な台形 ABCD があります。
AD の長さは 6cm で，BC の長さは 20cm です。

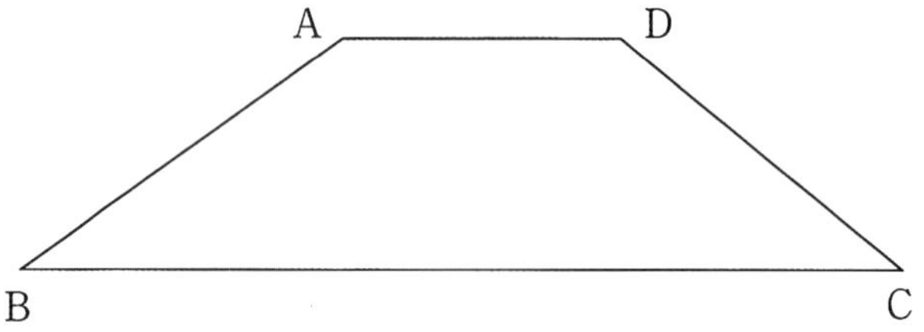


(1) 三角形 ABC の面積が 100cm$^2$ のとき，四角形 ABCD の面積は [ ㉑ ] cm$^2$ です。

(2) 下の図のように，辺 BC 上に点 E，F があり，三角形 ABE，四角形 AEFD，三角形 CDF の面積がすべて等しいとき，EF の長さは [ ㉒ ] cm です。

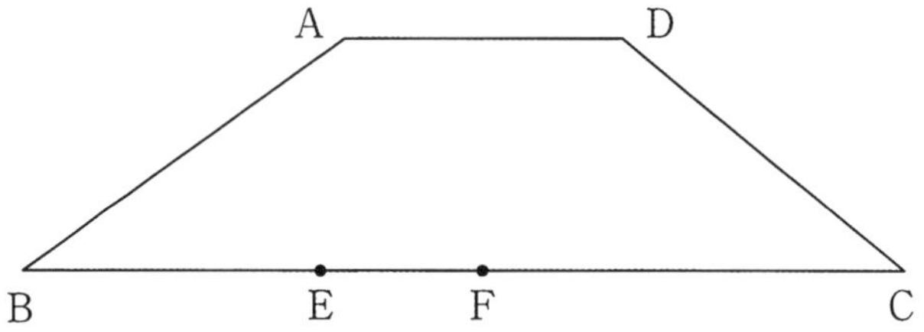

下の図のように，点Gをとり，GAとBCの交点をH,
GDとBCの交点をIとします。
このとき，三角形ABHと三角形GHIの面積は等しいです。

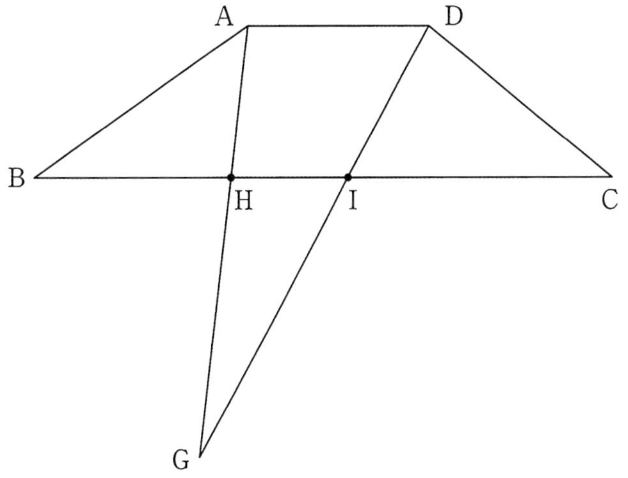


(3) HIの長さが4cmのとき，BHの長さは ㉓ cmです。

(4) CIの長さが12cmのとき，AD : HI = ㉔ で，BHの長さは ㉕ cmです。

## 5

※角すいの体積は(底面積)×(高さ)× $\frac{1}{3}$ で求められます。

右の図のように，一辺の長さが 12cm の立方体 ABCD－EFGH があります。また，底面の四角形 EFGH の 4 つの辺のまん中の点を図のようにL，M，N，O とします。

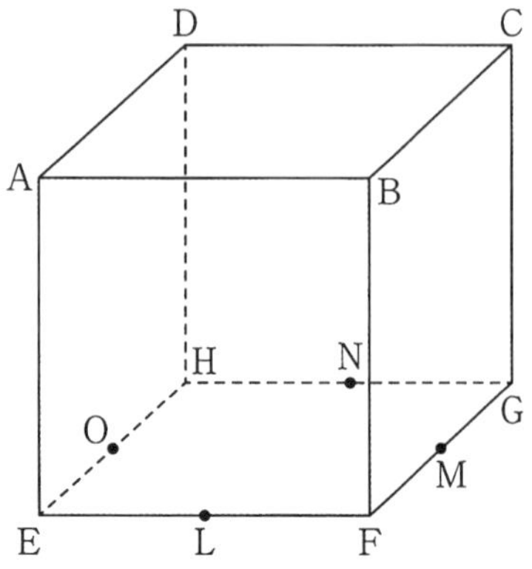


(1) 立方体 ABCD－EFGH の体積は [ ㉖ ] $cm^3$ です。

(2) 三角すい D－HON の体積は [ ㉗ ] $cm^3$ です。

(3) 四角すい D－LMNO の体積は [ ㉘ ] $cm^3$ です。

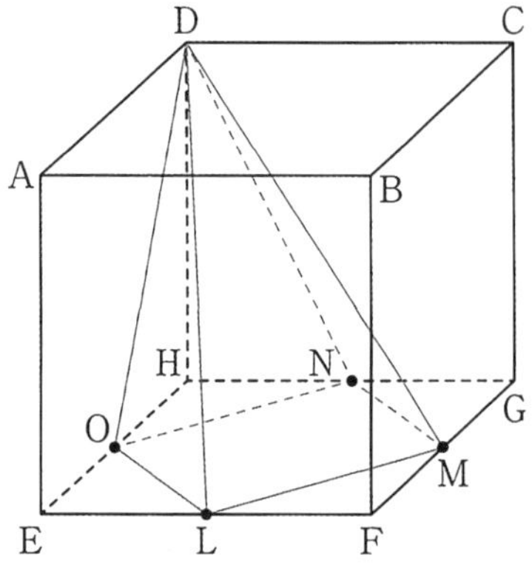


(4) 点 P は上の面の四角形 ABCD の対角線の交点です。
四角すい P－LMNO を 3 点 A，M，N を通る平面で切ったとき，この平面と辺 PL の交点を Q とします。
PQ：QL＝ [ ㉙ ] で，
四角すい P－LMNO をこの平面で切ったとき，点 P を含む立体の体積は [ ㉚ ] $cm^3$ です。

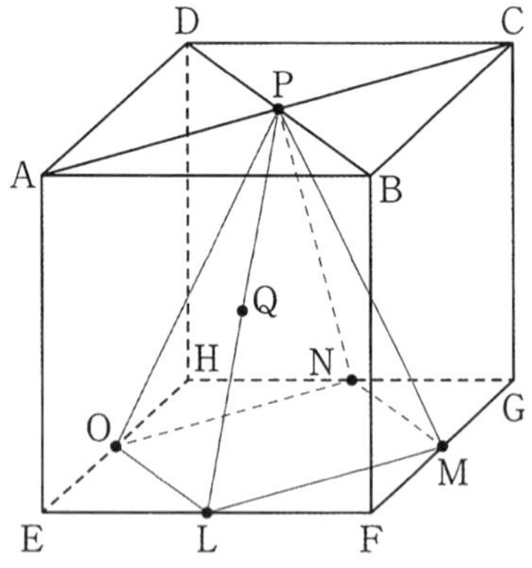

令 和 6 年 度

福岡大学附属大濠中学校

# 入 学 試 験 問 題

# 理　　科

[時 間　45 分]

注　意

1．答えはすべて解答用紙に記入してください。

2．解答用紙には氏名・受験番号（算用数字　例10001）をきちんと書いてください。

**1**

図１は豆電球と電池を接続した回路図であり、電池の記号は長い棒の方を＋側とします。図１の２つの回路で豆電球を光らせたところ、どちらも同じ明るさで光りました。

次に、豆電球の代わりにLED（発光ダイオード）を接続して図２のような回路を作りました。このとき、左の回路ではLEDが光りましたが、右の回路では光りませんでした。このように、発光ダイオードには電流の向きによって光ったり光らなかったりするという性質があります。このことを用いて、次の各問いに答えなさい。ただし、実験で使われる豆電球とLEDはすべて同じ種類であり、電池はLEDを光らせるのに十分な数だけつないでいるため、電池の数が理由で光らないということはありません。

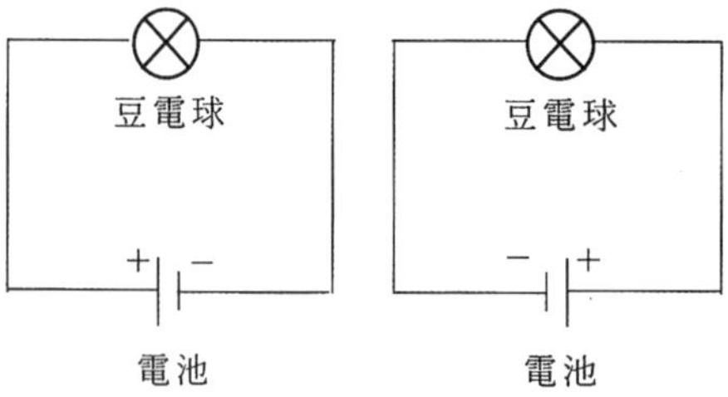

図１

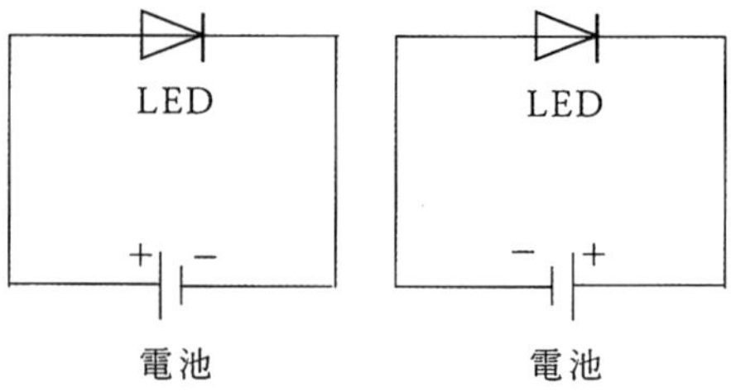

図２

【実験１】

図３のように電池と豆電球を用いて２つの回路を作り、どのように光るか調べました。ただし、電池の数は図１のときと同じ数です。

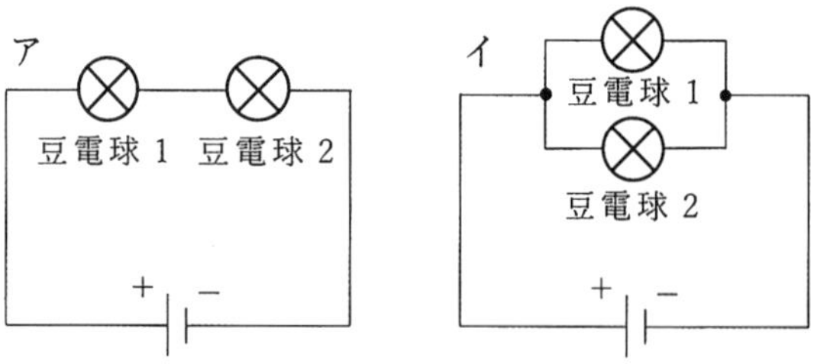

図３

問１　ア，イの回路を比べたとき、豆電球１がより明るく光るのはどちらの回路ですか。記号で答えなさい。

問２　イの回路について豆電球１，２の明るさをそれぞれ答えなさい。ただし、図１での豆電球の明るさを「１」とします。

【実験2】

図4のように電池，豆電球，LEDを用いて様々な回路を作り、どのように光るか調べました。

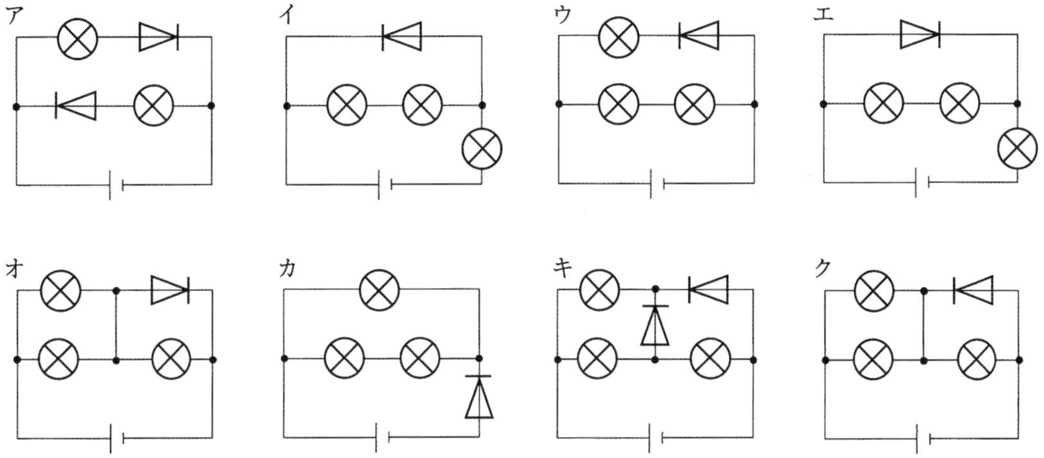


図4

問3　豆電球がすべて光るのはどの回路ですか。上のア～クの中からすべて選び、記号で答えなさい。

問4　豆電球とLEDがすべて光るのはどの回路ですか。上のア～クの中からすべて選び、記号で答えなさい。

【実験3】

図5のように電池，LED，検流計を用いて回路を作り、どのように光るか調べました。

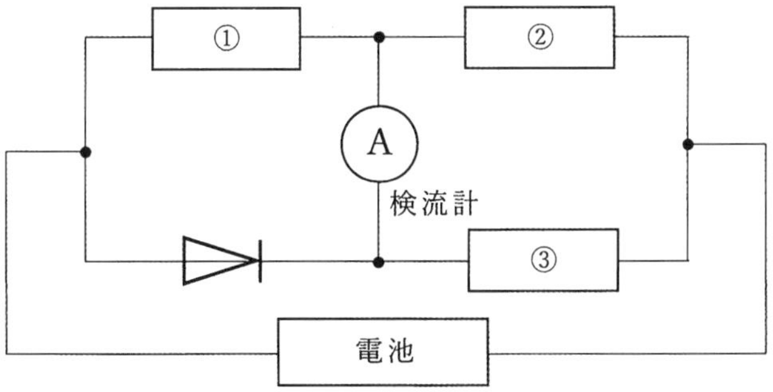


図5

問5　電池をどのようにつなげても、検流計の針が同じ向きにふれるようにするためには、①～③にLEDをどのようにつなげたらよいですか。下のア，イから1つ選び、それぞれ記号で答えなさい。

ア 　　イ 

**2**

右図のように、１本のばねにおもりをつり下げ、おもりの重さとばねの伸びの関係について調べました。図１は、その結果をまとめたグラフです。ばねの重さは考えなくてよいものとして、以下の各問いに答えなさい。

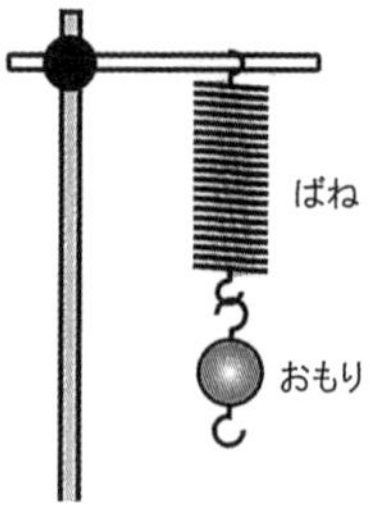


問１　このばねに重さ 150 g のおもりをつり下げました。おもりが静止したときのばねの伸びは、何 cm になりますか。

問２　図２のように、このばねと同じばねを４本つないで、重さ 50 g のおもり１個をつり下げました。おもりが静止したときのばね１～４の伸びの合計は、何 cm になりますか。

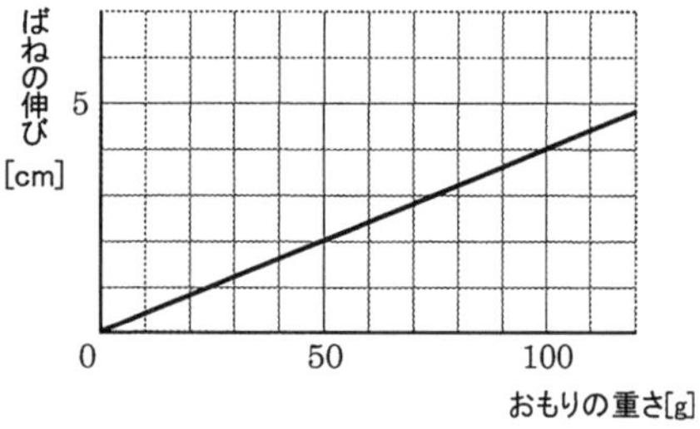


図１

問３　次に図３のように、ばねをつなぎ直して、ばね２とばね４の下を棒でつなぎ、重さ 50 g のおもり１個をつり下げると、棒が水平を保った状態でおもりは静止しました。このときのばね１～４の伸びの合計は、何 cm になりますか。ただし、ばねをつないでいる棒の重さは考えなくてよいものとします。

問４　さらに図４のように、ばねをつなぎ直して、重さ 50 g のおもりをばね２とばね３の間に１個、ばね４の下にも１個つり下げました。おもりが静止したときのばね１～４の伸びの合計は、何 cm になりますか。

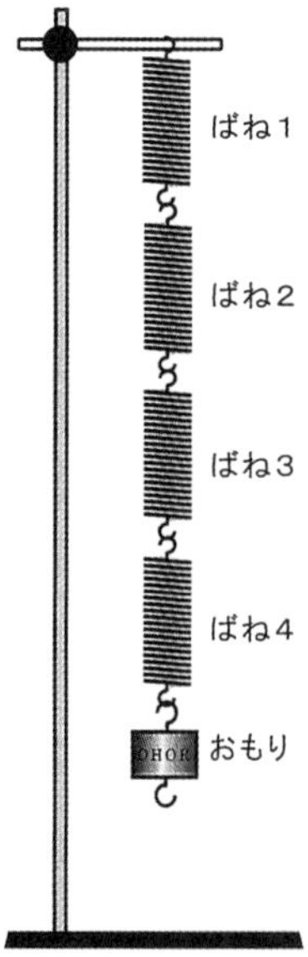


図２

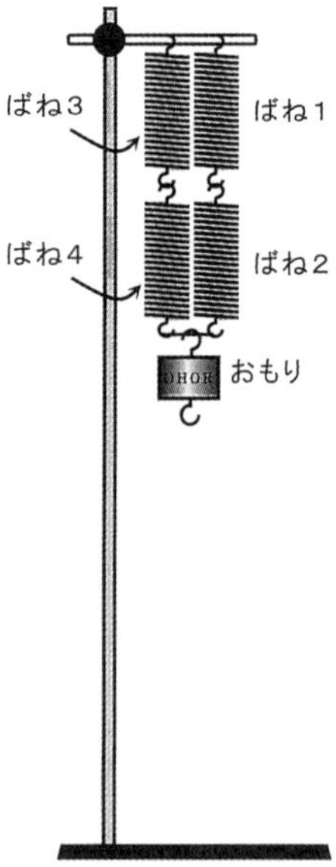


図３

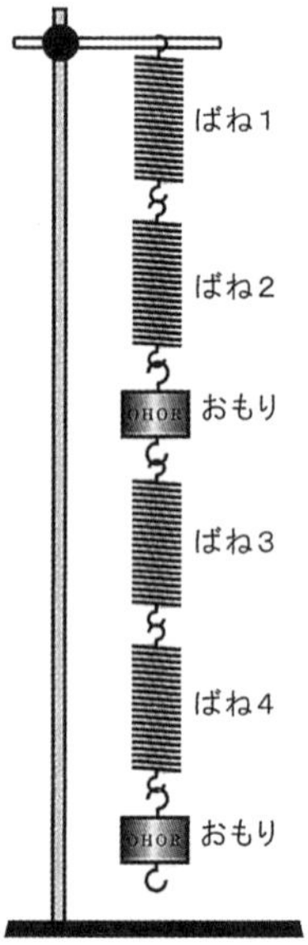


図４

問５　最後におもりの位置や数を色々と変えて、ばねの伸び方を比べてみました。次のア～オの中で、おもりが静止したときのばね１～４の伸びの合計が最も小さくなるものを１つ選び、記号で答えなさい。ただし、おもり１個の重さはすべて 50 ｇとします。

ア
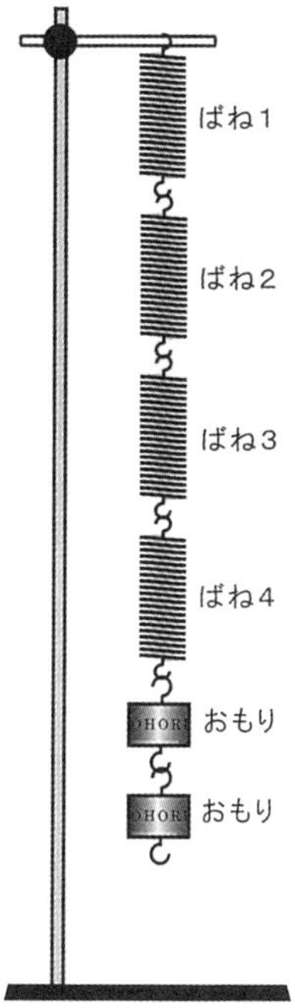


イ
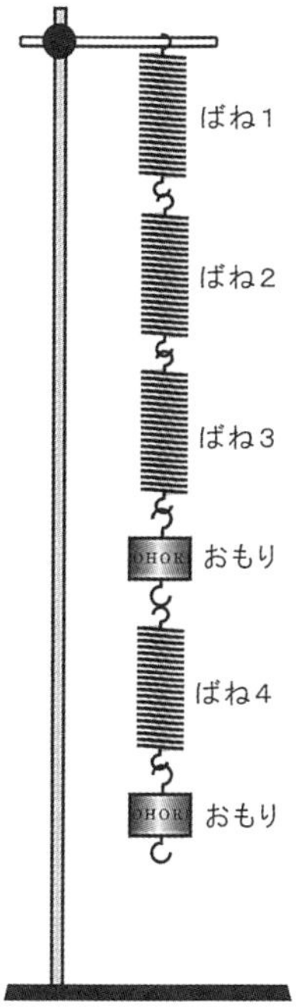


ウ
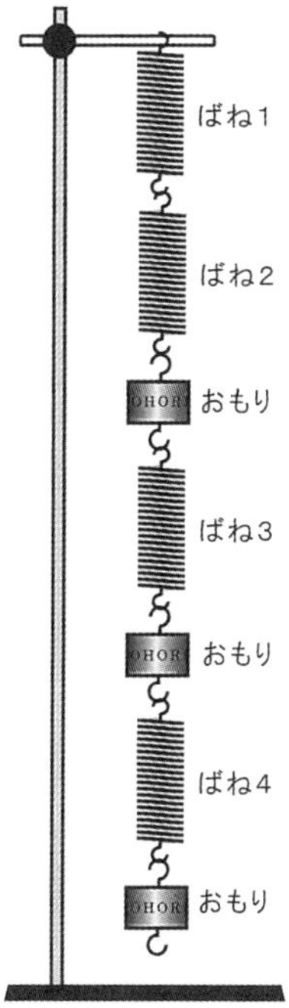


エ
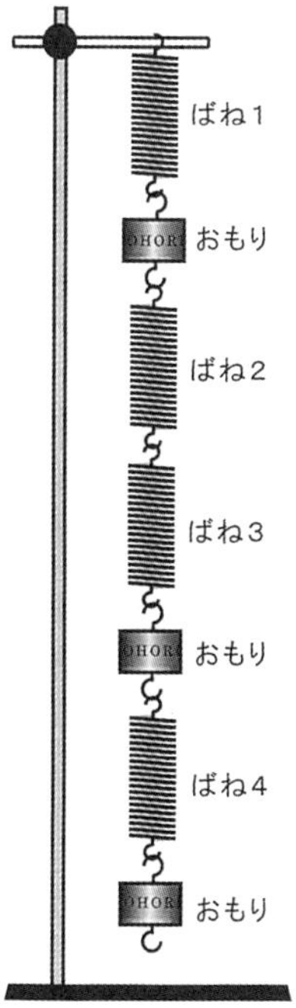


オ
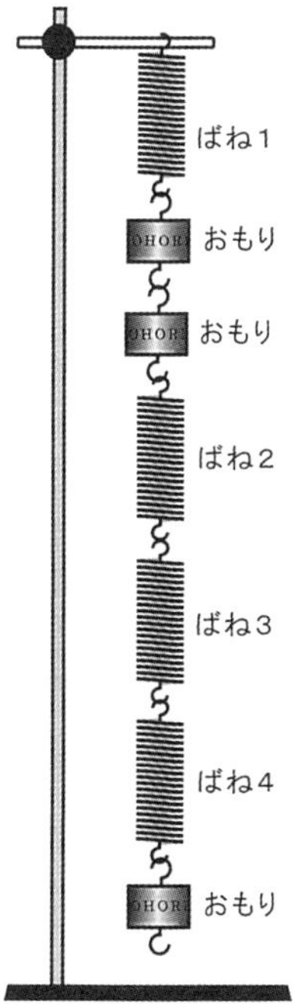

**3**　ある年の４月の日本付近の連続した４日間の雲《くも》画《が》像《ぞう》と天気図があります。これらについて、以下の各問いに答えなさい。ただし、雲画像と天気図は、すべて午前９時のものです。

※ 雲画像は「日本気象協会 tenki.jp」に掲載《けいさい》のものを、天気図については「気象庁 HP」に掲載のものをそれぞれ加工・引用しています。

問１　右の写真は、４日間のうちの１日目の雲画像で、下のア～エは１～４日目のいずれかの天気図です。

天気図はその日の天気のようすを図で表したものです。高は高気圧を、低は低気圧を、赤や青の線（やなど）は前線を表しています。一般に、高気圧の付近では雲が少なく、低気圧や前線の付近では雲が多い傾向《けいこう》があり、雲画像と合わせて見ることで、各地の天気の変化が分かりやすくなります。

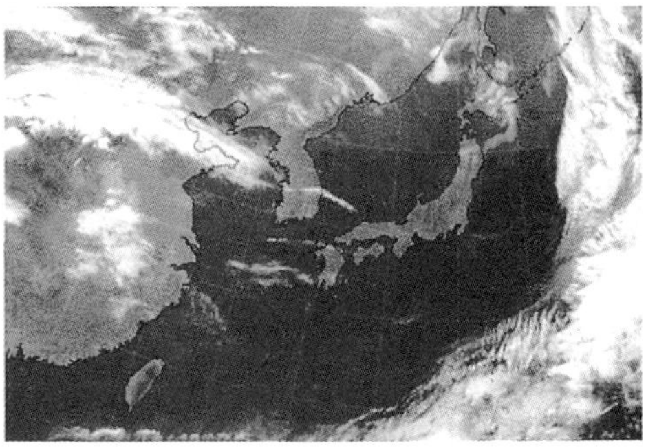

１日目の雲画像

また、4月ごろの日本の天気は、高気圧と低気圧が交互《こうご》に西から東へと通過して２，３日おきに天気が変わることが多いことが知られています。

これらのことから考えて、１日目の天気図として最も適切なものを次のア～エの中から１つ選び、記号で答えなさい。

ア

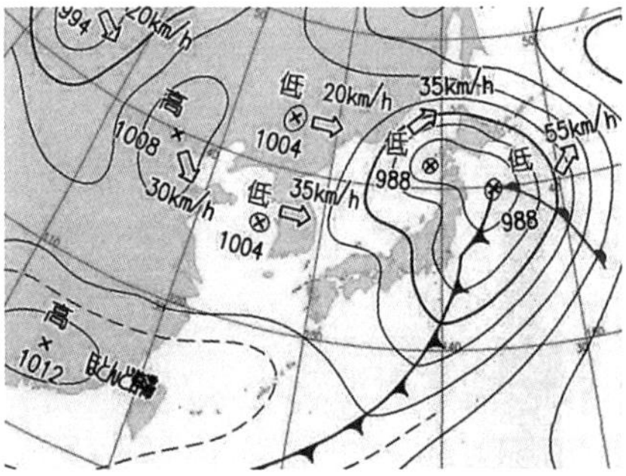


イ

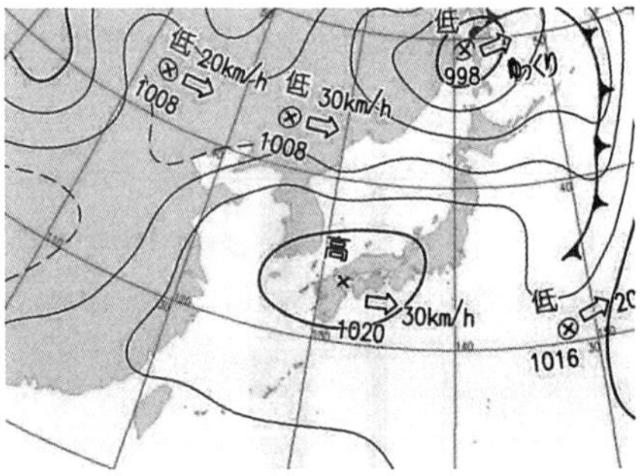


ウ

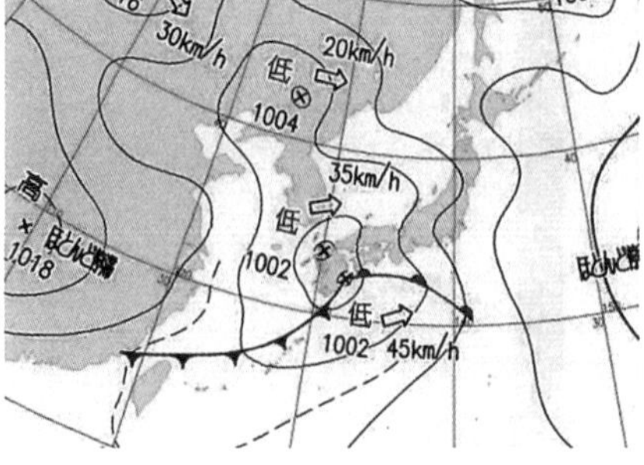


エ

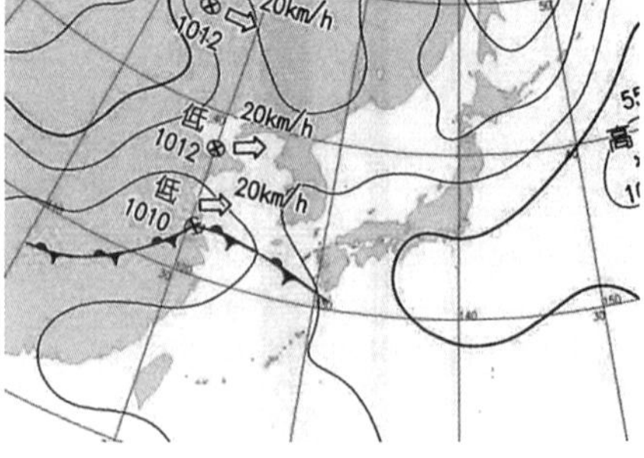

問２　次の①～③の雲画像は、２～４日目のものですが、順番はばらばらです。これらを正しい順にならべ直すとどうなりますか。問１の天気図とも見くらべながら、最も適切なものを下の表のア～エの中から１つ選び、記号で答えなさい。

①
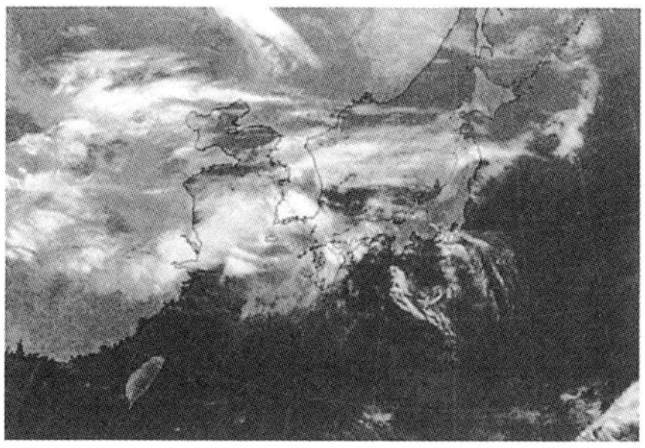

②
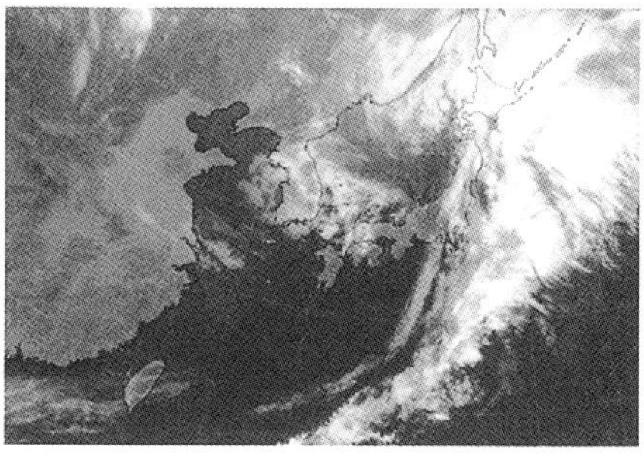

③
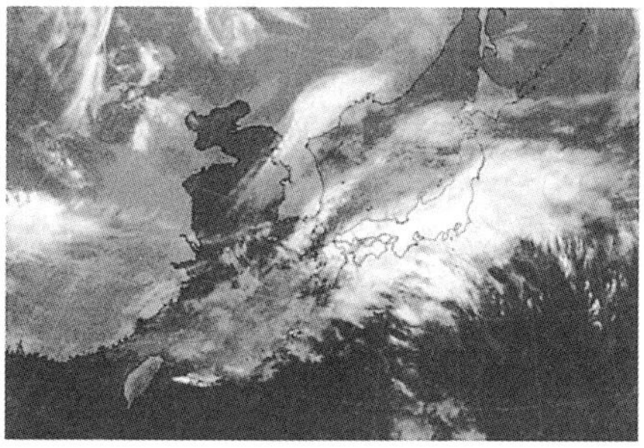

| | ア | イ | ウ | エ |
|---|---|---|---|---|
| ２日目 | ① | ① | ② | ② |
| ３日目 | ② | ③ | ① | ③ |
| ４日目 | ③ | ② | ③ | ① |

問３　次の表は、この４日間の４地点Ａ～Ｄの午前９時の天気を観測した結果です。Ａ～Ｄは、札幌《さっぽろ》、東京、大阪、福岡のいずれかです。札幌を表しているのはどれですか。問１，問２の天気図や雲画像とも見くらべながら、最も適切なものをＡ～Ｄの中から１つ選び、記号で答えなさい。

| | A | B | C | D |
|---|---|---|---|---|
| １日目 | くもり | 快晴 | 晴れ | 晴れ |
| ２日目 | くもり | くもり | 晴れ | くもり |
| ３日目 | くもり | にわか雨 | くもり | にわか雨 |
| ４日目 | 晴れ | 晴れ | 雨 | くもり |

問４　この４日間の雲画像と天気図をもとに、４日目の翌日、つまり５日目の雲画像として最も適切なものを次のア～エの中から１つ選び、記号で答えなさい。ただしこの日、札幌は寒気と、発達した低気圧の影響《えいきょう》で気温が下がり、雨にまざってみぞれが降る天気となりました。

ア

イ

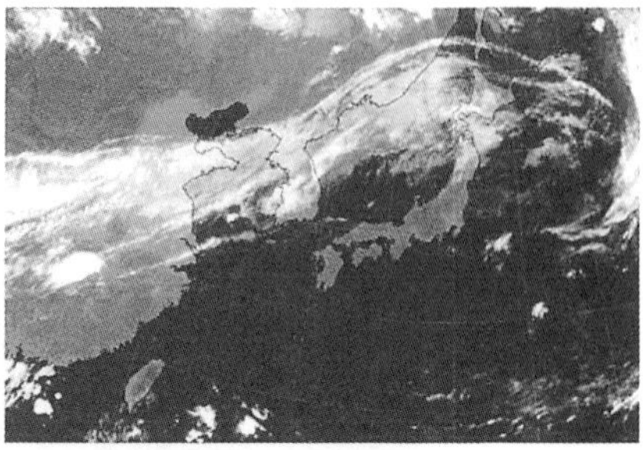

ウ

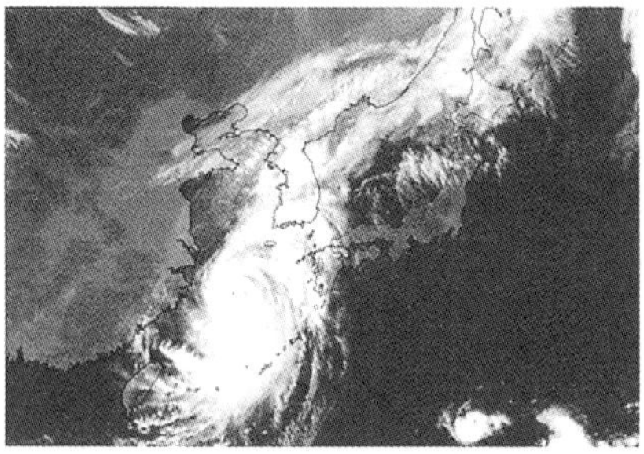

エ

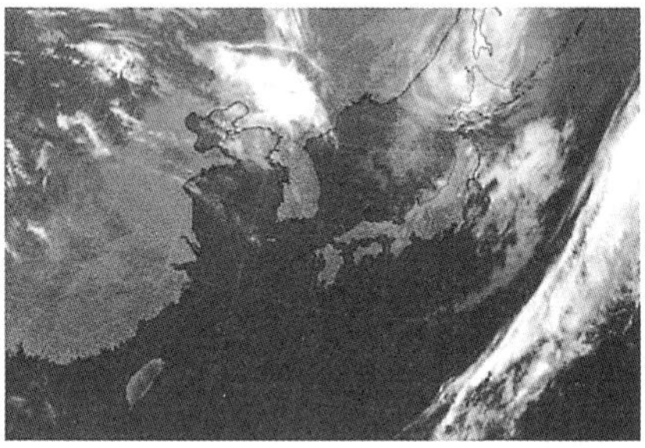

問５　５日目の日本の天気について述べた文として最も適切なものを次のア～エの中から１つ選び、記号で答えなさい。

ア．大阪や福岡で晴れ間が広がった。

イ．発達した低気圧と前線の影響で本州，四国では雨の降るところが多かったが、福岡は一日中晴れた。

ウ．東京，大阪，福岡とも前線におおわれて一日中雨が降り続いた。

エ．東京，大阪では晴れ間が広がったが、福岡では暴風雨にみまわれた。

**4**　（Ⅰ）　月の観測について、次の各問いに答えなさい。

問１　月を観測したようすについて説明した文で、次のア～エの中から正しいものを２つ選び、記号で答えなさい。

ア．月の表面は、岩や砂などにおおわれており、クレーターと呼ばれるくぼみが多数存在している。

イ．月は自ら光を出しているので、光って見える。

ウ．双眼鏡《そうがんきょう》を用いて観測すると、月の上下左右が逆になって見える。

エ．ある観測地点で、毎日同じ時刻に観測すると、月の位置は少しずつ移動して見える。

図１はある日の空のようすです。南の空に半月が見えています。

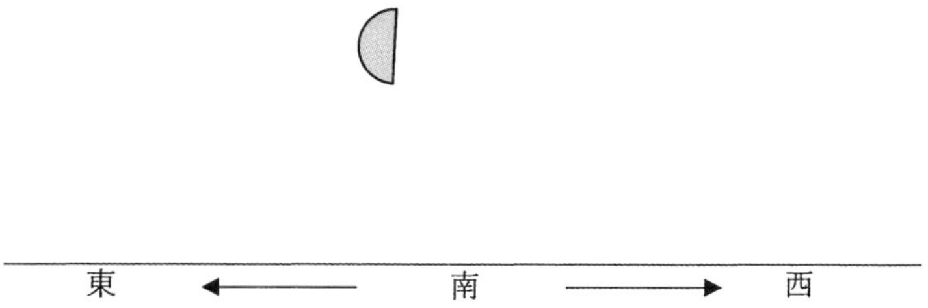


図１

問２　図１のとき、太陽はどちらの方向にありますか。また、この図のような月が見られるのは、午前と午後のどちらですか。次のア～エの中から正しい組み合わせを１つ選び、記号で答えなさい。

ア．東，午前　　　イ．東，午後　　　ウ．西，午前　　　エ．西，午後

（Ⅱ） 月食は、図２のように、太陽－地球－月が一直線に並ぶとき、つまり、満月の頃《ころ》だけに起こります。ただし、星空の中での太陽の通り道（黄道）に対して月の通り道（白道）が傾《かたむ》いているため、満月のたびに月食が起こるわけではありません。

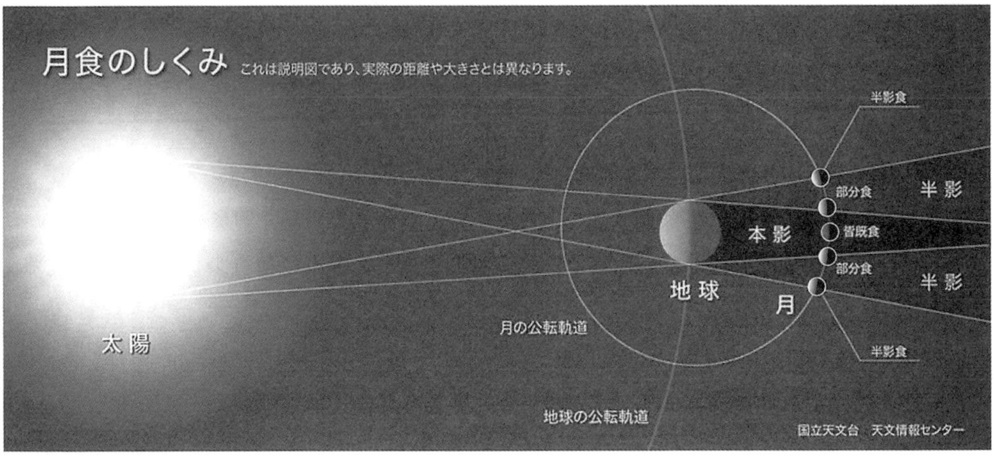


図２

地球の影《かげ》には「本影《ほんえい》（太陽光がほぼさえぎられた濃《こ》い影《かげ》）」と「半影《はんえい》（本影を取り囲む薄《うす》い影）」の２種類があり、月がどちらの影に入り込《こ》むかによって、月食の呼び方が変わります。

図３は、2021 年５月 26 日のある地点での月食のようすを表しています。

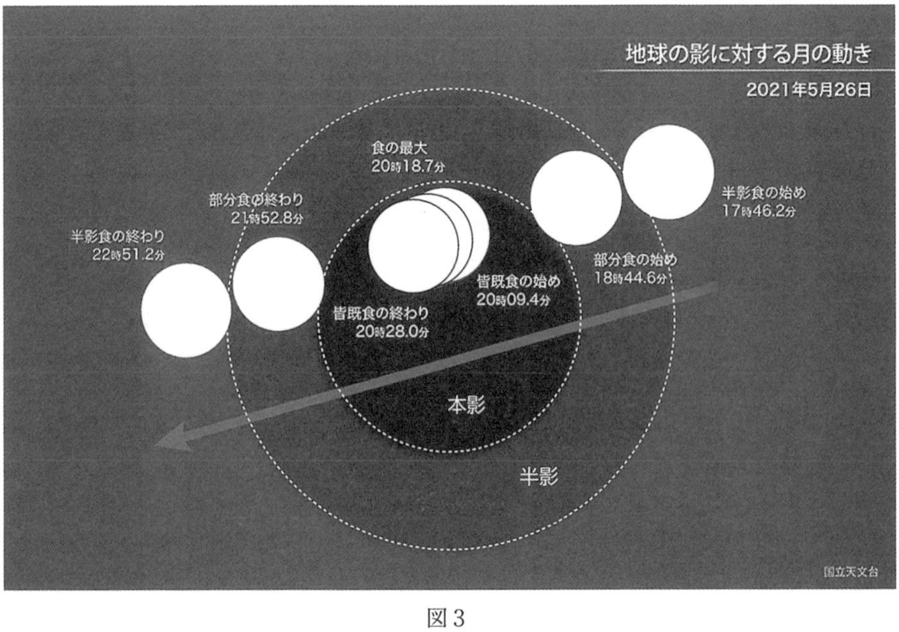


図３

※ なお、問題の都合上、一部加工しています。図の◯は、その時刻の月の位置を示しています。

問３　皆既食《かいきしょく》中には、月が本影の中に完全に入り込みます。このときの月の見え方について、次のア～エの中から正しいものを１つ選び、記号で答えなさい。

ア．皆既食中の月は真っ暗で見えない。

イ．皆既食中の月は赤黒い色に見える。

ウ．月は、地球の半影と本影を横切って、おおよそ東から西へと進んでいく。

エ．皆既食の月は正午でも観測することができる。

問４　2021 年５月 26 日の月食のときのようすをスケッチしました。観測してスケッチした順にア～オの記号を並べなさい。オは皆既食（月がすべて本影に入ったとき）の状態を表している。

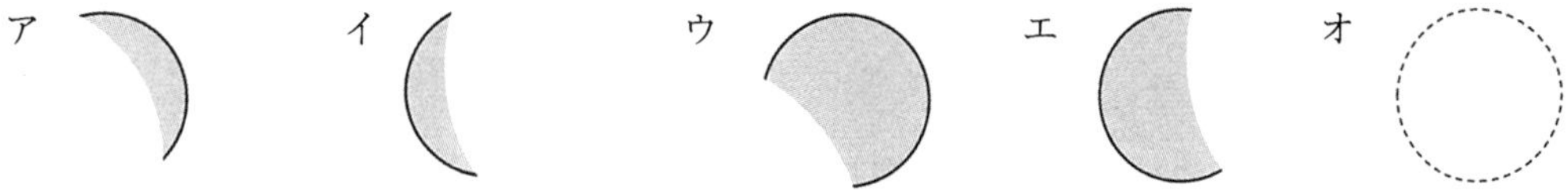

**5**　ススキに関する次の文章を読んで、以下の各問いに答えなさい。

春の草原には昨年のススキの穂《ほ》がのびて、枯《か》れたままの大きなまとまりが残っています。ススキはa地下茎《ちかけい》で成長して新芽をつくって、大きな株になっているのです。b株の根元を見てみると、小さな緑の葉がありました。６月ごろにはその小さな葉は大きく成長し、９月には葉の上にススキの穂がのびていました。この穂こそがcススキの花なのです。穂の下には、花粉が入ったふくろがぶら下がっています。

さらに秋が深まると、花は綿毛をつけた種子に変わります。種子が熟すにつれて、綿毛はじょじょに広がり、飛ぶ準備が整います。d風に乗って、綿毛をつけたススキの種子が舞《ま》い、新しい場所に移動します。しかしこのススキの種子は、他の植物の生える日かげでは育つことができません。無事に発芽して成長できるのは、幸運にもe日当たりの良い空き地にたどり着いたほんの一部の種子だけなのです。

問１　下線部aについて、ススキと同じように地下茎で成長する植物を次のア～オの中から１つ選び、記号で答えなさい。

ア．タケ　　イ．トウモロコシ　　ウ．ヘチマ　　エ．オクラ　　オ．アサガオ

問２　下線部bのように、地上部が冬になって枯れてしまっても、地下部で冬を越《こ》して２年以上生存を続ける植物を次のア～オの中から１つ選び、記号で答えなさい。

ア．ヒマワリ　　イ．カボチャ　　ウ．ジャガイモ　　エ．ダイズ　　オ．コスモス

問３　下線部cについて、気象庁では、秋の訪れの目安として、ススキの開花を毎年同じ地点で観測しています。図１は福岡県におけるススキの開花日の記録であり、縦《たて》軸は９月１日から何日後かを表しています。一方、図２は福岡県の年平均気温の変化です。図１，２より、ススキの開花条件や温暖化に関して述べた次ページのＡ～Ｄの文の中から、正しいものの組み合わせをあとのア～エの中から１つ選び、記号で答えなさい。

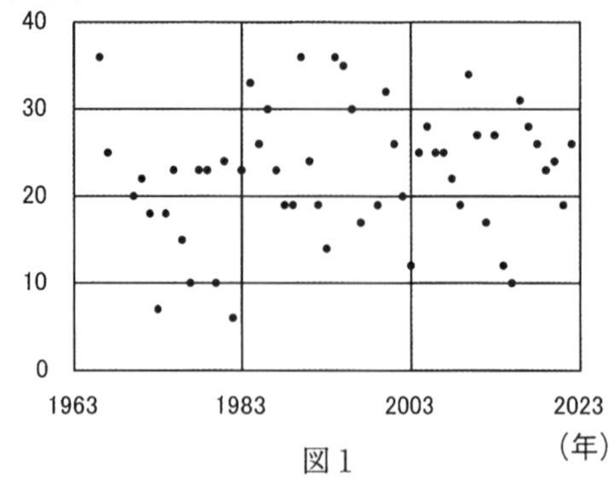

図１

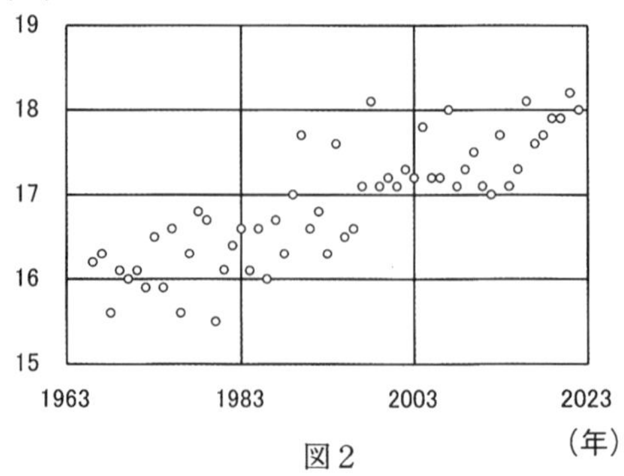

図２

A．福岡でも温暖化が起こっていると言える。

B．福岡ではまだ温暖化が起こっているとは言えない。

C．ススキの開花には気温が関わっており、開花時期の変化は温暖化の影響《えいきょう》を受けているといえる。

D．ススキの開花には気温以外の条件が関わっており、開花時期の変化は温暖化の影響を受けているといえない。

ア．AとC　　イ．AとD　　ウ．BとC　　エ．BとD

問４　下線部ｄについて、ススキと同じように種子が風に乗って運ばれる植物を次のア～オの中から１つ選び、記号で答えなさい。

ア．アブラナ　　イ．イネ　　ウ．スギ　　エ．タンポポ　　オ．オナモミ

問５　下線部ｅに関連して、図３の灰色部分で表される台形の形をした草地に、１ｍ × １ｍの木の枠《わく》を図中の□のように10か所適当な間隔《かんかく》を空けて設置しました。これを調査地点とします。各調査地点内のススキの個体数を数えたところ、それぞれ４，１，２，５，７，３，３，４，６，５でした。この草地全体に生育するススキの個体数を計算して求めなさい。なお、答えが小数になる場合は、小数第一位を四捨五入して整数で答えること。

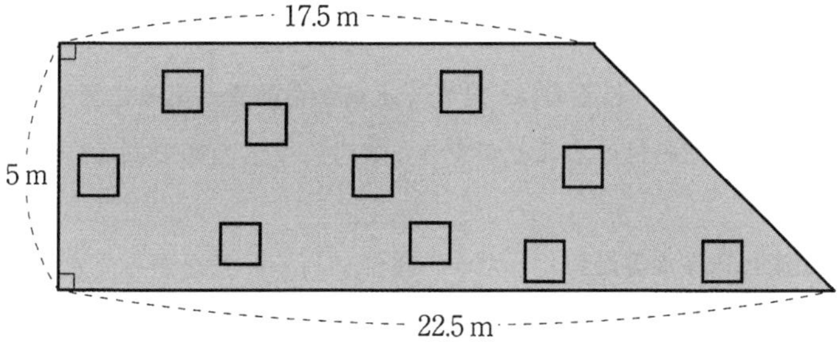


図３

**6**　生物どうしのつながりに関する以下の各問いに答えなさい。

りかさん　「この前、おじいさんの家に遊びに行ったらたくさんの aメダカが飼育されてたよ。おじいさんが子供のころは、川でよくメダカを見かけたらしいけど、今ほとんど見られないよね。」

ばいおさん「川の水がよごれたり、流れのゆるやかな小川が少なくなったりしたことで、メダカの数が減っていると教科書に書いてあったよ。」

りかさん　「昔に比べて、川の環境《かんきょう》が変化したのかな。夏休みの自由研究のテーマは川の水質調査にしてみたら、いろんな発見があるかも。ばいおさんも一緒《いっしょ》にどう？。」

ばいおさん「おもしろそうだね。b水がきれいかどうかを、そこにすむ生き物を見て判断できると聞いたことあるから、それをやってみたいな。」

問１　下線部aについて、次の説明文ア～エの中から正しいものを１つ選び、記号で答えなさい。

ア．オスとメスではひれの特徴《とくちょう》が異なり、オスはせびれに切れ込《こ》みがあり、しりびれが三角形の形をしているが、メスはせびれには切れ込みはなく、しりびれは大きく平行四辺形の形をしている。

イ．水そうの水は、水道水に溶《と》けている酸素が減らないうちに使いたいので、新鮮《しんせん》な水道水を入れるようにする。

ウ．直射日光だとまぶしすぎてメダカの眼を傷つけてしまうので、水そうは直射日光が当たらない明るいところに置くようにする。

エ．水そうに水草を入れるのは、日光で水草から酸素が出ることで水中の酸素を増やすためと、産卵した卵を産み付けることができるようにするためである。

川に汚水《おすい》が流れ込み水質が悪化したが、下流に行くにしたがって水質が改善されるようすがわかりました。ある川において、汚水が流れ込んでから下流にかけて、生息している生き物の種類と個体数を調べると、図１のようになりました。なお、図１のグラフの縦《たて》軸は生物の個体数（相対値）、横《よこ》軸は川の上流から下流までを表したものです。

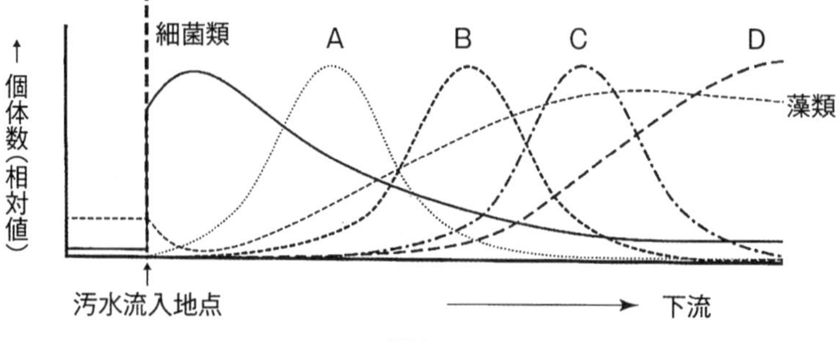


図１

問２　図１中の藻《そう》類とは、水中で光合成を行う小さな生き物のことです。次のア～オの中から、藻類に当てはまらないものを１つ選び、記号で答えなさい。

ア．アオミドロ　　イ．クンショウモ　　ウ．ゾウリムシ
エ．ミカヅキモ　　オ．クチビルケイソウ

下線部ｂについて、水中の生き物を調べることで水の汚《よご》れの程度を判定することができます。次の表はその一例を示しています。

| 水質 | 見られる生き物 |
|---|---|
| きれい | サワガニ　カワゲラ |
| ややきれい | ゲンジボタル　カワニナ　ヤマトシジミ |
| 汚い | ミズムシ　タニシ |
| とても汚い | ユスリカ　イトミミズ　アメリカザリガニ |

問３　表を参考にして、図１中のＡ～Ｄにあてはまる生き物として、もっともふさわしい組み合わせを次のア～エの中から１つ選び、記号で答えなさい。

| | A | B | C | D |
|---|---|---|---|---|
| ア | イトミミズ | ゲンジボタル | ミズムシ | タニシ |
| イ | イトミミズ | ユスリカ | ミズムシ | サワガニ |
| ウ | サワガニ | ミズムシ | ユスリカ | イトミミズ |
| エ | ユスリカ | アメリカザリガニ | ゲンジボタル | タニシ |

問４　図１より考えられることを、次のア～エの中から１つ選び、記号で答えなさい。

ア．汚水が流れ込んだ付近では、それを分解しようと細菌《さいきん》類が増えた。
イ．汚水が川に流れ込んだ付近は水がにごっていたため、川の流れは遅《おそ》かった。
ウ．川の下流は河口付近だったため、藻類が増えた。
エ．川の水質の変化と、そこに生息している生き物はまったく関係がない。

問5　図1より考えられる水中に溶けている酸素量の変化を示したグラフとして、もっともふさわしいものを次のア～エの中から1つ選び、記号で答えなさい。なお、グラフの横軸は図1と同じものです。

ア
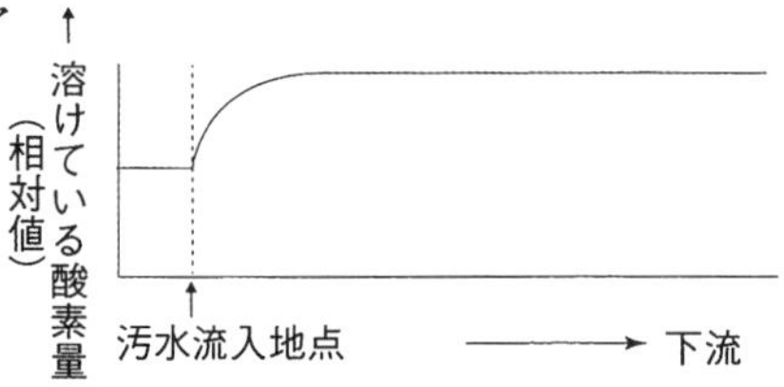


イ
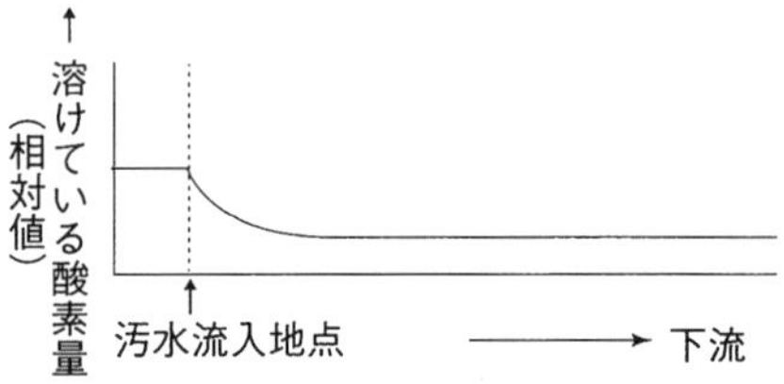


ウ
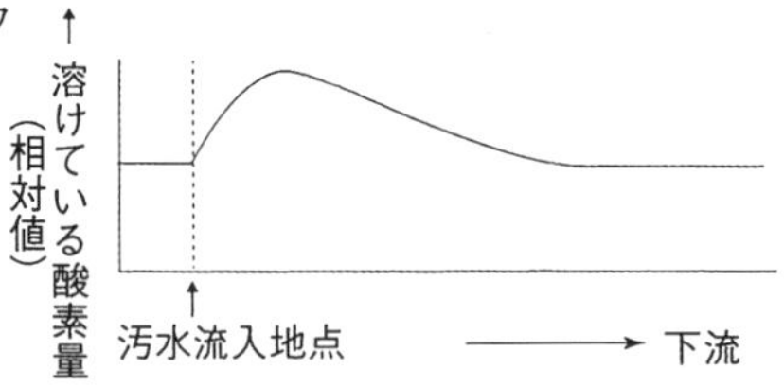


エ
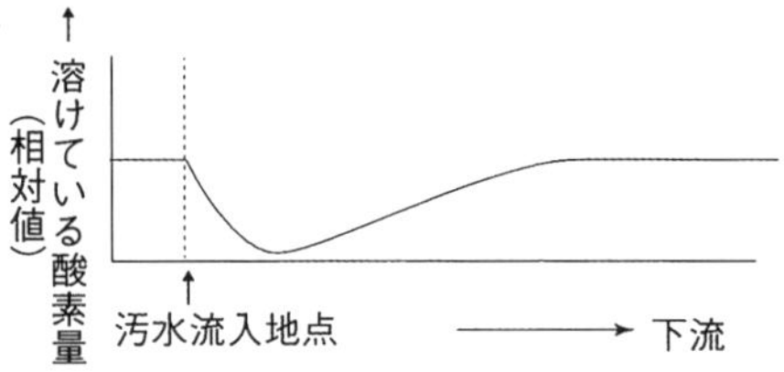

## 7

上皿てんびんを用いていろいろな量の水と食塩をはかりとり、ビーカーの中で混ぜました。混ぜ合わせた重さを下の表1に示します。このときの食塩水の温度は常に20℃とします。また水100 gに溶《と》ける食塩の最大の重さと温度の関係を、表2に示します。以下の各問いに答えなさい。

表1　混ぜ合わせた水と食塩の重さ

| | ビーカーA | ビーカーB | ビーカーC | ビーカーD |
|---|---|---|---|---|
| 水〔g〕 | 100 | 100 | 90 | 70 |
| 食塩〔g〕 | 10 | 15 | 20 | 40 |

表2　水100 gに溶ける食塩の最大の重さと温度の関係

| 温度〔℃〕 | 20 | 40 | 60 | 80 |
|---|---|---|---|---|
| 食塩〔g〕 | 35.8 | 36.3 | 37.1 | 38.0 |

問1　ビーカーAの食塩水の濃《こ》さは何%ですか。ただし、答えが割り切れない場合は小数第二位を四捨五入し小数第一位まで答えなさい。

問2　ビーカーAとビーカーBの食塩水を混ぜ20℃にしました。混ぜた食塩水の濃さは何%ですか。ただし、答えが割り切れない場合は小数第二位を四捨五入し小数第一位まで答えなさい。

問3　20℃においてビーカーCの食塩水にさらに食塩を加えるとすると、あと何g溶けますか。ただし、答えが割り切れない場合は小数第二位を四捨五入し小数第一位まで答えなさい。

問4　ビーカーDの中には、食塩の溶け残りがありました。そこでビーカーをアルコールランプで温めて80℃にしましたが、それでもまだ溶け残りがありました。80℃で溶け残った食塩は何gですか。ただし、水の蒸発《じょうはつ》はなかったものとします。ただし、答えが割り切れない場合は小数第二位を四捨五入し小数第一位まで答えなさい。

**8**

地中から天然に産出するガスを天然ガスといいます。このガスのうち、メタンやプロパンなどは燃料として使われています。家庭で用いられる都市ガスはメタンが主成分です。また、プロパンボンベ内のガスの主成分はプロパンです。

メタンとプロパンを燃やす実験をしました。燃やすとは酸素と反応させることです。メタンやプロパンを燃やすと、二酸化炭素と水が生成します。以下の各問いに答えなさい。

問１　文中下線部の二酸化炭素を発生させる方法として適するものを、次のア～オの中から２つ選び、記号で答えなさい。

ア．オキシドールに二酸化マンガンを加える。
イ．水酸化カルシウムと塩化アンモニウムを混ぜ合わせて加熱する。
ウ．貝殻にうすい塩酸を加える。
エ．ベーキングパウダーを加熱する。
オ．アルミニウムにうすい塩酸を加える。

問２　文中下線部の二酸化炭素を石灰水に通じ続けました。どのような変化がみられますか。最も適するものを次のア～カの中から１つ選び、記号で答えなさい。

ア．石灰水は白く濁《にご》ったままである。
イ．石灰水は黒く濁ったままである。
ウ．白く濁った石灰水が無色透《とう》明になっていく。
エ．黒く濁った石灰水が無色透明になっていく。
オ．白く濁った石灰水が黒く濁っていく。
カ．黒く濁った石灰水が白く濁っていく。

次の実験①はメタンと酸素を混合し、燃やしたときの反応物の体積と重さ、生成物の体積と重さを示しています。また実験②は、プロパンと酸素を混合し、燃やしたときの反応物の体積と重さ、生成物の体積と重さを示しています。生じた水は液体であるので、重さのみを示しています。実験①，②ともに、未反応の物質はなく、すべて燃えました。

実験①　［燃やす前の物質の量］　メタン（22.4 L，16 g）と酸素（44.8 L，64 g）
　　　　［燃やした後の物質の量］　二酸化炭素（22.4 L，44 g）と水（36 g）

実験②　［燃やす前の物質の量］　プロパン（22.4 L，44 g）と酸素（112 L，160 g）
　　　　［燃やした後の物質の量］　二酸化炭素（67.2 L，132 g）と水（72 g）

問3　メタン８ｇの体積は何Ｌになりますか。ただし、答えが割り切れない場合は小数第二位を四捨五入し小数第一位まで答えなさい。

問4　11.2 Ｌのメタンと８ｇの酸素を燃やしたとき、生じる水の重さは何ｇですか。ただし、答えが割り切れない場合は小数第二位を四捨五入し小数第一位まで答えなさい。

問5　メタンとプロパンを混ぜ合わせた気体 104 ｇを十分な量（メタンやプロパンが完全に燃えることができる量）の酸素で燃やしたところ、308 ｇの二酸化炭素が生成しました。混ぜ合わせた気体中のプロパンの重さは何ｇですか。ただし、答えが割り切れない場合は小数第一位を四捨五入し整数で答えなさい。

令 和 6 年 度

福岡大学附属大濠中学校

# 入 学 試 験 問 題

# 社　　会

[時 間　45分]

注　意

1. 答えはすべて解答用紙に記入してください。
2. 解答用紙には氏名・受験番号（算用数字　例10001）をきちんと書いてください。

**1**　近畿地方について述べた次の文と**図1**に関して、あとの問いに答えなさい。

①近畿地方の地勢は、南北の山地とその間の盆地・平野に特徴づけられる。また②気候の特徴もそれぞれの地域で異なり、こうした自然環境は古くから③農業をはじめとした各地域の産業を特色づけてきた。

近畿地方では、中央部の平野や盆地に④人口が集中し、人や物の移動で強いつながりを持つ大都市圏が形成されている。この地域では大阪市を中心に鉄道網や道路網が整備され、それらの沿線を中心に市街地が広がっており、人口や産業が集中している。また沿岸部では⑤埋立地が造成され、港湾施設などが立地してきた。こうした大都市圏の様子は、⑥日本経済の成長にともなって変化してきた。

**図1**

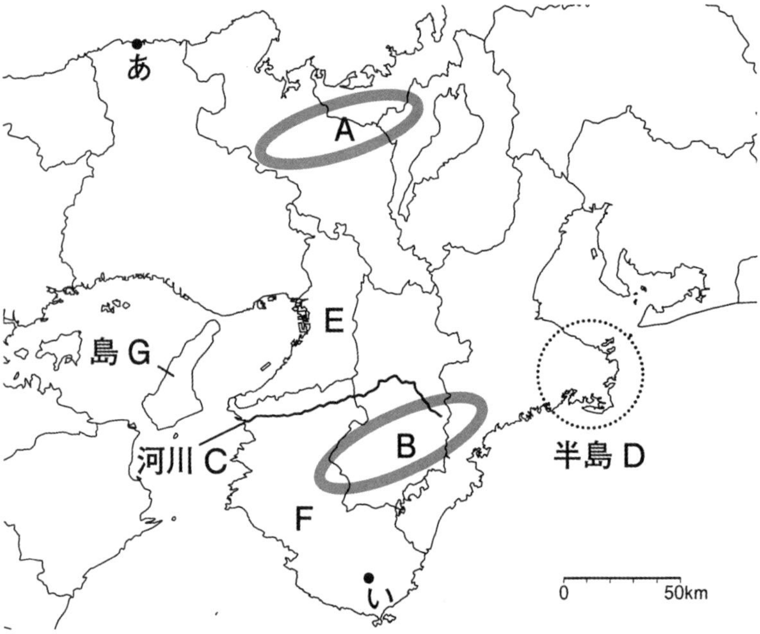


問1　文中の下線部①に関して、**図1**中の［1］**A**と**B**の地域の地形を比べた場合、比較的なだらかな地域と、［2］**河川C**の名称との正しい組合せを、次のイ～ヘから一つ選び記号で答えなさい。

| 解答の記号 | イ | ロ | ハ | ニ | ホ | ヘ |
|---|---|---|---|---|---|---|
| ［1］ | A | A | A | B | B | B |
| ［2］ | 熊野川 | 淀川 | 紀ノ川 | 熊野川 | 淀川 | 紀ノ川 |

問2　**図1**中の**半島D**に関して、次の（1）～（3）の問いに答えなさい。

（1）　次の**図2**は、**半島D**の一部地域の地理院地図（一部改変）で、**図2**中の表記は2万5千分の1の地形図と同じ表現形式です。**図2**から読み取れる内容について述べた文として**誤っているもの**を、あとのイ～ニから一つ選び記号で答えなさい。

**図2**

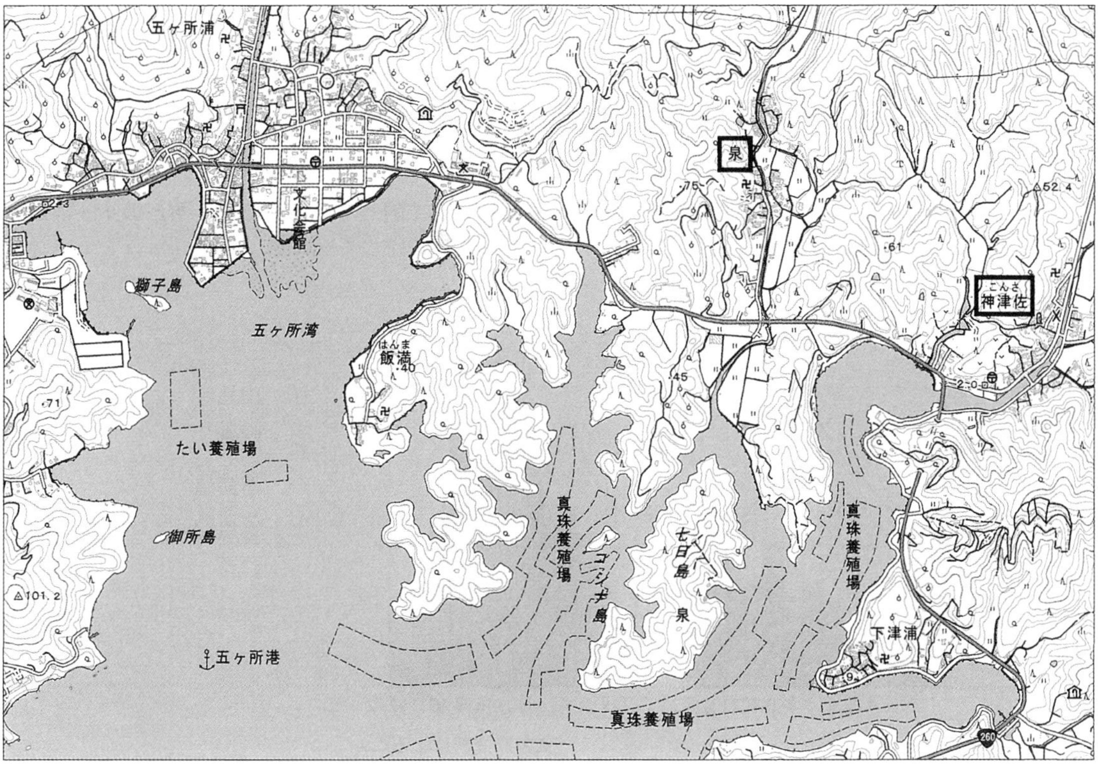


イ．図中の地域の内陸にある「泉」では、集落から南部にかけて畑がある。

ロ．図中の東部にある「神津佐」には交番と自然災害伝承碑がある。

ハ．図中の北西部、国道の近くには、標高の基準となる水準点がある。

ニ．図中に示された地域には小・中学校と高等学校がある。

（2） **図2**の地域では岬と入り江からなる複雑な海岸線が特徴的な地形が形成されています。同じ地形が**みられない**地域を次のイ～ニから一つ選び、記号で答えなさい。

イ．宮城県北東部　　ロ．千葉県北東部　　ハ．福井県西部　　ニ．愛媛県南西部

（3） **図2**の地域でみられる養殖業について述べた次の文の波線部（Ⅰ）と（Ⅱ）の正誤の正しい組合せを、あとのイ～ニから一つ選び記号で答えなさい。

> この地域で真珠やたいの養殖業が発達している背景として、自然条件に恵まれていることがあげられる。この地域のような入り江は波のおだやかな水域になりやすく、養殖のためのいかだを設置しやすい。また、（Ⅰ）沿岸の山地から豊富な栄養分が流入することで水産資源に恵まれた豊かな水域となる。しかしこうした入り江では、（Ⅱ）地震にともなう高潮の被害が大きくなりやすいことが知られており、そうした自然災害への対策も必要である。

| 解答の記号 | イ | ロ | ハ | ニ |
|---|---|---|---|---|
| （Ⅰ） | 正 | 正 | 誤 | 誤 |
| （Ⅱ） | 正 | 誤 | 正 | 誤 |

問３　文中の下線部②に関して、次の**図３**は**図１**中の**あ**、**い**の地点の月ごとの降水量を示したものです。図中の**X**、**Y**はそれぞれの地点において比較的降水量の多い時期を示しています。これらの二つの時期の降水に共通して影響を与えている事柄として**誤っているもの**を、あとのイ～ニから一つ選び記号で答えなさい。

**図３**

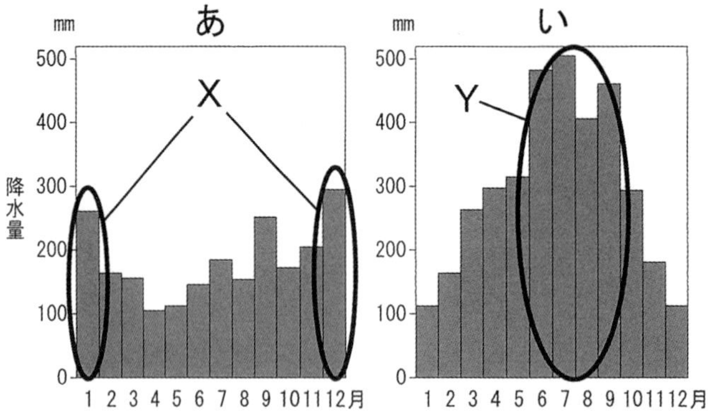


イ．山地
ロ．暖流
ハ．季節風
ニ．台風

気象庁資料による。

問４　文中の下線部③に関して、次の**図４**は４つの府県の農業産出額に占める品目別の割合を示したもので、図中のイ～ニは**図１**中の**E**、**F**の府県と、さらに千葉県、長野県のいずれかです。このうち、**E**に当てはまるものをイ～ニから一つ選び記号で答えなさい。

**図４**

（単位は％）

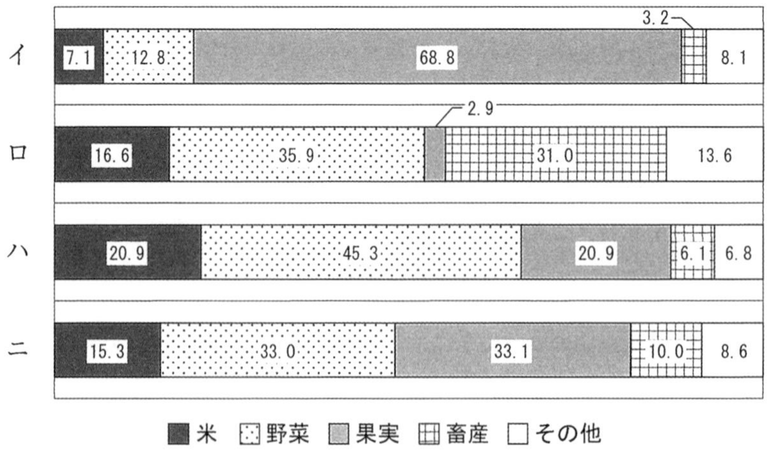


統計年次は2020年。農林水産省資料による。

問5　文中の下線部④に関して、次の**表1**は人口密度、人口増加率、65歳以上人口の割合、第2次産業従事者の割合のいずれかの上位5都道府県を表したものです。このうち、人口密度に当てはまるものをイ～ニから一つ選び記号で答えなさい。

**表1**

| 解答の記号 | イ | ロ | ハ | ニ |
|---|---|---|---|---|
| 1位 | 富山県 | 秋田県 | 東京都 | 東京都 |
| 2位 | 静岡県 | 高知県 | 沖縄県 | 大阪府 |
| 3位 | 愛知県 | 山口県 | 神奈川県 | 神奈川県 |
| 4位 | 岐阜県 | 島根県 | 埼玉県 | 埼玉県 |
| 5位 | 三重県 | 山形県 | 千葉県 | 愛知県 |

統計年次は人口密度が2022年、人口増加率が2015年～2020年、65歳以上人口割合が2022年、第2次産業従事者の割合が2017年。総務省資料による。

問6　文中の下線部⑤について、近畿地方では1995年に大規模な地震が発生し、沿岸の埋立地でも液状化などの被害がみられました。この地震の震源は**図1**中の**島G**の北部にある断層であったとされていますが、この**島G**が属す府県の名称を答えなさい。

問7　文中の下線部⑥に関して、近畿地方の都市と都市圏の発達について述べた文として**誤っているもの**を、次のイ～ニから一つ選び記号で答えなさい。

イ．民間鉄道会社が沿線の開発を行い、住宅地やターミナル駅の百貨店などが作られた。

ロ．沿岸部の埋立地には、家族経営の小規模な製造業者が集中している。

ハ．戦後に開発された郊外の住宅地では、建物の老朽化や住民の高齢化が問題となっている。

ニ．大都市圏の中心部では再開発が進み、工場などの跡地に新しい高層ビルがつくられた。

## 2

生徒2人による次の会話文を読んで、あとの問いに答えなさい。

生徒A：最近いろいろなところでSDGsに関する事柄を見聞きするようになったね。①国際連合が進める国際的な目標だし、社会的な関心も高いみたいだ。

生徒B：SDGsは「持続可能な開発目標」のことだね。日本も含めた世界の国々が持続可能な社会を実現するために、17の目標が示されていて、それらを2030年までに達成することが目指されているよ。

生徒A：そういえば最近街中でも電気自動車をよく見るようになったよ。電気自動車は従来のガソリン車とは違って、温室効果ガスを排出しないし、SDGsの中でも「気候変動に具体的な対策を」という目標を達成していく上では欠かせない要素の一つだよね。

生徒B：②モータリゼーションが進んだ現代社会では、自動車は③船舶や航空機など他の交通手段に比べても、貨物輸送と旅客輸送の両方で特に重要な交通手段だ。これからも利用していくためには気候変動への対策も大切だよね。でも、電気自動車も温室効果ガスを全く出さないわけではないよ。自動車に関わる様々な過程を示した**図1**を見てみて。「$CO_2$」と書かれた部分は温室効果ガスの代表的なものである二酸化炭素が排出されていることを示しているよ。

図1

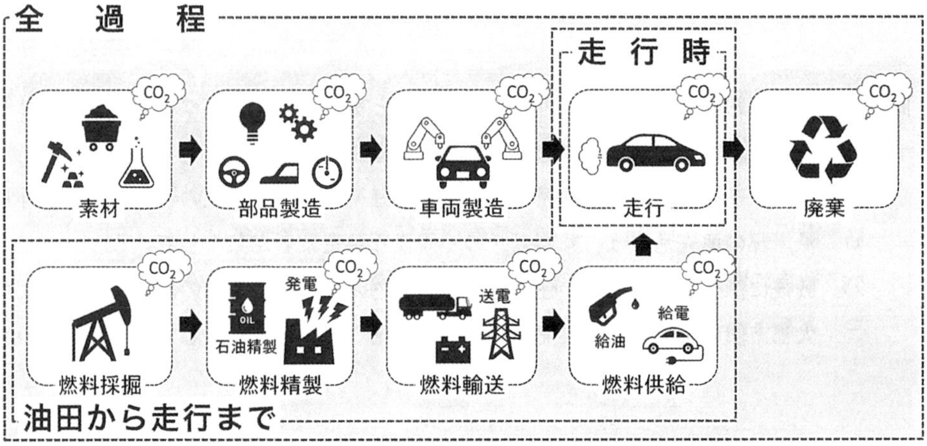


みずほ情報総研、環境省資料より。一部改変。

生徒A：電気自動車はガソリン車と違って温室効果ガスを排出しない環境に優しい乗り物だと思っていたけれど、それが当てはまるのは「走行時」だけなんだね。実際には電力を作り出す部分や、電気自動車を製造・廃棄する部分で温室効果ガスが排出されている。これをみると、他にも④様々な過程で温室効果ガスが排出されているし、環境に優しいかどうかは「全過程」という視点で総合的に判断しないといけないね。

生徒B：そうだね。あと、電気自動車の走行に不可欠な⑤電力を得る方法もそれぞれの国や地域によって異なるから、火力発電を中心とする国や地域では、温室効果ガスの排出量も多くなる。また、様々な原料資源から金属や部品を製造する際にも温室効果ガスが発生する。⑥日本はエネルギー資源や原料資源の多くを海外から輸入しているから、「全過程」での温室効果ガス排出量は、他国に比べて多くなる傾向にあるね。

生徒A：電気自動車に使用されているリチウムや⑦コバルトなどを原料としたバッテリーも、現在の技術だと製造や廃棄の際に環境への負荷が大きいと聞いたことがあるよ。そうした面もあって、いろいろな国や地域で次世代バッテリーの開発も進んでいる。

生徒B：日本の経済にとっても自動車工業はとても重要だから、私たちが暮らすこれからの世界に対応した優れた製品の開発に期待したいね。

問1　会話文中の下線部①に関して、国際連合やそれに関連する国際的な取り組みについて述べた文として正しいものを次のイ～ニから一つ選び、記号で答えなさい。

イ．国際連合の本部は、スイスのジュネーブに置かれている。

ロ．SDGsでは、先進国のみが達成すべき17の目標が掲げられている。

ハ．ユネスコ（UNESCO）は世界各地の難民の保護や支援に取り組む機関である。

ニ．パリ協定は温室効果ガスの排出量削減のための国際的な取り決めである。

問2　会話文中の下線部②に関して、モータリゼーションとは、人々の間に自動車が広く普及することで、通勤や買い物、レジャーなど日々の生活の中で自動車への依存が高まる状態のことをいいます。これに関して、次の（1）、（2）の問いに答えなさい。

（1）　2021年現在世界で最も自動車生産台数の多い国を、次のイ～ニから一つ選び記号で答えなさい。

イ．アメリカ合衆国　　ロ．日本　　ハ．ドイツ　　ニ．中国

（2）　モータリゼーションの進展にともなって、人々が自動車で郊外のショッピングセンターへ買い物に行くようになったことが、古くからの商店街が衰退する一因となりました。商店街に人々が来なくなったのはなぜか、商店街が立地する地域とその特徴に着目して説明しなさい。

問３　会話文中の下線部③に関して、次の**表１**は東京港、名古屋港、成田国際空港、関西国際空港のいずれかにおける貿易額と、輸出額・輸入額に占める割合の上位品目を示したものです。このうち、成田国際空港に当てはまるものをイ～ニから一つ選び、記号で答えなさい。

**表１**

| 解答の記号 | 貿易額（億円） | 輸出上位品目 | 輸入上位品目 |
|---|---|---|---|
| イ | 147,297 | 自動車　自動車部品　内燃機関 | 液化ガス　衣類　石油 |
| ロ | 229,618 | 半導体製造装置　金（非貨幣用）　科学工学機器 | 通信機　医薬品　コンピュータ |
| ハ | 87,363 | 集積回路　科学光学機器　電気回路用品 | 医薬品　通信機　集積回路 |
| ニ | 162,278 | 自動車部品　半導体製造装置　コンピュータ部品 | 衣類　コンピュータ　肉類 |

統計年次は2020年。日本国勢図会ほかによる。

問４　会話文中の下線部④に関して、次の**図２**はヨーロッパ州におけるガソリン車と電気自動車それぞれの乗用車の１台当たりの温室効果ガス排出量を示したものです。**図２**から読み取れる内容として**誤っているもの**を、あとのイ～ニから一つ選び記号で答えなさい。

**図２**

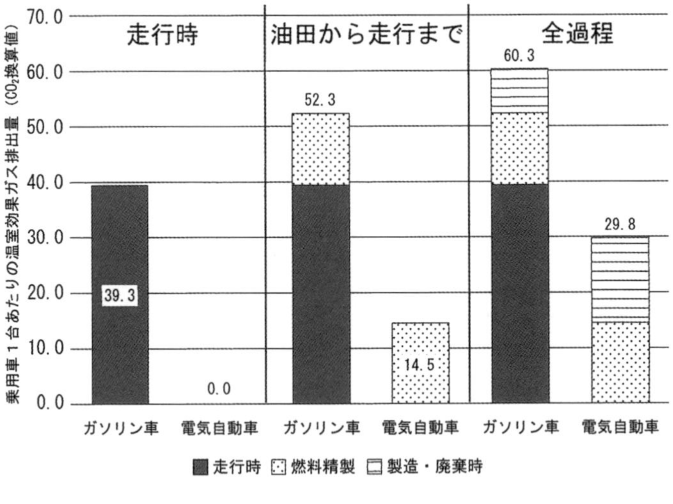


車両寿命は225,000kmとし、電力の温室効果ガス排出係数は147kg$CO_2$換算値/kWhとして計算。
環境省資料による。

イ．発電に輸入燃料を多く用いても、走行時に電気自動車から温室効果ガスは排出されない。

ロ．電気自動車よりもガソリン車の方が、燃料精製時の温室効果ガスの排出が少ない。

ハ．全過程では、走行時を含まない場合でも電気自動車の方が温室効果ガスの排出が少ない。

ニ．ガソリン車と電気自動車の温室効果ガス排出量の差が最も大きくなるのは、走行時である。

問５　会話文中の下線部⑤に関して、次の**図３**は日本の発電所（特定の発電方法による出力5000kW以上、2023年現在）の立地を示したものです。**図３**に示されている発電所として正しいものを、あとのイ～ニから一つ選び記号で答えなさい。

**図３**

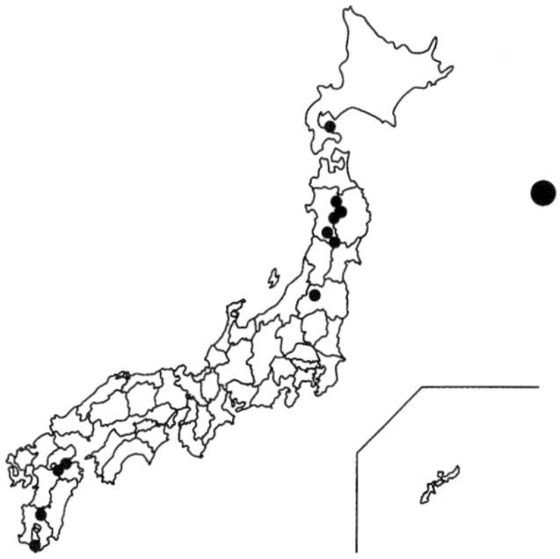

●は発電所の立地を示す。
JOGMEC 資料による。

イ．火力発電所　　ロ．水力発電所　　ハ．原子力発電所　　ニ．地熱発電所

問６　会話文中の下線部⑥に関して、次の**表２**は日本の鉄鉱石、原油、石炭のいずれかの輸入相手国とその割合を示したものです。正しい組合せをあとのイ～へから一つ選び、記号で答えなさい。

**表２**

| X | % | Y | % | Z | % |
|---|---|---|---|---|---|
| オーストラリア | 65.4 | オーストラリア | 58.8 | サウジアラビア | 39.7 |
| インドネシア | 12.4 | ブラジル | 26.6 | アラブ首長国連邦 | 34.7 |
| ロシア | 10.8 | カナダ | 6.3 | クウェート | 8.4 |
| アメリカ合衆国 | 5.3 | 南アフリカ | 3.3 | カタール | 7.6 |
| カナダ | 4.2 | アメリカ合衆国 | 1.2 | ロシア | 3.6 |

統計年次は2021年。財務省貿易統計による。

| 解答の記号 | イ | ロ | ハ | ニ | ホ | ヘ |
|---|---|---|---|---|---|---|
| X | 鉄鉱石 | 鉄鉱石 | 原油 | 原油 | 石炭 | 石炭 |
| Y | 原油 | 石炭 | 鉄鉱石 | 石炭 | 鉄鉱石 | 原油 |
| Z | 石炭 | 原油 | 石炭 | 鉄鉱石 | 原油 | 鉄鉱石 |

問７　会話文中の下線部⑦に関して、電気自動車のバッテリーの原料であるコバルトは、地球上に存在する資源の量が少なく、取り出すことが難しい金属資源の一つです。こうした金属資源を何というか、カタカナで答えなさい。

**3** 次の文を読んで、あとの問いに答えなさい。

日本における農耕は、朝鮮半島から伝わってきたことではじまり、その時期は紀元前４世紀とも紀元前８世紀ともいわれている。また、①農耕とともに道具や技術なども伝わり、人々の生活文化に影響を与えたことによって、弥生文化が成立した。こののち、日本列島では多くの地域で農耕を基盤とする政治が行われた。

３世紀に成立した②大和政権に参加した豪族は、朝鮮半島から伝わった新しい技術を用いて耕地の拡大を目指すなど自らの支配を強化した。その後、中国や朝鮮半島の政治情勢が大きく変化したことを背景に、大和政権は中央集権的な律令国家の建設を目指し、701年には大宝律令を制定した。この律令体制では、③農民に対して一定の年齢に達した時点で口分田を与えることが定められ、農業の安定が目指された。しかし、農民が重い税負担から逃れようとしたことから上の仕組みが機能しなくなり、④政府は10世紀から地方の支配方法を変更することで対応した。

12世紀ころから、⑤院政のもと皇族・貴族や寺社の保護を受けることで各地に広がった荘園で、農業の発展が目指された。この結果、⑥鎌倉時代から室町時代にかけて農業技術が発達し、そのことを背景とする商工業も成長をとげた。

問１　文中の下線部①に関して、弥生時代に使用された祭りの道具として正しいものを、次のイ～ニから一つ選び記号で答えなさい。

イ．土偶　　ロ．埴輪　　ハ．銅鐸　　ニ．鉄剣

問２　文中の下線部②に関して、この時代の大和政権や豪族について述べた文として**誤っているもの**を、次のイ～ニから一つ選び記号で答えなさい。

イ．豪族は、大和政権に参加したことを示す古墳を造った。

ロ．大和政権は、大宰府で中国の商人と貿易を行った。

ハ．渡来人が伝えた技術によって作られた須恵器が使用された。

ニ．大和政権は、朝鮮半島から儒教や仏教を導入した。

問３　文中の下線部③について、このことが定められた制度を何というか。漢字で答えなさい。

問４　文中の下線部④について、この支配方法として正しいものを、次のイ～ニから一つ選び記号で答えなさい。

イ．各地の小国の王が、濠や柵《さく》に囲まれた集落のなかで農民を指導した。

ロ．地方の豪族が郡司に任命され、戸籍を作成して農民を支配した。

ハ．領主から武士が現地の管理を任され、農民から年貢を集めた。

ニ．国司に権限が集中し、農民からの税の取り立てを朝廷から任された。

## 二

問一

問二

問三

小計 04

問四

問五

問六

問七

ずっと気になっていたアラビア書道を習えるかもしれないという期待と

小計 05

問八

X

Y

問九

小計 06

## 三

問一

①

②

③

④ く

⑤

問二

①

②

③

④

⑤

小計 07

問三

①

②

③

④

⑤

問四

①

②

③

④

⑤

小計 08

3

| ⑮ | ⑯ | ⑰ | ⑱ | ⑲ | ⑳ |
|---|---|---|---|---|---|
| | | | | | |

| 小　計 |
|---|
| |

4

| ㉑ | ㉒ | ㉓ | ㉔ | ㉕ |
|---|---|---|---|---|
| | | | : | |

| 小　計 |
|---|
| |

5

| ㉖ | ㉗ | ㉘ | ㉙ | ㉚ |
|---|---|---|---|---|
| | | | : | |

| 小　計 |
|---|
| |

5

| 問 1 | 問 2 | 問 3 | 問 4 | 問 5 |
|---|---|---|---|---|
| | | | | |

| 小　計 |
|---|
| |

6

| 問 1 | 問 2 | 問 3 | 問 4 | 問 5 |
|---|---|---|---|---|
| | | | | |

| 小　計 |
|---|
| |

7

| 問 1 | 問 2 | 問 3 | 問 4 |
|---|---|---|---|
| % | % | g | g |

| 小　計 |
|---|
| |

8

| 問 1 | | 問 2 | 問 3 | 問 4 | 問 5 |
|---|---|---|---|---|---|
| | | | L | g | g |

| 小　計 |
|---|
| |

4

| 問1 | | | | | | | | | |
|---|---|---|---|---|---|---|---|---|---|
| 問2 | | 問3 | | 問4 | | 問5 | | 問6 | |

| 小　　計 |
|---|
| |

5

| 問1 | | 問2 | | 問3 | | 問4 | |
|---|---|---|---|---|---|---|---|
| 問5 | | | | | | | |

| 小　　計 |
|---|
| |

6

| 問1 | | 問2 | | 問3 | | 問4 | |
|---|---|---|---|---|---|---|---|
| 問5 | | 問6 | (1) | (2) | | 問7 | |

| 小　　計 |
|---|
| |

令和６年度　**社会　解答用紙**

| 氏名 | |
|---|---|

| 受験番号 | | | | | |
|---|---|---|---|---|---|

※100点満点
（配点非公表）

**1**

| 問1 | 問2 (1) | (2) | (3) | 問3 | 問4 |
|---|---|---|---|---|---|
| 問5 | 問6 | | 問7 | | |

| 小計 |
|---|
| |

**2**

| 問1 | 問2 (1) | | | | |
|---|---|---|---|---|---|
| 問2 (2) | | | | | |
| 問3 | 問4 | 問5 | 問6 | 問7 | |

| 小計 |
|---|
| |

**3**

| 問1 | 問2 | 問3 | 問4 |
|---|---|---|---|

| 小計 |
|---|

【解答

令和６年度 **理科　解答用紙**

| 氏名 | |
|---|---|

| 受験番号 | | | | | |
|---|---|---|---|---|---|

※100点満点
（配点非公表）

**1**

| 問 1 | 問 2 | | 問 3 | 問 4 | 問 5 | | |
|---|---|---|---|---|---|---|---|
| | 豆電球1 | 豆電球2 | | | ① | ② | ③ |
| | | | | | | | |

| 小　計 | |
|---|---|
| | |

**2**

| 問 1 | 問 2 | 問 3 | 問 4 | 問 5 |
|---|---|---|---|---|
| cm | cm | cm | cm | |

| 小　計 | |
|---|---|
| | |

**3**

| 問 1 | 問 2 | 問 3 | 問 4 | 問 5 |
|---|---|---|---|---|
| | | | | |

| 小　計 | |
|---|---|
| | |

**4**

| 問 1 | 問 2 | 問 3 | 問 4 |
|---|---|---|---|

| 小　計 |
|---|

【解答

# 令和6年度　算数　解答用紙

| 氏名 | |
|---|---|
| | |

| 受験番号 | | | | | |
|---|---|---|---|---|---|
| | | | | | |

※150点満点
（配点非公表）

1

| ① | ② | ③ | ④ | ⑤ |
|---|---|---|---|---|
| | | | | |
| ⑥ | ⑦ | ⑧ | ⑨ | ⑩ |
| | | | | |

| 小計 | |
|---|---|
| | |

2

| ⑪ | ⑫ | ⑬ | ⑭ |
|---|---|---|---|
| | | | |

| 小計 | |
|---|---|
| | |

# 令和６年度　国語　解答用紙

氏名

受験番号

※150点満点
（配点非公表）

（注）・字数制限のある場合は、句読点その他の記号も一文字とする。
・小計欄の黒枠内の小さい数字は解答と全く関係ない。

一

問一
a
b
c

問二
A
一
一
C

問三

問四

問五

問六

問七
〜

問八

問九

問十
(1)
(2)

小　計 01

小　計 02

小　計 03

【解答

問５　文中の下線部⑤について、院政は従来の政治に比べてどのような特徴があったのかについて述べた次の文中の X に当てはまる内容を答えなさい。

> 院政は、 X ことによって上皇が実権を握り、摂政・関白をおさえて政治を行う点に特徴がある。

問６　文中の下線部⑥について、鎌倉時代から室町時代にかけて発達した農業技術や農作物として**誤っているもの**を、次のイ～ニから一つ選び記号で答えなさい。

イ．二毛作　　ロ．干鰯《ほしか》　　ハ．桑　　ニ．藍

**4**　次の図や史料は、中世から近世にかけての民衆文化の発展を示すものです。史料を見て、あとの問いに答えなさい。

史料１

史料２

> 総じて北浜《きたはま》の米市は日本第一の港であるので、約二時間の間に五万貫《かん》もの米の相場取引もあった。その米は多くの蔵に積み重なり、夕の嵐や朝の雨、日和を見計らって、天候を見きわめて、前日の夜から相場を予想し、売る人もいれば買う人もいる。

『日本永代蔵《にほんえいたいくら》』

史料３

**史料4**

役人の　子はにぎにぎを　よく覚え

けんやくを　武芸のように　いい立てる

『誹風柳多留《はいふうやなぎだる》』

問1　**史料1**は、応仁の乱をきっかけに一度とだえたのち、町衆によって再興された京都の祇園祭の様子を描いたものです。応仁の乱が起きた原因を、２点説明しなさい。その際、室町幕府の８代将軍の名前を必ずあげること。

問2　**史料1**に関して、祇園祭を行った町衆によって自治が行われた戦国時代の京都は、戦国大名からも政治的に重要な都市と考えられていました。京都に入って足利義昭を15代将軍に立て、勢力を拡大した戦国大名を、次のイ～ニから一つ選び記号で答えなさい。

イ．徳川家康　　ロ．織田信長　　ハ．北条早雲　　ニ．武田信玄

問3　**史料2**は、町人の経済活動の活発化を背景に展開した元禄文化の時代に書かれた浮世草子の代表作の一部を要約したものです。**史料2**やこの時代の経済について述べた文として**誤っているもの**を、次のイ～ニから一つ選び記号で答えなさい。

イ．**史料2**のような浮世草子は、曲亭（滝沢）馬琴によってはじめられた。

ロ．**史料2**では、全国から物資が集まる大坂（阪）の様子が書かれている。

ハ．徳川綱吉が小判の質を変更したため、物価が上昇した。

ニ．木綿や菜種が商品作物として農村で生産された。

問4　**史料3**は、民衆に親しまれた浮世絵版画で、18世紀後半に多色刷りの錦絵を始めた人物の代表作です。この人物を、次のイ～ニから一つ選び記号で答えなさい。

イ．歌川広重　　ロ．東洲斎写楽　　ハ．葛飾北斎　　ニ．鈴木春信

問5　**史料4**は、幕府への批判や世相を皮肉った内容を盛り込んで５・７・５の俳句の形式でよんだ歌です。このような歌を何というか漢字で答えなさい。

問６　**史料４**はいずれも幕府の政治を批判した内容になっていますが、こうした歌がさかんに作られた18世紀後半から19世紀前半の幕府や藩の政治について述べた文として正しいものを、次のイ～ニから一つ選び記号で答えなさい。

イ．田沼意次は、武士に対して倹約を命じた。

ロ．松平定信は、上知令を発した。

ハ．熊本藩は、専売制を実施した。

ニ．越前藩は、尊王攘夷運動の中心となった。

**5**　大濠中学校の生徒Aと生徒Bは、史料をみながら第一次世界大戦後の歴史について話をしています。会話文を読んで、あとの問いに答えなさい。

**史料1**

**史料2**

**史料3**

生徒A：第一次世界大戦後には、世界のさまざまな地域で、独立を求める民衆運動が起こったんだよね。**史料1**はインドの運動の指導者ガンディーをとらえたものだね。

生徒B：そうだね、周囲には運動に参加している人々もいっしょに写っている。1930年頃に撮影されたもののようだね。

生徒A：うん、ガンディーは第一次世界大戦後、植民地支配からの解放をもとめて［　X　］に対して非暴力・不服従の抵抗運動を行ったんだ。

生徒B：**史料2**も、運動の様子だね。これは中国の五・四運動の様子かな。

生徒A：そうだね。この事件の背景としては、中国への二十一ヶ条要求をはじめとする①<u>日本の</u>

中国進出があって、それに対する不満が大規模な反日運動につながったんじゃなかったかな。

生徒Ｂ：他にも、この時期には東南アジアや中東など多くの地域で運動が起こされていたようだね。でもなぜこの時期に多くの運動が起こったのだろう。

生徒Ａ：この時期に世界的に民族運動や独立運動が活発になったことには、いろんな理由があるだろうね。例えばインドは、戦後の自治に期待して参戦したけれど、自治は実現しなかった。

生徒Ｂ：そうか。そしてアメリカ大統領ウィルソンの②十四か条の平和原則や、ロシア革命の指導者レーニンが提唱した民族自決という考え方が、こうした運動に対して大きな影響を与えていたんだよね。ところで、運動では実際にはどんな抵抗が行われたのかな。

生徒Ａ：興味深いのは、**史料１**のインドも**史料２**の中国も、この時代にともに同じ方法で抵抗を試みていることかな。インドは X に対して、中国は日本に対して③ Y ことで抵抗した。これは相手国に対する政治的な主張を、経済的な抵抗によって押し通そうとしていたということかな。政治指導者だけではなく、多数の一般の人々が自分にできる消費行動で抵抗運動に参加したんだね。

生徒Ｂ：では、一般の人々が写っているこの**史料３**は何だろう。

生徒Ａ：これはラジオが置かれた部屋にいる日本の人々の様子を撮影したものだね。第一世界大戦後、生活習慣が欧米化し都市化が進展したことで、同じような考え方や行動様式を共有する④大衆と呼ばれる人々が現れた。特に都市を中心に、雑誌や新聞、小説などを楽しむ人たちが増加したけど、ラジオはこの時代に大衆に受け入れられたメディアのひとつだったんだよ。

生徒Ｂ：人々の考え方に大きな影響を与えるメディアが成長していったことは、世界で民族運動が活発化していったことなどと、何か関係があるかもしれないね。

問１　会話文中の X に当てはまる国を、次のイ～ニから一つ選び記号で答えなさい。

イ．ドイツ　　ロ．イタリア　　ハ．イギリス　　ニ．フランス問2　下線部①に関して、日本の中国進出についての次の年表中に示したa～dの時期のうち、**史料2**の五・四運動が起こった時期として正しいものを、あとのイ～ニから一つ選び記号で答えなさい。

[ a ]

南満州鉄道株式会社（満鉄）が設立された。

[ b ]

張作霖爆殺事件が起きた。

[ c ]

満州国の建国が宣言された。

[ d ]

イ．a　　ロ．b　　ハ．c　　ニ．d

問3　下線部②について、この提案をもとに成立した国際連盟において、1920年［大正9年］から1926年［大正15年］まで事務局次長を務めた人物を、次のイ～ニから一つ選び記号で答えなさい。

イ．新渡戸稲造　　ロ．杉原千畝　　ハ．吉野作造　　ニ．松岡洋右

問4　下線部③について、文中の［　　Y　　］に当てはまる内容を答えなさい。

問5　下線部④について、第一次世界大戦後の日本の大衆文化や大衆の政治参加について述べた文として**誤っているもの**を、次のイ～ニから一つ選び記号で答えなさい。

イ．和洋折衷《せっちゅう》の文化住宅が流行した。

ロ．タイピストや電話交換手など、職業婦人が増えた。

ハ．朝鮮の民族美術を研究した柳宗悦が、民芸運動を提唱した。

ニ．五・一五事件によって加藤高明が暗殺され、政党内閣の時代が終わった。

## 6

次の文を読んで、あとの問いに答えなさい。

人権思想が①17世紀～18世紀ごろ、イギリスやフランスの思想家たちによって専制政治を否定する理論として説かれると、②基本的人権の尊重・③国民主権・④権力分立などが、近代民主政治の基本原理とされるようになった。19世紀以降、政治への参加を求める要求が強まり、それにともなって⑤参政権が拡大していった。さらに20世紀になると、すべての人が人間らしく豊かに生きるための権利として⑥社会権が認められるようになった。

第二次世界大戦後、日本国憲法が制定され、人権の保障や民主的な制度が採用された。さらに、1960年代以降の社会・経済の変動にともなって、⑦国や地方公共団体に対して情報の公開を求める権利などの新しい人権も主張されるようになってきている。

問１　下線部①に関して、a、bの正しいものの組合せを次のイ～ニから一つ選び、記号で答えなさい。

a　ルソーは『社会契約論』を著し、間接民主制を主張した。

b　ロックは『統治二論』を著し、抵抗権を唱えた。

| 解答の記号 | イ | ロ | ハ | ニ |
|---|---|---|---|---|
| a | 正 | 正 | 誤 | 誤 |
| b | 正 | 誤 | 正 | 誤 |

問２　下線部②に関して、次の資料は、国民の平等や自由といった事柄を規定し、18世紀末までの民主主義思想を集大成したものといわれている。この資料の名称として正しいものをあとのイ～ニから一つ選び、記号で答えなさい。

**資料**

上の資料には、「人は、自由かつ権利において平等なものとして生まれ、生存する」という文言が見られます。

イ．世界人権宣言　　ロ．権利章典　　ハ．マグナ・カルタ　　ニ．フランス人権宣言問3　下線部③に関連して、日本では国民主権の採用によって、天皇の地位は日本国および日本国民統合の象徴として位置付けられています。次のａ～ｃのうち、日本国憲法が定めている天皇の国事行為の正誤を判断し、その正しい組合せをあとのイ～へから一つ選び、記号で答えなさい。

ａ　衆議院を解散する。

ｂ　国会の指名に基づいて国務大臣を任命する。

ｃ　内閣の指名に基づいて最高裁判所長官を任命する。

| 解答の記号 | イ | ロ | ハ | ニ | ホ | へ |
|---|---|---|---|---|---|---|
| a | 正 | 正 | 誤 | 誤 | 誤 | 正 |
| b | 誤 | 誤 | 誤 | 正 | 正 | 正 |
| c | 誤 | 正 | 正 | 誤 | 正 | 誤 |

問4　下線部④に関して、権力分立制を採る国では権力相互間の抑制と均衡がはかられています。日本において、国や地方自治体による権力行使に対して行われる裁判の種類を何というか、答えなさい。

問5　下線部⑤に関して、日本国憲法が定めている直接民主制的な参政権のうち、二つの規定について次の文中の［　X　］と［　Y　］に当てはまる語句の正しい組合せを、あとのイ～ニから一つ選び記号で答えなさい。

憲法に規定されている直接民主制的参政権には、憲法改正の［　X　］や最高裁判所裁判官の［　Y　］などがある。

| 解答の記号 | イ | ロ | ハ | ニ |
|---|---|---|---|---|
| 〈　X　〉 | 国民投票権 | 国民審査権 | 住民投票権 | 住民投票権 |
| 〈　Y　〉 | 国民審査権 | 国民投票権 | 国民投票権 | 国民審査権 |

問６　下線部⑥に関して、（１）、（２）に答えなさい。

（１）　次の資料を読んで、世界で初めて生存権を含む社会権を規定したこの憲法の名称を答えなさい。

**資料**

| |
|---|
| 第151条　経済生活の秩序は、すべての人に、人たるに値する生存を保障することを目ざす、正義の諸原則にかなうものでなければならない。 |

（２）　日本の社会保障制度を説明した文として**誤っているもの**を、次のイ～ニから一つ選び記号で答えなさい。

イ．公的扶助の中には、生活扶助や教育扶助があり、申請者の保険料が財源である。

ロ．社会保険には医療保険があり、医療などのサービスを提供する。

ハ．社会福祉は、児童、老人の支援を目的として、手当やサービスを提供する。

ニ．公衆衛生は、健康の増進、病気の予防についての活動を行う。

問７　下線部⑦の権利の名前を、次のイ～ニから一つ選び記号で答えなさい。

イ．プライバシーの権利　　ロ．知る権利　　ハ．請願権　　ニ．意見表明権

2024(R6) 福岡大学附属大濠中
K 教英出版

令和五年度　福岡大学附属大濠中学校

# 入学試験問題

# 国語

〔時間　六〇分〕

注　意

1．答えはすべて解答用紙に記入してください。

2．解答用紙には氏名・受験番号（算用数字　例10001）をきちんと書いてください。

2023(R5) 福岡大学附属大濠中
教英出版

一

次の文章を読んで、後の問いに答えなさい。

今回は教師の立場からＩＣＴ（注1）機器とのつきあい方について、お話ししたい。

機械やコンピューター、ＡＩ（注2）が発達し、私たちはずいぶんと便利な暮らしを手に入れた。そのような機器や技術はもはや私たちの生活には欠かせないものとなっているように思える。その進歩の速度もＡ□をみはるものがあり、最近では、テレビやエアコンなどの家庭用電化製品、いわゆる家電を人間が操作して動かすのではなく、［Ｘ］声だけで家じゅうの家電を操作できるようにする機器も登場した。私たちは自分たちの労力や負担、手間といったものを次々と機械に任せるようになっている。簡単に操作でき、楽で便利なこのような道具はさまざまな場所で活用されている。

学校でもＧＩＧＡ（注3）スクール構想が二〇一九年に開始され、現在では、生徒一人ひとりにタブレット端末《たんまつ》やパソコンが貸与《たいよ》されるようになった。文部科学省のホームページを見ると、このようなＩＣＴ機器は生徒一人ひとりの個性に合わせた個別の指導を行うことに役立つそうだ。その使い方についてはまだまだ議論のａヨチがありそうだが、［Ｙ］、このような時代の追い風を受けて、①ＩＣＴ機器はえんぴつやノート、教科書のような従来の学習道具と同じような立ち位置になるだろう。学校に持ち込んではいけないもの、学習の妨《さまた》げになるものという認識がＢ時□錯《さく》□であると言われる日もそう遠くない。このような機器のｂドウニュウが始まってから、ペーパーレス（注4）化は年を追うごとに加速している。かつて紙に印刷していた授業のプリントはデータに変わり、生徒への配付もあっという間に終わるようになった。それ以外にも、生徒と教員間の連絡手段としても活用されている。生徒たちが掲示《けいじ》物や黒板などにタブレット端末のカメラを向けている姿も多く目にするようになった。なるほど、確かにＩＣＴ機器を活用すれば便利だ。しかし、本当にそれでいいのだろうか。

教科書を忘れた際に友人の教科書を撮っている生徒がいる。そうすれば授業についていけずに困ることもなくなり、本人にとっては教科書を忘れていないのも同然かもしれない。しかし、困らなかったということは忘れ物をくり返すことにつながるのではないか。他にも、ノートの代わりにタブレット端末を使っている光景も見る。自宅学習においても、書いて覚えるのではなく、単語帳アプリを使って暗記しているそうだ。どうやら手を動かす、書くという労力を使うことが面倒らしい。しかしその結果、英単語のつづりの間違いが目立つようになったという。これでは②有効な学習道具として使われるはずのＩＣＴ機器が逆効果になってしまっている。また、生徒たちが字を書いているところを観察してみると正しい書き順で書けていないことも気にかかる。それは漢字だけでなく、ひらがなも同様である。本来、書き順を意識すると、字の流れが分かり、書きやすくなるのだが、パソコンやスマートフォンで文字入力をすることが多い今日では、字を正しく書くことやきれいに書くことを大切だと思っている人の方が少なくなってしまっているのかもしれない。それは子どもに限らず、大人も同様である。時代の流れを考えると、そうなるのもやむをえないことだろうか。ところで、③ここまで述べたことの何をそんなに問題視しているのか分からないという意見も少なくないだろう。［ Z ］、このような時代だからこそ、「書く」ことについてもう一度考え直してほしい。

勉強以外でもＩＣＴ機器の活用はいろいろな場面で見られる。よく目にするのは、先ほど述べた生徒が掲示物を写真で撮ろうとしている姿である。そのとき、それはしてはいけないことであると伝えると、C［　］をかしげられることがある。確かに写真を撮れば掲示物の内容をメモする手間はいらなくなり、その内容は消えることもない。労力はかからず、確実性も得られる。便利かどうか、効率がよいかどうかという観点から考えれば、こんな便利な機能なのに使ってはいけないなどと言われても、その意味は分からないだろう。もちろん、個人情報などの写してはいけないものが写りこんでしまうなどの実際的な問題もあるが、理由はそれだけではない。

私が注意する理由は、書くことを通して、その内容を覚えることができると考えているからである。私自身も手帳ではなくスマートフォンに予定をメモするようになってから、予定を忘れてしまうことが多くなった。「書く」ということは自分自身が見たことや覚えたこと、頭の中で考えていることなどを頭の外に出す行為であると同時に、それを目で見ることで再度頭の中に取り込む行為でもあるのだ。このD一［　］二［　］の効果が「書く」ことの利点である。だからこそ書くことをすすめているのである。先ほどの授業中のメモや自宅学習、掲示物の例も同様である。また、先ほど確実性についても触れたが、その確実性にも落とし穴がある。「転ばぬ先の杖」という言葉もあるが、タブレット端末で掲示物や友人の教科書を撮ることはある意味、「杖」なのである。これがあれば、転ばなくてすむわけだが、人生においては、転び方や転んだ後の立ち上がり方も学ばなくてはいけないのではないだろうか。④失敗から学ぶものも多くある。時には、あえて「杖」を手放すことも必要ではなかろうか。さらに、字を書くことは考えを整理することにもつながる。思いついたことを書き出し、形式にとらわれることなく、自由にまとめていけるのも手書きならではである。このように、「書く」ということの意義を考えると、ＩＣＴ機器は代わりの道具にはなりえない。便利かどうかという観点ではなく、その使い方が学習や人生に意味をもたらすかどうかという観点からＩＣＴ機器について深く考えてほしい。

このようなこと以外にも、手書きでしか表現できないものがあると私は信じている。例えば手紙をもらったとき、丁寧《ていねい》に書かれたものとcランザツに書かれたものを比べて、それぞれどのように思うだろうか。おそらく多くの人が丁寧に書かれた手紙の方がもらってうれしく思うだろう。それは、丁寧に書かれた文字からは、読み手に対する書き手の思いを感じられるからではないだろうか。他にも、手書きの文字からは書き手の人がらが感じられることもある。このように言葉では表現されていないことをも感じることができるのは手書きならではだろう。書き手としても、この点に気をつけながら書くことで、読み手に対する思いを文字に込めることができる。

だからといって、今日の技術を全て捨てて、手書きすることがよいかと言われると、そうではない。現にこの文章もパソコンで入力していなければ、ここまで書き進めることはできなかっただろう。文章の内容や表現を考える手間も時間もパソコンと手書きではくらべものにならない。さらに、私は授業でもタブレット端末を使用している。もはや、タブレット端末なしでは授業はできず、パソコンがなくなりでもしたら、仕事はできなくなる。タブレット端末やパソコンのおかげで授業準備や業務にかかる時間は大幅《おおはば》に短くなり、一度資料を作ってしまえば、どのクラスでも同じ授業ができるという意味でも非常に大きな役割を果たしている。授業中も黒板に文字を書くために生徒に対して背を向けることもなくなったので、生徒の顔がよく見えるようになった。

このように手書きには手書きの、ICT機器にはICT機器の良さがある。それらを比較して考えることなく、どちらか一方のみをdシジすることはよくないだろう。ここまで述べたように、学習でも実生活でも実に多くの場面で手書きのよさを感じることはできる。書くことの満足感や喜びを感じながら、紙と向き合う時間というものは、時間や効率ばかりに追われる現代社会において、心を落ち着かせることのできるぜいたくな時間ではないだろうか。「楽だから」「便利だから」というだけで物事を判断せず、⑤別の視点から手書きのよさを見つめ直してほしい。

（注1）ICT機器……………情報通信技術（information and communications technology）による機器のこと。本文では主にタブレット端末やパソコンなどを指す。

（注2）AI……………………人工知能のこと。人間の知的機能を代行するコンピューターシステム。

（注3）GIGAスクール構想……子どもの多様性に合わせた個別の指導を行い、個人の資質や能力を最大限伸ばすため日本の教育技術とICT機器を掛け合わせた指導を行うことを提唱した教育改革。

（注4）ペーパーレス化…………紙を使わずに情報や資料をデータ上で取り扱うようになること。

問一　═a～dのカタカナを漢字で書きなさい。

問二　〰A・Cが文脈にふさわしい慣用表現になるように、それぞれの□内に適当な漢字一字を補いなさい。

問三　〰B・Dが四字熟語になるように、それぞれの□内に適当な漢字一字を補いなさい。

問四 [Ｘ]～[Ｚ]に当てはまる語の組み合わせとして最も適当なものを次の中から選び、記号で答えなさい。

ア（Ｘ とうとう　Ｙ ともかく　Ｚ しかし）
イ（Ｘ もちろん　Ｙ つまり　Ｚ むしろ）
ウ（Ｘ ついに　Ｙ ひいては　Ｚ ところが）
エ（Ｘ もはや　Ｙ いよいよ　Ｚ また）

問五 ――①とありますが、「従来の学習道具と同じような立ち位置になる」とはどういうことですか。その説明として最も適当なものを次の中から選び、記号で答えなさい。

ア ＩＣＴ機器もいつかは目新しいものではなくなってしまうということ。
イ ＩＣＴ機器もいずれは勉強をする際に必要不可欠な道具になるということ。
ウ ＩＣＴ機器がこれまでの学習道具が果たしてきた役割を全て担うということ。
エ ＩＣＴ機器を誰でも使えるような教育が今後おし進められるということ。

問六 ――②とありますが、それはどういうことですか。その説明として最も適当なものを次の中から選び、記号で答えなさい。

ア 自分に合った方法で勉強を行うためのＩＣＴ機器だが、実はその使い方は限定的であるということ。
イ 手間を省《はぶ》くためにＩＣＴ機器を使うつもりが、その使い方を覚えなくてはならず余計面倒だということ。
ウ 簡単にＩＣＴ機器を取り入れてしまうと、覚えていたことまで忘れることになりかねないということ。
エ 利便性や効率だけを求めてＩＣＴ機器を利用すると、かえって勉強の成果があがらなくなるということ。

問七 ――③とありますが、筆者はどのようなことを「問題視」していますか。その説明として最も適当なものを次の中から選び、記号で答えなさい。

ア パソコンなどの文字入力が増えたことで、社会全体がその技術の習得に必死になりすぎていること。
イ 手書きをしなくなったことによって、記憶が定着しにくくなっていると気づかないでいること。
ウ 人々が文字に対して求めるものが変わったことで、丁寧な文字を書けなくても気にかけなくなったこと。
エ タブレット端末を幼いうちから持つようになったことによって、正しい使い方が身につかなくなったこと。

問八　――④とありますが、本文における「教科書を忘れる」例ではどのようなことを「学ぶ」と言えますか。解答欄の形式に合わせて説明しなさい。

問九　――⑤とありますが、筆者の考える「手書きのよさ」とは何ですか。その説明として**適当でないもの**を次の中から一つ選び、記号で答えなさい。

ア　暗記を始めとした勉強をするうえで有効である。

イ　書き手の思いを読み手に伝えることができる。

ウ　書きたいと思ったときにすばやく書くことができる。

エ　字を書くことで落ち着いた時間を送ることができる。

問十　ある生徒は本文を読んだ感想として次のような意見を述べました。本文をふまえて、この生徒の述べた意見に反論しなさい。

> ＩＣＴ機器と手書きについて、筆者の考えに共感した。これからはぼくも筆者の主張にしたがって、勉強に不向きなタブレット端末をまったく使わずに、えんぴつとノートで勉強しようと思った。

## 二　次の文章を読んで、後の問いに答えなさい。

〔1〕風香《ふうか》

瑠雨《るう》ちゃんのまつげは長い。上だけじゃなくて、下のまつげも長い。その両方が外国のお人形みたいにくりんとカールしていて、びっくりしたり、こまったりすると、瑠雨ちゃんはそれをハタハタさせる。わたしが話しかけたとき、「きいてるよ」の合図みたいに、まつげをゆらすこともある。

今日の二時限目のあと、体育館までいっしょに歩いていくあいだも、瑠雨ちゃんのまつげはこきざみにゆれていた。

「あーあ。バスケ、ヤだな。わたし、足おそいし、ドリブルへただし、へっぴりごしだし、ほんっといいとこひとつもない」

ぼやいていたのは、もっぱらわたし。

っていうか、わたしだけ。

瑠雨ちゃんはまつげであいづち。

「でもさ、バスケってほんとにヤバンだよね。A本性まるだしでボールうばいあったり、足ひっかけあったりさ。わたし、マジこわいんだ、ああいうの。こないだの試合のときもね、なるべくボールに近づかないようにって、コートのはしっこでムダにうろうろしてたら、おまえは審判《しんぱん》かって先生につっこまれちゃった」

わたしがへへっと笑っても、瑠雨ちゃんの口は笑わない。

「ドッジボールもヤバンでヤだったけど、バスケにくらべたらまだマシかも。ドッジボールだと、ぶつかってくるのは人間じゃなくて、ボールだけだしね。一回ボールぶつけられたら、こわいのもそこでおしまいだし。やられたーっとか、いちおう、くやしいふりしてたけど、わたし、ほんとはホッとしてたかも。ああ、これでもう逃げまわらなくてすむ、って。コートの外側は平和だもんね」

ボールをぶつけられる側から、ぶつける側へ。体がすうっとやわらかくなるあの一瞬《いっしゅん》を思い出しながら、わたしはそこで少しだまった。

わたしがだまると沈黙《ちんもく》がくる。

①瑠雨ちゃんの表情は変わらない。なにを思っているのか、わたしの声がとどいているのか、なんにもわからない。

ひとつだけ想像できたのは、たぶん、瑠雨ちゃんもバスケが好きじゃないってこと。

体育館の入口が見えてきたところで、瑠雨ちゃんのまばたきがはげしくなったのだ。

瑠雨ちゃんはしゃべらない子だ。

おとなしいとか、シャイとか、そういうレベルをこえてしゃべらない。

わたしは小一からずっと瑠雨ちゃんとおなじクラスだけど、「はい」と「いいえ」と「うん」と「ううん」と「うーん」以外の瑠雨ちゃんの声をきいたことがない。

【中　略】

瑠雨ちゃんはしゃべらないけど、人を拒《こば》みもしない。しゃべりたいときだけわたしがふらっとそばに行っても、まえからずっとそばにいたみたいな顔で話をきいてくれる。ほんとにきいているのかはあやしいけど、たまにふうっとほほえんだりもする。そのトゲのないお花みたいな笑顔にいやされる。

もちろん、しゃべらない瑠雨ちゃんは人の悪口も言わない。

瑠雨ちゃんのそばは平和だ。

②そう、ドッジボールのコートの外みたいに。

わたしの手が一度もボールにふれないままバスケの試合はぶじに終わって、体育のあとの四時限目は、国語の時間だった。

わたしは体育とおなじくらい国語がきらいだったけど、担任が村上先生になってから、まえほどゆううつじゃなくなった。

村上先生の国語は、ほかの先生とはひと味ちがう。毎回、教科書に出てくることだけじゃなくて、いろいろな「言葉」をわたしたちに教えてくれる。

「いろんな言葉と親しんで、その使いかたをふやしていくっていうのは、自分のなかにたくさんの種をまくようなことよ。いつか芽が出て、花がさく。みんながこの世界で生きていくための、だいじな糧《かて》になるわ」

村上先生の言う意味は、わたしにはまだよくわからないけど、自分のなかに種をまくってイメージはおもしろい。

この日も、授業の終わりにはいつもの種まきタイムがあった。

「今日のテーマは、形容詞の『美しい』。美しい海とか、美しい馬とか、なんでもいいから『美しい』って形容詞を使える言葉をあげてみてちょうだい。三分間で書けるだけ」

三分はあっというまだ。先生が配った紙にむかって、わたしはさっそくシャーペンをかまえた。

五年生になりたてのころは、なかなか言葉がうかばなくて［ i ］したけど、最近はわりとすんなり書けるようになった。

これにはちょっとしたコツがある。

美しい空

美しい夕日

美しい星

美しい月

美しい雨

空つながりでそこまで書いて、ん？　と首をひねった。

美しい雨？　雨が美しいって、アリなのかな。軽く目を閉じて、想像する。

町をかすませる雨。霧雨《きりさめ》みたいな。うん、きっと美しい。消さずに残すことにした。

美しい森

美しい花

美しい野原

美しい山

美しい川

アウトドアつながりで一気に書いて、またシャーペンを止めた。

美しいタキって書きたいのに、タキって漢字がわからない。ひらがなじゃかっこ悪いな。

時間もないから、あきらめた。

美しい顔

美しい目
美しい耳
Bやぶれかぶれの顔つながりに入ったところで、時間終了。

【中　略】

村上先生がみんなに声をかけながら紙を集めているあいだ、わたしはななめ後ろの席にいる瑠雨ちゃんをそっと見た。
瑠雨ちゃんはどんな「美しいもの」を書いたのか。きゅうに ii 気になって、横目で紙の文字をチラ見し、あっと思った。
そこには、わたしが思いもしなかったものたちがつらなっていた。
美しい音楽
美しい歌
美しい雨の音
美しいメロディ
美しいせせらぎ――
と、そこまで読んだところで、先生の手がその紙を回収した。
見るものをなくしたわたしは、しばらくつくえのシミをながめてから、そっと視線をもちあげた。
目が合うと、瑠雨ちゃんはいけないひみつを見られたような、まつげのゆらしかたをした。

音。
瑠雨ちゃんの紙にあったのは、ぜんぶが美しい「音」だった。
見るものじゃなくて、きくもの。
耳で感じる美しさ。
そんな発想、わたしにはこれっぽっちもなかった。たぶん、瑠雨ちゃん以外、クラスのだれも音のことなんて思いつかなかっただろう。ってことは……。

瑠雨ちゃんはとくべつな耳をもっているってこと?

意外な発見をしたその日から、わたしが瑠雨ちゃんを見る目は変わった。

瑠雨ちゃんはただのしゃべらない子じゃないのかもしれない。瑠雨ちゃんの口は、この世のなににもきょうみがなさそうに閉じたままだけど、そのぶん、瑠雨ちゃんの耳はいつも全開で世界を感じているかもしれない。年中無休でいろんな音をすいこんでいるのかもしれない。わたしたちにはきこえないものも、瑠雨ちゃんの耳にはきこえているのかもしれない。

瑠雨ちゃんのC一挙一動（ときどき、動きを止めて、じっとなにかを見つめていたりする）に目をこらすほどに、わたしの好奇心はむくむくふくらんで、とうとう、このすごいヒミツをだまっていられず、ターちゃん（注1）にだけうちあけた。

「ね、ターちゃん、しゃべらない瑠雨ちゃんは、もしかしたら、きくことの達人なのかも」

すると、ターちゃんはまたさらにすごいことを教えてくれた。

「べつだん、たまげた話じゃあないさ。目の不自由な人が、とくべつな聴力《ちょうりょく》をもってるってのは、ざらにあるこった。瑠雨ちゃんは、しゃべるのがにがてなぶん、人とはちがう耳をもってるのかもしんねぇな」

「えーっ」

わたしはたまげた。そして、シビれた。

「人とはちがう耳って、どんな? もしかして、天才ってこと? 瑠雨ちゃんはきくことの天才なの?」

わたしがぐいぐいせまると、ターちゃんは「さぁな」と鼻の頭をかいた。

「おいらにきくより、瑠雨ちゃんにきいてみな」

「だって、瑠雨ちゃん、しゃべってくんないし」

「真の友っていうのは、しゃべらなくたって通じあえるもんだ。D以心□心ってやつよ」

「真の友っていうか、まだわたしたち、ともだちなのかもわかんないし。少なくとも、瑠雨ちゃんはわたしのこと、ともだちと思ってないだろうな」

「じゃ、まずは仲よくなるこった」

ずいぶんザツなアドバイスだけど、ターちゃんの言うことはE一理あった。

瑠雨ちゃんのことをもっと知りたい。クラスのだれも知らないヒミツにせまりたい。そのためには、まずはもっと瑠雨ちゃんに近づくことだ。今の距離《きょり》だと、瑠雨ちゃんの耳にきこえているものが、わたしにはきこえない。

そこで、わたしは作戦をねった。

【中略】

「瑠雨」と仲良くなるための作戦として、「風香」は自身の祖父である「ターちゃん」のへたな謡曲《ようきょく》（注2）を聞かせるという口実で、「瑠雨」を家にまねくことを思いつく。ついでに「きくことの達人」である「瑠雨」が、「風香」たち家族が迷惑《めいわく》している「ターちゃん」の謡曲に「才能なし」という判定を下し、「ターちゃん」にうたうことをやめさせることができればなおよいと考えるが、「瑠雨」が「ターちゃん」の謡曲に感動してしまったためそれはうまくいかなかった。

（注1）ターちゃん……「風香」が同居している祖父。
（注2）謡曲……能楽《のうがく》（うたいながら演じる日本の古典芸能）に出てくる言葉を節《ふし》をつけて歌うもの。

〔2〕瑠雨

「ドッジボールもヤバンでヤだったけど、バスケにくらべたらまだマシかも。ドッジボールだと、ぶつかってくるのは人間じゃなくて、ボールだけだしね。一回ボールぶつけられたら、こわいのもそれでおしまいだし、やられたーっとか、いちおう、くやしいふりしてたけど、わたし、ほんとはホッとしてたかも。ああ、これでもう逃げまわらなくてすむ、って。コートの外側は平和だもんね」

――コートの外側は平和だもんね。

風香ちゃんの言葉に、どきっとした。

自分のことを言われた気がしたから。

わたしたちは体育館へ行くとちゅうで、連絡通路の窓からは中庭《なかにわ》で遊ぶ鳥たちが見えたけど、わたしの頭のなかはもう「外側」のことでいっぱいで、鳥たちのうたも入ってこなかった。

わたしはずっと外側で生きてきた。

口を閉じ、なにも言わないことで、いつもみんなの外側にいた。

でも、わたしがイメージする「内」と「外」のラインは、ドッジボールのコートとはちがう。

どっちかっていうと、大なわとびのなわだ。

なわの両はしをだれかとだれかがにぎって、大きくふりまわす。そのなわがえがく弧《こ》のなかに、まずはひとりが入って、ぴょんぴょんはねる。ふたり、三人――なわをよけてとぶ足の数がふえていく。つぎはわたしの番。どきどきする。足がすくむ。タイミングがつかめない。思いきってふみこもうとするたびに、むかってくるなわにじゃまされる。みんなは平気でとんでいるのに、どうしても、わたしだけそこに入っていけない。

話をしているみんなの輪にくわわれないとき、わたしはいつもそんな気分になる。

ひとりだけ、なわの外側にはみだしている感じ。

三つだったか、四つだったか。ものごころがついたときからそうだった。みんなとしゃべる。言葉をかわす。だれもがふつうにやっていることが、わたしにはできない。心のなかではいろいろしゃべっているのに、どうしても口から出てこない。

なんで自分だけこうなんだろう?

小さいころはふしぎだったし、さびしかった。いつも自分だけおいてけぼりをくっている気がして。

でも、ひとつひとつ年をとるうちに、わたしはそんな自分になれていったんだと思う。そうしていったんなれてしまうと、③なわの外側には、外側にしかない平和があった。風香ちゃんの言うとおり。

むりして内側に入りこもうとしなければ、なわに当たって痛い思いもしない。なわをふんずけて、みんなからせめられることもない。びくびくしながら他人の足に合わせなくても、自分のペースを守っていられる。

それに、なわの外側は、とても静かだ。

自分がしゃべらないぶん、ここにいると、いろんな音がよくきこえる。

みんなのF一語一□。笑い声。どなり声。あいづち。ささやき。ため息。したうち。すすり泣き。

しゃべらないぶん、わたしは熱心に耳をすました。みんなの音をひとつひとつひろいあつめて、ひそかにおもしろがっていた。

人間の音だけじゃない。ひろえる音は無限にあった。

雨粒《あまつぶ》がしたたる音。

風のうなり。

木の葉のさざめき。

鳥のさえずり。

ねこの鳴き声。

飛行機の音。

窓がきしむ音。

だれかがいすを引きずる音。

世界があんまり多くの音に満ちているから、わたしはときどき、ひろうのに必死になりすぎる。人の話をきいていても、空からふってくる音が気になってしまったり、授業中もグラウンドのざわめきに気をとられてしまったり。

なわの外側で、わたしはわたしなりにいそがしい。

でも、もちろん、そんなことはだれにも話したことがないから、みんなはわたしを「しゃべらない上に人の話をきいているのかどうかもわからない子」だと思っている。

【中　略】

（「風香」の家に呼ばれ、風香の祖父（「ターちゃん」）の謡曲を聞いた「瑠雨」は、その歌声の迫力《はくりょく》と言葉の響《ひび》きに心をうばわれ、思わず「感動、しました」と口にし、「風香」におどろかれる。）

帰り道は雨がふっていた。

わたしは雨の音が好き。たぶん、この世にある音のなかで一番。

それは、たぶん、わたしの名前に「雨」が入ってるからだと思う。

風香ちゃんの名前には「風」が入っている。

雨と風。

だからってわけじゃないけど、風香ちゃんとは、むりしなくてもいっしょにいられそうな気がする。

「瑠雨ちゃん、ほんとありがとね。作戦どおりってわけにはいかなかったけど……っていうか大失敗だったけど、わたし、ターちゃんのあんなよろこんだ顔、はじめて見た。いいもん見たって気がしたよ。自分のうたをあんなに一生懸命《けんめい》きいてもらったの、きっとターちゃん、はじめてだったんだよね」

傘《かさ》をかしてくれた上に、とちゅうまで送るとついてきてくれた風香ちゃん。

風香ちゃんがうれしそうなのは、おじいちゃんがよろこんでたからだけじゃなくて、きっと、わたしがしゃべったからだろう。

——感動、しました。

気がつくと、口からこぼれていた。

④自分でも、ええっ!? とおどろいた。

家族以外のまえで、あんなふうに、ぽろっと言葉が出てくるなんて。

お面とか、外国の人形とか、ふしぎなものだらけだったおじいちゃんの部屋。でも、あそこにはなわがなかった気がする。みんなとわたしをへだてるなわ。おじいちゃんの自由ほんぽうな歌声が、なわをけちらしてくれたのかな。

そんなことを考えながら、ふと横を見て、あれっと思った。

風香ちゃんがおかしい。さっきまで高々とかかげていた傘を、頭すれすれの位置までさげて、しおれた草みたいにうつむいている。

きゅうにどうしちゃったの？

[ iii ]ながめていると、

「瑠雨ちゃん、あのさ」

傘で横顔をかくすようにして、風香ちゃんがつぶやいた。

⑤「はじめて言うけど、わたし、まえにいっしょにいた桃香《ももか》たちから、あんまり好かれてなかったんだよね」

風香ちゃんらしくないしめった声。短調のひびき。

「わたし、話が長くてしつこいでしょ。それに服もダサくて、ふでばこもジミだしね。だから、ほんとはだれからも好かれてなかったんだよね。ま、それはしょうがないんだけど、話がくどいのは自分でもわかってるし。でも……でもね、わたしのふでばこ、あれ、ママが買ってくれたやつなんだ。今だってそんなによゆうないのに、ママが買ってくれて、ハデじゃないけど、安いやつじゃなくて……」

風香ちゃんの声がふるえた。

「わたし、ママやターちゃんのこと悪く言われるの、すごくヤなんだよね。がまんできないくらい、ほんとに、ほんとにヤだったんだ。けど、四人とはなれてひとりになるのは、ほんとはすごくこわかったから、だから、瑠雨ちゃんがいてくれてよかった。ほんとに助かった。っていっても、話がくどいのはまだなおってなくて、もし瑠雨ちゃんもわたしのこと、ほんとはうざいと思っているんだったら……」

うざい？　そんなことないよ。

そう言いたいけど、声にならない。あせると、ますますのどがつまったみたいになる。

しょうがなく、手にした傘をぶるぶる横にゆすってみせたら、風香ちゃんは気づいて「ほんと?」と声を明るくしたから、こんどは傘を大きくたてにふった。

「そっか。よかったあ」

たちまち、風香ちゃんの傘がすっと上がった。傘の下の顔は笑ってた。

「あ。ね、そういえば、ターちゃんってああ見えて冒険《ぼうけん》家《か》でね、むかし、旅のとちゅうでおなかすいたとき、いちかばちかでどぎつい色のきのこを焼いて食べたら、それが毒きのこで、三日間くらい記憶《きおく》そうしつになっちゃって……」

ころっと調子をとりもどした風香ちゃんが、はねるようなテンポで、毒きのこをめぐるおじいちゃんの冒険話を語りだす。

そののびやかな音に、ときどき、雨と風の伴奏《ばんそう》がかさなる。

ぺちゃくちゃ。

しとしと。

ごうごうごう。

にぎやかな音に包まれて、⑥わたしはなにか大きなものの内側に入れてもらった気がする。

（森絵都『風と雨』）

問一　═══A「本性」・C「一挙」の読みをひらがなで答えなさい。

問二　═══B「やぶれかぶれ」・E「一理あった」の意味として最も適当なものを次の中からそれぞれ選び、記号で答えなさい。

B　やぶれかぶれ

ア　どうすべきかわからずに途方《とほう》に暮れた様子
イ　どうせだめだというやる気のない様子
ウ　どうにかしてなしとげようと必死になる様子
エ　どうにでもなれという苦しまぎれの様子

E　一理あった

ア　思わず感心するような明確な意見だった
イ　ある程度なるほどと納得できる考えだった
ウ　ぜひそうしたいと思わせる魅力《みりょく》的な提案だった
エ　正しいと確信させる説得力のある内容だった

問三　═══D・Fが四字熟語になるように、それぞれの□内に適当な漢字一字を補いなさい。

問四　[ i ]～[ iii ]に当てはまる語の組み合わせとして最も適当なものを次の中から選び、記号で答えなさい。

ア（ i　おろおろ　ii　むずむず　iii　まじまじ　）
イ（ i　どきどき　ii　ゆるゆる　iii　じろじろ　）
ウ（ i　おどおど　ii　ぐんぐん　iii　そろそろ　）
エ（ i　うろうろ　ii　そわそわ　iii　ちらちら　）

問五　───①とありますが、このときの「風香」についての説明として最も適当なものを次の中から選び、記号で答えなさい。

ア　反応のない瑠雨の様子を気がかりに思いつつ、できるかぎり瑠雨の感情を読み取ろうとしている。
イ　何を考えているのか分からない瑠雨との会話を気まずく思いながら、この場をやりすごそうとしている。
ウ　わざと反応を示さない瑠雨の様子に不安を感じつつも、瑠雨と気持ちを通わせようと努力している。
エ　話を聞いているのか分からない瑠雨のことを気にかけず、強引に自分の話を続けようとしている。

問六 ――②・③について次のような表にまとめました。「風香」と「瑠雨」は、「ドッジボールのコートの外側」と「大なわとびの外側」をそれぞれ競技上どのようなものととらえていますか。また、そのとらえ方は、人間関係においてどのような意味を持っていると考えられますか。［Ⅰ］～［Ⅲ］に当てはまる内容をそれぞれ答えなさい。なお、［Ⅰ］・［Ⅱ］はそれぞれ十五字以内で答え、［Ⅲ］は選択肢の中から最も適当なものを選び、記号で答えること。

| | 競技上 | 人間関係 |
|---|---|---|
| 風香にとってのドッジボールのコートの外側 | 人に［Ⅰ］ | 人に［Ⅱ］ |
| 瑠雨にとっての大なわとびの外側 | なわに当たって痛い思いをしたりなわをふんでせめられることはない | ［Ⅲ］ |

【［Ⅲ］の選択肢】

ア　周りの人の会話をじゃますることはないため、自分が話したいことだけを話すことができる。

イ　周りの人と無理になじむ必要はないため、自分だけの世界でここちよく過ごすことができる。

ウ　周りの人から強制されることはないため、安心して自分にとってよいと思うものを選ぶことができる。

エ　周りの人から悪意を向けられることはないため、集中して自分の夢のために努力することができる。

問七　72行目から114行目における「風香」についての説明として最も適当なものを次の中から選び、記号で答えなさい。

ア　瑠雨が美しいと感じるものを自分自身は共感できないと思うことで、瑠雨との心の距離に気づき、歩み寄る必要性を感じた。その後、ターちゃんの意見を参考に、瑠雨と親しくなるための接し方について考えをめぐらせている。

イ　瑠雨が優れたものの感じ方をしていると知ったことで、あこがれの感情を抱くようになり、瑠雨についてもっと理解したいと願うようになった。その後、ターちゃんとともに、瑠雨とより親しくなるための方法を探している。

ウ　瑠雨のなかに自分自身にはないもののとらえ方をかいま見たことで、瑠雨への印象が変化すると同時に、強い関心を抱くようになった。その後、ターちゃんからの助言を聞き、今まで以上に瑠雨と親しくなりたいと考えるようになっている。

エ　瑠雨の個性的な考え方に触《ふ》れたことで、周囲の人が気づいていない瑠雨の隠《かく》された特技を発見し、興奮を覚えた。その後、ターちゃんに相談するなかで、今のかかわりでは瑠雨の才能を目にすることはできないと悩《なや》むようになっている。

問八　――④とありますが、このときの「瑠雨」についての説明として最も適当なものを次の中から選び、記号で答えなさい。

ア　他人のことを全然気にせず心のままにふるまうターちゃんと風香の前で、思わず本音《ほんね》を口にしたことにおどろいている。

イ　心の隔《へだ》たりを感じさせないターちゃんと風香の前で、家族以上に自分の気持ちに素直になれたことにおどろいている。

ウ　よそよそしさを感じさせないターちゃんと風香の前で、自分でも意識しないうちに言葉を発したことにおどろいている。

エ　家族と同じように接してくれるターちゃんと風香の前で、知らないうちにくつろいでいたことにおどろいている。

問九　――⑤とありますが、このときの「瑠雨」から見た「風香」についての説明として最も適当なものを次の中から選び、記号で答えなさい。

ア　あきらめの気持ちからなげやりな調子で話している。

イ　悪口を言った友人らへの怒りを込めて話している。

ウ　瑠雨の前で泣かないように感情をおさえて話している。

エ　いつもの調子とはまったく違う沈《しず》んだ調子で話している。

問十 ――⑥とありますが、このときの「瑠雨」の心情の説明として最も適当なものを次の中から選び、記号で答えなさい。

ア 誰に対しても優しく接すると思っていた風香が、実はクラスの友人に良くない感情を持っていると知った。その感情を打ち明けられたことで、信用されていると実感し、風香との関係が深まったような気持ちになっている。

イ いつも明るく楽しげにしゃべると思っていた風香が、実は自分と同じような悩みを持っていると知った。その悩みに共感し、心を通い合わせることによって、風香に自分を受け入れてもらったような気持ちになっている。

ウ いつも元気で悩みがなさそうだと思っていた風香が、実は人と関わることを恐れていたと知った。その悩みを共有し、理解し合ったことによって、風香とは今後、家族のように親しくなれるような気持ちになっている。

エ 誰とでも仲良くできると思っていた風香が、実は自分とまったく同じ形の友人関係で苦しんでいたと知った。その感情を伝え合い、お互いを信頼したことで、風香と心が打ちとけあったような気持ちになっている。

問十一 本文の表現についての説明として**誤っているもの**を次の中から**二つ**選び、記号で答えなさい。

ア 2行目「『きいてるよ』の合図みたいに、まつげをゆらすこともある」や82行目「瑠雨ちゃんはいけないひみつを見られたような、まつげのゆらしかたをした」という部分には、目からの情報をもとに、風香が瑠雨の様子を読み取っていることが表現されている。

イ 5行目「ほんっといいとこひとつもない」や13行目「ドッジボールもヤバンでヤだったけど」という部分には、くだけた会話表現を使うことで、風香の軽快《けいかい》な話し方がいきいきと表現されている。

ウ 54行目「空つながりでそこまで書いて」や62行目「アウトドアつながりで一気に書いて」という部分には、自然に関する語を多く連想する様子を描くことで、自然に親しむ風香の人柄《ひとがら》が表現されている。

エ 103行目「人とはちがう耳って、どんな？ もしかして、天才ってこと？ 瑠雨ちゃんはきくことの天才なの？」という部分には、質問を連続で口にする様子を描くことで、ターちゃんの話を聞いた風香の興奮がありありと表現されている。

オ 156行目「笑い声。どなり声。あいづち。ささやき。ため息。したうち。すすり泣き。」という部分には、人が発する音を挙げることで、瑠雨が内心では人の顔色をうかがう臆病《おくびょう》な性格であることが表現されている。

カ 198行目「傘で横顔をかくすようにして」や214行目「傘がすっと上がった」という部分には、風香が傘をどのように取り扱っているかを描くことで、移り変わる風香の心の持ちようがわかりやすく表現されている。

# 三

次の漢字・語句の問いに答えなさい。

問一　①～⑤の――のカタカナを漢字で書きなさい。

① 自宅に大切なお客さんをショウタイする。

② 金融《きんゆう》政策を見直してケイザイの立て直しを図《はか》る。

③ 雑誌の本体よりベッサツの付録《ふろく》が楽しみだ。

④ 区役所に転居のトドけを出す。

⑤ 会社のソンボウを賭《か》けたプロジェクトに挑《いど》む。

問二　①～⑤の各文に付けられた――の漢字の読みをひらがなで答えなさい。

① 彼の潔い態度には感心させられた。

② 集中豪雨《ごうう》のため河川の氾濫《はんらん》に注意が必要だ。

③ 核兵器の拡散を防止するのは国際社会の課題だ。

④ 自分の理想とする職業に就くことができた。

⑤ 気候変動は世界的な規模で起きている。

問三　①～⑤の□に適当な言葉を補って、（　）内の意味を持つ慣用句を完成させなさい。答えはひらがなでかまいません。

① 高《たか》を□（見くびる）

② 手を□（できるかぎりの方法・手段をこころみる）

③ 水を□（うまくいっている状態をじゃまする）

④ 猫《ねこ》を□（おとなしそうなふりをする）

⑤ 口火《くちび》を□（きっかけをつくる）

問四　①~⑤の各文に付けた ―― 部分の言葉の意味として最も適当なものをそれぞれア~エの中から選び、記号で答えなさい。

①　説明をいぶかる様子もなく聞き入れる。

ア　うれしく思う　　イ　感心する

ウ　否定する　　エ　変だと思う

②　今の実力では勝利は心もとなく思われる。

ア　心配なく　　イ　絶望的に

ウ　頼りなく　　エ　当然に

③　学生は勉学にいそしむべきだ。

ア　集中する　　イ　努めはげむ

ウ　立ち向かう　　エ　前向きになる

④　二人の仲はたいへんむつまじい。

ア　うらやましい　　イ　好ましい

ウ　険悪だ　　エ　親しい

⑤　ＩＴ技術の草分けとなる。

ア　創始者　　イ　功労者

ウ　指導者　　エ　代表者

令和５年度

福岡大学附属大濠中学校

# 入学試験問題

# 算　数

［時間　60分］

注　意

1．答えはすべて解答用紙に記入してください。

2．解答用紙には氏名・受験番号（算用数字　例10001）をきちんと書いてください。

**1** 次の各問いに答えなさい。

(1) $\frac{7}{6}-\frac{2}{3}\div\frac{3}{5}\times(1-0.4)$ を計算すると［ ① ］です。

(2) $\{(17-\square\times3\div2)\times6-10\}\div5=4$ です。$\square$ に入る数は［ ② ］です。

(3) 次のように，ある規則にしたがって分数が並んでいます。

$\frac{1}{1},\ \frac{1}{2},\ \frac{2}{2},\ \frac{1}{3},\ \frac{2}{3},\ \frac{3}{3},\ \frac{1}{4},\ \frac{2}{4},\ \frac{3}{4},\ \frac{4}{4},\ \frac{1}{5},\ \frac{2}{5},\ \cdots\cdots$

$\frac{19}{100}$ は［ ③ ］番目にあらわれます。

(4) 175 をある数で割ると，商と余りが同じ数になります。
ある数は 3 つあり，それは 174 と 34 と［ ④ ］です。

(5) 赤 2 個，青 2 個，黄 1 個の 3 色の玉が合計 5 個あります。同じ色の玉がとなり合わないように 5 個すべてを左から右へ一列に並べます。並べ方は全部で［ ⑤ ］通りあります。ただし，同じ色の玉は区別しません。

(6) ある中学校の 1 年生と 2 年生を合わせた 40 人に鉛筆を配ります。1 年生に 5 本ずつ，2 年生に 3 本ずつ配ると 6 本余ることがわかりました。そこで，鉛筆 20 本を追加して，1 年生に 4 本ずつ，2 年生に 5 本ずつ配ると過不足はありませんでした。はじめに用意していた鉛筆は全部で［ ⑥ ］本です。

(7) 太郎くんと花子さんが持っているお金は，金額の比が 3：1 でした。太郎くんは 900 円を使ったので，金額の比が 15：8 になりました。太郎くんが最初に持っていたお金は［ ⑦ ］円です。

(8) 下の図のように，正方形のおりがみを折りました。アの角は ⑧ 度です。

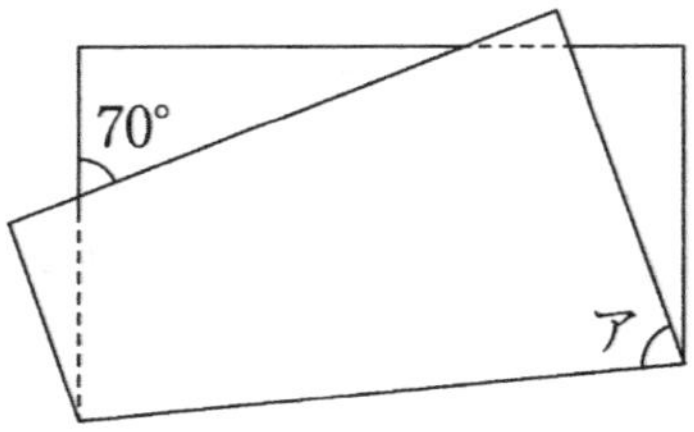


(9) 下の図のような底面の円の半径が 2 cm の円すいがあります。
この円すいの側面に点 A から点 A まで 1 周だけひもを巻きつけます。
ひもの長さがもっとも短くなるとき，その長さは ⑨ cm です。
ただし，円周率は 3.14 とします。

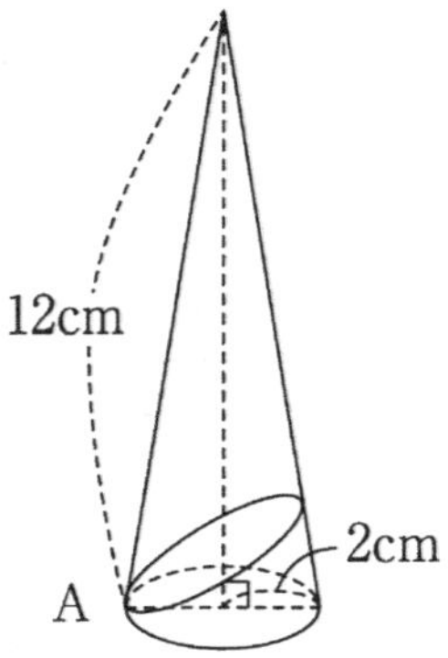


(10) 下の図のように，3 つの正方形が並んでいます。3 つの正方形の面積をすべて足すと ⑩ $cm^2$ です。

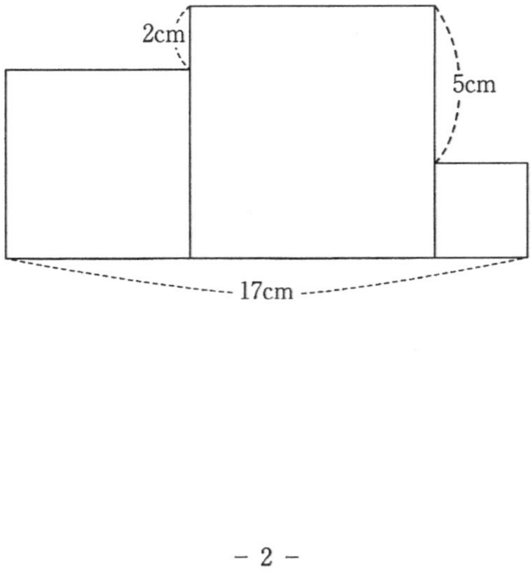

**2**

右の図のように，川がＰ地点からＡ，Ｂの２つのコースに分かれており，
Ｑ地点で合流しています。
この２つのコースを通って船でPQ間を往復します。
ただし，川の流れはＰ地点からＱ地点に流れており，
Ａのコースおよび Ｂのコースの川の流れの速さはそれぞれ一定です。
船の静水での速さ（流れがない場所での速さ）は一定とします。
Ａのコースの長さは片道6kmで，Ａのコースを往復すると１時間48分，
Ｂのコースを往復すると１時間45分かかります。
Ａのコースを往復するとき，下りの速さは上りの速さの２倍でした。

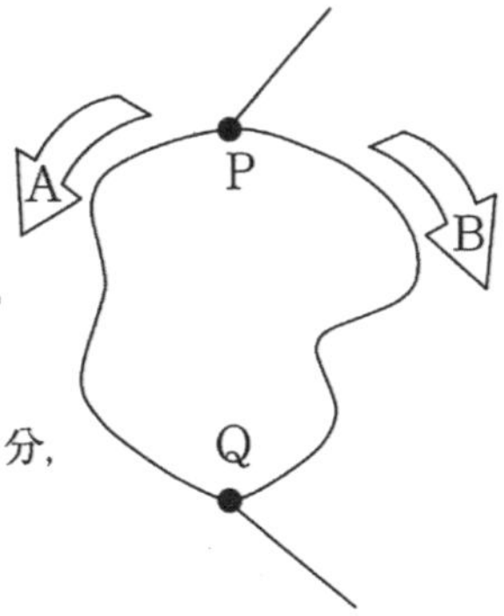


(1)　Ａのコースを下るのにかかる時間は［　⑪　］分です。

(2)　この船の静水での速さは時速［　⑫　］kmです。

(3)　Ａのコースを下り，Ｂのコースを上ると１時間39分かかりました。
Ｂのコースを下り，Ａのコースを上ると［　⑬　　時間　　分］かかります。

(4)　(3)のとき，Ｂのコースを往復するときの，下りの速さは上りの速さの［　⑭　］倍です。
また，Ｂのコースは片道［　⑮　］kmです。

**3** 下の図は，投入口からコインを１枚入れるとＡの針が目盛り１つ分進む機械を表しています。文字盤《ばん》の下の数は針の示す数字で，すべての文字盤の針は最初０を示しています。ある文字盤の針が１周するとその左の文字盤の針が目盛り１つ分進みます。例えば，Ａの針が１周するとＢの針が目盛り１つ分進みます。

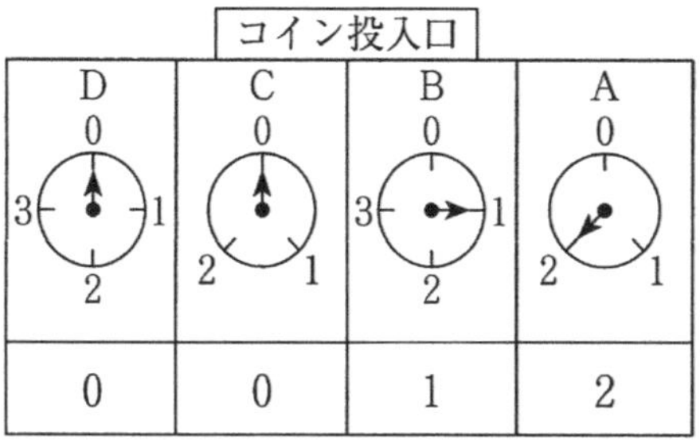


【図１】

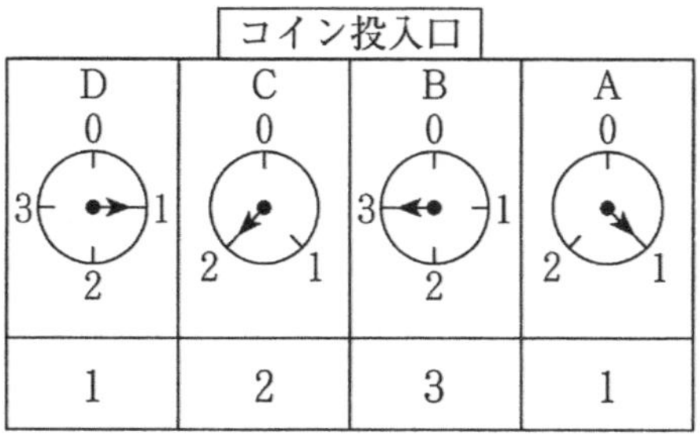


【図２】

(1) 【図１】はコインを ⑯ 枚入れた状態です。

(2) 【図２】はコインを ⑰ 枚入れた状態です。

(3) コインを100枚入れたとき，文字盤の下の数は左から順に ⑱ です。

下の図は，投入口からコインを１枚入れるとＡの針が目盛り１つ分進む機械を表しています。
次のルールでＡ～Ｆの文字盤の針が進みます。

ルール

ア　Ａの針が１周するたびに，Ｂの針が目盛り１つ分進みます。
イ　Ｂの針が１周するたびに，ＣとＤの針が目盛り１つ分進みます。
ウ　Ｃの針が１周するたびに，Ｅの針が目盛り１つ分進みます。
エ　Ｄの針が１周するたびに，Ｅの針が目盛り１つ分進みます。
オ　Ｅの針が１周するたびに，Ｆの針が目盛り１つ分進みます。
ただし，ウとエが同時に起こる場合は，Ｅの針が目盛り２つ分進みます。

文字盤の下の数はＤ，Ｅ，Ｆの針の示す数字です。すべての文字盤の針は最初０を示しています。

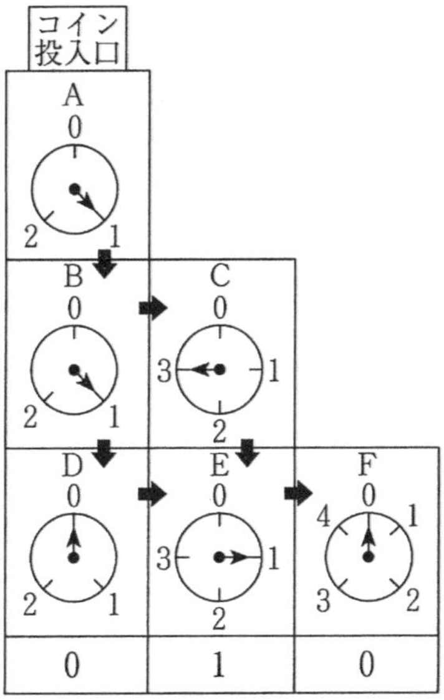


【図３】

(4)　【図３】はコインを ⑲ 枚入れた状態です。

(5)　コインを 273 枚入れたとき，文字盤の下の数は左から順に ⑳ です。

**4**

右の図のように，一辺の長さが 1 cm の正三角形の各頂点を中心とし，

半径 1 cm とする円をかきます。

すべての円の重なる部分（※黄色の部分）を図形Ｌとし，

3 本の点線の交点をこの図形Ｌの中心とします。

円周率を 3.14 とします。

**※編集の都合上，黄色の部分はグレーにしております。**

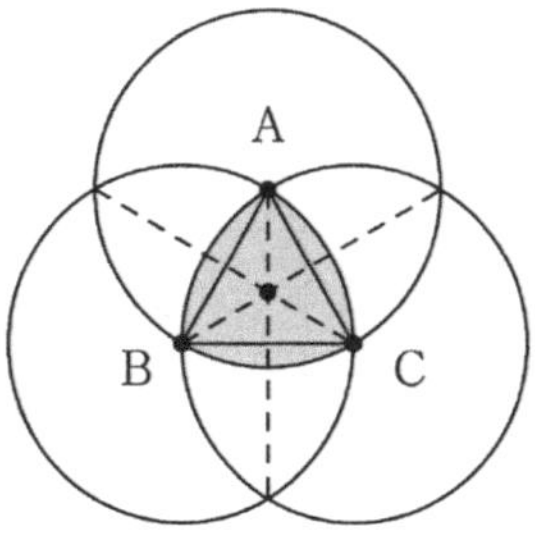


(1) この図形Ｌを，直線上に接したまま，すべらないように転がしました。

最初点Ａで直線に接しており，AC と直線は垂直です。

図形Ｌが 1 回転して初めて点Ａで直線に再び接しました。

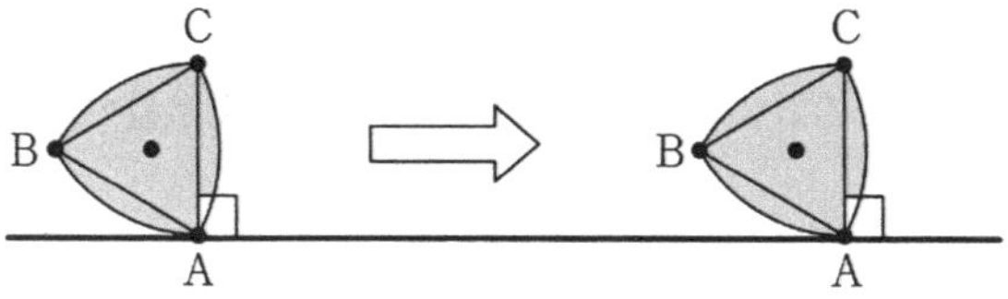


図形Ｌが通過した部分の図形の周の長さは ㉑ cm です。

また，図形Ｌが通過した部分の面積は，図形Ｌの面積に ㉒ $cm^2$ を足したものです。

(2) 図形Lを半径3cmの円Oの内側に接したまますべらないように転がします。図形Lは最初下の【図1】のように点Aで接しており，点線AO上に図形Lの中心があります。
図形Lが【図2】の矢印の向きに転がって初めて点Aで再び接しました。点線AO上に図形Lの中心があります。
アの角は［㉓］度です。

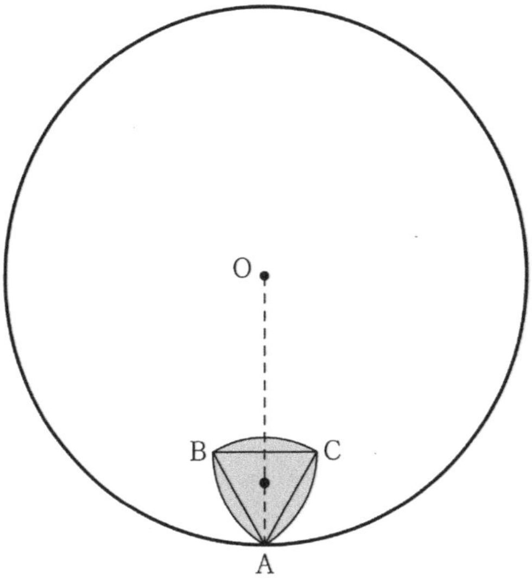

【図1】

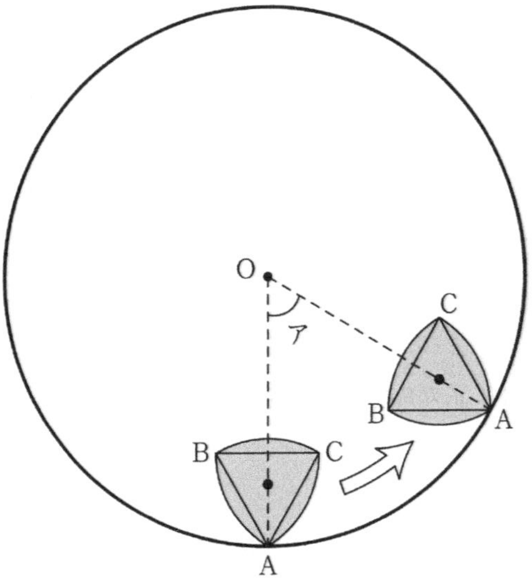

【図2】

図形Lが同じ向きにさらに転がって，初めて【図1】のようになりました。このとき，図形Lは最初の【図1】から［㉔］回転しています。
また，図形Lが通過した部分の図形の面積は［㉕］$cm^2$です。

## 5

※角すいの体積は（底面積）×（高さ）× $\frac{1}{3}$ で求められます。

下の図のように，高さが 18cm，底面が正六角形でその面積が $30\text{cm}^2$ の正六角柱 P があります。

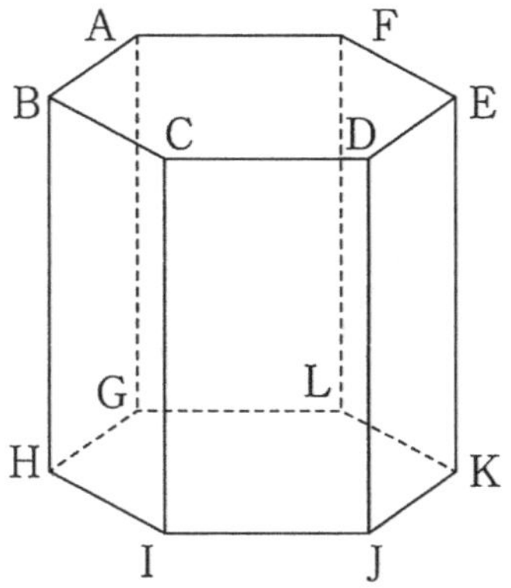


(1) 正六角柱 P の体積は [ ㉖ ] $\text{cm}^3$ です。

(2) 四角形 ACDF の面積は [ ㉗ ] $\text{cm}^2$ です。

(3) 正六角柱 P を 3 点 A，C，K を通る平面で切り，切り口が辺 DJ と交わる点を M とします。
切り口は [ ㉘ ] 角形で，MJ の長さは [ ㉙ ] cm です。
ただし，㉘は数字を 1 つかきなさい。

(4) (3)のとき，点 E をふくむ立体の体積は [ ㉚ ] $\text{cm}^3$ です。

令和5年度

福岡大学附属大濠中学校

# 入学試験問題

# 理　科

[時間　40分]

注　意

1．答えはすべて解答用紙に記入してください。

2．解答用紙には氏名・受験番号（算用数字　例10001）をきちんと書いてください。

**1**

地層を調べることは、その地形がどのようにしてできたかを知るてがかりとなります。右の図は、あるがけで見られた地層の断面図です。これを見て以下の各問いに答えなさい。

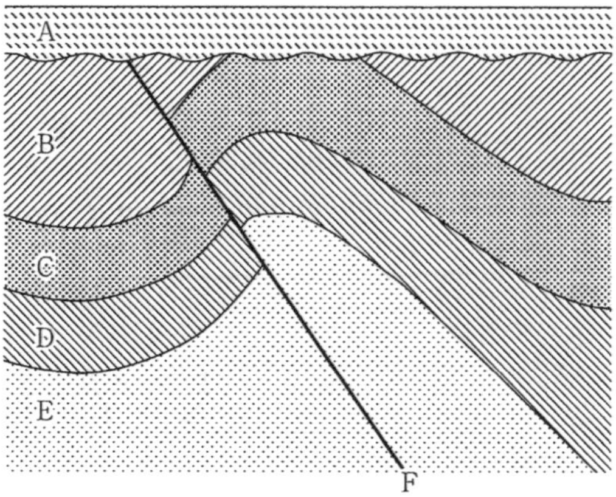


問１　図のＢ～Ｅの地層は、面Ｆを境にずれていました。このように地層がずれていることを何といいますか、漢字２文字で答えなさい。

問２　図のＥ層にはサンゴや貝の化石からなる白っぽい岩石が見られました。この岩石の表面に、あるうすい水よう液をかけたところ気体が発生しました。①この岩石、②かけた水よう液の名《めい》称《しょう》として、もっともふさわしい組み合わせを次のア～カの中から１つ選び、記号で答えなさい。

また、このときに発生した気体の名称を漢字で書きなさい。

| | ① | ② |
|---|---|---|
| ア | 花こう岩 | うすい水酸化ナトリウム水よう液 |
| イ | 花こう岩 | うすい塩酸 |
| ウ | 玄武《げんぶ》岩 | うすい水酸化ナトリウム水よう液 |
| エ | 玄武岩 | うすい塩酸 |
| オ | 石灰岩 | うすい水酸化ナトリウム水よう液 |
| カ | 石灰岩 | うすい塩酸 |

図のＣ層は、火山灰の地層でした。この火山灰の一部を取って、蒸発皿《じょうはつざら》に入れて水で洗い、にごり水を捨てることを何回かくり返すと、水はにごらなくなりました。この水を捨てて残った粒《つぶ》をけんび鏡で観察しました。

問３　観察した火山灰のようすとしてふさわしくないものを次のア～エの中から１つ選び、記号で答えなさい。

ア．とがった粒よりも、角の取れた丸い粒が多く見られた。
イ．細長い粒や、黒っぽくて光を反射する粒が見られた。
ウ．ガラスのかけらのような透明《とうめい》な粒が見られた。
エ．どの粒も直径２mm 以下の大きさであった。

問４　Ｃ層には軽石がふくまれていました。軽石は水にうきます。令和３年の夏、小笠原諸島《おがさわらしょとう》近海の海底火山が大規模な噴《ふん》火を起こし、大量に噴出された軽石が海面を漂《ひょう》流し、沖縄《なわ》などの海岸にまで流れ着き漁業や船舶《ぱく》などに大きな被害《ひがい》をおよぼしました。軽石についての説明としてもっともふさわしいものを次のア～エの中から１つ選び、記号で答えなさい。

ア．水よりも軽い粒でできており、けずった粉末も水にうく。

イ．白っぽく、無数の穴が空いている。

ウ．降り積もった火山灰が地層の重みで固まったと考えられる。

エ．マグマが地下深くで冷えて固まったと考えられる。

問５　図のＡ～Ｅの地層、および面Ｆができた時期を古い順に並べると、一番最後がＡになります。残りのＢ～Ｆができた時期について、順番を答えなさい。

## 2

大濠中学校のリカさんが、ある日の午前７時から午後７時までの気温と湿度《しつど》の変化をグラフにしたところ、図１のようになりました。これを見て以下の各問いに答えなさい。

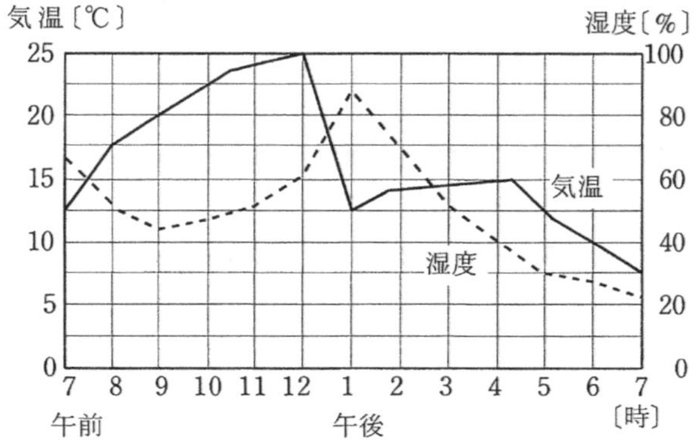


図１

問１　気温を測るときの注意として、①温度計を置く場所，②温度計を置く高さ，③温度計の測り方についてもっともふさわしい組み合わせはどれですか。下のア～カの中から１つ選び、記号で答えなさい。

①温度計を置く場所について、

A. 建物の側《そば》の、風通しのよい場所に置く。

B. 建物から離《はな》れた、風通しのよい場所に置く。

C. 建物の側の、日当たりのよい場所に置く。

②温度計を置く高さについて、

A. 地面から 60 cm の高さで測る。

B. 地面から 1 m 20 cm の高さで測る。

C. 地面から 1 m 80 cm の高さで測る。

③温度計の測り方について、

A. 太陽の影響《えいきょう》が分かるように、温度計に光がよく当たるようにして測る。

B. 太陽の光が直接当たらないように、厚紙を立てて測る。

C. 太陽の熱は直接通らないが光は通すように、とう明なガラス板を立てて測る。

| | ① | ② | ③ |
|---|---|---|---|
| ア | A | A | A |
| イ | A | C | C |
| ウ | B | B | B |
| エ | B | C | A |
| オ | C | C | C |
| カ | C | A | A |

問２　この日の天気のようすとしてもっともふさわしいものを次のア～カの中から１つ選び、記号で答えなさい。

ア．日中はずっと晴れていた。

イ．日中はずっと雨が降っていた。

ウ．午前はずっと晴れていたが、午後はずっと雨が降っていた。

エ．午前はずっと雨が降っていたが、午後はずっと晴れていた。

オ．午後１時前後に雨が降ったが、それ以外はずっと晴れていた。

カ．午後１時前後は晴れていたが、それ以外はずっと雨が降っていた。

リカさんは、気温と湿度の変化には、太陽の動きも関係あるのではないかと考え、インターネットで調べてみました。すると、太陽の高さは「太陽高度」と言って、地面からの角度で表され、その太陽高度が季節によって大きくちがうことを知りました。図２はリカさんがインターネット上で見つけた資料で、福岡市の夏至，秋分，冬至の日のそれぞれについて、日の出から日の入りまでの太陽高度をグラフで表したものです。

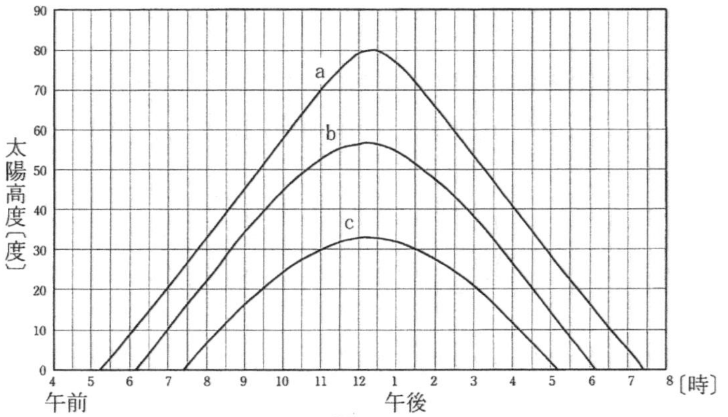


図２

問３　夏至、および秋分の日の太陽高度を表しているのはどれですか。図中のａ～ｃの中からもっともふさわしいものをそれぞれ１つずつ選び、記号で答えなさい。

問４　図２から読み取れる福岡市の夏至，秋分および冬至の日の太陽のようすについての説明としてまちがっているのはどれですか。次のア～エの中から１つ選び、記号で答えなさい。

ア．夏至も秋分も冬至も、昼の 12 時をわずかに過ぎてから太陽の高度が一番高くなる。

イ．夏至は冬至と比べて太陽が出ている時間が５時間以上長い。

ウ．夏至は秋分と比べて日の入りの時刻が１時間以上おそい。

エ．夏至は冬至に比べて 12 時の太陽高度が 40 度以上高い。

## 3

ホウセンカに関する次の実験１，２について、以下の各問いに答えなさい。

**実験１**

手順１：　図１のように、ホウセンカを赤い色水に入れました。

手順２：　翌日、ホウセンカの葉のふちの部分がわずかに赤くなっていたため、茎《くき》の部分を図２，３のように切って、赤くなった部分をそれぞれ矢印の方向から観察しました。なお、図２は、茎の中央部を上から下へと切った断面を観察したものであり、図３は茎を水平方向に切って断面を観察したものです。

図１

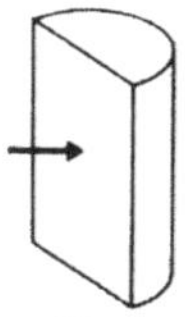
図２

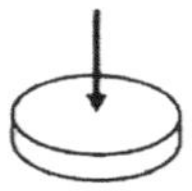
図３

問１　手順２で茎を図２の矢印の方向から観察したとき、どの部分が赤くなっていると考えられますか。最もふさわしいものを次のア～エの中から選び、記号で答えなさい。

ア

イ
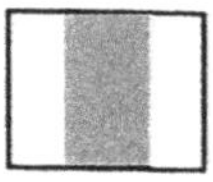
ウ
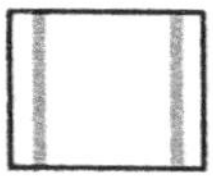
エ

問２　手順２で茎を図３の矢印の方向から観察したとき、どの部分が赤くなっていると考えられますか。最もふさわしいものを次のア～エの中から選び、記号で答えなさい。

ア

イ

ウ
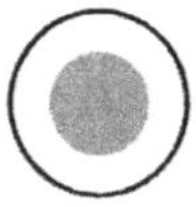
エ
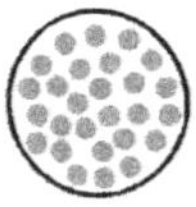

問３　ホウセンカに関する次の文章中の（　①　）～（　③　）にあてはまる語句の組合わせとしてふさわしいものを下のア～クの中から１つ選び、記号で答えなさい。

根，茎，葉，花などのつくりから、ホウセンカは（　①　）の（　②　）であることがわかります。共通のつくりを持つ植物として（　③　）などがあります。

| | ① | ② | ③ |
|---|---|---|---|
| ア | 双《そう》子葉類 | 離《り》弁花 | アブラナ |
| イ | 双子葉類 | 離弁花 | ナス |
| ウ | 双子葉類 | 合弁花 | アブラナ |
| エ | 双子葉類 | 合弁花 | ナス |
| オ | 単子葉類 | 離弁花 | アブラナ |
| カ | 単子葉類 | 離弁花 | ナス |
| キ | 単子葉類 | 合弁花 | アブラナ |
| ク | 単子葉類 | 合弁花 | ナス |

実験２

手順１：　蒸《じょう》散作用を調べるために、水を入れた試験管にホウセンカの枝をさし、葉の表側、葉のうら側、茎の部分にそれぞれ青色の塩化コバルト紙をテープで張り付けてしばらく置き、塩化コバルト紙の色の変化を観察しました。なお、塩化コバルト紙は、かわいていると青色で、水分を吸収すると赤色に変化する性質をもつ試験紙です。

手順２：　図４のＡ～Ｅについて、一定時間後の水の量の変化を観察し、蒸散量を調べました。なお、Ａ～Ｅの水面はそれぞれ少量の油でおおわれています。

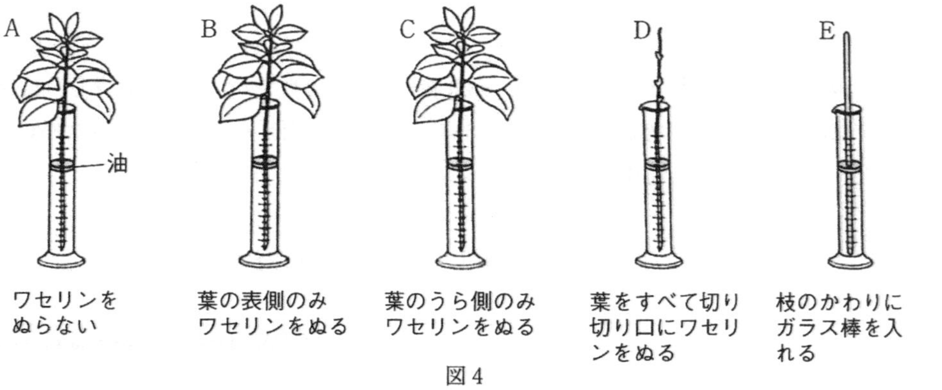


図４

問４　実験２の手順１について、塩化コバルト紙の色の変化が最も明確であった部分を次のア～ウの中から選び、記号で答えなさい。

ア．葉の表側　　　イ．葉のうら側　　　ウ．茎

問５　葉のうら側からの蒸散量を調べるには図４のＡ～Ｅのどれとどれを比べるとよいですか。ふさわしいものを次のア～ケの中からすべて選び、記号で答えなさい。

ア．ＡとＢ　　イ．ＡとＣ　　ウ．ＡとＤ　　エ．ＡとＥ　　オ．ＢとＣ
カ．ＢとＤ　　キ．ＢとＥ　　ク．ＣとＤ　　ケ．ＣとＥ

問６　蒸散は気こうを通して水分を蒸発させる現象ですが、蒸散が活発に行われる条件は何ですか。条件として最もふさわしいものを次のア～オの中から選び、記号で答えなさい。

ア．暖《あたた》かい風がよく吹《ふ》き、周囲に同種の植物が十分にあるとき。
イ．涼《すず》しい風がよく吹き、周囲に同種の植物がほとんどないとき。
ウ．曇《くも》りや雨の日など、土がしっかりと湿《しめ》っているとき。
エ．日光がよく当たり、気温が高く、植物の体内に水分が多いとき。
オ．日光があまり当たらず、気温が低く、植物の体内に水分が少ないとき。

**4**　次の文章を読み、以下の各問いに答えなさい。

生物には体内時計とよばれる時計機能があり、行動や体内のはたらきなどがおよそ24時間周期のリズムを示すことが知られています。通常は、体内時計は周りの環境《かんきょう》に合わせることで調整され、正確に24時間周期となります。多くの生物にとって、光の刺激《しげき》が周りの環境と体内時計を合わせるうえで、重要な刺激としてはたらいています。そこで、光の刺激とマウスの体内時計の関係について、次のような実験を行いました。

実験

最初の1～3日目までは、8時から20時までは光を当ててマウスを飼育し、20時から翌8時までは消灯して暗い環境で飼育しました。4～14日目までは、このマウスを常に暗い環境で飼育しました。その結果、行動リズムのパターンは図1のようになりました。

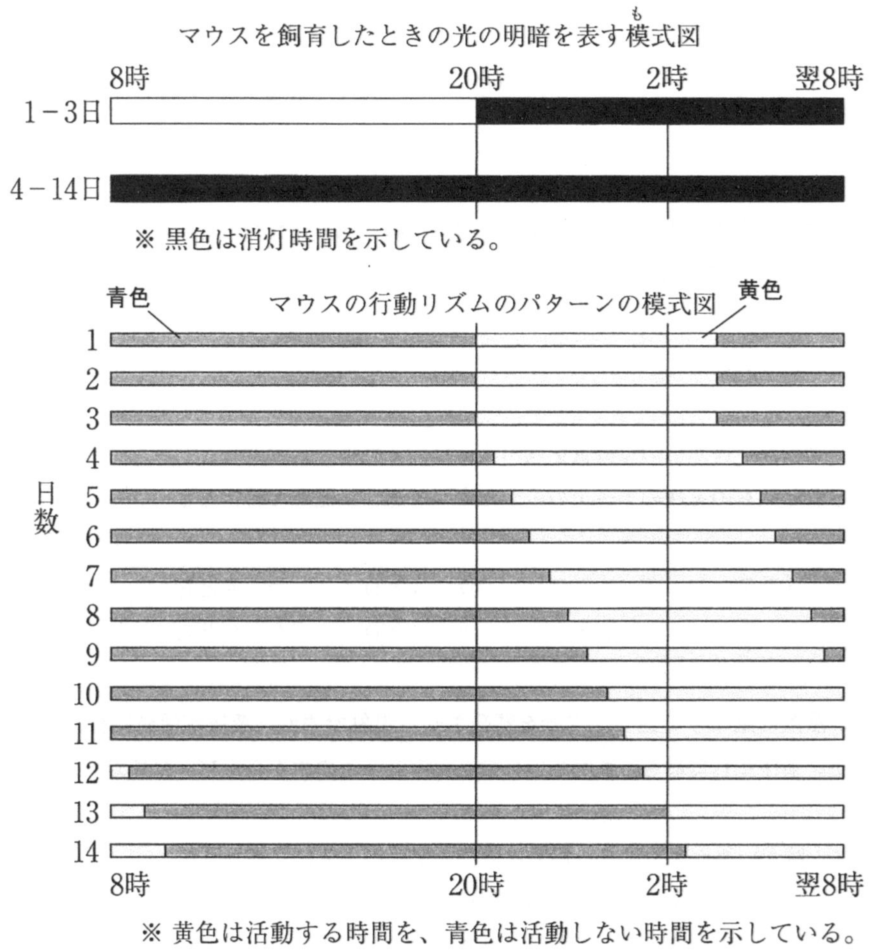


図1

問1　マウスは分類するとほ乳類になりますが、次のア～オの中からほ乳類ではないものをすべて選び、記号で答えなさい。

ア．ペンギン　　イ．コウモリ　　ウ．クジラ　　エ．イモリ　　オ．シャチ

問2　マウスは肺で呼吸しますが、次のア～オの中から肺呼吸ではないものをすべて選び、記号で答えなさい。

ア．カメ　　イ．メダカ　　ウ．イルカ　　エ．ヤモリ　　オ．サメ

問3　図1の結果について説明した次の文章中の（　①　）～（　⑤　）にあてはまる語句の組合せとして、最もふさわしいものを下のア～カの中から選び、記号で答えなさい。

図1より、活動時間帯をみるとこのマウスは（　①　）だということがわかります。4～（　②　）日目までを見ると1～3日目までに比べて活動開始時刻が（　③　）時間遅《おそ》くなっているので、このマウスの体内時計は1日当たり（　④　）分、24時間よりも（　⑤　）と考えられます。

| | ① | ② | ③ | ④ | ⑤ |
|---|---|---|---|---|---|
| ア | 夜行性 | 6 | 3 | 60 | 長い |
| イ | 夜行性 | 8 | 4 | 48 | 短い |
| ウ | 夜行性 | 13 | 6 | 36 | 長い |
| エ | 昼行性 | 6 | 3 | 60 | 短い |
| オ | 昼行性 | 8 | 4 | 48 | 長い |
| カ | 昼行性 | 13 | 6 | 36 | 短い |

問4　実験に用いたマウスを常に暗い環境で飼育してから13日目に活動を開始する時刻を答えなさい。ただし、暗い環境では行動リズムのパターンは一定であるものとします。

**5**　硫《りゅう》酸銅と硫《りゅう》酸銅五水和物について、以下の各問いに答えなさい。

「硫酸銅」という固体を水にとかし、硫酸銅水よう液をつくりました。硫酸銅は、30℃の水100gに25gまでとけます。水の温度はすべて30℃とします。

問1　水80gに硫酸銅をとかしたとき、硫酸銅は最大で何gとけますか。答が割り切れない場合は小数第1位を四捨五入して整数で答えなさい。

水を取りこんだ状態の固体である「硫酸銅五水和物」というものもあります。硫酸銅五水和物に含まれる硫酸銅と水の割合は一定です。たとえば、硫酸銅五水和物25gには、硫酸銅16gと水9gがふくまれています。

この硫酸銅五水和物25gを100gの水にとかした水よう液は、硫酸銅16gを水109gにとかした水よう液と同じ濃《こ》さになります。

問2　硫酸銅五水和物15gを水85gにとかしました。

(1)　このとき、水よう液中の水は何gですか。答が割り切れない場合は、小数第2位を四捨五入して小数第1位まで答えなさい。

(2)　この硫酸銅水よう液の濃さは何%ですか。答が割り切れない場合は、小数第2位を四捨五入して小数第1位まで答えなさい。

問3　水50gを用意し、ある量の硫酸銅五水和物をとかすと、とけ残りができました。その後、この水よう液をろ過しました。

(1)　ろ過の方法として最もふさわしいものを次のア～エの中から1つ選び、記号で答えなさい。

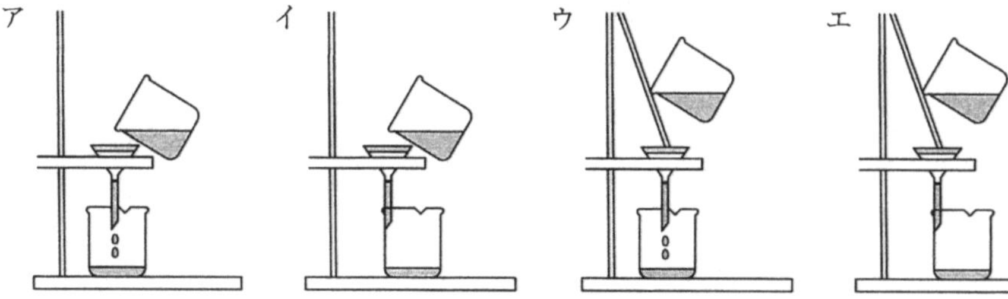

(2)　ろ過した後のろ紙を広げたとき、とけ残った固体はどのようにろ紙についていますか。正しいものを次のア～オの中から１つ選び、記号で答えなさい。ただし、点線はろ過したときのろ紙の折り目、青色の部分は固体を示しています。

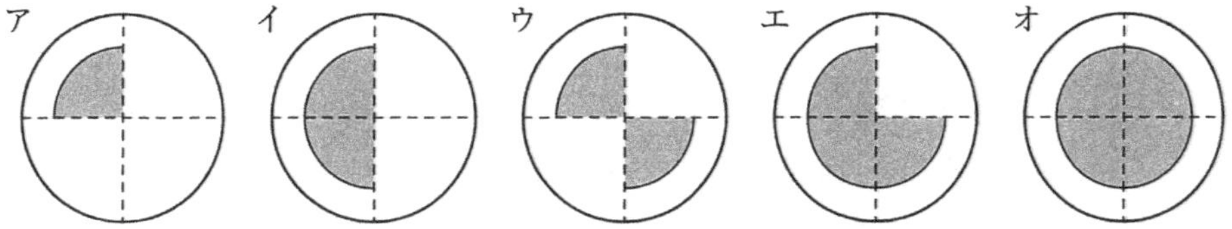


(3)　ろ紙を通った水よう液の濃さは何％ですか。答が割り切れない場合は、小数第１位を四捨五入して整数で答えなさい。

## 6

次の文章を読み、以下の各問いに答えなさい。

ある濃《こ》さの水酸化ナトリウム水よう液Aから、ことなる濃さの水酸化ナトリウム水よう液B～Eを次のようにしてつくりました。

・Bは、Aに水を加え、全体の体積を元の10倍にしたものです。
・Cは、Aに水を加え、全体の体積を元の5倍にしたものです。
・Dは、AとCを同じ体積だけ混ぜたものです。
・Eは、AとBを体積の比が2：1になるように混ぜたものです。

また、水よう液Bを50 $cm^3$とり、塩酸を5 $cm^3$加えると①中性になりました。さらに、この水よう液から水を蒸発させると、2 gの②白いつぶが残りました。

問1　文中下線部①のように、アルカリ性の水よう液に酸性の水よう液を加えて中性にすることを何といいますか。漢字で答えなさい。

問2　文中下線部②の白いつぶの形として適切なものを、次のア～エの中から1つ選び、記号で答えなさい。

ア
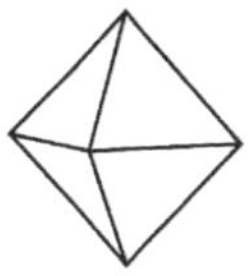
イ

ウ

エ
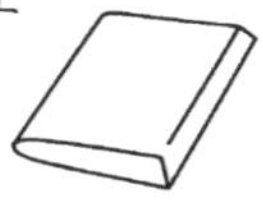

問3　水よう液Cを50 $cm^3$とり塩酸を加えていくと、何 $cm^3$加えたところで中性になりますか。答が割り切れない場合は、小数第1位を四捨五入して整数で答えなさい。

問4　水よう液Dを50 $cm^3$とり、中性になるまで塩酸を加えました。水を蒸発させると、何 gの白いつぶが残りますか。答が割り切れない場合は、小数第1位を四捨五入して整数で答えなさい。

問5　水よう液Eを100 $cm^3$とり、中性になるまで塩酸を加えました。水を蒸発させると、何 gの白いつぶが残りますか。答が割り切れない場合は、小数第1位を四捨五入して整数で答えなさい。

**7**

音の伝わり方について、以下の各問いに答えなさい。ただし、空気中を音が伝わる速さを毎秒 340 m とします。また、答が割り切れない場合は、小数第2位を四捨五入して小数第1位まで答えなさい。

問1　図1のように、P 点にあるスピーカーから大きな音が出ました。P 点から 612 m はなれた Q 点まで、スピーカーからの音が伝わるのにかかる時間は何秒ですか。

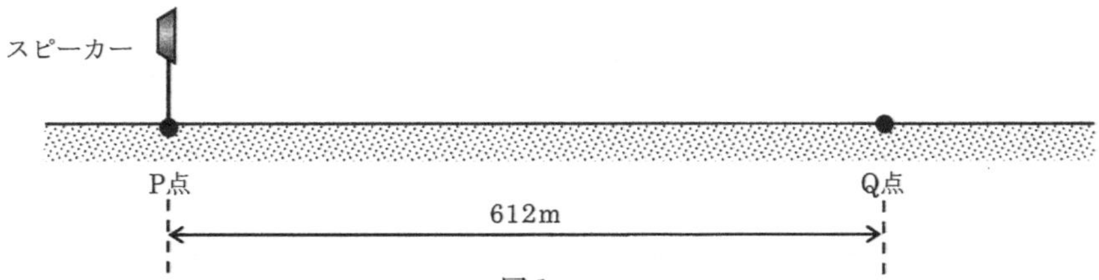


図1

問2　図2のように、P 点にあるスピーカーから音が出たのと同時に、自動車が Q 点を毎秒 20 m の一定の速さで P 点に向かって通過しました。

(1)　自動車にスピーカーからの音が聞こえ始めるのは、音が出てから何秒後ですか。

(2)　P 点にあるスピーカーから音が出ていた時間は 9 秒間でした。自動車に乗っている人には、音が何秒間聞こえますか。

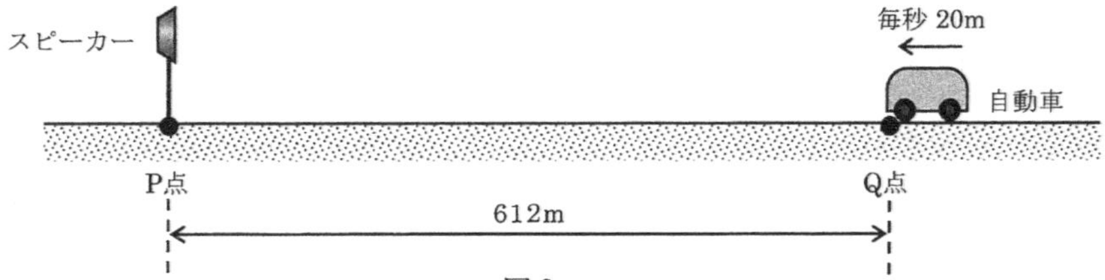


図2

問3　図3のように、スピーカーを取りのぞき、代わりに大きな壁《かべ》を P 点に真っすぐに立てました。毎秒 20 m の一定の速さで P 点に向かって動いている自動車が、Q 点を通過したのと同時に、壁に向かってクラクションを大きく鳴らしました。壁に当たってはね返ってきた音が自動車に聞こえ始めるのは、クラクションを鳴らしてから何秒後ですか。

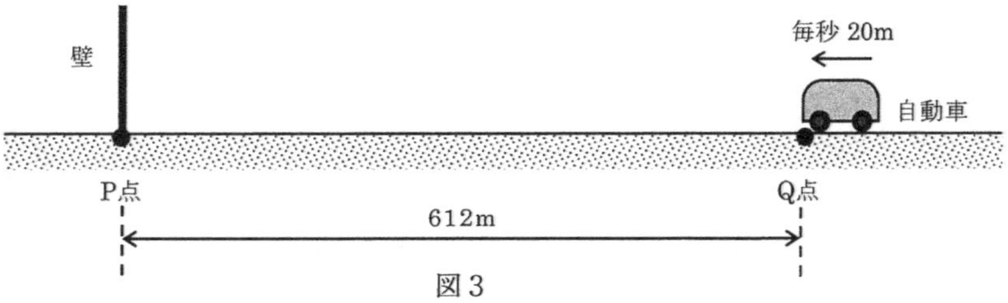


図3

**8**

図1のように、かっ車Aに通したひもの右側に重さ100gのおもりをつけ、左側に別のおもりをつけて手をはなすと、左右のおもりはつり合って動きませんでした。続いて、図2のア～エのように左側のおもりはそのままで、右側のおもりを別の重さのおもりにそれぞれ替《か》えて手をはなすと、ア～エのどの場合でも左右のおもりは動き出しました。

かっ車は、ひもにつけるおもりの重さに関係なくよく回転するものとし、かっ車とひもの重さは考えなくてもよいものとします。以下の各問いに答えなさい。

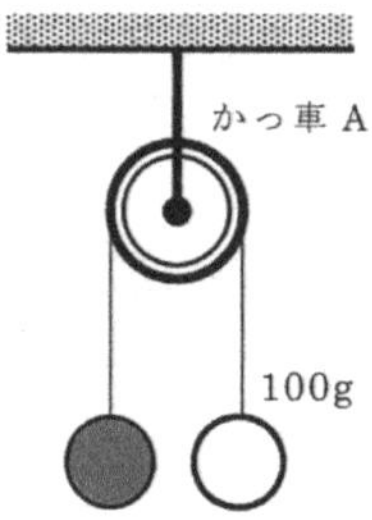


図1

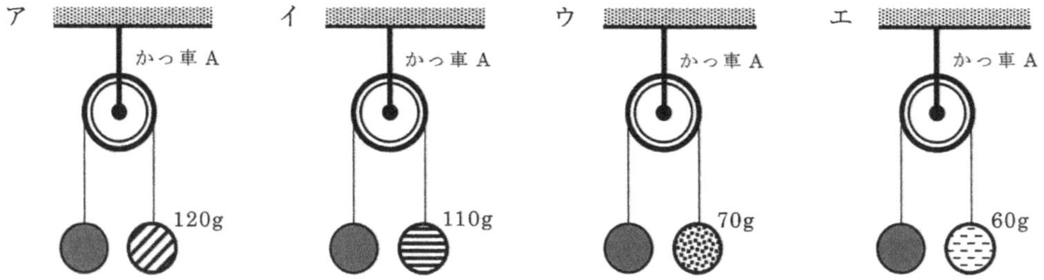


図2

問1　左側のおもりを下向きに引くと、左右のおもりが動き出さないようにすることができるものを、図2のア～エの中からすべて選び、記号で答えなさい。

問2　左側のおもりに力を加えて（下向きに引く、または下から支える）、左右のおもりが動き出さないようにしました。その力の大きさが最も大きくなるものを図2のア～エの中から1つ選び、記号で答えなさい。

次に、図3のように、かっ車Aとかっ車Bを組み合わせ、かっ車Aに通したひもの右側に重さ120gのおもりをつけ、左側に重さ80gのおもりをつけました。さらにかっ車Bに通したひもの右側には、いろいろな重さのおもりをつけ替えられるようにしました。

問3　重さ80gのおもりを下向きに引いて、おもりが3つとも動き出さないようにしました。このとき、かっ車Bに通したひもの右側につけたおもりの重さは何gでしたか。

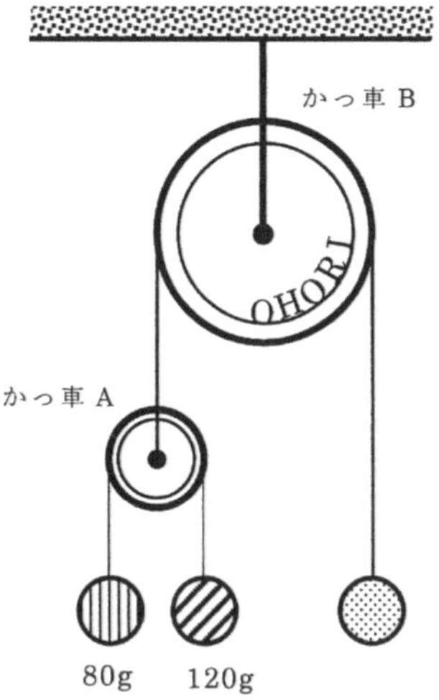


図3

最後に、図4のように、2つのかっ車Aとかっ車Bを組み合わせ、左側のかっ車Aに通したひもの両側には、図3のときと同じように重さ120gのおもりと重さ80gのおもりをつけました。また、右側のかっ車Aに通したひもの両側には、いろいろな重さのおもりをつけ替えられるようにしました。

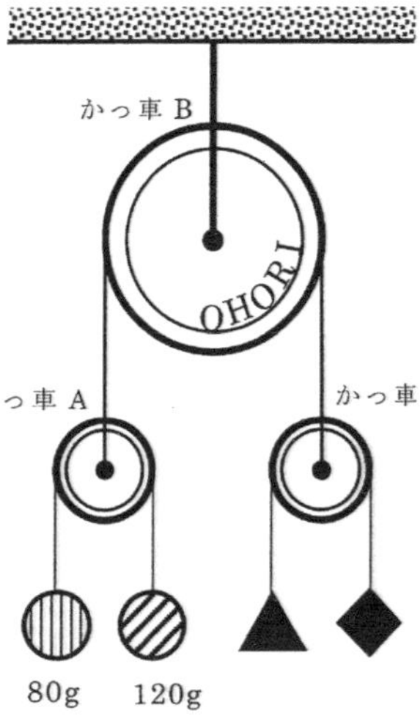

図4

問4　重さ120gのおもりと重さ80gのおもりのどちらかに力を加え（下向きに引く、または下から支える）、同時に右側のかっ車Aに通したひもの両側につけた2つのおもりのどちらかにも力を加える（下向きに引く、または下から支える）方法で、4つのおもりすべてが動き出さないようにしました。

(1)　右側のかっ車Aに通したひもの両側につけるおもりの組合せによっては、この方法ではおもりが動き出してしまう場合があります。おもりが動き出してしまうおもりの組合せを、下のア～キの中からすべて選び、記号で答えなさい。

| | 右側のかっ車Aに通したひもにつける2つのおもりの組合せ |
|---|---|
| ア | 重さ60gのおもりと重さ80gのおもり |
| イ | 重さ60gのおもりと重さ140gのおもり |
| ウ | 重さ70gのおもりと重さ130gのおもり |
| エ | 重さ80gのおもりと重さ110gのおもり |
| オ | 重さ90gのおもりと重さ110gのおもり |
| カ | 重さ90gのおもりと重さ120gのおもり |
| キ | 重さ120gのおもりと重さ130gのおもり |

(2)　この方法で4つのおもりすべてが動き出さないようにしたとき、加えた力の大きさの合計が最も小さくなるおもりの組合せを(1)のア～キの中から1つ選び、記号で答えなさい。

令 和 5 年 度

福岡大学附属大濠中学校

# 入 学 試 験 問 題

# 社　　会

[時 間　40分]

注　意

1．答えはすべて解答用紙に記入してください。

2．解答用紙には氏名・受験番号（算用数字　例10001）をきちんと書いてください。

**1**　関東地方について述べた次の文と**図１**に関して、あとの問いに答えなさい。

関東地方は、日本の７つの地方のうち平野の占める割合が最も高い地域である。**Ａ山脈**や関東山地といった北西部や西部の山脈・山地から流れ下る利根川や荒川、多摩川などによって土砂が運搬され堆積して、①複数の県と東京都にまたがる広大な関東平野が形成されている。関東平野は、②標高が低い低地にくわえ相対的に標高が高い台地からなる平野である。

近代以降、首都の東京が日本の政治・経済の中心として発展するのにともなって、③関東地方自体が大きく変貌《へんぼう》してきた。関東地方では交通網が整備され、④産業や⑤人口が集中し、世界最大の都市圏人口を有する⑥東京大都市圏が形成されてきた。近年、日本の総人口が減少するなか、東京大都市圏の人口は増加しており、日本における⑦東京への一極集中の動きは強まっているといえる。

**図１**

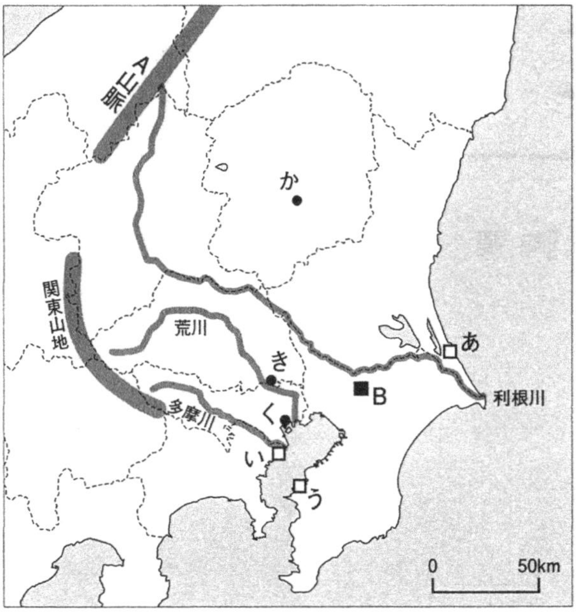


問１　文中、**図１**中の**Ａ山脈**の名称を漢字で答えなさい。なお、**Ａ山脈**は新潟県の旧国名がその名につけられた山脈です。

問２　文中の下線部①に関して、次の文は関東地方のある県について述べたものです。県名を漢字で答えなさい。

> この県の北部から西部には那須連山や日光連山、足尾山地などの山地があり、中部から南部にかけては利根川の支流の鬼怒川や渡良瀬川の流域に平野が広がる。

問3　文中の下線部②に関して、関東平野の中部から東部にかけては低地にくわえ台地が広がっています。次の**図2**は、**図1**中の**B**の地域の地理院地図（一部改変）です。**図2**中の**X**—**Y**の線の高度を表したものを、あとの**図3**のイ～ニから一つ選び記号で答えなさい。

**図2**

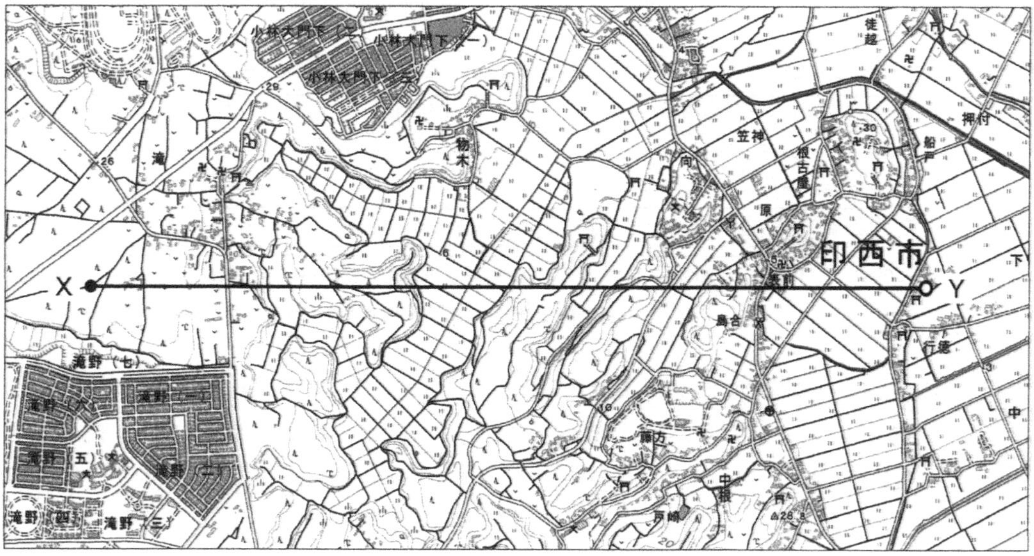


**図3**

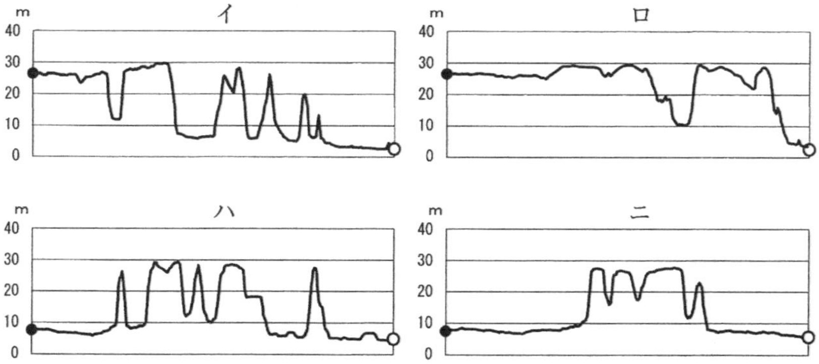


水平距離に対して高度は強調されている。地理院地図により作成。

問４　文中の下線部③に関して、次の**図４**は、日本における４つの統計の地方別割合を示したものであり、イ～ニは面積、人口、農業産出額、年間商品販売額のいずれかです。このうち年間商品販売額に当てはまるものをイ～ニから一つ選び、記号で答えなさい。

**図４**

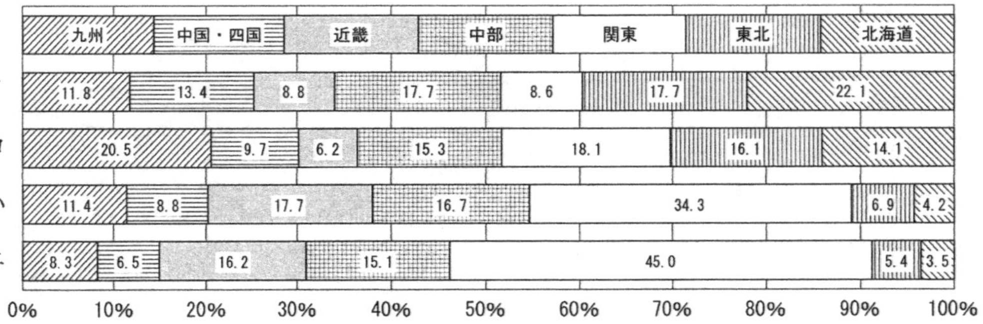


統計年次は 2020 年。総務省資料、農林水産省資料、経済産業省資料による。

問５　文中の下線部④に関して、**図１**中の**あ**～**う**には大規模な製鉄所があります。関東地方以外の日本の都市のうち、大規模な製鉄所があって製鉄業がさかんである都市を、次のイ～ニから一つ選び記号で答えなさい。

イ．大分市　　　ロ．鈴鹿市　　　ハ．浜松市　　　ニ．仙台市

問６　文中の下線部⑤に関して、次の**図５**の（１）～（３）は、**図１**中の**か**～**く**のいずれかの都市・特別区の昼間人口と夜間人口を、夜間人口を100とした指数で示したものです。正しい組合せをあとのイ～へから一つ選び、記号で答えなさい。なお、**か**は宇都宮市、**き**は川口市、**く**は東京都中央区です。

**図５**

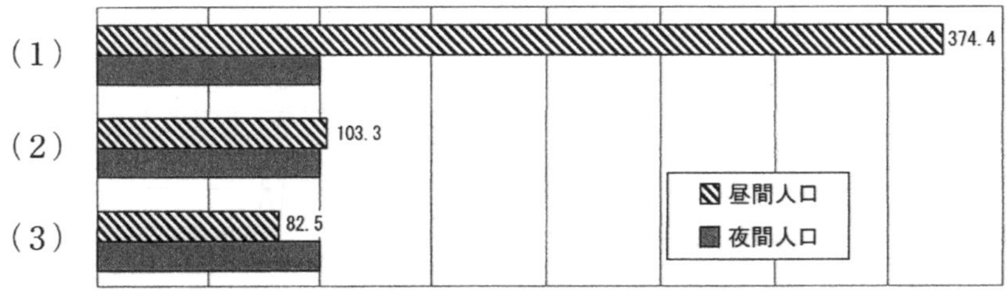


昼間人口とは従業地・通学先によって集計された人口であり、夜間人口とは常住人口である。
統計年次は 2020 年。総務省資料による。

| 解答の記号 | イ | ロ | ハ | ニ | ホ | へ |
|---|---|---|---|---|---|---|
| （１） | か | か | き | き | く | く |
| （２） | き | く | か | く | か | き |
| （３） | く | き | く | か | き | か |

問７　文中の下線部⑥に関して、次の（１）、（２）の問いに答えなさい。

（１）　東京大都市圏内には特徴的な性格をもった地区・地域が形成されています。次のＸ、Ｙの地区・地域の正しい組合せを、あとのイ～ニから一つ選び記号で答えなさい。

Ｘ．郊外に向かう鉄道のターミナル駅を中心に発展した東京の代表的な副都心の一つであり、オフィスや商業施設が集まっているほか、東京都庁がある。

Ｙ．東京特別区内から多くの国立の研究機関や大学が移転してきた研究学園都市であり、2005年には東京特別区内に乗り入れる鉄道路線が開通した。

| 解答の記号 | イ | ロ | ハ | ニ |
|---|---|---|---|---|
| Ｘ | 新宿 | 新宿 | 品川 | 品川 |
| Ｙ | 多摩 | 筑波 | 多摩 | 筑波 |

（２）　次の**図６**は、1970年から2020年にかけての関東地方の市町村・特別区別の人口増加率を示したものです。**図６**から読み取れる内容について述べた文として**誤っているもの**を、あとのイ～ニから一つ選び記号で答えなさい。

**図６**

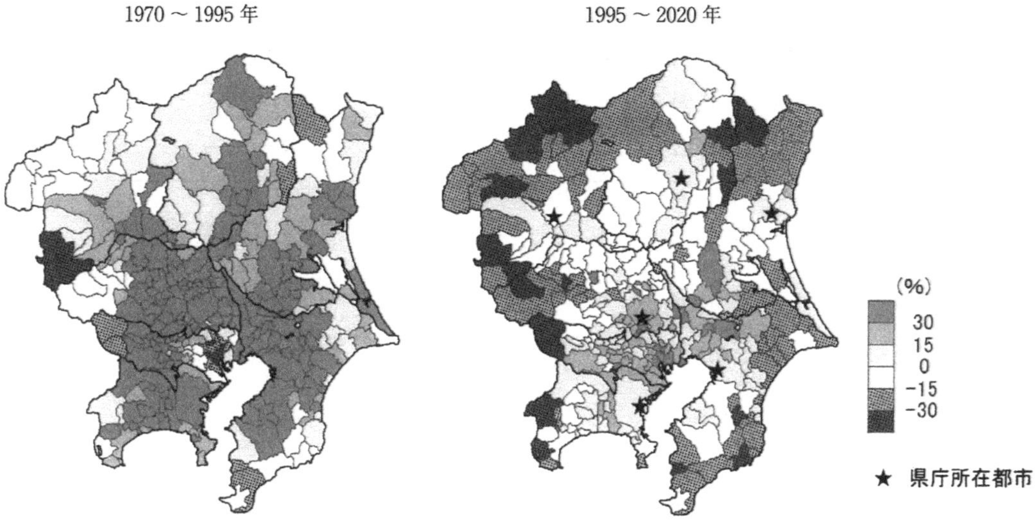


2020 年の市町村域・特別区域で集計したもの。総務省資料による。MANDARA10 により作成。

イ．1970～1995年の間に、すべての県庁所在都市の市域で人口が増加した。

ロ．1970～1995年の間に、東京大都市圏ではドーナツ化現象が生じた。

ハ．1995～2020年の間に、埼玉県の総人口は減少した。

ニ．1995～2020年の間に、神奈川県のすべての政令指定都市の市域で人口が増加した。

問８　文中の下線部⑦に関して、次の**図７**は、東京の年平均気温の推移を示したものです。**図７**について述べたあとの文中の[　Z　]に当てはまる内容を答えなさい。

**図７**

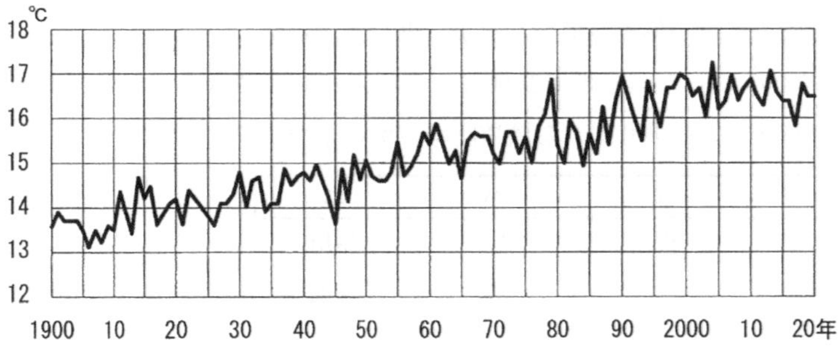


気象庁資料による。

> 東京の気温は上昇傾向にある。東京の気温上昇の要因の一つとしてヒートアイランド現象の発生が考えられる。ヒートアイランド現象とは、大都市の発達にともなって大都市の内部の気温が上昇し、外部よりも高くなる現象である。その原因としては、大都市では、家庭やオフィス、自動車などからの排熱が多く気温が上がりやすいこと、また、いったん気温が上がれば、風通しを妨《さまた》げる高層の建物が多いことや[　Z　]ことが影響して気温が下がりにくいことなどがあげられる。

**2** 地理同好会の生徒の間での、日本の食文化に関する次の会話文を読んで、あとの問いに答えなさい。

生徒A：　日本の食文化は「和食――日本人の伝統的な食文化――」として①国際連合教育科学文化機関の世界無形文化遺産に登録されています。今回は、日本の食文化にかかわる資料を集めてきたのでみてみましょう。

**資料Ⅰ**　和食の特色

（1）多様な食材とその持ち味の尊重
（2）健康的な食生活を支える栄養バランス
（3）自然の美しさや季節の移ろいの表現
（4）正月などの年中行事との密接な関わり

**資料Ⅱ**　1人当たり品目別食料年間供給量（単位：kg）

| 国 | 肉類 | 魚介類 |
|---|---|---|
| 日本 | 52.3 | 46.9 |
| アメリカ合衆国 | 123.5 | 22.3 |
| ドイツ | 80.4 | 12.7 |
| インド | 4.4 | 6.8 |
| ナイジェリア | 8.2 | 8.9 |

統計年次は2018年。FAO 資料による。

**資料Ⅲ**　1世帯当たりの肉類の年間消費額（単位：円）の上位5都道府県庁所在都市

| | 牛肉 | | 豚肉 | | 鶏肉 | |
|---|---|---|---|---|---|---|
| 1 | 京都市 | 41,924 | 横浜市 | 39,024 | 熊本市 | 23,093 |
| 2 | 奈良市 | 40,446 | 東京特別区 | 37,445 | 宮崎市 | 22,678 |
| 3 | 大津市 | 40,434 | 札幌市 | 36,333 | 鹿児島市 | 21,812 |
| 4 | 徳島市 | 34,474 | 静岡市 | 35,473 | 福岡市 | 21,266 |
| 5 | 広島市 | 34,221 | 熊本市 | 35,203 | 京都市 | 21,213 |

2人以上世帯で集計したもの。統計年次は2020年。総務省資料による。

生徒A：　**資料Ⅰ**は、和食が世界無形文化遺産に登録された際に、和食の特徴としてまとめられたものです。

生徒B：　**資料Ⅰ**からは、和食が日本の自然環境と関係していることが読み取れる。ヨーロッパなどの同じくらいの緯度の地域と比較して四季がはっきりしているというのが日本の気候の特色だ。また、②地方ごとにも気候に特色がある。こうした日本の気候のもとで、季節ごと、地域ごとに多様な農作物が栽培され、食材として利用されてきたのだろう。

生徒C：　和食の食材は気候だけでなく、地形とも関係していると思う。③日本は周囲を海に囲まれた島国であり、水産資源が豊富であったことが、多様な魚介類の漁獲や収穫、そして食材としての利用を可能にしたんじゃないかな。

生徒Ａ：　**資料Ⅱ**は、日本の食文化を世界の他の国と比較することのできる資料です。Ｃさんが指摘するとおり、他国と比較して日本では魚介類の利用が多いですね。

生徒Ｃ：　魚介類は、刺身や焼き物、煮物の素材であるだけでなく、だしの原料でもある。昆布《こんぶ》だし、鰹《かつお》だし、煮干しだしなど、いろいろなだしのもとになっている。魚介類は和食に欠かせない重要な食材だと思う。

生徒Ｂ：　日本国内でも地域によってだしには、大きな違いがある。一般に、関西では昆布だしが好まれ、関東では鰹だしが好まれる。江戸時代に、昆布が産地の［　④　］大阪まで運ばれてきていて、関西に昆布だしによる味付けが根づいたといわれる。

生徒Ａ：　**資料Ⅲ**は、⑤牛肉・豚肉・鶏肉の消費額に関する資料です。牛肉と豚肉については、日本の東西で消費額に違いがあることが読み取れます。

生徒Ｃ：　西日本では牛肉の消費額が多く、東日本では豚肉の消費額が多い。どうしてだろう。

生徒Ａ：　日本で肉類が多く食されるようになったのは、西洋の肉食文化が取り入れられた明治時代以降です。当時、西日本では農耕用や運搬用に牛が多く用いられていて、牛の数が多かったことが西日本で牛肉食がさかんになった理由の一つだとされます。一方、牛の数が少なかった東日本では牛肉は貴重で、あまり食されなかったといわれています。

生徒Ｃ：　なるほど。食文化は、自然環境の影響を受けているだけでなくて、交通の発達や文化の他地域からの流入といった社会環境の影響を受けて変化していくのか。

生徒Ａ：　社会環境には経済水準も含まれます。もう一度、**資料Ⅱ**をみてみましょう。アメリカ合衆国やドイツ、日本といった先進国では肉類の消費量が多くて、インドやナイジェリアといった発展途上国では肉類の消費量が少ないです。一般に、経済的に発展すると、高価な肉類の消費量が増え、比較的安価な⑥穀物やいも類の消費量は減っていきます。

生徒Ｂ：　インドやナイジェリアでは、経済発展が進んでいるので、今後は肉類の消費量が増えていく可能性がある。

生徒Ａ：　⑦これまで日本の食文化も大きく変化してきたし、その可能性は高いです。……さぁ、おなかがすいてきたから、学食に行きましょう。私はカレーにするつもりです。

問１　文中の下線部①に関して、この国際連合教育科学文化機関の別称をカタカナで答えなさい。

問２　文中の下線部②に関して、次の**図１**のイ～ニは、仙台市、富山市、静岡市、高松市のいずれかの月ごとの気温と降水量を示したものです。このうち静岡市に当てはまるものを一つ選び、記号で答えなさい。

**図1**

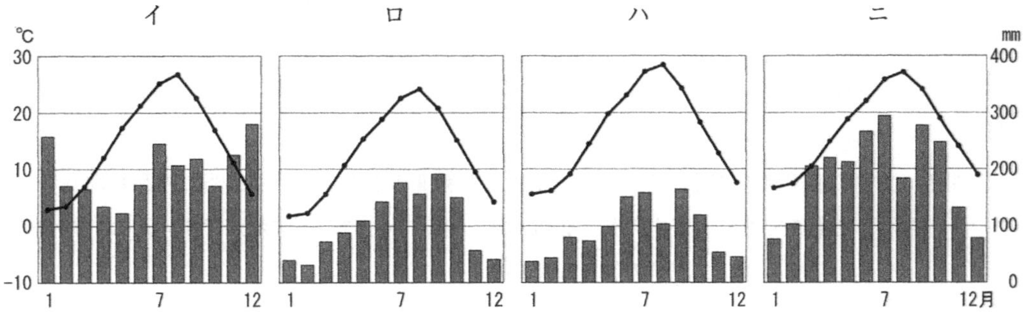


気象庁資料による。

問3　文中の下線部③に関して、日本の近海や水産業について述べた文として**誤っているもの**を、次のイ～ニから一つ選び記号で答えなさい。

イ．日本の近海を流れる黒潮（日本海流）と対馬海流はいずれも暖流である。

ロ．九州や南西諸島の西方の海域を東シナ海といい、大陸棚が広がっている。

ハ．養殖業のうち海藻《かいそう》類を養殖することを栽培漁業といい、その収穫量は増加傾向にある。

ニ．リアス海岸の入り江は、波がおだやかなため水産物の養殖に適している。

問4　文中の［　④　］に当てはまる内容を次のイ～ニから一つ選び、記号で答えなさい。

イ．蝦夷地から菱垣廻船で　　ロ．蝦夷地から北前船で

ハ．瀬戸内から菱垣廻船で　　ニ．瀬戸内から北前船で

問5　文中の下線部⑤に関して、現在、日本で消費される肉類については、外国から輸入されるものが多くなっています。次の**図2**は、日本の、肉類の主要輸入相手国と輸入金額に占めるその割合を示したものであり、図中の（**P**）～（**R**）は牛肉、豚肉、鶏肉のいずれかです。正しい組合せをあとのイ～ヘから一つ選び、記号で答えなさい。

**図2**

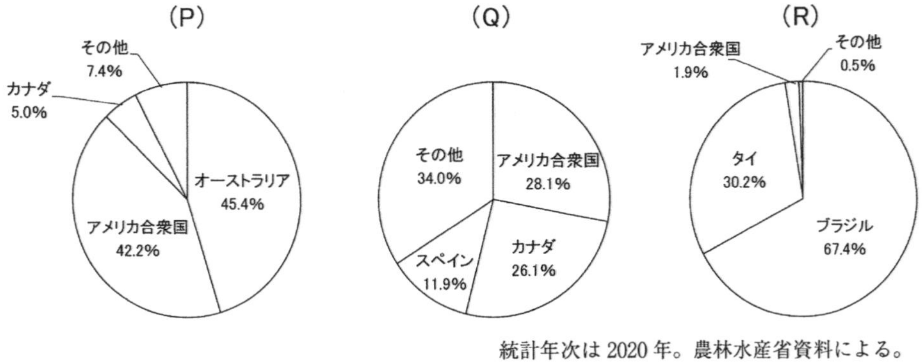


統計年次は2020年。農林水産省資料による。

| 解答の記号 | イ | ロ | ハ | ニ | ホ | ヘ |
|---|---|---|---|---|---|---|
| (P) | 牛肉 | 牛肉 | 豚肉 | 豚肉 | 鶏肉 | 鶏肉 |
| (Q) | 豚肉 | 鶏肉 | 牛肉 | 鶏肉 | 牛肉 | 豚肉 |
| (R) | 鶏肉 | 豚肉 | 鶏肉 | 牛肉 | 豚肉 | 牛肉 |

問6　文中の下線部⑥に関して、次の**表1**は、**資料Ⅱ**の5か国の、1人当たり品目別食料年間供給量を示したものであり、表中の**X**～**Z**は小麦、米、いも類のいずれかです。正しい組合せをあとのイ～ヘから一つ選び、記号で答えなさい。

**表1**　　(単位：kg)

| 国 | X | Y | Z |
|---|---|---|---|
| 日本 | 24.9 | 81.1 | 43.6 |
| アメリカ合衆国 | 55.9 | 11.1 | 81.1 |
| ドイツ | 58.7 | 4.7 | 86.3 |
| インド | 30.2 | 97.4 | 61.7 |
| ナイジェリア | 276.1 | 39.1 | 25.6 |

統計年次は2018年。FAO 資料による。

| 解答の記号 | イ | ロ | ハ | ニ | ホ | ヘ |
|---|---|---|---|---|---|---|
| X | 小麦 | 小麦 | 米 | 米 | いも類 | いも類 |
| Y | 米 | いも類 | 小麦 | いも類 | 小麦 | 米 |
| Z | いも類 | 米 | いも類 | 小麦 | 米 | 小麦 |

問7　文中の下線部⑦に関して、次の**表2**は、日本で明治時代以降に収穫量が増大したある農作物の収穫量上位5都道府県と全国の総収穫量に占めるその割合を示したものです。**表2**に当てはまるものを、あとのイ～ニから一つ選び記号で答えなさい。

**表2**

| | 都道府県 | 割合(%) |
|---|---|---|
| 1 | 茨城県 | 22.7 |
| 2 | 宮崎県 | 18.7 |
| 3 | 高知県 | 9.1 |
| 4 | 鹿児島県 | 8.2 |
| 5 | 岩手県 | 5.8 |

統計年次は2020年。
農林水産省資料による。

イ．オリーブ　　ロ．メロン　　ハ．キャベツ　　ニ．ピーマン

## 3　次の文を読んで、あとの問いに答えなさい。

旧石器時代、日本列島に住み着いた人々は簡単なテントや岩かげに住み、食べ物を求めて移動しながら暮らしていた。①縄文時代には、人々は集落をつくって定住生活を送るようになったとされるが、その背景には気候が温暖になり食料を安定して得られるようになったことがある。その後、稲作が伝わった弥生時代には、稲をたくわえるために高床倉庫がつくられるようになり、まわりに柵や濠をめぐらせた環濠集落が出現した。

３世紀後半には、強大な力を持つ大王や有力な豪族たちからなるヤマト政権（大和政権）が誕生した。②大王や豪族は、前方後円墳などの古墳をつくってみずからの権力の強さを示そうとした。しかし、６世紀半ばに仏教が伝来し、③飛鳥時代に聖徳太子や蘇我氏らによって寺が建てられるようになると、前方後円墳はしだいにつくられなくなっていった。

710年に律令国家の新たな都としてつくられた④平城京には、天皇の住まいや役所のある平城宮のほか、貴族の住まいや寺院、民衆の家などが立ち並び、多くの人々が生活を送った。794年から始まった平安時代には、日本の風土や生活に合った国風文化が生まれ、貴族は（　⑤　）とよばれる住居に住み、服装なども日本風になった。また浄土へのあこがれから、阿弥陀仏をおさめる阿弥陀堂がさかんにつくられた。

武士が権力をにぎった鎌倉時代には、京都や鎌倉に屋敷を持つ武士が増えたが、⑥地方の武士は領地のなかでも交通や水利のよい場所に館をおき、土地の管理や年貢の取り立てを行った。

問１　文中の下線部①について、縄文時代の人々が大きな建物をつくり、遠い地域どうしで交易を行っていたことを示す青森県の遺跡を、次のイ～ニから一つ選び記号で答えなさい。

イ．登呂遺跡　　ロ．吉野ケ里遺跡　　ハ．岩宿遺跡　　ニ．三内丸山遺跡

問２　文中の下線部②について、次の**図１**、**図２**は古墳の副葬品です。図から読み取れる古墳時代の支配の特徴を示したあとの文の［　X　］に当てはまる内容を、答えなさい。

**図１**

**図２**

> 古墳時代前期には、**図１**のような［　X　］が支配を行ったと考えられる。古墳時代中期には、**図２**のような鉄のよろいが副葬されており、戦争の指導者が支配を行ったと考えられる。

問3　文中の下線部③について、飛鳥時代に建立された仏教建築として正しいものを、次のイ～ニから一つ選び記号で答えなさい。

イ．平等院鳳凰堂　　ロ．延暦寺　　ハ．四天王寺　　ニ．東大寺

問4　文中の下線部④について、平城京について述べた文として**誤っているもの**を、次のイ～ニから一つ選び記号で答えなさい。

イ．平城京は、朱雀大路によって右京と左京に分けられた。

ロ．成年の男子は、防人となって平城京の守りについた。

ハ．平城京をつくる費用をまかなうため、和同開珎が発行された。

ニ．東西の市では、各地から送られてきた品物が取引された。

問5　文中の（　⑤　）に当てはまる、**図3**に見られるような建築様式を答えなさい。

**図3**

二

問一
A
C

問二
B
E

問三
D 以心　心
F 一　語　一

問四

問五

小計 04

問六
I
II
III

小計 05

問七

問八

問九

問十

問十一

小計 06

三

問一
① ②
③
④ け ⑤

問二
① い ②
③
④ く ⑤

小計 07

問三
① ②
③
④ ⑤

問四
①
②
③
④
⑤

小計 08

3

| ⑯ | ⑰ | ⑱ |
|---|---|---|
| | | |

| ⑲ | ⑳ |
|---|---|
| | |

| 小　計 |
|---|
| |

4

| ㉑ | ㉒ | ㉓ | ㉔ | ㉕ |
|---|---|---|---|---|
| | | | | |

| 小　計 |
|---|
| |

5

| ㉖ | ㉗ | ㉘ | ㉙ | ㉚ |
|---|---|---|---|---|
| | | | | |

| 小　計 |
|---|
| |

5

| 問 1 | 問 2 | | 問 3 | | |
|---|---|---|---|---|---|
| | (1) | (2) | (1) | (2) | (3) |
| g | g | % | | | % |

| 小　　計 |
|---|
| |

6

| 問 1 | 問 2 | 問 3 | 問 4 | 問 5 |
|---|---|---|---|---|
| | | cm³ | g | g |

| 小　　計 |
|---|
| |

7

| 問 1 | 問 2 | | 問 3 |
|---|---|---|---|
| | (1) | (2) | |
| 秒 | 秒後 | 秒間 | 秒後 |

| 小　　計 |
|---|
| |

8

| 問 1 | 問 2 | 問 3 | 問 4 | |
|---|---|---|---|---|
| | | | (1) | (2) |
| | | g | | |

| 小　　計 |
|---|
| |

2023(R5) 福岡大学附属大濠中
教英出版

4

| 問1 | | 問2 | | 問3 | | 問4 | | 問5 | |
|---|---|---|---|---|---|---|---|---|---|
| 問6 | | | | | | | | | |

| 小　計 |
|---|
| |

5

| 問1 | | 問2 | | 問3 | | 問4 | |
|---|---|---|---|---|---|---|---|
| 問5 | | | | | | | |

| 小　計 |
|---|
| |

6

| 問1 | | 問2 | | 問3 | | 問4 | |
|---|---|---|---|---|---|---|---|
| 問5 | | | | | | | |
| 問6 | | 問7 | | 問8 | | | |

| 小　計 |
|---|
| |

令和５年度 **社会　解答用紙**

| 氏名 | |
|---|---|

| 受験番号 | | | | | |
|---|---|---|---|---|---|

※100点満点
（配点非公表）

**1**

| 問1 | 山脈 | 問2 | 県 | 問3 | | 問4 | |
|---|---|---|---|---|---|---|---|
| 問5 | | 問6 | | 問7 | (1) | (2) | |
| 問8 | | | | | | | |

| 小　計 | |
|---|---|
| | |

**2**

| 問1 | | 問2 | | 問3 | | 問4 | |
|---|---|---|---|---|---|---|---|
| 問5 | | 問6 | | 問7 | | | |

| 小　計 | |
|---|---|
| | |

**3**

| 問1 | | 問2 | | | | | |
|---|---|---|---|---|---|---|---|
| 問 | | 問 | | 問 | | 問 | |

| 小　計 | |
|---|---|
| | |

【解答

令和５年度　**理科　解答用紙**

| 氏名 | |
|---|---|

| 受験番号 | | | | | |
|---|---|---|---|---|---|

※100点満点
（配点非公表）

**1**

| 問 1 | 問 2 | | 問 3 |
|---|---|---|---|
| | 記号 | 気体 | |

| 問 4 | 問 5 |
|---|---|
| | → → → → → A |

| 小　計 |
|---|
| |

**2**

| 問 1 | 問 2 | 問 3 | | 問 4 |
|---|---|---|---|---|
| | | 夏至 | 秋分 | |

| 小　計 |
|---|
| |

**3**

| 問 1 | 問 2 | 問 3 | 問 4 | 問 5 | 問 6 |
|---|---|---|---|---|---|
| | | | | | |

| 小　計 |
|---|
| |

**4**

| 問 1 | 問 2 | 問 3 | 問 4 |
|---|---|---|---|

| 小　計 |
|---|

【解答

令和５年度 **算数　解答用紙**

| 氏名 | |
|---|---|

| 受験番号 | | | | | |
|---|---|---|---|---|---|

※150点満点
（配点非公表）

1

| ① | ② | ③ | ④ | ⑤ |
|---|---|---|---|---|
| | | | | |
| ⑥ | ⑦ | ⑧ | ⑨ | ⑩ |
| | | | | |

| 小　計 | |
|---|---|
| | |

2

| ⑪ | ⑫ | ⑬ |
|---|---|---|
| | | 時間　　　分 |
| ⑭ | ⑮ | |
| | | |

| 小　計 | |
|---|---|
| | |

【解答

# 令和５年度　国語　解答用紙

氏名

受験番号

※150点満点
（配点非公表）

（注）・字数制限のある場合は、句読点その他の記号も一文字とする。
・小計欄の黒枠内の小さい数字は解答と全く関係ない。

## 一

問一
a
b
c
d

問二
A
C

問三
B
時
錯
D
一
二

問四

問五

問六

問七

問八
を学ぶことができる。

問九

問十

小計 01

小計 02

小計 03

【解答

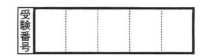

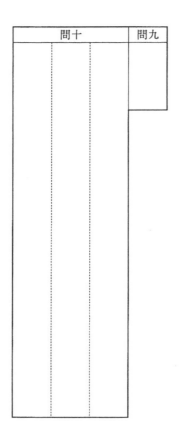

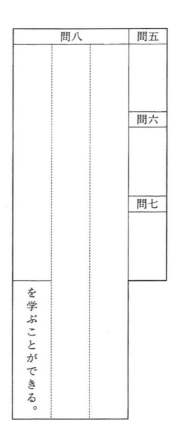

問6　文中の下線部⑥について、武士の土地支配や**図4**の武士の館について述べた文として**誤っているもの**を、次のイ～ニから一つ選び記号で答えなさい。

イ．守護は、荘園の年貢の半分を取り立てる権限を認められた。

ロ．武士が支配する領地は、一族の間で分割相続された。

ハ．**図4**によると、武士は合戦で乗るための馬を飼育していた。

ニ．**図4**によると、武士の館の門には矢倉が設けられていた。

**図4**

**4** 次の史料は、日本列島における旅行や人の移動の歴史に関するものです。史料を見て、あとの問いに答えなさい。

**史料1**

東国で私が住む所は、月影の谷というそうだ。海岸に近い山のふもとで、風がとても強い。極楽寺のそばであるので、のどかでもの寂しくて、波の音や、松風の音が絶えず聞こえる。

『十六夜《いざよい》日記』

**史料2**

**史料3**

一、大名が自分の領地と江戸とを交代で住むように定める。毎年４月に江戸へ参勤せよ。従者の人数が最近大変多いようである。これは、領地の支配のうえで無駄づかいであり、また領民の負担となる。これ以後は、身分に応じて人数を少なくせよ。

『御触書寛保集成《おふれがきかんぽうしゅうせい》』

**史料4**

月日は永遠に終わることのない旅人のようなものであって、来ては去り、去っては新しくやってくる年もまた旅人である。船頭として船の上で生涯を過ごす人や、馬引として年をとっていく人にとっては毎日が旅であって旅を住処《すみか》としているのだ。昔の人も、多くの人が旅をしながら亡くなっている。

**史料５**

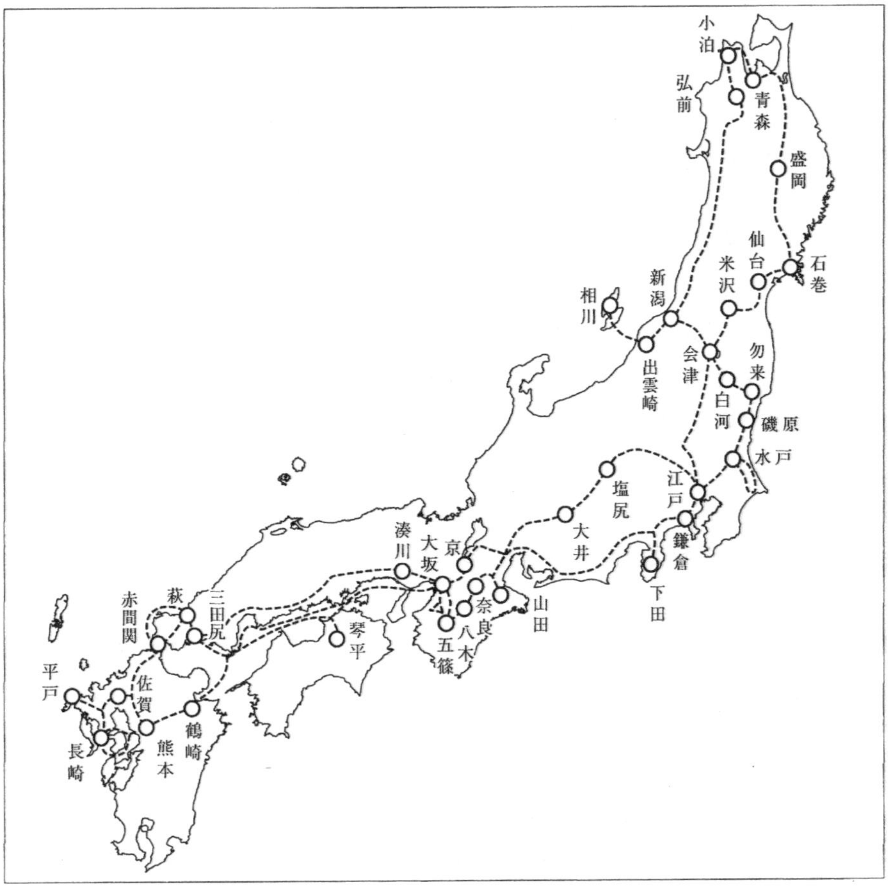


（桐原健真『吉田松陰』筑摩書房より引用）

問１　**史料１**は、女流歌人である阿仏尼が書いた日記の一部要約です。阿仏尼は、土地などの所有権をめぐる裁判のため1279年に京都から旅立ちました。阿仏尼の旅の目的地を、次のイ～ニから一つ選び記号で答えなさい。

イ．奈良　　ロ．福原　　ハ．鎌倉　　ニ．平泉

問２　**史料２**は、室町時代に都市や港などを拠点に活躍した馬借です。室町時代の馬借について述べた文として正しいものを、次のイ～ニから一つ選び記号で答えなさい。

イ．馬借は、各地におかれた駅を利用して馬をのりついだ。

ロ．馬借は、年貢として送られる米などの物資を運んだ。

ハ．馬借が関所を通る際には、鉄砲を持ち運んでいないかがとりしまられた。

ニ．馬借が運んだ木綿や仏教の経典は、朝鮮半島や中国へ輸出された。

問３　**史料２**について、馬借が活躍した室町時代には、足利氏を将軍とする幕府が支配を行いました。室町幕府を開いた将軍を、次のイ～ニから一つ選び記号で答えなさい。

イ．足利尊氏　　ロ．足利義満　　ハ．足利義政　　ニ．足利義教

問４　**史料３**は、江戸時代に徳川将軍が大名を統制するためにつくった制度で、大名は１年おきに大名行列をくんで江戸と領地を往復しました。江戸時代の旅や人の移動について述べた文として**誤っているもの**を、次のイ～ニから一つ選び記号で答えなさい。

イ．**史料３**の制度は、３代徳川家光のころに整えられた。

ロ．琉球は、徳川将軍の代がわりに慶賀使を派遣した。

ハ．陸上交通では、江戸を起点にして五街道がととのえられた。

ニ．曲亭（滝沢）馬琴は、『東海道中膝栗毛』を書いた。

問５　**史料４**は、江戸時代の中期に俳諧の芸術性を高めた人物が、各地を旅して書いた紀行文の冒頭部です。この紀行文を何というか、答えなさい。

問６　**史料５**は、幕末に活動した吉田松陰が遊学のためにおとずれた場所を示した地図であり、次のＸ、Ｙの文は松陰がおとずれた場所について述べたものです。Ｘ、Ｙの文に当てはまる藩や港の正しい組合せを、あとのイ～ニから一つ選び記号で答えなさい。

Ｘ．藩主の徳川光圀が、儒学者を集めて『大日本史』の編さんを始めた。

Ｙ．日米修好通商条約により、開港することが決められた。

| 解答の記号 | イ | ロ | ハ | ニ |
|---|---|---|---|---|
| Ｘ | 会津 | 会津 | 水戸 | 水戸 |
| Ｙ | 新潟 | 平戸 | 新潟 | 平戸 |

**5** 次の文を読んで、あとの問いに答えなさい。

明治維新から1945年までの歴史学習を終えた大濠中学生は、日本の「近代」の特徴について、グループ討論を行いました。そのうち3つのグループの、発表の要点を紹介します。

《Aグループ》

私たちは「近代」の特徴を「考え方」にあると思いました。この時代に活躍した人々には、新しい「考え方」を自分のこととして受け入れ、社会に強く訴えた人たちがいました。近代という時代には新しい価値観の広がりが見られます。

・福沢諭吉…西欧文明の基礎には、個人の自立があると主張し、また個人が自立するためには学問が必要であると説きました。

・内村鑑三…①不敬事件をおこし、第一高等中学校の職を追われました。しかしこの体験によってキリスト教徒としての自覚を深め、日露戦争に対しては強く戦争に反対しました。

《Bグループ》

私たちは、「近代」では「経済」が重視されたと考えます。諸外国が江戸幕府に開国を迫ったのも自由貿易が目的であり、明治政府も「富国強兵」をスローガンに国内産業の発展に力を入れました。日本経済を支える中央銀行として②日本銀行が創設され、金融制度が整備されます。しかし③1927年に図1のような裏面が印刷されていない紙幣がつくられたことは、日本の経済が不安定であったことを示しています。

**図1**

（表面）

（裏面）

（日本銀行金融研究所貨幣博物館ホームページより）

《Cグループ》

私たちは「戦争」に注目しました。日本は、近代以前に外国と戦った例は非常に少なく、また第二次世界大戦後は平和憲法の下、戦争を行っていません。これに対して「近代」には多くの戦争（軍事行動を含む。以下同じ）が行われました。これらの戦争を通じて私たちが気付いたことは、一つは、④戦争は当事者の２国間で行われただけでなく、多くの国々がかかわっていたこと、もう一つは、⑤戦争が国内政治や国際政治に大きな影響を与えた、ということです。

問１　文中の下線部①の不敬事件とは、全国の学校に配られた国民道徳の基準を示す文書に対して、キリスト教徒である内村鑑三が最敬礼をしなかったとして批判された事件をさします。「忠君愛国」を中心とする国民道徳の基準として、憲法発布の翌年に公布されたこの文書を何といいますか、答えなさい。

問２　文中の下線部②について、日本銀行創設による金融の安定は紡績業・製糸業などが急速に発達する基礎となりました。日本銀行の創設された時期を次のイ～ニから一つ選び、記号で答えなさい。

1871（明治４）年　廃藩置県

［イ］

1877（明治10）年　西南戦争

［ロ］

1894～95（明治27～28）年　日清戦争

［ハ］

1904～05（明治37～38）年　日露戦争

［ニ］

1914～18（大正３～７）年　第一次世界大戦

問３　文中の下線部③について、次の**表１**を参考にして、第一次世界大戦期から1930年までの日本経済について述べた文として**誤っているもの**をあとのイ～ニから一つ選び、記号で答えなさい。

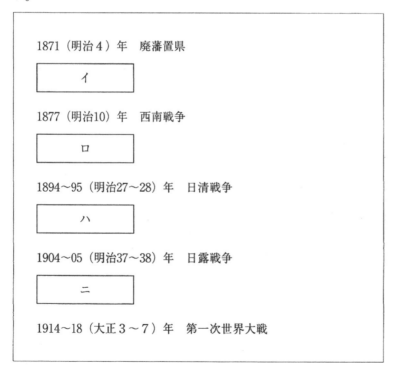

**表1**　日本の貿易額の変遷（単位は100万円。100万円未満切り捨て）

| 年次 | 輸出 x | 輸入 y | 合計 x + y | 差引 x − y |
|---|---|---|---|---|
| 1913 | 716 | 794 | 1510 | −78 |
| 1914 | 670 | 670 | 1340 | 0 |
| 1915 | 792 | 635 | 1427 | 157 |
| 1916 | 1233 | 878 | 2111 | 355 |
| 1917 | 1752 | 1201 | 2953 | 551 |
| 1918 | 2159 | 1901 | 4060 | 258 |
| 1919 | 2379 | 2500 | 4879 | −121 |
| 1920 | 2200 | 2681 | 4881 | −481 |
| 1921 | 1502 | 1940 | 3442 | −438 |
| 1922 | 1879 | 2215 | 4094 | −336 |
| 1923 | 1686 | 2392 | 4078 | −706 |
| 1924 | 2105 | 2971 | 5076 | −866 |
| 1925 | 2670 | 3105 | 5775 | −435 |
| 1926 | 2414 | 2917 | 5331 | −503 |
| 1927 | 2382 | 2712 | 5094 | −330 |
| 1928 | 2400 | 2744 | 5144 | −344 |
| 1929 | 2604 | 2764 | 5368 | −160 |
| 1930 | 1871 | 2005 | 3876 | −134 |

（『近現代日本経済史要覧　補訂版』東京大学出版会より作成）

イ．関東大震災の影響が長引き、金融恐慌では「裏白」の紙幣が作られた。

ロ．第一次世界大戦で日本は貿易黒字となったが、戦後には貿易赤字となった。

ハ．第一次世界大戦後、日本の貿易額は縮小し、戦前の規模にもどった。

ニ．世界恐慌がおこり、翌年の日本の貿易額は輸出・輸入ともに減少に転じた。

問4　文中の下線部④について、次の**図2**はフランス人のビゴーが描いた日清戦争の風刺画で、朝鮮への支配権をめぐる日本と清国との争いを魚釣りにたとえています。他方、橋の上から日清両国の争いの様子をながめている国は、日清戦争の講和条約に対して即座に介入を行いました。この介入を行った国を答えなさい。

**図2**

問５　文中の下線部⑤について、満州を舞台に発生した武力紛争に関して、次の**図３**は、イギリス人のリットン卿を団長とした調査団の活動を写した写真です。1931年に発生したこの武力紛争は1933年まで続きました。この1931年から1933年までの期間におこった出来事をあとのイ～ニから**二つ選び**、記号で答えなさい（順不同）。

**図３**

イ．国家総動員法が制定された。
ロ．政党内閣が終わった。
ハ．満洲の軍閥張作霖が爆殺された。
ニ．日本は国際連盟からの脱退を通告した。

## 6

次の文を読んで、あとの問いに答えなさい。

憲法は、国民の基本的人権を守るために国家権力を制限するしくみを定めた法である。

日本国憲法は、①自由権、②社会権などの基本的人権を保障しており、国民は、不断の努力によってこれを保持しなければならないとしている。そして、憲法は、基本的人権を守るための権利として、憲法改正の国民投票権や最高裁判所裁判官の国民審査権などからなる（　A　）権などを保障している。

権力分立については、立法・行政・司法の三権にわけ、それぞれを国会・内閣・裁判所がになっている。③国会は「国権の最高機関」として重要な仕事を行っている。すなわち、国会は「国の唯一の立法機関」として法律の制定を行い、さらに④予算の議決や〈　B　〉を行うことによって、国の政治の基本的な方向を定めている。

内閣は、法律や予算に基づいて行政全般の仕事を行う。⑤内閣と国会との関係については、内閣は国会の信任に基づいて成立している。

⑥裁判所の仕事は、法的な紛争に判断をくだし解決をはかることである。また、裁判所には、憲法を守り、人々の人権を保障するという重要な役割があり、とくに終審裁判所である最高裁判所は「憲法の番人」ともいわれている。

問１　文中の（　A　）に当てはまる語句を漢字２字で答えなさい。

問２　文中の〈　B　〉に当てはまる語句を次のイ～ニから一つ選び、記号で答えなさい。

イ．条約の承認　　ロ．国務大臣の罷免　　ハ．最高裁判所長官の任命　　ニ．国事行為の承認

問３　文中の下線部①に関して、自由権として正しいものを、次のイ～ニから一つ選び記号で答えなさい。

イ．能力に応じて教育を受ける権利

ロ．労働者が団結する権利

ハ．職業を選ぶ権利

ニ．国や地方公共団体に政治について希望を述べる権利

問４　文中の下線部②に関して、社会権は20世紀になって登場した権利である。社会権を保障しているもの、あるいは社会権の保障を謳《うた》っているものを、次のイ～ニから一つ選び記号で答えなさい。

イ．国際人権規約　　ロ．大日本帝国憲法　　ハ．アメリカ独立宣言　　ニ．フランス人権宣言

問５　文中の下線部③に関して、国会が「国権の最高機関」とされているのはなぜか、次の語句を用いて説明しなさい。

| 主権 |
|---|

問6　文中の下線部④について述べた文として、正しいものを次のイ～ニから一つ選び、記号で答えなさい。

イ．参議院で衆議院と異なった議決をした場合、両院協議会が開かれ、それでも意見が一致しない場合、参議院の議決が国会の議決となる。

ロ．参議院が衆議院の可決した予算を受け取った後、30日以内に議決しないときは、衆議院の議決が国会の議決となる。

ハ．参議院が衆議院の可決した予算を受け取った後、30日以内に議決しないときは、衆議院が出席議員の３分の２以上の多数で再び可決すれば、衆議院の議決が国会の議決となる。

ニ．衆議院、参議院のどちらからでも審議できるが、異なった議決をした場合、両院協議会が開かれ、それでも意見が一致しない場合、衆議院の議決が国会の議決となる。

問7　文中の下線部⑤に関して、次のa～dのうち、憲法上、内閣が召集の要求や決定ができるものの正しい組合せを次のイ～ニから一つ選び、記号で答えなさい。

a．通常国会　　b．臨時国会　　c．特別国会　　d．参議院の緊急集会

| 解答の記号 | イ | ロ | ハ | ニ |
|---|---|---|---|---|
| 正しい組合せ | a・c | a・d | b・c | b・d |

問8　文中の下線部⑥に関して、日本の裁判制度について述べた文として**誤っているもの**を次のイ～ニから一つ選び、記号で答えなさい。

イ．最高裁判所だけでなく、すべての下級裁判所も違憲審査権を有している。

ロ．裁判官は、国会議員で組織される弾劾裁判所の裁判によって罷免される。

ハ．簡易裁判所の判決に対して不服がある場合、家庭裁判所に控訴することができる。

ニ．検察官が起訴しなかった事件でも、検察審査会が起訴すべきだと２回決議すれば、必ず起訴される。

令和四年度　福岡大学附属大濠中学校

入学試験問題

# 国語

［時間　六〇分］

注　意

1．答えはすべて解答用紙に記入してください。

2．解答用紙には氏名・受験番号（算用数字　例10001）をきちんと書いてください。

一　次の文章を読んで、後の問いに答えなさい。

「先生、何のために古典文学を学ばなくてはならないのですか。」よくこのような質問を受けることがある。小学生の時には国語の授業で小説を楽しんで読んでいた生徒でも、古典文法や古文単語をある程度学ばなければ読めない古典文学に対しては、中学校に入ってから苦手意識を持つ生徒は多いようだ。それは冒頭《ぼうとう》の質問に集約されているように、古典文学を読むことが現代社会においていかなる意味を持つのかがA一□瞭《りょう》□ではない点にaキインしているように思われる。英文法や英単語なら、覚えるのは大変でも、国際化がbイチジルしい現代において、国際交流やビジネスのうえで必要不可欠の知識であるからなんとか頑張《がんば》れる。しかし、古典文学はそれを読みこなすための知識を習得したところで、現代社会でどのように役立つのか分からない。B□進□歩の現代において、①「生きた言語」に割く時間はあっても、C「死んだ言語」に費やす時間はない。そのように考えてしまう生徒がいても無理はない。［X］、年齢《ねんれい》を重ねるにつれ、子供の頃《ころ》には□暇《か》を惜《お》しんで一心不乱に読んでいた小説自体も、暇《ひま》つぶしに読む程度のものに成り下がり、生きるために必要不可欠なものではなくなってしまう。「所詮《しょせん》(注1)フィクションだし……。」そのような思いから、せっかくの小説を読む習慣そのものを失う人も少なからずいる。長じるにつれ、生活に追われ、経済や政治には目配りするが、物語や小説からは遠のき、物語や小説自体の地位は経済や政治に比べ下落してしまうのである。

しかし、改めて考えてみると、大人になるにつれ、経済や政治といったものを実学(注2)として尊び、文学を虚構《きょこう》として軽視するのは少しおかしなことである。というのも経済や政治なども、人間が作り出したという点ではフィクションに違《ちが》いないからである。

例えば、経済のcコンカンであるお金にしても、多少複雑な印刷が施《ほどこ》されているとはいえ、もとはただの紙切れであることは言うまでもない。それにあたかも価値があるような虚構をつくりだしているに過ぎないのだ。実際、一万円紙幣《しへい》の原価は約十七円ほどであるらしい。それに五百倍以上の価値があるというフィクションを日本人全体で共有しているのである。その他にも、有価証券(注3)、株式市場(注4)、電子マネーなどはいずれも虚構の産物にすぎず、現にそれらが人間の生活に必要不可欠かというと、首をかしげざるをえない。それらが社会全体を覆《おお》うあまりに壮大《そうだい》なフィクションであるだけに、なくては生きていけないもののように錯覚《さっかく》されてはいるが。

また、政治にしたところで、ただの一個人が選挙で当選し、議員になり政治に参画し、果ては大臣となり国家運営の一翼《いちよく》を担うような権力を与《あた》えられる様は、②経済における「お金」の様態とよく似ている。経済が価値をめぐるフィクションだとすれば、政治は権力をめぐる虚構だとでもいえようか。

[Y]、これらのフィクションは、(注5)バブル崩壊《ほうかい》や度重なる政治家の汚職《おしょく》などにより、もはや③虚構としての化けの皮が剥《は》がれてしまったように思われる。価値があると信じた土地の権利書や有価証券が紙切れ同然のものとなり、権力を与えた為政者《いせいしゃ》の中に欲にまみれた俗人《ぞくじん》に過ぎない者がいることが露呈《ろてい》してしまったからである。経済も政治ももはや荒唐無稽《こうとうむけい》な茶番劇に過ぎないことを前提として、かろうじてその命脈《めいみゃく》を保っているに過ぎないのが現代なのではないか。

このように述べ、④間接的に文学の失地回復を図ったところで、それはこじつけだと一笑に付されそうではある。実際に経済や政治を学ぶことで、有利に世の中を生き抜《ぬ》くことはできるが、文学を学ぶことは生活のうえでは無益ではないかと。だが、本当に文学に触《ふ》れることは無益なのであろうか。古典文学を尊び、無益な営為《えいい》を一千年余りものあいだ脈々と続けるほど、我々のdソセンはのんきで暇を持て余した人たちであったのであろうか。古典文学を営々と読み継《つ》いでくれた我々のソセンのためにも、ここで改めて問いたいのである。

何のために文学に触れるのか、何のために古典文学を学ぶのか――。

確かに英語を学び会話ができるようになれば、(注6)簿記を学んで会計を理解できるようになれば、仕事に直接的に役立つシーンもあるだろう。とかく就職難が取沙汰《とりざた》される中で、仕事に直結する技能を重んじる、いわゆる実学重視の志向は、今後も変わらないかもしれない。そうした中で、文学など役に立たない、ましてや古典文学など現代には(注7)迂遠である、といった気持ちにとらわれることも当然あるだろう。

[Z]、私たちの人生は、人もうらやむ仕事に就けて経済的に恵《めぐ》まれれば、それで幸せだというほどには、単純ではない。恵まれた人には恵まれたなりの空虚《くうきょ》が、また、貧しく苦しい中にもささやかな幸福があって、どうにもD一□縄にはいかないものである。生きているからには逃《のが》れがたく付きまとう、不条理な悩《なや》みなどに向き合う力は、私たちが経験を積み重ねることによって鍛《きた》えていくほかはない。その経験とは、自らが直接に苦難と向き合い、克服《こくふく》することによって身につくのだろうが、時にはフィクションの世界でそれを擬似《ぎじ》的《てき》に経験することによっても、いくらか補えるものなのだ。そして⑤フィクションを通した擬似的な体験によって、現実世界での大きな失敗や不幸の体験を回避《かいひ》することもできるのである。

実学一辺倒《いっぺんとう》になるのではなく、しばしフィクションに生きることで、社会に対する理解や人間に対する洞察力《どうさつりょく》を鍛えてみよう。そのためには、漫画でも映画でも構わない。ふんだんに読んだり見たりして、自身の経験を豊かにしてみよう。

おそらく漫画《まんが》や映画に比べれば、古典文学に向き合うのには、少し努力が要る。言葉を読み解くのに、少し根気が要るからである。しかし、ひとたび何かが読み解けるようになると、それはじっくりと向き合える、付き合いがいのある世界である。表面上の文意の背後にある事情を(注8)忖度する面白さに気付き始めると、同じ文章が多様な姿に見えてきはじめる。そうした経験を重ねながら、書物やメディアの言葉が、友達や恋人《こいびと》の言葉が、ビジネスパートナーや取引相手の言葉が、必ずしも物事の真実や人の内面を字義通り示しているわけではないことが、わかるようにもなるのである。

すぐれた古典文学は、長い歳月《さいげつ》を生き延びてきただけに、高度に多義的であり、存分に読み応えがあるものである。現代文学に比べても、一朝一夕には読みこなせず、想像力を駆使《くし》して行間を読んでいかなければならない。(注9)かぐや姫《ひめ》の気持ちや、光源氏の暮らしをあれこれ想像してみよう。そこに正解はないし、どんなことを想像しても、誰《だれ》も傷ついたりしない。まずはあれこれ推測を重ねて、遊んでみよう。そうやって眼に見えない形で鍛えられた世の中や人の心理への洞察力は、英会話や簿記よりずっと、⑥皆《みな》さんが明日を生きるための根源的な力となることだろう。

(注1) フィクション……想像によって作り出されたもの。作り事。後に出てくる「虚構」も同じ意味。
(注2) 実学……現実の社会・産業を発展させる、実用的な学問。
(注3) 有価証券……その所有者の財産権を記載《きさい》した証書。
(注4) 株式市場……金融《きんゆう》市場の中で有価証券の売買が行われる市場。
(注5) バブル崩壊《ほうかい》……一九九一～一九九三年の間に生じた日本の大規模な景気後退期のこと。「バブル」とは「泡《あわ》・気泡《きほう》」のことで、「実態のない見せかけのもの」を喩《たと》えている。
(注6) 簿記《ぼき》……金銭の出し入れ、取り引きなどを一定の形式によって帳簿に記録・計算・整理して、その結果を明らかにする記帳法。
(注7) 迂遠《うえん》……実際の役に立たないもの。
(注8) 忖度《そんたく》……他人の心の中を推し量ること。
(注9) かぐや姫《ひめ》……平安時代前期の物語『竹取物語』の女主人公。次の「光源氏《ひかるげんじ》」は平安時代中期の物語『源氏物語』の男主人公。

問一 ＝＝a～dのカタカナを漢字に直しなさい。

問二 ～～A、Bが四字熟語になるように、それぞれの□内に適当な漢字一字を補いなさい。

問三 ～～C、Dが文脈にふさわしい慣用表現になるように、それぞれの□内に適当な漢字一字を補いなさい。

問四 □X〜Zに当てはまる語の組み合わせとして最も適当なものを次の中から選び、記号で答えなさい。

ア X かえって Y ただし Z ところが

イ X ひいては Y しかも Z しかし

ウ X むしろ Y そして Z また

エ X もちろん Y だから Z つまり

問五 ——①の「生きた言語」、「死んだ言語」という表現について説明したものとして最も適当なものを次の中から選び、記号で答えなさい。

ア 誰もが生きていく上で必要な英語を「生きた言語」、誰もがあまり興味を抱かなくなった古語を「死んだ言語」と表現している。

イ 努力は必要だが学べば習得できる英語を「生きた言語」、難解で理解することが困難な古語を「死んだ言語」と表現している。

ウ 学校教育の中で人気がある英語を「生きた言語」、人気がなく苦手意識を持たれがちな古語を「死んだ言語」と表現している。

エ 国際化が進む現代で有用な英語を「生きた言語」、古典文学を読むため以外には不必要な古語を「死んだ言語」と表現している。

問六 ——②とあるが、「経済における『お金』」と政治における政治家の共通点とはどのような点か。解答欄《かいとうらん》の形式に合わせて説明しなさい。

問七 ——③とあるが、経済や政治の「虚構としての化けの皮が剥がれてしまった」とはどういうことか。最も適当なものを次の中から選び、記号で答えなさい。

ア 経済や政治は信用できる確かなものでなく、実態のないものを信じていたに過ぎないことが明らかになってしまったということ。

イ 経済や政治は文学のような虚構とは一線を画し、人生を左右するような重大な問題を生じさせる危険性があるということ。

ウ 経済や政治は以前は生き抜くために必要不可欠なものだったが、もはや生活に不要なものだと思われるようになったということ。

エ 経済や政治は元々は現実に根ざさないものであったが、失敗を経ることによりかえって重要性を増してきているということ。

問八 ――④とあるが、「間接的に文学の失地回復を図った」とはどういうことか。最も適当なものを次の中から選び、記号で答えなさい。

ア 文学よりも我々の生活に密接に関連する経済や政治の欠点を指摘《してき》することによって、虚構であるがゆえに理想的な世界を構築できる文学を再評価しようとしたということ。

イ 文学の世界が持っている、経済や政治とは異なる虚構としての純粋《じゅんすい》な魅力《みりょく》を述べることによって、経済や政治の世界の内実のなさや汚《きたな》さを明らかにしようとしたということ。

ウ 文学に比べて実学として重視されがちな経済や政治の虚構性を示すことによって、虚構であることを理由に軽視されている文学の正当な評価を求めようとしたということ。

エ 文学こそが、経済が破綻《はたん》し、政治が腐敗《ふはい》した現代社会において我々の心のよりどころになる確かなものであることを暗示することで、文学の価値を見直そうとしたということ。

問九 ――⑤とあるが、このことを表す具体例として最も適当なものを次の中から選び、記号で答えなさい。

ア 図書館で夢中になって本を読み、帰宅時間をすっかり忘れていたことによって、自宅で起きた火災に巻き込《こ》まれずにすんだ。

イ 就職の面接で、たまたまその時読んでいた本の内容と同じような質問があり、そのおかげで無事に内定を得ることができた。

ウ 若いときに身内を亡くして毎日悲嘆《ひたん》にくれていたが、明るい未来を描《えが》いたファンタジー小説を読むことで明るさを取り戻《もど》した。

エ 謙虚《けんきょ》で優しかった主人公が出世して傲慢《ごうまん》になり孤立《こりつ》する本を読み、それを反面教師にして偉《えら》くなっても常に低姿勢でいられた。

問十 ――⑥とあるが、筆者は、古典文学のどのような点が、その他の虚構の作品に比べ、「根源的な力」を養うのに最適だと考えているか。解答欄の形式に合わせて説明しなさい。

問十一　次の文章は本文の読後感について話し合ったものである。Ⅰには当てはまる語句を十五字以内で本文中より抜き出し、Ⅱには当てはまる最も適当なものを後の選択肢《せんたくし》より選び、記号で答えなさい。

Aさん　古典文学って単なる文化的教養や日本語の変遷《へんせん》への理解を深めるために読むのかと思っていたので、筆者は意外な考え方を示していたので、驚《おどろ》いたよ。

Bさん　一見不必要で無駄《むだ》な努力に思える、古典文学を学ぶことは、むしろ就職などにつながる表面的な技術を身につけるよりも大事なことのように思えてくるね。

Aさん　うん。僕《ぼく》らはどうしてもすぐに役立ちそうな技術にばかり目を奪《うば》われてしまうけど、文学や古典文学の読解を通して培《つちか》われる［　Ⅰ　］は、まさに現代にも求められる資質だと思うな。

Bさん　そうだよね。現代は、［　Ⅱ　］からこそ、そのような資質の重要性は増してきているよね。

先生　二人とも筆者の主張をしっかりと読み取ることができたようですね。

【Ⅱの選択肢】

ア　実学重視で出世や経済的な豊かさを追い求めがちで、本当の心の豊かさが見失われている

イ　情報化で真偽《しんぎ》の定かでない大量の情報が溢《あふ》れ、国際化で多様な人々と意思疎通《いしそつう》する必要がある

ウ　ネットの普及《ふきゅう》で人間関係が希薄《きはく》になり、少子高齢化で家庭と地域との連携《れんけい》が弱まっている

エ　社会の格差が広がり、子供の教育に対しても貧富の差が影響《えいきょう》を与えるようになってきている

**二**

中学二年生の「雨音《あまね》」（「あたし」）は父親（「広希さん」）の死をきっかけに、雨音が生後七ヶ月のときに離婚して家を出た母親（「国吉さん」）と一緒《いっしょ》に暮らすことになった。他人の気持ちを推《お》し量《はか》ったり、予定外のことに対応するのが苦手な国吉さんと同居生活を送って二ヶ月経った頃、亡くなった父親の婚約者（「帆波《ほなみ》さん」）が父親の子どもを妊娠《にんしん》しているため二人と同居したいと望み、三人での共同生活が始まった。雨音の誕生日に、国吉さんの働くレストランで誕生日祝いをしようと帆波さんが雨音を連れ出した場面に続く以下の文章を読んで、後の問いに答えなさい。

「わたしと雨音ちゃんはどんな関係に見えてるだろうね」

親子というには帆波さんは童顔だし、でも友だちというには年が離《はな》れている、かな。

「従姉妹《いとこ》とか」

「あー、それはいい線かも」

帆波さんは苦笑した。

「……そういえば、誕生日に帆波さんと一緒って初めてだね」

クリスマスも、お正月も帆波さんはうちに来たし、パパや帆波さんのお誕生日は三人でレストランに行った。なのに、あたしの誕生日だけはパパとふたりだった。帆波さんがうちに来るようになった最初の誕生日は、帆波さんが一緒じゃないことにほっとしたけど、翌年はちょっと変な気がした。それで「帆波さんは？」って聞いたら、「明日来るって言ってたよ」ってパパはなんでもないように言った。

①「なんでいつも来てくれなかったの？」

「お誕生日だからね、雨音ちゃんの」

あたしが首を傾《かし》げると、帆波さんは笑みを浮かべてグラスを口につけた。

しばらく窓の外に目をやっていると、ウェイターがテーブルの前にきた。

「ブロッコリーとチーズのサラダとほうれん草のココット（注1）でございます。ただいまメイン（注2）をお持ちいたします」

シンプルな白い平皿にちょこんと盛りつけられたサラダと、ぽってりとした丸い器にとろけそうなたまごののったココットが、テーブルに置かれた。

「今日はね、コース料理みたいな出し方にはしないでくださいってお願いしたの。お誕生日会ってテーブルの上、にぎやかでしょ」

さっきウェイターさんにお願いしていたのはそれか。

「別に、いいのに」

ここはレストランでうちじゃないんだから……。

「ビーフシチューの煮込《にこ》みハンバーグでございます」

そういって白い深皿が正面に置かれた。

②えっ？

この匂《にお》い……。

「わ、おいしそう」

帆波さんに促《うなが》されるようにして、あたしはソーススプーンをそっとハンバーグにあてた。

口に入れると、じゅわっと舌の上に肉汁が広がる。ビーフシチューのコクの深いソースと鼻から抜《ぬ》けるやさしい香り。

同じだ。

あたしの誕生日は、いつも家でパパとふたりでお祝いをした。

ごちそうは小さいときから毎年決まってビーフシチューの煮込みハンバーグ。パパおすすめのレストランからテイクアウトしてきてくれるハンバーグで、あたしの大好物。それにサラダとかココットやなにか。ケーキは苺《いちご》とブルーベリーののったホールのショートケーキが定番。

「どうして」

あたしがつぶやくと、帆波さんは［ Ⅰ ］を下げた。

「広希さん、毎年ここのお料理をテイクアウトしてたんだね」

あたしは皿のなかのハンバーグをじっと見つめた。

「なんで」

声が小さく震《ふる》えた。

「お誕生日は、お母さんの料理を食べさせてあげたかったんだよ」

「じゃあ、国吉さんもずっと知ってて」

ううん、と帆波さんはかぶりを振《ふ》った。
「オーナーが、毎年協力してくれていたんだって」
そういえば、オーナーは国吉さんの事情を③知っているとか言ってたっけ……。
「雨音ちゃんが十二歳のお誕生日のまえにね、わたし、広希さんにこのことを聞いたの。でも最近になって思うんだけど、国吉さんは毎年、広希さんが雨音ちゃんの誕生日に料理をテイクアウトしていたことに、気づいていたんじゃないかな」
「どうして？」
「だって、国吉さん、家ではほとんど洋食作らないでしょ。それって、④そういうことなんじゃないかな」
膝《ひざ》の上でナプキンをぎゅっと握《にぎ》った。入口に近いテーブルの女の人たちから楽し気な笑い声があがった。
「温かいうちに食べよ」
帆波さんはソーススプーンを動かして、ビーフシチューにハンバーグを絡《から》めるようにして口に運んだ。
「雨音ちゃんは、ずっとずっと小さい頃《ころ》から、お母さんにもお誕生日をお祝いしてもらっていたんだよ」
静かにやさしく響《ひび》く帆波さんの声に［Ⅱ］が熱くなって、あたしはあわててハンバーグを頬張《ほおば》った。
この味。
そう、この味だ。
パパは毎年、「やっぱりここのハンバーグが一番おいしいな」って言って、あたしが食べるのを嬉《うれ》しそうに見てた。ばかみたい。言ってくれなきゃわからないよ。それじゃあパパの自己満足じゃん。いつもどうでもいいことばっかり、べらべらしゃべってたのに。
⑤ぽろぽろと涙がこぼれた。あわてて手で拭《ぬぐ》うと帆波さんがハンカチをあたしの前に置いた。それを顔に当てると、喉《のど》の奥がひくひくして、涙腺《るいせん》のタガが外れた。
パパは自分がこんなに早く死んじゃうなんて思っていなかったんだろうけど。帆波さんが話してくれなかったら、あたしは一生パパのことも国吉さんのことも、ふたりのことも、なにも知らなかった。
パパがいなくなって、初めてこんなに泣いた……。

ハンカチを握《にぎ》ったまま顔をあげると、帆波さんの笑顔があった。
「広希さんね、去年の誕生日は誘《さそ》ってくれたの」
「じゃあなんで来てくれなかったの？　もしかしたら帆波さん、気をつかって」
「それもあるけど、ちょっと悔《くや》しかったのもあるかな」
「悔しかった？」
だって、と帆波さんは［　Ⅲ　］。
「雨音ちゃんが十八歳の誕生日までは、母親の手料理でお祝いをしたいんだけど、いいかなって」
「……パパ、相変わらずダメだね」
鼻をすんすんやりながら言うと、帆波さんはくすくす笑って［　Ⅰ　］を下げた。
「わたし、国吉さんにやきもち焼いてたんだよ」
そう言って「本当においしい」と、シチューを口に入れた。
嬉しいのか悲しいのかわからなくて、少し胸が苦しかったけど、あたしたちはテーブルに並んだ料理を完食した。
ほどなくすると、ウェイターが皿を下げに来た。
「お飲物をご用意いたしますが、いかがいたしましょう」
「あたしは紅茶をお願いします」
「デカフェはありますか？」
帆波さんはカフェインレスのコーヒーを頼んだ。
「ご用意いたします」
まわりを見ると、いつの間にかテーブルは満席になっていた。
ロウソクの灯りがゆらゆら天井にうつっているのをぼーっと眺《なが》めていると、白髪《はくはつ》のウェイターが飲みものを運んできた。
「お口に合いましたでしょうか」
「あ、はい」
「どれもおいしかったです。とくに煮込みハンバーグ」

短く応《こた》えるあたしにかわって、帆波さんが応えた。
「ありがとうございます。いつかこちらで召《め》し上がっていただきたいと思っていましたので、ひとつ夢がかないました」
「オーナーさんですか？」
帆波さんが言うと、その人はゆっくり首肯《しゅこう》した。⑥「パパの共犯者」とあたしがつぶやくと、オーナーは目元に深いしわを作った。
「九年前から、この日におふたり分の料理をご予約頂いておりました」
ってことはあたしが五歳《さい》の誕生日からだ。ああ、おばあちゃんが亡くなってから。
「デザートをお持ちしました」
オーナーのうしろから国吉さんがあらわれた。コックコート姿が似合っている。というより馴染《なじ》んでる。
「どうぞごゆっくりなさってください」オーナーがさがると、国吉さんは手にしていたケーキをテーブルに置いた。
苺とブルーベリーがたっぷりデコレーションされたショートケーキ。その皿の上にチョコペンできれいなメッセージが書いてあった。
Happy《ハッピー》 Birthday《バースデイ》, Amanesan!!
「帆波さんから予約の連絡《れんらく》を頂いたので。わたしからのお祝いです」
国吉さんは会釈《えしゃく》をすると、厨房《ちゅうぼう》のほうへからだを向けた。
「ありがとうございます」
背中に向かって言うと、国吉さんは足を止めて振り返り、「お誕生日おめでとうございます」とささやくように言って、帆波さんに小さく会釈をした。
「帆波さん」
「ん？」
⑦「これ、持って帰ってもいいかな」
あたしが言うと、帆波さんはふっと笑った。
「そうだね、そうしよ」
頬が火照《ほて》るのを感じながらこくんとうなずいて、あたしは紅茶に砂糖を入れた。
「国吉さんが帰ってきたら三人で食べようね」

「べつに、そういう意味で持って帰るって言ったんじゃないよ。いまはおなかいっぱいだから」
「雨音ちゃんは、国吉さんのことになると素直じゃないんだから」
「そんなことないよ」
あるある、と笑いながら帆波さんはカップをもちあげた。
「一緒に食べよう。三人で」
窓の外に目を向けて、あたしは「うん」と短く応えた。

（いとうみく『あしたの幸福』）

（注1）ココット……耐熱《たいねつ》性の小さな陶器《とうき》の容器に入った料理。
（注2）メイン……メインディッシュのこと。西洋料理の献立《こんだて》の中心となる魚または肉料理。

問一　空欄Ⅰ・Ⅱに当てはまるように「目」を用いた顔の一部を表す言葉を答えなさい。　※同じ記号の空欄には同じ言葉が入る。

問二　空欄Ⅲに当てはまるものとして最も適当なものを次の中から選び、記号で答えなさい。

ア　眉をひそめた
イ　肩をすくめた
ウ　体をこわばらせた
エ　目をほそめた

問三 ――①「なんでいつも来てくれなかったの?」とありますが、「帆波さん」が来なかった理由と思われるものとして最も適当なものを次の中から選び、記号で答えなさい。

ア 娘を喜ばせたいという父親の思いには共感していたが、自分のことよりも雨音を優先せずにはいられない父親の姿を見るのは辛かったから。

イ 自分に心を開き始めてくれている雨音の様子を嬉しく思っていたが、父親からではなく、いつか雨音が自分から誘ってくれると期待していたから。

ウ 雨音が楽しみにしているのは、母親による誕生日の手料理で、他人である自分が顔を出して親子に気を遣《つか》わせてしまうのがいやだったから。

エ 親子水入らずの誕生日を邪魔《じゃま》したくないと思っていたのと同時に、自分は血縁《けつえん》関係にないので、結局本当の母親には敵《かな》わないだろうと思っていたから。

問四 ――②「えっ?」とありますが、このときの「雨音」の心情を説明したものとして最も適当なものを次の中から選び、記号で答えなさい。

ア 父親と食べてきたメニューを帆波さんが知っているので腹立たしく思っている。

イ 初めてやってきたレストランの料理がおいしそうなのを嬉しく思っている。

ウ 毎年誕生日に食べていた料理がなぜ目の前にあるのか不思議に思い驚《おどろ》いている。

エ 帆波さんが自分の大好物ばかりを選んで注文したことに対して戸惑《とまど》っている。

問五 ――③「わたし、広希さんにこのことを聞いたの」とありますが、「このこと」とはどのようなことですか。「帆波さん」が考える「広希」の意図も含めて説明しなさい。

問六 ――④「そういうことなんじゃないかな」とありますが、それについて説明したものとして最も適当なものを次の中から選び、記号で答えなさい。

ア　国吉さんにとって雨音の誕生日に洋食をふるまうことは特別なことではあるが、それは自分が料理したものだと気づかれたくなかったのではないかということ。

イ　生前父親と仲睦《なかむつ》まじく暮らしていた家で国吉さんが父親の好物だった洋食をふるまうと、父親のことを思い出してしまい辛くなってしまうのではないかということ。

ウ　たとえ心が通じ合うことはなかったとしても、やがてやってくる娘の誕生日に今度は国吉さんが目の前で料理をふるまいたいと思っているのではないかということ。

エ　雨音の誕生日は国吉さんが自分の腕前を披露《ひろう》する絶好の機会なので、自宅ではなく充実した設備のレストランでしか作ることはできないと思っていたのではないかということ。

問七 ――⑤「ぽろぽろと涙がこぼれた」とありますが、このときの「雨音」の心情を説明したものとして最も適当なものを次の中から選び、記号で答えなさい。

ア　娘に手料理をふるまいたいという国吉さんの願いを父親が叶《かな》えようとしていたのだと分かって、気恥《きは》ずかしくなっている。

イ　母親には祝われたことがないと思っていた自分の誕生日が実は毎年祝われていたと分かり、やるせない気持ちになっている。

ウ　毎年さりげなく行われていた自分の誕生日のお祝いには両親の思いが込められていたのではないかと思い、感極まっている。

エ　父親が自分には決して見せることがなかった本心を帆波さんには伝えられていたのではないかと思い、安堵感《あんどかん》を覚えている。

問八 ――⑥「『パパの共犯者』とあたしがつぶやく」とありますが、このときの「雨音」について説明したものとして最も適当なものを次の中から選び、記号で答えなさい。

ア　自分の知らないところで父親の計画に協力したオーナーの気遣いに対して照れくさく思い、冗談めかして言っている。

イ　夢がかなったという思いも寄らないオーナーの言葉を嬉しく思いつつも、困惑《こんわく》の気持ちを隠《かく》しきれずに言っている。

ウ　オーナーが誕生日のお祝いの真相を教えてくれたことに感謝していたが、素直になれず心にもないことを言っている。

エ　自分に無断で勝手なことをしたオーナーに対して腹を立ててしまい、不快な気持ちを込めて冷ややかに言っている。

問九　次の文は、「雨音」が「国吉さん」と一緒に生活するようになった直後の内容である。これを参考にして、なぜ———⑦「これ、持って帰ってもいいかな」と「雨音」が言ったと考えられるのか、理由を説明しなさい。

> 国吉さんと住み始めてもうすぐ一週間になる。
> 早番の日は夕食、遅番の日は朝食という感じで、日に一度は一緒にテーブルにつくけれど、楽しく会話をするわけでもない。そもそもあたしたちの間に会話は少ない。必要なことは話すけど、それは会話というより伝言に近い、と思う。
> だから暮らしているというより、一緒に住んでいる、が正しい。
> たしかに国吉さんは最初にかけてきた電話のとき、「わたしと暮らしますか」ではなく、「わたしと住みますか」と言った。住む、ということばに違和感《いわかん》があったから、いまでもよく覚えている。

問十　本文における「帆波さん」の人物像を説明したものとして最も適当なものを次の中から選び、記号で答えなさい。

ア　亡くなった婚約者《こんやく》の娘を、自分が育てなければいけないと思っている責任感のある人物。
イ　自分の複雑な心情も吐露《とろ》しつつ、雨音の気持ちに寄り添《そ》おうとしている穏《おだ》やかな人物。
ウ　雨音の知らない父親の一面を伝え、雨音との関係をよいものにしようとする積極的な人物。
エ　頑《かたく》なに国吉さんを否定する雨音に、親子の絆《きずな》を取り戻させようとする世話好きな人物。

問十一　本文の表現について説明したものとして最も適当なものを次の中から選び、記号で答えなさい。

ア　13行目「窓の外に目をやっている」、115行目「窓の外に目を向けて」には、雨音の心情の変化が表れている。
イ　48行目「膝の上でナプキンをぎゅっと握った」には、帆波さんの言葉への雨音の動揺《どうよう》が表れている。
ウ　75行目「テーブルに並んだ料理を完食した」には、雨音の様子にほっとした帆波さんの内面が表れている。
エ　97行目「Happy Birthday, Amanesan!!」には、英語で表すことでしか伝えられない国吉さんの娘への思いが表れている。

三　六本松小学校の六年生のあるクラスでの授業中の様子です。これを読んで、後の問いに答えなさい。

先生　今日は「若者の○○離《ばな》れ」について、お話をしたいと思います。Aさん、家にCDはありましたか。

Aさん　はい。私のお父さんの部屋で見つけて貸してもらいました。これは音楽を聴《き》くためのものなんだって。

Bさん　へえ。見た目はDVDと同じだね。音楽を聴くということは映像は見ることができないんだね。

先生　そうです。ところで、みなさんはCDを買ったことがありますか。

Aさん　いいえ。ありません。

Bさん　ぼくもありません。もしかしたら今初めて見たかもしれません。

先生　そうですか。私が初めてCDを自分のお小遣《こづか》いで購入《こうにゅう》したのがみなさんぐらいの年齢《ねんれい》の時ですから、時代の移り変わりを感じますね。ではみなさんはどのようにして音楽を聴いているのですか。

Aさん　毎月一定のお金を支払《しはら》って、たくさんの音楽の中から自分の聴きたいものが聴けるサービスを利用しています。

先生　なるほど。「サブスクリプション」ですね。

Bさん　先生、サブスクリプションって何ですか。

先生　Aさんが言ったように、あらかじめ決められた料金を月ごとなどに支払うことで、その期間製品を使用できたり、サービスを受けたりすることができるシステムのことです。

Aさん　略して「サブスク」などと呼ばれていますよね。

Bさん　そのシステムは知っていたけど、それをサブスクリプションっていうんだね。確かに音楽はそうやって聴く人が多いイメージがあるね。

先生　サブスクというと近年のトレンドのように聞こえますが、実は賃貸住宅に住むことや公共交通機関の定期券なんかも一種のサブスクと言えるんですよ。しかし、インターネットの普及《ふきゅう》によりその市場《しじょう》は拡大し、みなさんが今知っているようなものになったと言えそうですね。①【資料1】を見てください。

Bさん　インターネットが普及したおかげで、直接お店に行かなくても音楽が聴けたり、商品が手に入ったりすることは魅力《みりょく》的ですね。しかし、似たようなものに「ダウンロード」がありますが、サブスクとはどう違《ちが》うのでしょうか。

先生　サブスクについては先ほど説明しました。ダウンロードとはインターネット上で、データを自分自身の端末《たんまつ》に受信することを言います。そのため、サブスクとは異なり、自分自身の端末でそれを所有することになるんですね。お店で行う売買と同じで、一つずつ値段が決まっており、買い切りとなっています。

Bさん　製品やサービスを利用する期間お金を支払うのか、それぞれの商品に対してお金を支払うのかが違うってことですね。

先生　そうですね。②【資料2】を見てください。

Aさん　ここまで見てみると、音楽の聴き方も時代とともに少しずつ変わってきていますね。

先生　そうですね。他にも最近テレビで若者の車離れというニュースがありました。

Bさん　車は生活に必要な物ではなくなってきているということでしょうか。

Aさん　確かに近所のコインパーキングでもカーシェアリング用の車が増えているよ。

Bさん　カーシェアリングって何。

先生　登録者なら車を共同で使えるサービスのことです。レンタカーに比べると、短時間の利用者が多くなっています。③【資料3】を見てください。

Bさん　カーシェアリングの車両台数も会員数も右肩《かた》上がりに増えているね。

先生　一昔前とは違い、車を持つということは当たり前のことではなくなっているのかもしれません。

Aさん　地下鉄やバスなどの公共交通機関も発達しているし、私自身も将来、車が欲しいとは思わないかなあ。

先生　Aさんの言うように公共交通機関の発展も大きな理由かもしれませんが、人々の考え方の変化も関係していると考えられます。【資料4】を見てください。

Bさん　これを見ると、「できるだけモノを持たない暮らしに憧《あこが》れる」ということから、若者のCD離れや車離れは起こっていることがわかるね。

Aさん　さらに［　X　］から音楽のサブスクやカーシェアリングがはやっているんじゃないかな。

先生　そうですね。Aさんの言うように、人々の物に対する価値観が変化し、何に満足感を覚えるのかも変わってきているということでしょうね。

【資料１】

音楽ソフト生産・音楽配信売上実績金額推移

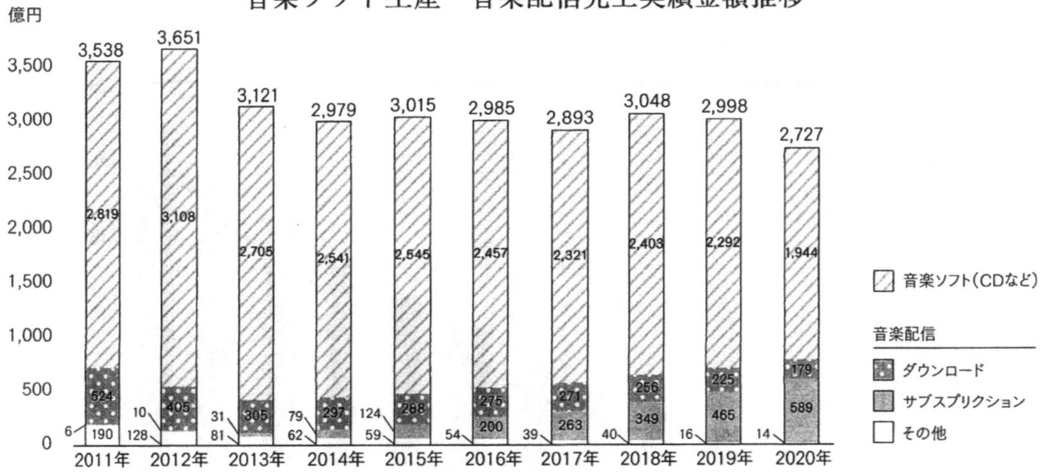


「日本のレコード産業2021」（一般社団法人　日本レコード協会）を基に作成。

【資料２】

音楽配信売上金額比率

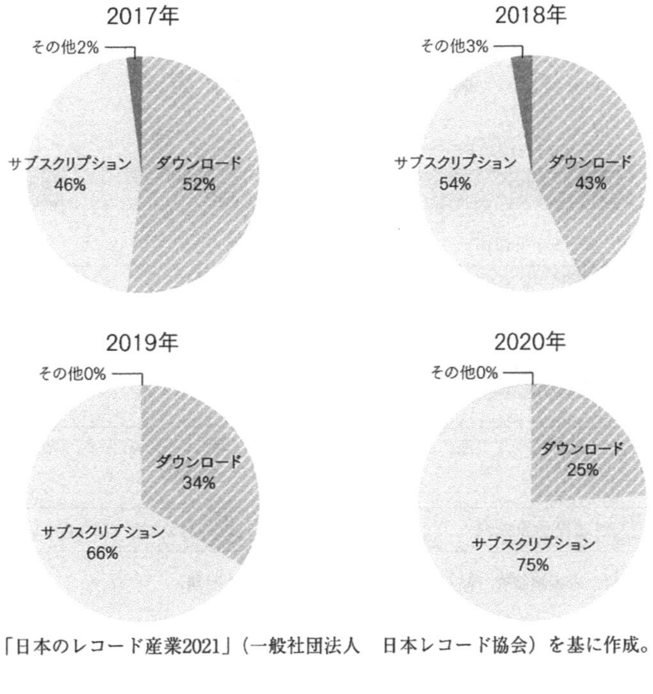


「日本のレコード産業2021」（一般社団法人　日本レコード協会）を基に作成。

【資料3】

## わが国のカーシェアリング車両台数と会員数の推移

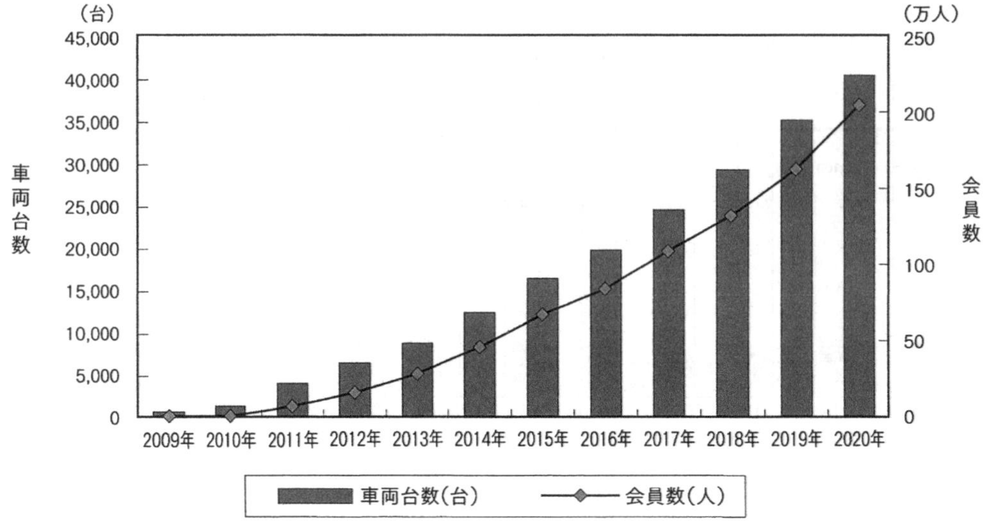


公益財団法人交通エコロジー・モビリティ財団ＨＰより引用。

【資料4】

## 暮らしについての考え方

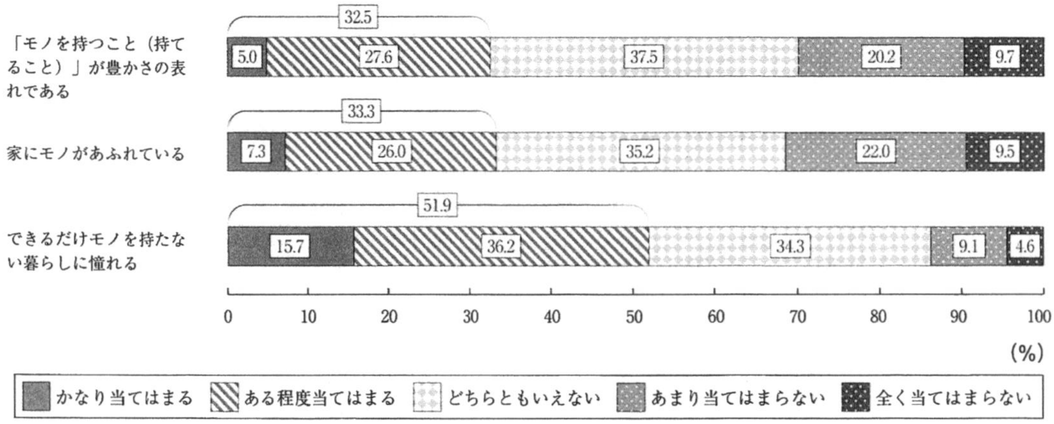


「平成28年度　消費生活に関する意識調査　結果報告書」（消費者庁）より引用。

問一 ━━①とありますが、【資料1】から読み取ることができるものとして最も適当なものを次の中から選び、記号で答えなさい。

ア　ＣＤをはじめとする音楽ソフトの売上は毎年ずっと右肩下がりに減少し続けている。
イ　音楽配信全体の売上が増加し続ける一方で、ダウンロードの売上は減少している。
ウ　サブスクリプションの売上は二〇一六年から二〇二〇年までで三倍近くに増加している。
エ　音楽ソフトの売上の減少に伴《ともな》い、音楽全体の売上金額も毎年減少し続けている。

問二 ━━②とありますが、【資料2】が円グラフであることの効果として**誤っているもの**を次の中から選び、記号で答えなさい。

ア　音楽配信におけるサブスクリプションの占《し》める割合が分かりやすくなっている。
イ　音楽配信の市場における比率の変遷《へんせん》がより読み取りやすくなっている。
ウ　サブスクリプションの普及が非常に急速であったことが強調されている。
エ　サブスクリプションが急速に普及した理由が読み取りやすくなっている。

問三 ━━③とありますが、【資料3】から読み取ることができるものとして最も適当なものを次の中から選び、記号で答えなさい。

ア　二〇二〇年には五十人の会員に対して一台程度の車両がある。
イ　二〇〇九年から二〇一三年までは毎年車両台数が倍増している。
ウ　二〇一四年に車両台数が五十万台を超《こ》え、現在も増加傾向《けいこう》にある。
エ　二〇一〇年からは会員数が増えたために、車両台数も増えた。

問四 空欄 X に当てはまる語句を、**会話の流れもふまえて**、答えなさい。

問五 このやりとりの後、ＡさんとＢさんはサブスクリプションにはどのようなものがあるか調べました。その例として**誤っているもの**を次の中から選び、記号で答えなさい。

ア　家具を購入した顧客《こきゃく》の自宅を定期的に訪問し、不具合があればその都度有料で修理を行う。
イ　顧客が入力した読書履歴《りれき》をＡＩによって分析《ぶんせき》し、定額でその顧客におすすめの本を送る。
ウ　毎月一定の金額を支払ってもらい、調理された魚をパックに詰《つ》め合わせにして宅配する。
エ　実際の使用料による料金ではなく月額制にすることで、印刷機のインクを使い放題にする。

令 和 4 年 度

福岡大学附属大濠中学校

# 入 学 試 験 問 題

# 算　　数

[時 間　60分]

注　意

1．答えはすべて解答用紙に記入してください。

2．解答用紙には氏名・受験番号（算用数字　例10001）をきちんと書いてください。

## 1　次の各問いに答えなさい。

(1)　$2 \times 7 + (8 \times 9 - 7 \times 6) \div 3 - 2$　を計算すると [①] です。

(2)　$\dfrac{4}{7} \times \left( \dfrac{9}{5} - \dfrac{7}{5} \div \dfrac{7}{2} + \dfrac{7}{2} \right)$ を計算すると [②] です。

(3)　次の□にあてはまる数は [③] です。ただし□には同じ数が入ります。

$$\frac{1}{\square} + \frac{2}{\square} + \frac{3}{\square} + \cdots\cdots + \frac{15}{\square} = 15$$

(4)　商品Aと商品Bがあります。Aを3個買ったときの金額とBを5個買ったときの金額は等しく，AとBを一つずつ買ったときの金額は1200円です。このとき，商品B一つの金額は [④] 円です。

(5)　太郎くんは，おばあさんの家へ出かけるとき，途《と》中のお店でおみやげを買っていくことにしました。家からおばあさんの家まで $\dfrac{3}{5}$ すすんだところでおみやげを買うことを思い出し，240 m引き返した所にあるお店に行きました。このお店からおばあさんの家までの道のりと，家からおばあさんの家までの道のりの比は6:11です。家からおばあさんの家まで [⑤] mあります。

(6)　チョコレートが何個かあります。これを何人かで分けるのに，1人10個ずつに分けると30個余り，12個ずつに分けると18個余ります。
全部を分けて余らないようにするには，1人 [⑥] 個ずつに分ければよいです。

(7)　4人でプレゼントを交換《かん》することになりました。自分が用意したプレゼントは，自分以外の人に渡ります。プレゼントの交換の仕方は全部で [⑦] 通りあります。
ただし，プレゼントは1人1つずつ用意し，全員1つずつ受け取るものとします。

(8)　下の図のように，半径 2cm の円を 5 つぴったりくっつけています。まわりにひもをかけたとき，ひもの長さは [ ⑧ ] cm です。ただし，円周率は 3.14 とし，ひもの太さは考えないものとします。

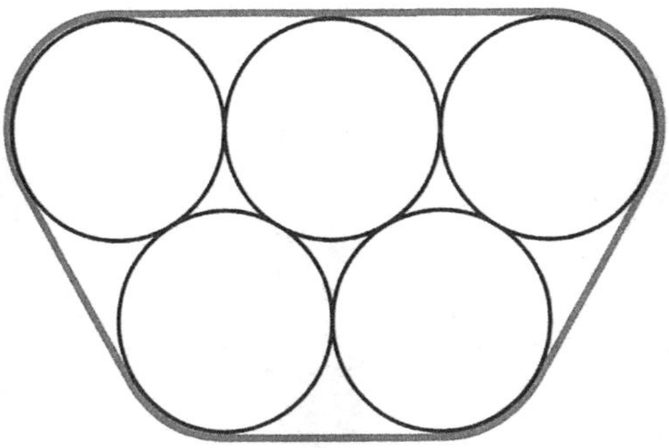

(9)　下の図のように，正六角形 ABCDEF の各辺を三等分する点をとります。斜《しゃ》線部分の面積が 24 $cm^2$ のとき正六角形 ABCDEF の面積は [ ⑨ ] $cm^2$ です。

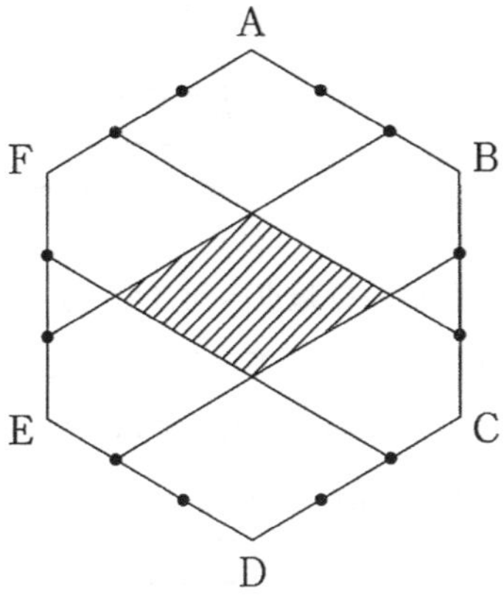


(10)　A，B，C，D，E の 5 人で徒競走をしました。5 人の順位について次のことが分かっています。

・　B の次に D がゴールした
・　A は C，E よりも先にゴールした
・　同時にゴールした者はいなかった

さらに，下の条件ア～オのうち [ ⑩ ] を加えると 5 人の順位が確定します。

ア　A は 1 着だった
イ　B は 2 着だった
ウ　C は 3 着だった
エ　D は 4 着だった
オ　E は 5 着だった

**2** A中学校の生徒25人が，P地点からQ地点へ一列に並んで遠足に出かけました。歩く速さは毎分50 mで，前の人と一定の間隔《かく》をあけて歩いているものとします。

(1) いま，A中学校の生徒は，前の人と125cmの間隔をあけて歩いています。

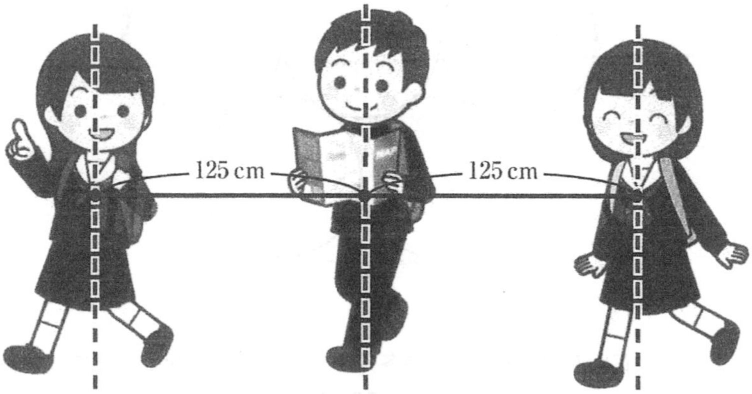


(ア) A中学校の最前列から最後尾《び》までの長さは［ ⑪ ］mあります。

(イ) Q地点に向かう途中，長さ590 mの橋を渡ります。A中学校の最前列の生徒が渡り始めてから最後尾の生徒が渡り終わるまでに［ ⑫ 分 秒 ］かかります。

(2) B小学校の生徒15人が，P地点からQ地点へ向けて一列に並んで遠足に出かけました。前の人と一定の間隔をあけて一定の速さで歩いているものとします。

B小学校の生徒が前の人と110cmの間隔をあけて歩いているとき，分速200 mで同じ向きに走ってきた人が，B小学校の最後尾に追いついてから，最前列を追いこすまでに6秒かかりました。このとき，B小学校の生徒の歩く速さは分速［ ⑬ ］mです。

A 中学校の生徒が，Q 地点に到着して休憩をとった後，P 地点へ戻っています。一方，B 小学校の生徒は，引き続き P 地点から Q 地点へ向かっています。このとき，A 中学校の生徒も B 小学校の生徒も歩く速さは変わっていませんが，それぞれの前の人との間隔は変わってしまいました。その変わった間隔を一定に保って歩いているものとします。A 中学校の歩く速さは毎分 50 m で，B 小学校の歩く速さは(2)と同じ速さとします。

(3) A 中学校と B 小学校の列がすれ違いました。

このとき，A 中学校の列の長さは，B 小学校の列の長さの $\frac{9}{7}$ 倍で，A 中学校と B 小学校の最前列どうしが出会ってから，最後尾どうしが出会うまでに $\frac{144}{5}$ 秒かかりました。

このとき，A 中学校の列の前の人との間隔は ⑭ cm です。

**3** 数学塾の中山先生と，その生徒である中学生の大木くん，濠川さんの次の会話文を読み，[ ⑮ ]～[ ㉑ ]にあてはまる語句や数を答えなさい。

中山先生：　大木くん，濠川さん，何を見ているの？

濠川さん：　2022 年 4 月のカレンダーを見ているんです。私たちの学校の創立記念日が 4 月 14 日で，今年は何曜日かなと思って。

【2022 年 4 月のカレンダー】

| 日 | 月 | 火 | 水 | 木 | 金 | 土 |
|---|---|---|---|---|---|---|
| | | | | | 1 | 2 |
| 3 | 4 | 5 | 6 | 7 | 8 | 9 |
| 10 | 11 | 12 | 13 | 14 | 15 | 16 |
| 17 | 18 | 19 | 20 | 21 | 22 | 23 |
| 24 | 25 | 26 | 27 | 28 | 29 | 30 |

大木くん：　2022 年 4 月 14 日は木曜日だね。

中山先生：　来年はどうでしょう？

濠川さん：　1 年は 365 日だから…

大木くん：　2023 年の 4 月 14 日は[ ⑮ ]曜日だね！

中山先生：　その通りです。その次の年はどうでしょうか？

濠川さん：　2024 年は 1 年の日数が「平年」より 1 日多い「うるう年」だから，4 月 14 日は[ ⑯ ]曜日になるね。

中山先生：　正解です。よく「うるう年」に気がつきましたね。

大木くん：　ところで，「うるう年」は必ず 4 年に 1 回なのかな？

中山先生：　必ずしもそうではないですよ。大木くん，「うるう年」か「平年」かは，具体的には次のルールで決まります。

> 【ルール】
> 西暦《せいれき》が 4 で割り切れる年を「うるう年」とする。ただし，例外として西暦が 100 で割り切れて 400 で割り切れない年は「平年」とする。

大木くん：　意外と複雑なルールで決められていたんですね。

中山先生：　暦《こよみ》と季節がずれないように，うまく考えられているんだね。
それでは 2 人に質問です。4 月 14 日が 2022 年と再び同じ曜日になるのは，次は西暦何年だろうか？

濠川さん：　えーっと…。[ ⑰ ]年でしょうか？

中山先生：　正解です。どのように考えましたか？

濠川さん：　具体的に書き出して考えました。

中山先生：　なるほど。それでは，2222 年 4 月 14 日は何曜日でしょうか？

濠川さん：　これは書き出すとたいへんですね。何かうまい方法はないかなあ？

大木くん：　えーっと…。仮にすべて「平年」だと仮定して考えて，後で「うるう年」の数を考えればどうかな？

2022 年から 2222 年までの「うるう年」は全部で [ ⑱ ] 回あるから…

2222 年 4 月 14 日は [ ⑲ ] 曜日ですか？

中山先生：　正解です！さすがですね。

ところで，2022 年 4 月 14 日時点で学校は創立してから何年になるのかな？

濠川さん：　72 年になります。

中山先生：　なるほど，良い問題を思いつきました。4 月 14 日時点で，その年の西暦が創立してからの年数で割り切れる年を**「良い年」**と呼ぶことにしよう。1951 年から 2022 年までの間に**「良い年」**は何回あるかな？

大木くん：　例えば，1951 年 4 月 14 日の時点で創立してからの年数は 1 年ですよね。1951 は 1 で割り切れるから，1951 年は**「良い年」**ということですか？

中山先生：　その通りです。

濠川さん：　う～ん…。1 つ 1 つ計算するのも時間がかかりますよね。何かヒントはありませんか？

中山先生：　西暦 $a$ 年 4 月 14 日時点での創立してからの年数を $b$ 年としましょう。すると…。

大木くん：　$a$ ＝ [ ⑳ ] ＋ $b$ が成り立ちます！

中山先生：　そうですね。では [ ⑳ ] を簡単な整数のかけ算で表してみましょう。

濠川さん：　う～ん…。なるほど，わかりました！**「良い年」**は 1951 年から 2022 年までの間に [ ㉑ ] 回あります。

中山先生：　正解です！

## 4

AB = ED = 5cm, BC = AD = 12cm の直角三角形 ABC と直角三角形 EDA を, 辺 AB と辺 AD が下の図のように一直線になるようにおきます。円周率を 3.14 とします。

(1) 角㋐の大きさは ㉒ 度です。

(2) 四角形 BCED の面積は ㉓ $cm^2$ です。

(3) 三角形 ACE の面積は ㉔ $cm^2$ です。

(4) 3つの点 A, C, E を通る円の面積は ㉕ $cm^2$ です。

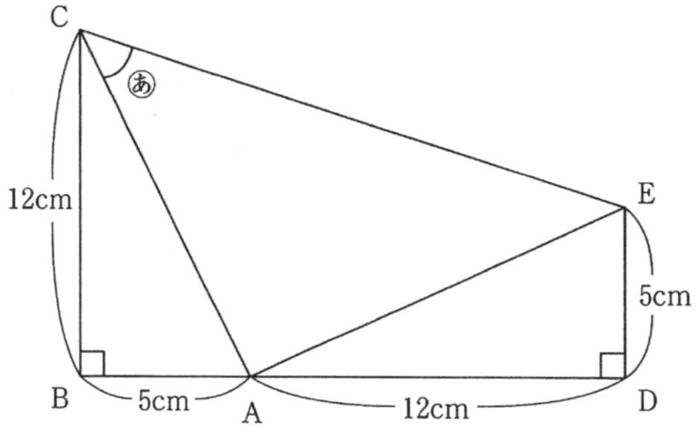

(5) AC と BE の交点を F とします。

AF : FC を最も簡単な整数の比で表すと ㉖ : です。

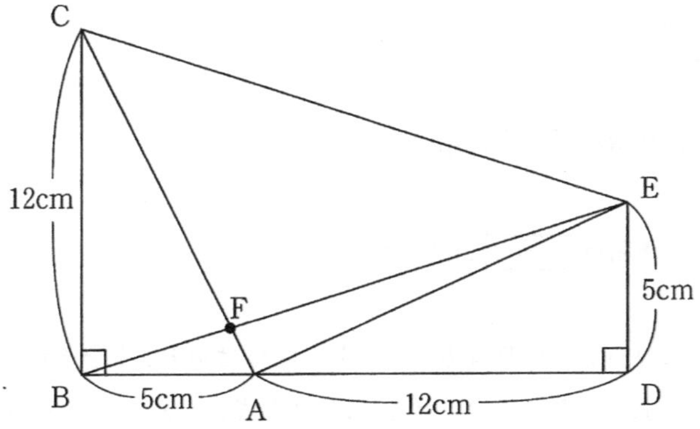

**5** 角すいの体積は（底面積）×（高さ）× $\frac{1}{3}$ で求められます。

下の図のように，1 辺の長さが 2cm の立方体 2 つをたてに積んだ立体があります。

辺 GH と AC の交点を E，辺 HI と BC の交点を F とします。

(1) EG の長さは ㉗ cm です。

(2) 三角すい OABC の体積は ㉘ $cm^3$ です。

(3) 三角すい ABCD の体積は ㉙ $cm^3$ です。

(4) 三角すい OABC について，点 P は辺 AC 上を，点 Q は辺 BC 上をそれぞれ動きます。
三角形 OPQ の周の長さが最小になるとき，PQ の長さは，AB の長さの ㉚ 倍です。

(5) 三角形 ABC の面積は ㉛ $cm^2$ です。

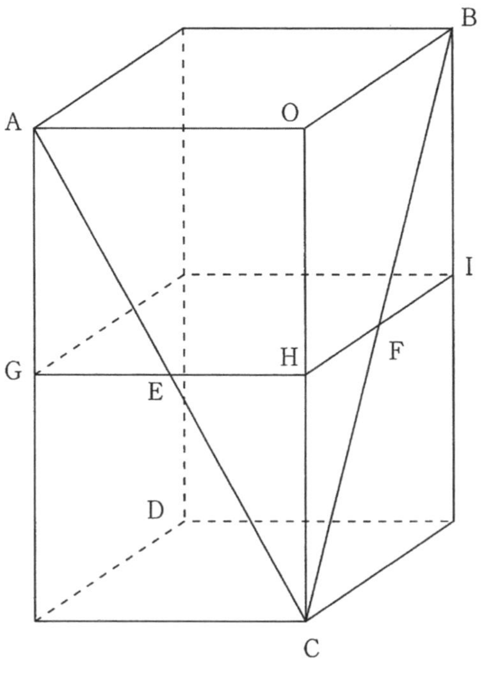

令 和 4 年 度

福岡大学附属大濠中学校

# 入 学 試 験 問 題

# 理　科

[時 間　40 分]

注　意

1．答えはすべて解答用紙に記入してください。

2．解答用紙には氏名・受験番号（算用数字　例10001）をきちんと書いてください。

## 1

堆積《たいせき》岩について、以下の各問いに答えなさい。

問１　地表に出た岩石は、川の上流から、中流、下流へと移動し、最後は海に運ばれます。川の上流，中流，下流でひろった石のようすとして最も正しい組み合わせを、次のア～エの中から１つ選び、記号で答えなさい。

| | 上流 | 中流 | 下流 |
|---|---|---|---|
| ア | 鋭《するど》い角《かど》が多い | 角もあるが、鋭くない | 角がなく、丸い |
| イ | 角がなく、丸い | 鋭い角が多い | 角もあるが、鋭くない |
| ウ | 角もあるが、鋭くない | 角がなく、丸い | 鋭い角が多い |
| エ | 鋭い角が多い | 角がなく、丸い | 角もあるが、鋭くない |

問２　問１のように、上流，中流，下流で石のようすが異《こと》なる理由として最も適当なものを、次のア～エの中から１つ選び、記号で答えなさい。

ア．上流ほど岩石が風化しやすいから
イ．運ばれる間に水中で石と石がぶつかるなどして角がとれるから
ウ．上流，中流，下流ではそれぞれ石をつくっている粒《つぶ》の種類が異なるから
エ．下流にいくほど流れが速くなり、石が割れて角ができるから

問３　堆積岩には化石が含《ふく》まれていることがあり、岩石ができた年代や、その場所の当時のようすを知るてがかりになります。シジミの化石をふくむ堆積岩が見つかったとすると、この堆積岩からその場所の当時のようすについてどのようなことが分かりますか。最も適当なものを、次のア～エの中から１つ選び、記号で答えなさい。

ア．川の上流であった。
イ．浅い海であった。
ウ．湖や河口《かこう》であった。
エ．火山の近くであった。

問４　下の①はまっすぐな川を、②は曲がった川を上から見た図です。図中のＡ～Ｃの３地点のうち、水の流れが最も速いのはどこですか。①，②のそれぞれについて正しいものを、次のア～オの中から１つずつ選び、記号で答えなさい。

①まっすぐな川

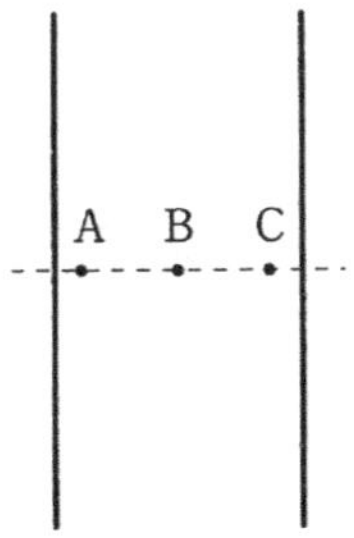


②曲がった川

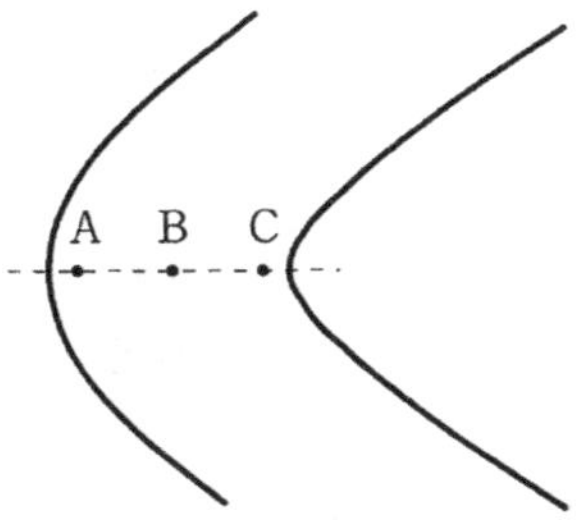


ア．Ａ　　イ．Ｂ　　ウ．Ｃ　　エ．ＡとＣ　　オ．どの地点も同じ

問５　問４の②の川のようすとして正しいものを、次のア～エの中からすべて選び、記号で答えなさい。

ア．Ｃ地点側には、Ａ地点側にくらべて砂や小石が多く川原ができやすい。
イ．Ａ地点側には、Ｃ地点にくらべ石灰《せっかい》岩が多く見られる。
ウ．Ａ地点側よりもＣ地点側の川岸がけずられて洪水《こうずい》が起こりやすいので、Ｃ地点側に重点的にブロックを設置するとよい。
エ．Ｂ地点は、Ｃ地点にくらべて川底が深い。

**2**　次の文章を読んで、以下の各問いに答えなさい。

地球から見た星々は、１日で地球のまわりを１周するように見える。これは地球が、地軸《ちじく》を中心に１日１回（　①　）しているために起こる現象であり、星の（　②　）運動と呼ばれている。

問１　上の文中の（　①　），（　②　）に当てはまる言葉の組み合わせとして正しいものを、次のア～エの中から１つ選び、記号で答えなさい。

| | ア | イ | ウ | エ |
|---|---|---|---|---|
| ① | 自転 | 自転 | 公転 | 公転 |
| ② | 年周 | 日周 | 年周 | 日周 |

図は、北緯《ほくい》33°の地点にいる人が、ある日ある時刻に見る星々をプラネタリウムの天井《てんじょう》のように半球上に描《えが》いたものです。星を観察する人は図のＯ点にいて、星を見ることになります。Ａ点，Ｂ点，Ｃ点，Ｄ点を通る円は地平線《ちへいせん》を表しています。

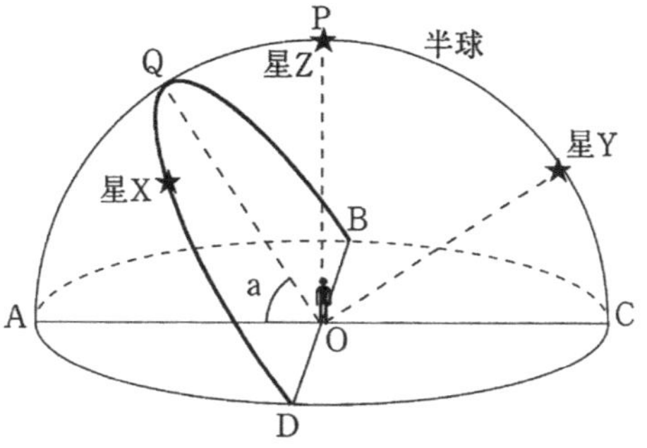


半球上の太線（Ｂ点，Ｑ点，Ｄ点を通る線）は、ある星Ｘが半日かかって移動する通り道を表しています。Ｐ点は、天頂《てんちょう》（人の真上の点）であり、Ａ点，Ｑ点，Ｐ点，星Ｙ，Ｃ点は同じ半円上にあるものとします。

問２　図中の星Ｙは、時間がたっても動かない星です。星Ｙの名称を答えなさい。

問３　図中のＡ～Ｄは東西南北いずれかの方角を表しています。東，西，南，北を表しているのはどれですか。それぞれ正しいものをＡ～Ｄの中から１つ選び、記号で答えなさい。

問４　図中のａの角度は何度ですか。

問５　図中のＰ点に星Ｚがあります。この星Ｚはどのような動きをしますか。次のア～キの説明の中から正しいものを１つ選び、記号で答えなさい。

ア．この星は、１日中、地平線に沈《しず》まない。
イ．この星は、Ｂ点から上ってＰ点を通り、Ｄ点に沈む。
ウ．この星は、Ｄ点から上ってＰ点を通り、Ｂ点に沈む。
エ．この星は、Ｂ点とＣ点の間から上ってＰ点を通り、Ｄ点とＣ点の間に沈む。
オ．この星は、Ｄ点とＣ点の間から上ってＰ点を通り、Ｂ点とＣ点の間に沈む。
カ．この星は、Ｂ点とＡ点の間から上ってＰ点を通り、Ｄ点とＡ点の間に沈む。
キ．この星は、Ｄ点とＡ点の間から上ってＰ点を通り、Ｂ点とＡ点の間に沈む。

**3** は次のページからです。

**3**　磁石のはたらきについて、以下の各問いに答えなさい。

問１　次のうち、磁石につくものはどれですか。正しいものを次のア～エの中から１つ選び、記号で答えなさい。

ア．鉛《えん》筆の芯《しん》　　イ．10円玉　　ウ．アルミ缶　　エ．スチール缶

問２　棒磁石のまわりにクリップをたくさん置いて、クリップのつき方を調べました。クリップのつき方の説明として最も適当なものを、次のア～エの中から１つ選び、記号で答えなさい。

ア．磁石のＳ極のまわりにだけ、たくさんのクリップがつく。
イ．磁石のＳ極とＮ極のまわりに、たくさんのクリップがつく。
ウ．磁石のまん中にだけ、たくさんのクリップがつく。
エ．磁石全体にまんべんなく、クリップがつく。

次に、図１のような鉄の棒にエナメル線を巻いた電磁石を机の上に置きました。この電磁石に電源装置を使って電流を流し、電磁石から少し離《はな》れたＡの位置に方位磁針を置くと、針の向きは図２のようになりました。

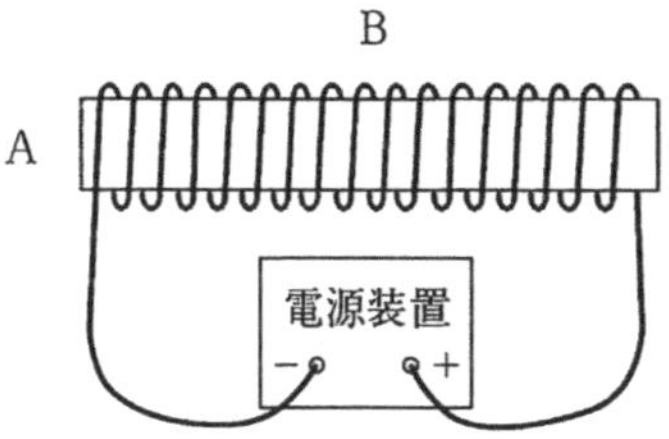

図１

図２

問３　方位磁針をＢの位置に置きました。方位磁針の針の向きを表した図として最も適当なものを、次のア～エの中から１つ選び、記号で答えなさい。

問４　図１の電源装置の＋と－をつなぎかえて電流の向きを逆にしたとき、電磁石の左右はそれぞれ何極になりますか。正しい組み合わせを、次のア～エの中から１つ選び、記号で答えなさい。

ア．左はＮ極　　右はＳ極　　　イ．左はＮ極　　右はＮ極
ウ．左はＳ極　　右はＮ極　　　エ．左はＳ極　　右はＳ極

最後に、図1と同じ電磁石を2つと、①～③の3つの方位磁針を図3のように机の上に置き、2つの電磁石にそれぞれ電流を流しました。すると、方位磁針の針の向きは図3に示す通りになりました。このとき、電磁石1、電磁石2に流れる電流の大きさは等しいものとします。

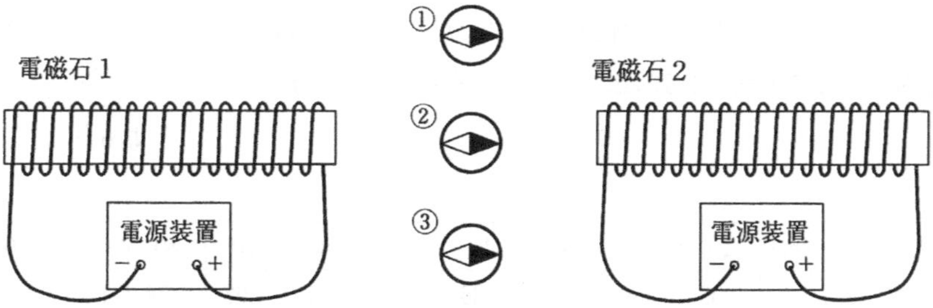


図3

問5　方位磁針①と②をそれぞれ少し右側にずらしました。このとき、方位磁針の針の向きはどのようになりますか。最も適当な組み合わせを次のア～ケの中から1つ選び、記号で答えなさい。

| | ① | ② |
|---|---|---|
| ア |  |  |
| イ |  |  |
| ウ |  |  |
| エ |  |  |
| オ |  |  |

| | ① | ② |
|---|---|---|
| カ |  |  |
| キ |  |  |
| ク |  |  |
| ケ |  |  |

問6　電磁石1に流れる電流の大きさだけを少しずつ大きくしていきました。図3中の方位磁針③の針の向きはどのようになりますか。最も適当なものを次のア～エの中から1つ選び、記号で答えなさい。

ア

イ

ウ

エ

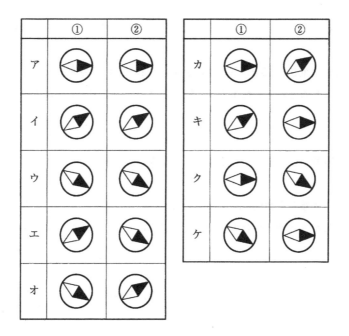

**4**

のび縮みしない糸のはしに10 gのおもりを取り付け、もう一方を固定したふりこを作成しました。このとき、ふれはばを15°にして、おもりが図中のABの間を10往復する時間を計り、そこから1往復する時間（周期）を計算しました。この実験を何回かくり返し、平均値をとりました。下の表1は同じ実験をふりこの長さを10 cmずつ変えて行った結果です。

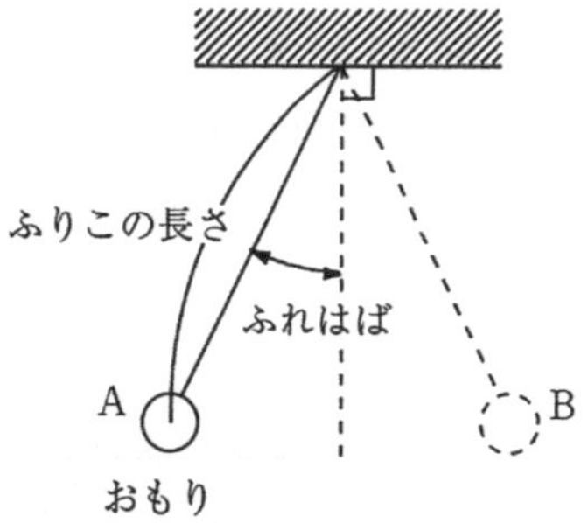


表1

| ふりこの長さ〔cm〕 | 10 | 20 | 30 | 40 | 50 | 60 | 70 | 80 | 90 | 100 | 110 | 120 |
|---|---|---|---|---|---|---|---|---|---|---|---|---|
| 周期〔秒〕 | 0.63 | 0.89 | 1.10 | 1.26 | 1.41 | 1.55 | 1.68 | 1.78 | 1.90 | 2.00 | 2.10 | 2.20 |

問1　おもりの重さを20 g、ふれはばを15°、ふりこの長さを10 cmにしたとき、ふりこの周期はいくらになると考えられますか。最も適当なものを次のア～エの中から1つ選び、記号で答えなさい。

ア．0.63秒　　イ．0.89秒　　ウ．1.10秒　　エ．1.26秒

問2　おもりの重さを40 g、ふれはばを15°、ふりこの長さを60 cmにしたとき、ふりこの周期はいくらになると考えられますか。最も適当なものを次のア～エの中から1つ選び、記号で答えなさい。

ア．1.10秒　　イ．1.55秒　　ウ．2.20秒　　エ．6.20秒

問3　おもりの重さを20 g、ふれはばを15°、ふりこの長さを160 cmにしたとき、ふりこの周期はいくらになると考えられますか。最も適当なものを次のア～エの中から1つ選び、記号で答えなさい。

ア．2.52秒　　イ．3.56秒　　ウ．5.04秒　　エ．7.12秒

次に、図のように、おもりの重さを 10 g、ふりこの長さを 40 cm にし、糸を支えている点から真下に 30 cm のところに釘《くぎ》を打ち、ふれはばが 15°となる点 A からおもりを放しました。

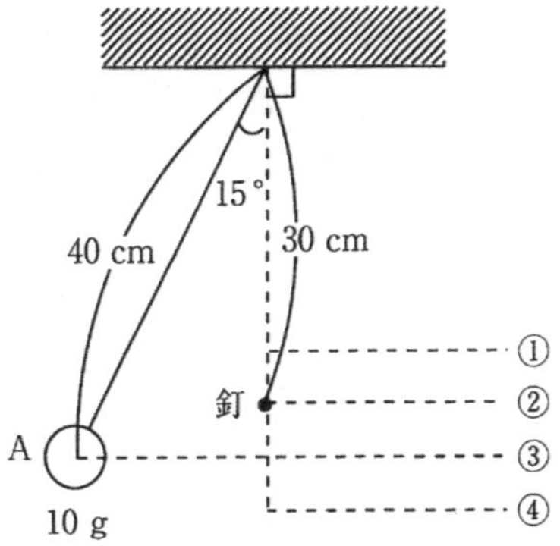


問4　糸が釘に引っかかったあと、おもりの中心はどの高さまで上がりますか。最も適当なものを図中の①～④の中から1つ選び、番号で答えなさい。

問5　糸が釘に引っかかったあとの右側のふれはばはどうなりますか。最も適当なものを次のア～ウの中から1つ選び、記号で答えなさい。

ア．15°より大きい　　　　イ．15°　　　　ウ．15°より小さい

問6　点 A からおもりを放した後、糸が釘に引っかかって最高点に初めて達するまでの時間を答えなさい。なお、表1の値を用いて計算し、答えが割り切れない場合は、小数第3位を四捨五入して小数第2位まで答えなさい。

問7　おもりが釘の真下の点 C に達したとき、とつ然糸が切れました。糸が切れたあとのおもりはどのように落下しますか。最も適当なものを次のア～エの中から1つ選び、記号で答えなさい。

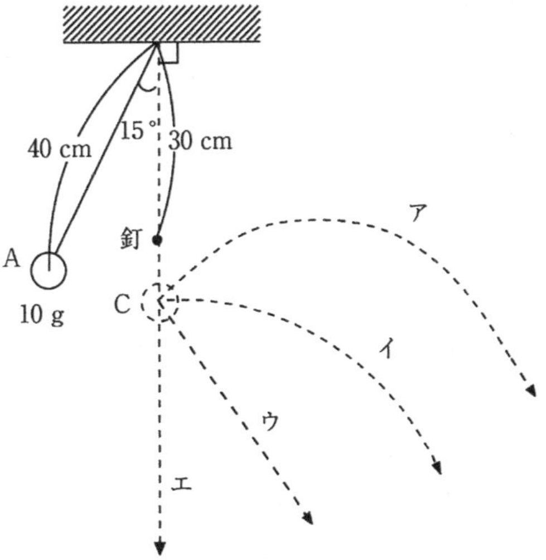

**5**　りかさんは、５月にカボチャの苗《なえ》を植え、実をつけるまで観察を行いました。図１，図２はカボチャの雄花《おばな》，雌花《めばな》の模式図《もしきず》で、花の一部を取り除いて中を見やすくした状態を示しています。カボチャのつくりについて、以下の各問いに答えなさい。

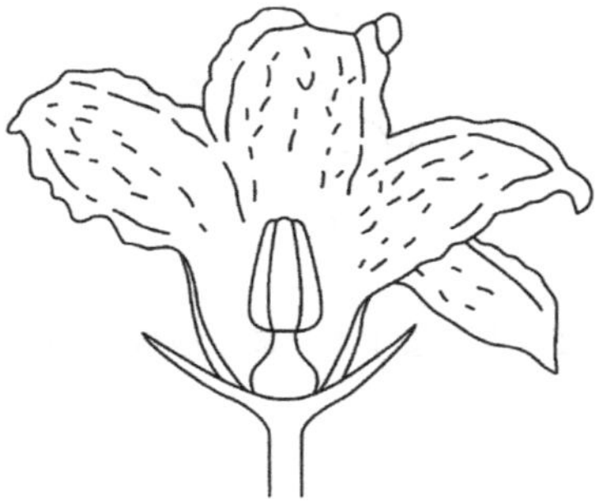

図１　カボチャの雄花

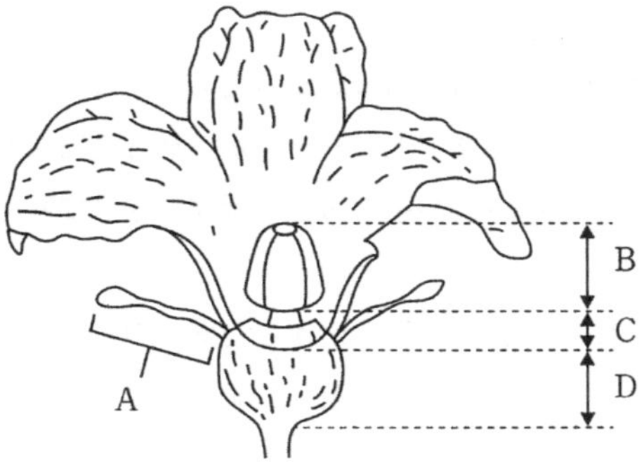


図２　カボチャの雌花

問１　カボチャは図１，図２のように、雄花と雌花にわかれています。次のア～オの植物のうち、カボチャと同じように、雄花と雌花にわかれている植物をすべて選び、記号で答えなさい。

ア．ツルレイシ　　イ．オクラ　　ウ．ナス　　エ．ヘチマ　　オ．ピーマン

問２　図２のＡ～Ｄは雌花の一部分を示しています。①めしべ全体と、②めしべのうち受粉する部分、③成熟後に実になる部分を示したものはどれですか。次のア～カからそれぞれ１つ選び、記号で答えなさい。

ア．Ａ　　イ．Ｂ　　ウ．Ｄ　　エ．Ｂ＋Ｃ　　オ．Ｂ＋Ｃ＋Ｄ　　カ．Ａ＋Ｂ＋Ｃ＋Ｄ

問３　次のア～ウのグループは、私たちが普段食べる野菜を、「主につぼみ、実、種子を食べるグループ」，「主に葉、茎を食べるグループ」，「主に根、球根、地下茎《ちかけい》を食べるグループ」のいずれかに分けたものです。カボチャと同じグループに入るものを、次のア～ウの中から１つ選び、記号で答えなさい。

ア．ホウレンソウ，タマネギ，アスパラガス
イ．ダイコン，ニンジン，サツマイモ
ウ．ブロッコリー，ゴーヤ，インゲンマメ

りかさんは、カボチャの葉が緑と白の斑模様《まだらもよう》になっていることに気づきました。図鑑《ずかん》で調べると、このような葉は斑《ふ》入りといい、アジサイやアサガオなどの身近な植物の葉でも見られることがわかりました。斑入りの植物の光合成について興味をもったりかさんは、斑入りのアサガオの葉を用いて次のような実験を行い、結果を下の表にまとめました。なお、手順３、手順４は、ヨウ素液の反応を見やすくするために行う操作です。

**実験**

図３

手順１：実験に使うアサガオの鉢《はち》を暗室に入れて、一日置いた。

手順２：翌日、斑入りのアサガオの葉の一部を図３のように、アルミニウムはくでおおい、日光が十分に当たる場所において、その葉を採取した。

手順３：アルミニウムはくを外して、熱湯にしばらく入れた。

手順４：熱湯に入れた葉を取り出し、温めたエタノールに浸《つ》けた。

手順５：エタノールに浸けた葉を取り出して水洗いをし、ヨウ素液に浸けた。

手順６：ヨウ素液から取り出して、葉の色の変化を観察した。

**結果**

| 記号 | 葉の部分 | ヨウ素液による葉の色の変化 |
|---|---|---|
| ア | アルミニウムはくでおおわれていない緑色の部分 | 青紫色になった |
| イ | アルミニウムはくでおおわれていない白色の部分 | 変化なし |
| ウ | アルミニウムはくでおおわれた緑色の部分 | 変化なし |
| エ | アルミニウムはくでおおわれた白色の部分 | 変化なし |

問４　次の①，②が正しいと判断するためには、結果の表のア～エのうち、どの２つの結果を比べると良いですか。結果の表の記号からそれぞれ２つ選び、答えなさい。ただし、同じ記号を何度用いてもよいものとします。

①　光合成には光が必要である。

②　光合成には葉の緑色の部分が必要である。

**6**　食害を起こすアズキゾウムシの増殖《ぞうしょく》について次の実験をしました。以下の各問いに答えなさい。

アズキゾウムシの成虫は、写真のように小豆《あずき》の表面に産卵します。その後、卵から出てきた幼虫は豆の中に入って、内部を食べて成長し、蛹《さなぎ》になります。やがて、豆の中で（　A　）して成虫になると、穴をあけて豆の外に脱出します。こうして発生した次の世代がまた小豆の表面に産卵します。このような増殖を年に５回繰り返し、貯蔵した小豆を食べられなくさせることから、アズキゾウムシは害虫とみなされています。

小豆20ｇの入った容器を多数用意し、いろいろな数のアズキゾウムシの成虫をそれぞれに入れて、空気だけが出入りできるようにふたをして飼育しました。容器に入れた成虫の個体数（$N_0$）と、豆の中から出てきた成虫の個体数（$N_1$）との関係は、図１のような曲線になりました。なお、点線は$N_0$と$N_1$の数が等しい場合の補助線です。ただし、オスとメスの割合は常に１：１として考えなさい。

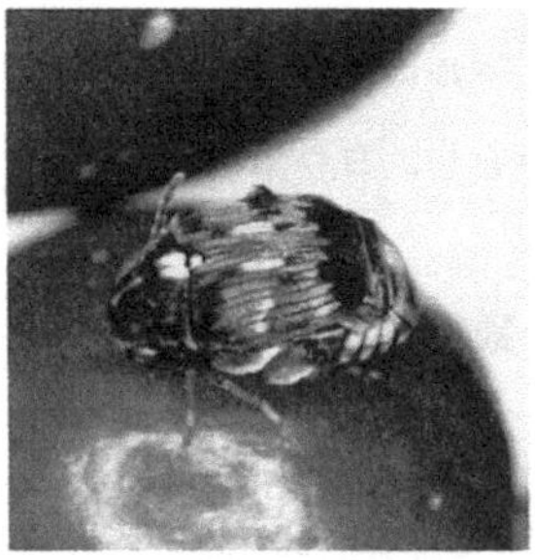

【引用：国立研究開発法人農業・食品産業技術総合研究機構】

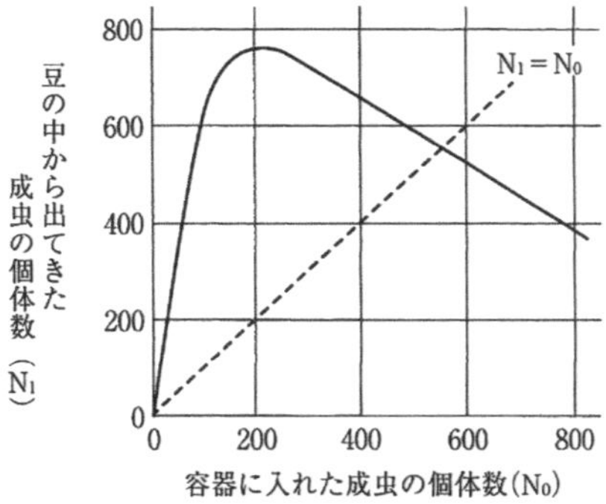


図１

問１　下線部のように、蛹の時期がある動物を次のア～オから２つ選び、記号で答えなさい。

ア．セミ　　イ．トンボ　　ウ．カ　　エ．カマキリ　　オ．カブトムシ

問２　空欄《らん》（　A　）に当てはまる語を、次のア～エの中から１つ選び、記号で答えなさい。

ア．受精　　イ．ふ化　　ウ．蛹化《ようか》　　エ．羽化

問３　図１を見て、容器に入れた個体数が次のａ～ｃの場合、次の世代の個体数の増減はどうなりますか。容器に入れた個体数と比べて答えなさい。下のア～ウの中から最も適当なものをそれぞれ１つ選び、記号で答えなさい。ただし、同じ記号を何度用いてもよいものとします。

ａ．入れた成虫の個体数が200より小さい場合
ｂ．入れた成虫の個体数が200～550の場合
ｃ．入れた成虫の個体数が550～800の場合

ア．増加する　　イ．減少する　　ウ．変化なし

問4　容器に、アズキゾウムシの成虫16匹を入れ、新しい小豆20gを毎世代与えて飼育し続けると、世代によって成虫の個体数はどのような変化をたどると考えられますか。図1を参考にして、図2のア～エのうちから最も適当なものを1つ選び、記号で答えなさい。ただし、次の世代が成虫になったときは親世代の成虫はすべて死んでいるものとします。

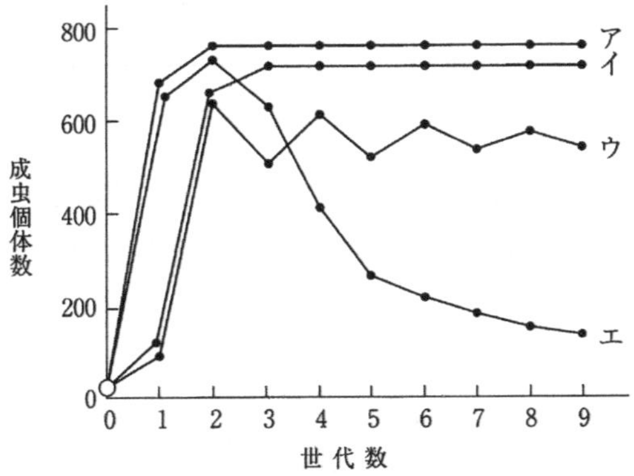


図2

**7**　Ａ～Ｅの５種類の物質を用いて、実験１～実験５を行いました。その結果をもとにして、以下の各問いに答えなさい。ただし、Ａ～Ｅは次の［　　　］内に示す物質のうちのいずれかであることがわかっています。

| |
|---|
| 食塩、重曹《じゅうそう》、水酸化カルシウム、炭酸カルシウム、水酸化ナトリウム |

【実験１】

（操作）　物質Ａ～Ｅを、それぞれ別の試験管にとり、塩酸を加えた。

［結果］　物質Ａ，Ｂからは気体①が発生したが、物質Ｃ，Ｄ，Ｅからは気体①が発生しなかった。

【実験２】

（操作）　物質Ａ，Ｂを、それぞれ別の試験管にとり、水を加えた。

［結果］　物質Ａは水に少し溶《と》けたが、物質Ｂは溶けなかった。

【実験３】

（操作）　一定量の塩酸を入れた試験管を準備し、物質Ｃを、試験管に少しずつ加えてよく溶かし、そのつど、赤色リトマス紙につけて色の変化を調べた。同様の操作を物質Ｄ，Ｅでも行った。

［結果］　物質Ｃ，Ｄを加えた塩酸は、はじめは赤色リトマス紙の色の変化は見られなかったが、溶かす量が増えると赤色リトマス紙の色が変化した。物質Ｅを加えた塩酸では赤色リトマス紙の色の変化は見られなかった。

【実験４】

（操作）　物質Ｃを、試験管にとり、水を加えて溶かしたのち，気体①を吹《ふ》き込み、何が生成するかを調べた。

［結果］　物質Ｃの水溶液と気体①との反応で物質Ｂが生成した。

【実験５】

（操作）　物質Ａを試験管にとり、ガスバーナーで加熱した。

［結果］　水，気体①などが生成した。

問１　物質Ｂは何ですか。次のア～オから適するものを１つ選び、記号で答えなさい。

ア．食塩　　イ．重曹《じゅうそう》　　ウ．水酸化カルシウム
エ．炭酸カルシウム　　オ．水酸化ナトリウム

問２　物質Ａの水溶液を赤色リトマス紙および青色リトマス紙につけ、色の変化を調べました。このときの色の変化として最も適当なものを、次のア～オから１つ選び、記号で答えなさい。

ア．赤色リトマス紙は青色になり、青色リトマス紙は赤色になった。
イ．赤色リトマス紙は青色になり、青色リトマス紙は色の変化が見られなかった。
ウ．赤色リトマス紙は色の変化が見られなかったが、青色リトマス紙は赤色になった。
エ．赤色リトマス紙と青色リトマス紙、どちらも黄色になった。
オ．赤色リトマス紙と青色リトマス紙、どちらも色の変化は見られなかった。

問３　気体①が発生するものを、次のア～カから選び、記号で答えなさい。ただし、答えは１つとは限りません。

ア．二酸化マンガンにオキシドールを加える。
イ．メタンガス（都市ガスの主成分）を燃やす。
ウ．スチールウールに塩酸を加える。
エ．スチールウールを燃やす。
オ．ろうそくを燃やす。
カ．アンモニア水を加熱する。

問４　物質Ｃは何ですか。次のア～オから適するものを１つ選び、記号で答えなさい。

ア．食塩　　イ．重曹《じゅうそう》　　ウ．水酸化カルシウム
エ．炭酸カルシウム　　オ．水酸化ナトリウム

問５　物質Ｄは何ですか。次のア～オから適するものを１つ選び、記号で答えなさい。

ア．食塩　　イ．重曹《じゅうそう》　　ウ．水酸化カルシウム
エ．炭酸カルシウム　　オ．水酸化ナトリウム

**8**　次の【実験1】,【実験2】をもとにして、以下の各問いに答えなさい。

【実験1】　ある濃さの塩酸と、それとは異なる濃さの水酸化ナトリウム水溶液を準備し、下の表に示した量だけ加えてよくかき混ぜた。それらをビーカーA～Eとする。その後、リトマス紙を用いて色の変化を調べた。リトマス紙での色の変化を見るときは、体積の変化はないものとする。

| ビーカー | A | B | C | D | E |
|---|---|---|---|---|---|
| 塩酸〔$cm^3$〕 | 50 | 50 | 50 | 50 | 50 |
| 水酸化ナトリウム水溶液〔$cm^3$〕 | 10 | 20 | 30 | 40 | 50 |
| 赤色リトマス紙の色の変化 | なし | なし | なし | なし | 青色 |
| 青色リトマス紙の色の変化 | 赤色 | 赤色 | 赤色 | なし | なし |

【実験2】　実験1でつくったビーカーDの水溶液と同じものをつくり、それを加熱して水分を完全に蒸発させると、3.6 gの固体が得られた。また、実験1で用いた水酸化ナトリウム水溶液を40 $cm^3$とり、加熱して水分を完全に蒸発させると、2.0 gの水酸化ナトリウムの固体が得られた。

問1　以下の文章中の空欄《らん》（ a ）と（ b ）に当てはまる適切な言葉を、漢字で答えなさい。

塩酸は、（ a ）という気体が水に溶《と》けたもので、酸性を示す。酸性の水溶液とアルカリ性の水溶液が混ざると、互いの性質を打ち消しあう。この反応を（ b ）という。

問2　【実験2】の文中にある下線部の固体の名称を答えなさい。

問3　ビーカーCの水溶液を加熱して水分を完全に蒸発させると、何gの固体が得られますか。答えが割り切れない場合は小数第2位を四捨五入し、小数第1位まで答えなさい。

問4　ビーカーEの水溶液を加熱して水分を完全に蒸発させると、何gの固体が得られますか。答えが割り切れない場合は小数第2位を四捨五入し、小数第1位まで答えなさい。

令 和 4 年 度

福岡大学附属大濠中学校

# 入 学 試 験 問 題

# 社　　会

[時 間　40分]

注　意

1．答えはすべて解答用紙に記入してください。

2．解答用紙には氏名・受験番号（算用数字　例10001）をきちんと書いてください。

# 1　日本における果樹農業について述べた次の文を読んで、あとの問いに答えなさい。

日本では多様な気候や土地条件のもと、①地域ごとに特色ある果樹農業が展開されてきた。②1950年代半ばから1970年代初めにかけての高度経済成長期に、果実の需要が増大し、果実生産量も急増した。また、高度経済成長期以降、③海外からの果実輸入量も増加した。1970年代後半になると、国内の生産過剰とそれにともなう価格の下落が目立つようになった。④日本の果実生産量は1979年をピークに、現在にいたるまで減少傾向にある。

果実の生産量は減少してきたが、2010年代以降、産出額は増加傾向にある。量よりも質を重視した生産方法への転換が進められ、少量でも高価な果実が作られるようになってきている。日本では果樹園が傾斜地に多く造られてきたため、果樹農業は機械化が難しい。せん定、摘果《てきか》（間引き）、収穫など、人の手による丁寧な作業を経《へ》て、高品質の果実が生産され出荷されている。

昨今は、果実生産者の減少と高齢化が進んでおり、労働力の確保が課題となっている。また、近年⑤地球温暖化などの気候変動が注目されており、栽培環境の変化や、⑥台風などによる被害の深刻化が予測されていることも、果樹農業の不安材料である。持続的な果樹農業を存続させるために、省力化や経営の多角化などを進めて、次世代へと経営を引き継ぐことや新たな担い手を育成することが求められている。

問１　文中の下線部①に関して、次の**表１**は果実産出額上位６都道府県の産出額と主な品目を示したものです。**表１**を見て、あとの（1）～（3）の問いに答えなさい。

**表１**

| 都道府県 | 産出額（億円） | 主な品目（産出額全国第１～２位） |
|---|---|---|
| A県 | 827 | りんご |
| B県 | 744 | みかん、うめ、かき |
| C県 | 707 | おうとう、西洋なし |
| D県 | 706 | ぶどう、りんご、うめ |
| E県 | 627 | ぶどう、もも、すもも、おうとう |
| F県 | 433 | みかん、いよかん、デコポン |

統計年次は2018年。
農林水産省資料による。

（1） 次の**図1**は、**表1**中のA県とB県を示した地図です。**図1**中の**あ**～**え**の地域のうち、山地のふもとで果樹栽培が盛んな平野地域の正しい組合せを、あとのイ～ニから一つ選び記号で答えなさい。

**図1**

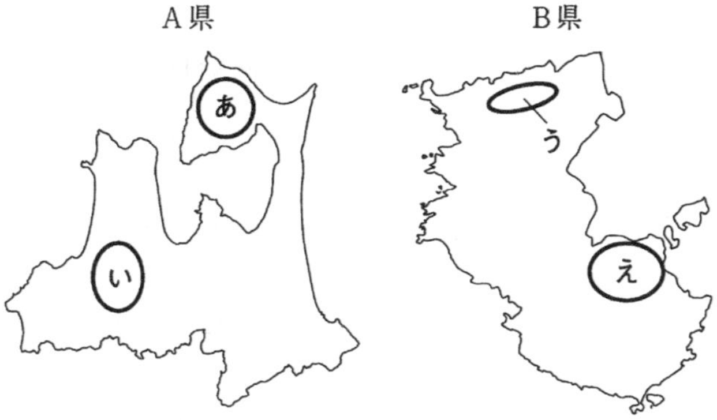


両県の地図の縮尺は異なる。

| 解答の記号 | イ | ロ | ハ | ニ |
|---|---|---|---|---|
| A県 | あ | あ | い | い |
| B県 | う | え | う | え |

（2） **表1**中のD県とE県は、どちらも同じ地方に属しています。D県とE県がともに属する地方を、次のイ～ニから一つ選び記号で答えなさい。

イ．関東地方　　ロ．中部地方　　ハ．近畿地方　　ニ．九州地方

（3） **表1**中のF県に当てはまる県を、次のイ～ニから一つ選び記号で答えなさい。

イ．宮城県　　ロ．栃木県　　ハ．富山県　　ニ．愛媛県

問2　文中の下線部②に関して、高度経済成長期の日本の産業と社会の様子について述べた文として**誤っているもの**を、次のイ～ニから一つ選び記号で答えなさい。

イ．鉄鋼業や石油化学工業の大工場が次々とつくられた。

ロ．新幹線や高速道路の建設が始まった。

ハ．都市の郊外に、大規模ショッピングセンターが多くつくられた。

ニ．東京・大阪・名古屋の三大都市圏で人口が急増した。

問3　文中の下線部③に関して、次の**図2**は日本の生鮮果実輸入量の内訳を示したものであり、図中の**A**～**D**はオレンジ、キウイフルーツ、パイナップル、バナナのいずれかです。また、**表2**は図**2**中の**A**の果実の日本の輸入相手上位国とその輸入量全体に占める割合を示したものです。**図2**中の**A**に当てはまる果実を、あとのイ～ニから一つ選び記号で答えなさい。

**図2**

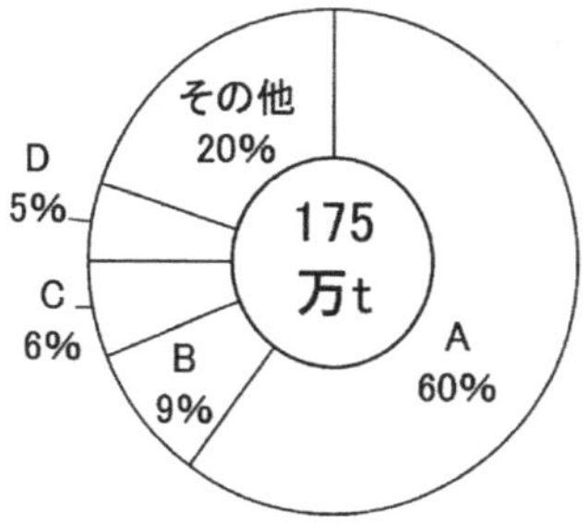


**表2**

| 輸入相手国 | 割合（%） |
|---|---|
| フィリピン | 80.0 |
| エクアドル | 11.4 |
| メキシコ | 5.2 |
| グアテマラ | 1.2 |
| ペルー | 0.5 |

統計年次は2019年。財務省資料による。

イ．オレンジ　　ロ．キウイフルーツ　　ハ．パイナップル　　ニ．バナナ

問4　文中の下線部④に関して、次の**図3**は日本の品目別食料自給率（重量ベース）の推移を示したものであり、図中の**A**～**C**は果実、米、野菜のいずれかです。**A**～**C**の正しい組合せをあとのイ～ヘから一つ選び、記号で答えなさい。

**図3**

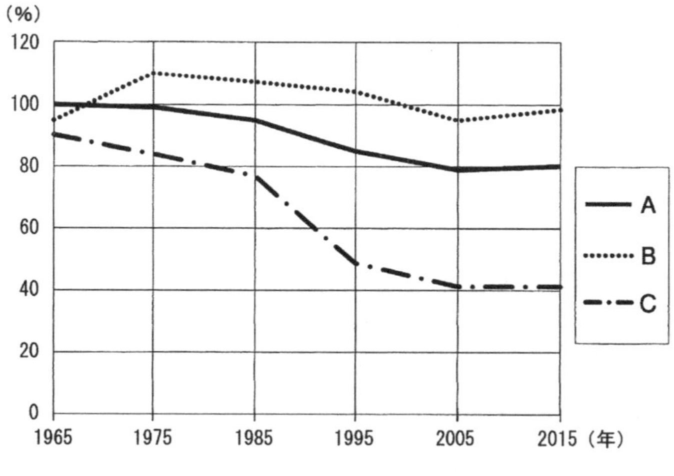


農林水産省資料による。

| 解答の記号 | イ | ロ | ハ | ニ | ホ | ヘ |
|---|---|---|---|---|---|---|
| A | 果実 | 果実 | 米 | 米 | 野菜 | 野菜 |
| B | 米 | 野菜 | 果実 | 野菜 | 果実 | 米 |
| C | 野菜 | 米 | 野菜 | 果実 | 米 | 果実 |

問５　文中の下線部⑤に関して、地球温暖化をめぐる情勢について述べた文として**誤っているもの**を、次のイ～ニから一つ選び記号で答えなさい。

イ．地球温暖化が進むと、水の蒸発量が増加して海水が減少し、海面が低下する。

ロ．森林には、地球温暖化をうながす物質である二酸化炭素を吸収する働きがある。

ハ．石油を燃焼させると、地球温暖化に影響を与える温室効果ガスが排出される。

ニ．パリ協定が結《むす》ばれ、ほぼ全ての国に地球温暖化対策が義務づけられた。

問６　文中の下線部⑥に関して、台風が接近すると、大雨と暴風によって自然災害が引き起こされることがあります。台風接近時、平野の低平な地域においてどのような自然災害が発生するか、次の二つの語句を用いて説明しなさい。

| | |
|---|---|
| 河川 | 海岸 |

**2**　次の６つの図は日本の主な湖を表したものです。なお、どの図も上の方が北ですが、縮尺は図ごとに異なります。図を見て、あとの問いに答えなさい。

琵琶湖《びわこ》（面積669㎢、最大水深104m）

滋賀県にあり、県の面積の約６分の１を占める日本最大の湖である。

霞ヶ浦《かすみがうら》（面積168㎢、最大水深12m）

日本で２番目に広い湖であり、湖岸ではれんこん栽培が盛んである。

猪苗代湖《いなわしろこ》（面積103㎢、最大水深94m）

湖面標高が高く、西にある会津盆地との高低差を利用して水力発電が行われる。

田沢湖《たざわこ》（面積26㎢、最大水深423m）

秋田県にある日本で最も深い湖であり、透明度も高い。

洞爺湖《とうやこ》（面積71㎢、最大水深180m）

北海道南西部にあり、南岸には有珠山《うすざん》や昭和新山といった火山がある。

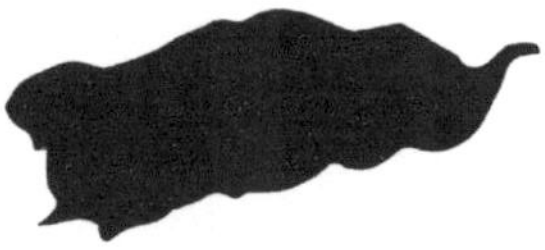

宍道湖《しんじこ》（面積79㎢、最大水深６m）

島根県にあり、淡水と海水が入り混じった汽水の湖である。

問１　琵琶湖の沿岸には、滋賀県の県庁所在都市が位置します。滋賀県の県庁所在都市の正しい位置を、次の**図１**中の**イ～ニ**から一つ選び記号で答えなさい。

**図１**

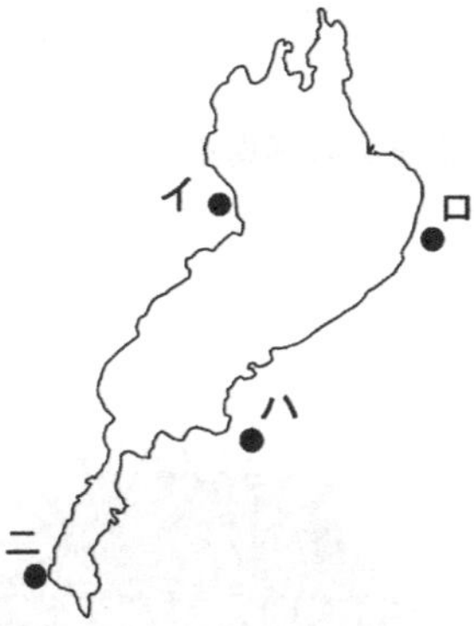


問２　（1）霞ヶ浦と、（2）猪苗代湖はそれぞれ何県に位置するか、県名を漢字で答えなさい。

問３　次の**図２**は、2017年の日本、ドイツ、ブラジルの発電量とその内訳を示したものです。猪苗代湖の北西では、1914年から、当時東洋一といわれた大規模水力発電所が運用され、高圧電線を用いて東京へ電気を送ってきました。図中の**イ～ニ**は水力、火力、原子力、その他（風力発電など）のいずれかです。水力に当てはまるものを**イ～ニ**から一つ選び、記号で答えなさい。

**図２**

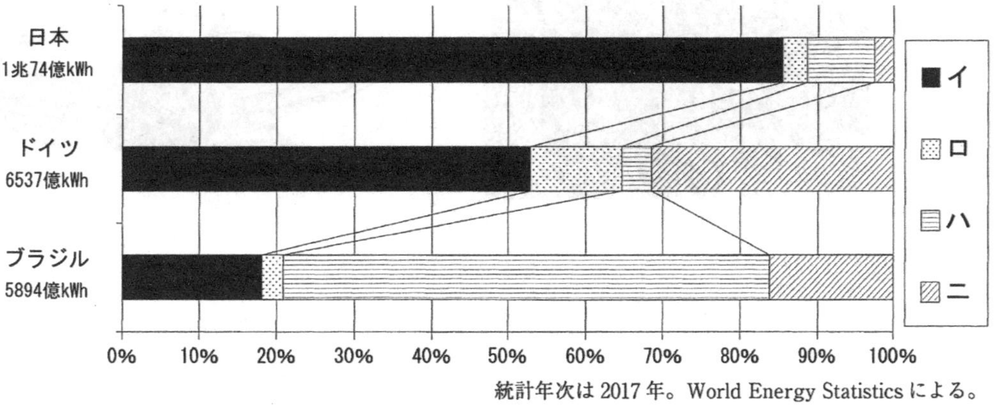


統計年次は2017年。World Energy Statisticsによる。

問４　田沢湖が位置する東北地方では、地元で産出する材料を利用して古くから工芸品が生産されてきました。東北地方の伝統的工芸品として**誤っているもの**を、次のイ～ニから一つ選び記号で答えなさい。

イ．大館《おおだて》曲《ま》げわっぱ　　ロ．輪島塗《わじまぬり》　　ハ．南部鉄器《なんぶてっき》　　ニ．天童《てんどう》将《しょう》棋《ぎ》駒《こま》問5　洞爺湖の成因について述べた次の文中の［　X　］に当てはまる語句を、カタカナで答えなさい。

> 直径が2㎞よりも大きい火山性の凹地《おうち》の地形を［　X　］という。
> 洞爺湖は［　X　］に水がたまってできた湖である。

問6　全国の中でも、宍道湖が主要な産地となっている水産物を次の写真イ～ニから一つ選び、記号で答えなさい。

イ

ロ

ハ

ニ

問7　次の**図3**は、宍道湖の西岸地域の5万分の1地形図（平成10年発行、原寸、一部改変）です。**図3**から読み取れる内容について述べた文として**誤っているもの**を、あとのイ～ニから一つ選び記号で答えなさい。

**図3**

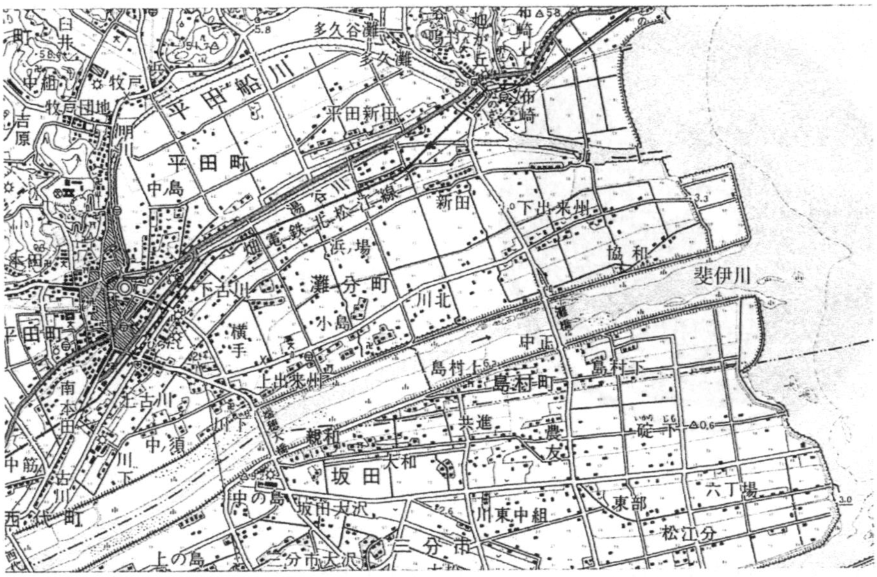


イ．斐伊川はほぼ西から東に向かって流れ、湖に流入している。

ロ．斐伊川の北側にも南側にも水田が広がり、畑はみられない。

ハ．市役所の東には電波塔があり、南には消防署がある。

ニ．南西－北東方向に、ＪＲ線ではない鉄道が通っている。

**3** 次の史料は、古代から中世にかけての支配のあり方を示すものです。史料を見て、あとの問いに答えなさい。

**史料1**

**史料2**

> 養老7（717）年5月17日、詔《みことのり》（注1）がでておっしゃるには、「辺境の人々は、あちこちに浮浪《ふろう》して調や庸などの負担をのがれ、ついに王族や貴族に仕えて、あるいは資人《しじん》（注2）になろうとし、あるいは令の規定にもとづいて出家して僧になることを望んでいる。貴族はそうした人々を戸籍に登録された土地に返そうとせず、国司や郡司にあずけて勝手に使うようになっている。本来の土地を離れた人々を勝手にかくまった場合は、律令の規定によって罰するように」と。

（注1）天皇の命で下される文書。　『続日本紀』

（注2）「とねり」ともいう。貴族に仕える下級の役人のこと。

**史料3**

> 延暦12（805）年正月7日……（桓武天皇の）勅命《ちょくめい》が下って参議藤原緒嗣《ふじわらのおつぐ》と参議菅野真道《すがののまみち》に、徳のある政治とはどのようなものか議論させた。このときに緒嗣は「いま天下（の人々）が苦しんでいるのは、軍事と造作《ぞうさ》（の負担が重いこと）です。この2つを中止すれば人々は安心するでしょう」と述べた。天皇は緒嗣の意見を正しいとして、それらを停止させた。

『日本後紀』

二

問一

Ⅰ

Ⅱ

問二

問三

問四

問五

問六

問七

問八

問九

問十

問十一

| 小　計 |
|---|
| 04 |

| 小　計 |
|---|
| 05 |

| 小　計 |
|---|
| 06 |

三

問一

問二

問三

問四

問五

| 小　計 |
|---|
| 07 |

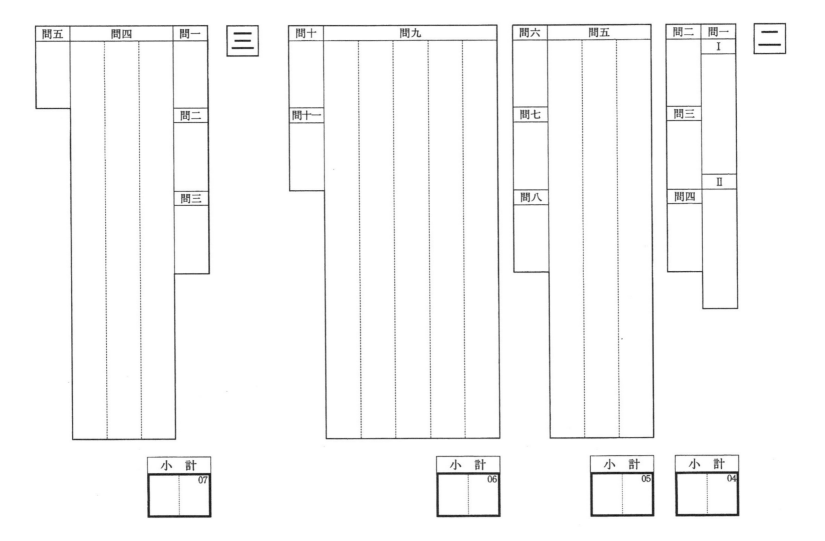

3

| | | | |
|---|---|---|---|
| | | | |

| ⑲ | ⑳ | ㉑ |
|---|---|---|
| | | |

| 小　計 | |
|---|---|
| | |

4

| ㉒ | ㉓ | ㉔ | ㉕ | ㉖ |
|---|---|---|---|---|
| | | | | ： |

| 小　計 | |
|---|---|
| | |

5

| ㉗ | ㉘ | ㉙ | ㉚ | ㉛ |
|---|---|---|---|---|
| | | | | |

| 小　計 | |
|---|---|
| | |

| | ① | ② | ③ | | ① | ② |
|---|---|---|---|---|---|---|
| | | | | | | |

| 小　計 |
|---|
| |

6

| 問　1 | 問　2 | 問　3 | | | 問　4 |
|---|---|---|---|---|---|
| | | a | b | c | |
| | | | | | |

| 小　計 |
|---|
| |

7

| 問　1 | 問　2 | 問　3 | 問　4 | 問　5 |
|---|---|---|---|---|
| | | | | |

| 小　計 |
|---|
| |

8

| 問　1 | | 問　2 |
|---|---|---|
| a | b | |
| | | |
| 問　3 | 問　4 | |
| g | g | |

| 小　計 |
|---|
| |

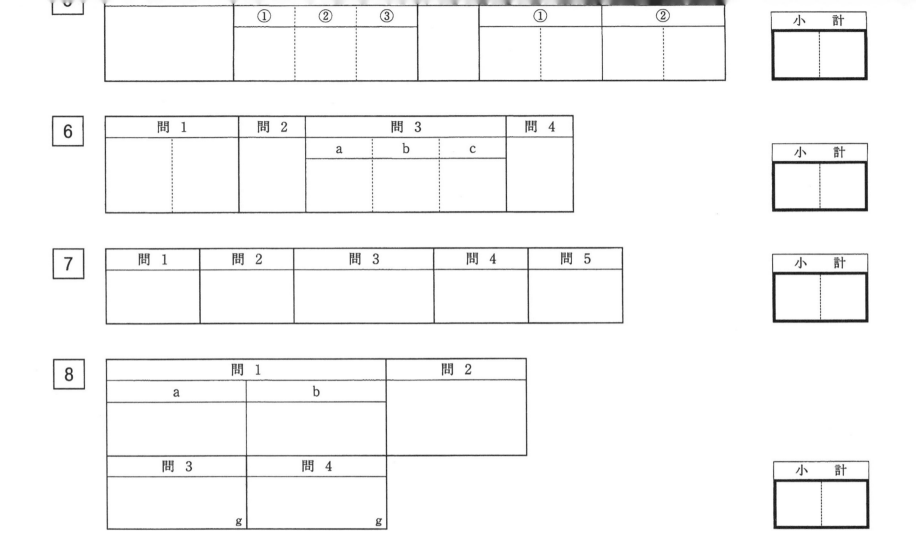

| 問1 | | 問2 | | 問3 | | 問4 | | 問5 | |
|---|---|---|---|---|---|---|---|---|---|
| 問6 | | | | | | | | | |

| 小計 | |
|---|---|
| | |

5

| 問1 | | | | | |
|---|---|---|---|---|---|
| 問2 | | | | | |
| 問3 | | 問4 | | 問5 | |

| 小計 | |
|---|---|
| | |

6

| 問1 | | 問2 | | 問3 | | 問4 | | 問5 | (1) | (2) |
|---|---|---|---|---|---|---|---|---|---|---|
| 問6 | (1) | | | | | | | | | |
| | (2) Y | | | | | Z | | | | |

| 小計 | |
|---|---|
| | |

令和４年度 **社会　解答用紙**

| 氏名 | |
|---|---|

| 受験番号 | | | | | |
|---|---|---|---|---|---|

※100点満点
（配点非公表）

**1**

| 問1 | (1) | (2) | (3) | 問2 | | 問3 | | 問4 | |
|---|---|---|---|---|---|---|---|---|---|
| 問5 | | | | | | | | | |
| 問6 | | | | | | | | | |

| 小　計 |
|---|
| |

**2**

| 問1 | | 問2 | (1)　　県 | (2)　　県 | 問3 | |
|---|---|---|---|---|---|---|
| 問4 | | 問5 | | 問6 | 問7 | |

| 小　計 |
|---|
| |

**3**

| 問1 | | 問2 | | 問3 | | 問4 | | 問5 | | 問6 | |
|---|---|---|---|---|---|---|---|---|---|---|---|

| 小　計 |
|---|
| |

【解答

令和４年度　**理科　解答用紙**

| 氏名 | |
|---|---|
| | |

| 受験番号 | | | | | |
|---|---|---|---|---|---|
| | | | | | |

※100点満点
（配点非公表）

1

| 問 1 | 問 2 | 問 3 | 問 4 | | 問 5 |
|---|---|---|---|---|---|
| | | | ① | ② | |
| | | | | | |

| 小　計 |
|---|
| |

2

| 問 1 | 問 2 | 問 3 | | | | 問 4 | 問 5 |
|---|---|---|---|---|---|---|---|
| | | 東 | 西 | 南 | 北 | 度 | |

| 小　計 |
|---|
| |

3

| 問 1 | 問 2 | 問 3 | 問 4 | 問 5 | 問 6 |
|---|---|---|---|---|---|
| | | | | | |

| 小　計 |
|---|
| |

4

| 問 1 | 問 2 | 問 3 | 問 4 | 問 5 | 問 6 | 問 7 |
|---|---|---|---|---|---|---|
| | | | | | 秒 | |

| 小　計 |
|---|
| |

【解答

令和４年度 **算数　解答用紙**

| 氏名 | |
|---|---|

| 受験番号 | | | | | |
|---|---|---|---|---|---|

※150点満点
（配点非公表）

1

| ① | ② | ③ | ④ | ⑤ |
|---|---|---|---|---|
| | | | | |
| ⑥ | ⑦ | ⑧ | ⑨ | ⑩ |
| | | | | |

| 小　計 |
|---|
| |

2

| ⑪ | ⑫ | ⑬ | ⑭ |
|---|---|---|---|
| | 分　秒 | | |

| 小　計 |
|---|
| |

【解答

令和４年度　**国語　解答用紙**

| 氏名 | |
|---|---|

| 受験番号 | | | | | |
|---|---|---|---|---|---|

（注）・字数制限のある場合は、句読点その他の記号も一文字とする。
・小計欄の黒枠内の小さい数字は解答と全く関係ない。

一

問一
a
b
しい
c
d

問二
A　一□瞭□
B　□進□歩

問三
C
D

問四

問五

| 小計 | 01 |
|---|---|

※150点満点
（配点非公表）

問六
お金は
政治家も
という点。

問七

問八

問九

| 小計 | 02 |
|---|---|

問十
という点。

問十一
Ⅰ
Ⅱ

| 小計 | 03 |
|---|---|

【解答

**史料4**

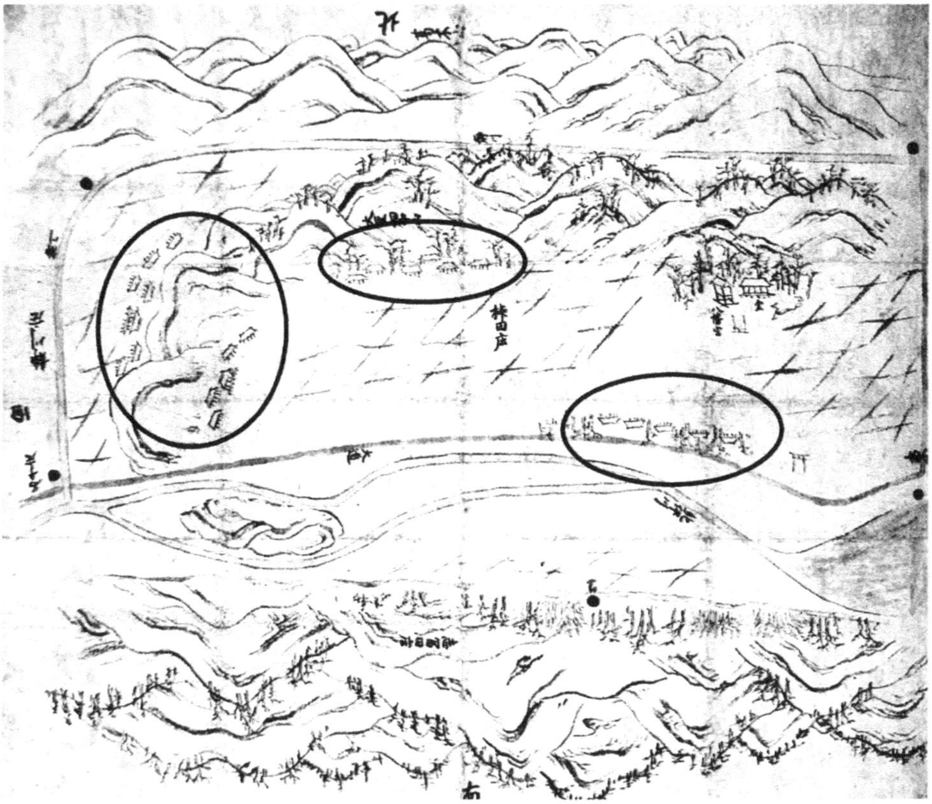


（注１）丸で囲んだ範囲は、集落を示す。　「紀伊国桛田荘絵図」

（注２）図中の黒点は、荘園の境界を示した石が置かれている地点である。

**史料5**

紀伊国阿氐河《あてがわ》荘園に住む民がつつしんで申し上げます。

一　材木のことですが、地頭が京都に上るとか、近所での労働といって人々を厳しく使うので、切りに行くひまがございません。残った人々が山に入ろうとすると、（地頭は）逃亡した農民の土地に麦をまけと命じて追い戻します。（地頭は）私たちが麦をまかなければ、妻や子どもを追い立てて、耳を切り、鼻をそいで、髪を切って尼にし、縄でしばって苦しめるぞと厳しく追及するので、材木の運搬はますます遅れてしまうのでございます。

「高野山文書」

問１　**史料１**は、ヤマト政権に参加した豪族が、司祭者として人々を支配したことを示す青銅器です。この青銅器が発見される場所として最も適切なものを、次のイ～ニから一つ選び記号で答えなさい。

イ．集落遺跡の貝塚　　ロ．濠《ほり》で囲われた集落遺跡の墓

ハ．前方後円墳の石室　　ニ．豪族が建てた寺院の金堂

問２　**史料２**は、８世紀に朝廷が出した命令の一部を要約したものであり、次のａ～ｄの文はこの史料の内容について述べたものです。ａ～ｄの正誤の正しい組合せを、あとのイ～ニから一つ選び記号で答えなさい。

ａ．朝廷は、人々が布や特産物をおさめていないことを問題視している。

ｂ．朝廷は、人々が僧侶になることをすすめた。

ｃ．貴族は、戸籍に登録された土地から離れた人々を私的に働かせている。

ｄ．貴族は、国司に就任するため摂政や関白におくりものをした。

| 解答の記号 | イ | ロ | ハ | ニ |
|---|---|---|---|---|
| a | 正 | 正 | 誤 | 誤 |
| b | 誤 | 誤 | 正 | 正 |
| c | 正 | 誤 | 正 | 誤 |
| d | 誤 | 正 | 誤 | 正 |

問３　**史料３**は、９世紀に朝廷で行われた議論の様子を記した史料の一部を要約したものです。この史料中の「軍事」にあたる出来事に関わる戦乱や人物を、次のイ～ニから一つ選び記号で答えなさい。

イ．壬申の乱　　ロ．源義経　　ハ．保元の乱　　ニ．坂上田村麻呂

問4　**史料4**は、9世紀から開発が始まり、12世紀末に神護寺が領主となった荘園の絵図です。この時期の荘園について述べた次の文中の X 、 Y に当てはまる語句、内容の正しい組合せを、あとのイ～ニから一つ選び記号で答えなさい。

> 11世紀頃から成立した荘園では、土地の開発を進めた X が領主から保護を受けて現地での支配を行う代わりに、領主に対して決められた量の年貢を納めた。
>
> 12世紀に描かれた**史料4**の絵図からは、神護寺の荘園は Y ことが読み取れ、8世紀に成立した荘園とは異なり、領主の支配力が強まっていることが分かる。

| 解答の記号 | X | Y |
|---|---|---|
| イ | 武士 | 開発した田地によって構成されている |
| ロ | 武士 | 田地や集落、山河を含んでいる |
| ハ | 貴族 | 開発した田地によって構成されている |
| ニ | 貴族 | 田地や集落、山河を含んでいる |

問5　**史料4**について、図中には阿《あ》弥《み》陀《だ》如来《にょらい》をまつる堂が描かれており、京都で流行した浄土信仰が地方の荘園に広がっていることが分かります。浄土信仰にもとづいて京都の近郊に平等院鳳凰堂を造らせた人物を、次のイ～ニから一つ選び記号で答えなさい。

イ．藤原道長　　ロ．藤原頼通　　ハ．平将門　　ニ．平清盛

問6　**史料5**は、鎌倉時代のある荘園に住む農民によって作成された文書を一部要約したものであり、次のX、Yの文はこの史料の内容について述べたものです。X、Yの正誤の正しい組合せを、あとのイ～ニから一つ選び記号で答えなさい。

X．この史料は、農民が材木を納《おさ》めることができない事情を地頭に説明したものである。

Y．史料によると、地頭は武力を背景に逃亡した農民の土地で麦作を行わせた。

| 解答の記号 | イ | ロ | ハ | ニ |
|---|---|---|---|---|
| X | 正 | 正 | 誤 | 誤 |
| Y | 正 | 誤 | 正 | 誤 |

**4**　次の文を読んで、あとの問いに答えなさい。

14世紀以降、アジアを中心に海上貿易が盛んに行われるようになると、各地で新しい政治勢力が成長した。中国では、①モンゴルの勢力を倒して成立した王朝が、皇帝の下で管理する貿易をアジアやアフリカの国々と展開するようになり、日本や琉球王国もその貿易に参加した。

16世紀に入ると、ヨーロッパ諸国が各地に拠点を作り貿易船や商人を送るようになった。②そのような商人が、1543（1542）年に日本に来航し、勢力拡大を図る戦国大名との南蛮貿易がはじまった。この貿易はヨーロッパ人やアジアの商人に大きな富をもたらし、戦国大名はヨーロッパからもたらされた鉄砲によって軍事力を強化した。そののち、16世紀後半には織田信長や豊臣秀吉によって統一政権が成立した。この時代には③天下人となった信長・秀吉や大名たちを担い手とする桃山文化が開花し、ヨーロッパ文化の影響を強く受けた。一方、豊臣秀吉は貿易の利益を優先しながらもキリスト教を危険視するようになり、江戸幕府はキリスト教の禁止を優先して、17世紀前半に貿易制限政策を実施した。その結果、④1637年の島原の乱を経て、幕府は長崎でオランダ・中国のみと貿易を行うようになった。

江戸時代には、安定した幕藩体制のもとで、⑤列島全域での商品流通が展開されたが、人々の経済格差の拡大や、農村の荒廃が問題になった。こうした状況を解決するため、江戸時代後半からは貿易拡大による富を得ることを唱える学者が登場した。

一方、19世紀にはイギリスが世界的な自由貿易の拡大を目指したため、アジア情勢に変化をもたらした。この情勢の変化を受けて、⑥1840年代に幕府老中の水野忠邦は、それまでの対外政策に変更を加えたが、貿易制限は維持しようとした。しかし、太平洋を通じて中国との貿易を展開しようとしたアメリカが、武力を背景に開国を迫ったことで、日本は条約を結んで欧米を中心とする自由貿易に組み込まれた。

問１　文中の下線部①について、この王朝を次のイ～ニから一つ選び、記号で答えなさい。

イ．宋　　ロ．元　　ハ．明　　ニ．清

問２　文中の下線部②に関して、戦国大名や南蛮貿易について述べた文として正しいものを、次のイ～ニから一つ選び記号で答えなさい。

イ．南蛮貿易は、スペイン商人が種子島に来航したのちにはじめられた。

ロ．南蛮貿易では、日本から生糸が輸出された。

ハ．島津氏は、キリシタン大名となり、長崎をイエズス会に寄進した。

ニ．大友氏は、天正遣欧使節の派遣に協力した。

問3　文中の下線部③に関して、桃山文化について述べた文として**誤っているもの**を、次のイ～ニから一つ選び記号で答えなさい。

イ．千利休がわび茶を完成させた。

ロ．狩野永徳が「唐獅子図屏風」を描いた。

ハ．活版印刷術が伝わった。

ニ．『解体新書』が出版された。

問4　文中の下線部④について、島原の乱をおさめ、貿易制限政策を実施した将軍を、次のイ～ニから一つ選び記号で答えなさい。

イ．徳川家康　　ロ．徳川家光　　ハ．徳川綱吉　　ニ．徳川吉宗

問5　文中の下線部⑤に関して、江戸時代の交通や経済について述べた文として**誤っているもの**を、次のイ～ニから一つ選び記号で答えなさい。

イ．関所が廃止された。

ロ．日本海側を通る西廻り海運が開通した。

ハ．マニュファクチュア（工場制手工業）が始まった。

ニ．両替商によって金銀の交換が行われた。

問6　文中の下線部⑥について、政策の変更が行われたきっかけと、従来の対外政策がどのように変更されたのかを簡潔に説明しなさい。

**5** 次の**史料１～５**は、近代日本の外交に関わる文書を一部要約したものです。史料を読んで、あとの問いに答えなさい。

**史料１** 日清修好条規

第１条 こののち大日本国と大清国は、友好関係を強め、たがいの国土をおかさず、永久に安全なものとする。

第８条 両国の開港地には、それぞれの役人を置き、自国の商人の取りしまりを行う。財産や産業について訴えがあった事件は、その役人が裁判を行い、自国の法律で裁く。

**史料２** 下関条約

第１条 清は【　A　】の独立を承認する。

第２条 清は遼東半島・【　B　】・澎湖《ほうこ》諸島の主権とその地方にある塁《るい》、兵器製造所および官有物を永久に日本にゆずる。

**史料３** 日朝修好条規

第11条 日本国の人民が、朝鮮国の開港地に在留中に罪を犯し、朝鮮国の人民と交渉が必要な事件は、全て日本国の領事が裁判を行う。

第12条 両国は別に通商に関する決まりを定め、両国の商人の便を図る。これから６ヶ月以内に両国別に委員を任命し、話し合う。

**史料４** ポーツマス条約

第２条 ロシア帝国政府は、日本国が韓国において政治上、軍事上及び経済上の絶対的な利益を持つことを承認し、干渉したりしないことを約束する。

第５条 ロシア帝国政府は清国政府の承諾《しょうだく》により、旅順港・大連およびその付近の一切の利権を日本政府にゆずる。

第６条 ロシア帝国政府は、長春と旅順港の間の鉄道およびそのほか付属する一切の利権を日本帝国にゆずる。

**史料５** 二十一か条の要求

第１号 中国政府は、ドイツが【　C　】に持っている一切の権益を日本にゆずる。

第２号 中国政府は、南満洲・東部内蒙古における鉱山の採掘権を日本国民にあたえる。

問1　**史料1～5**を年代順に並べた時、3番目にくるものを、1～5の数字で答えなさい。

問2　**史料1**は対等条約ですが、**史料3**は不平等条約です。どのような点でそのようにいえるか、史料の内容を参考にして、説明しなさい。なお、「**史料1**は～、**史料3**は～」という書き方で答えること。

問3　**史料2**について、史料文中の【　A　】、【　B　】に当てはまる語句の正しい組合せを、次のイ～へから一つ選び記号で答えなさい。

| 解答の記号 | イ | ロ | ハ | ニ | ホ | へ |
|---|---|---|---|---|---|---|
| 【　A　】 | 台湾 | 台湾 | 朝鮮 | 朝鮮 | 香港 | 香港 |
| 【　B　】 | 朝鮮 | 香港 | 台湾 | 香港 | 朝鮮 | 台湾 |

問4　次のX、Yの文は**史料4**について述べたものです。X、Yの正誤の正しい組合せを、あとのイ～ニから一つ選び記号で答えなさい。

X. この条約で、日本は韓国に対する優越権を持つことをロシアに承認させた。

Y. 南満州鉄道株式会社（満鉄）は、この条約で得られた利権をもとに設立された。

| 解答の記号 | イ | ロ | ハ | ニ |
|---|---|---|---|---|
| X | 正 | 正 | 誤 | 誤 |
| Y | 正 | 誤 | 正 | 誤 |

問5　**史料5**は第一次世界大戦中に発せられたものです。**史料5**や第一次世界大戦について述べた文として**誤っているもの**を、次のイ～ニから一つ選び記号で答えなさい。

イ. 日本は日英同盟を理由に、第一次世界大戦に参戦した。

ロ. **史料5**は、中国の袁世凱政権に対して発せられた。

ハ. 拡大する戦費により、日本は厳しい不況にみまわれた。

ニ. **史料5**中の【　C　】には、「山東省」という地域が当てはまる。

## 6 次の文を読んで、あとの問いに答えなさい。

基本的人権の尊重は、国民主権、①平和主義とともに日本国憲法が掲《かか》げる三大原則の一つである。基本的人権には、平等権、②自由権、③参政権、社会権、国務請求権（基本的人権を確保するための権利）の５つがあり、これらの人権を尊重することは、私たちがたがいに人間らしく生きていくために大切である。

また、社会や科学技術の変化にともなって、憲法に直接的に定められていないさまざまな④新しい人権が主張されるようになった。この新しい人権のうち、「知る権利」に関しては1999年に（　A　）が、「プライバシーの権利」に関しては2003年に（　B　）が制定された。私たちは、これらの権利を持つとともに、⑤国民としての義務も果たしていかなければならない。

問１　文中の（　A　）、（　B　）に当てはまる語句の正しい組合せを、次のイ～ヘから一つ選び記号で答えなさい。

| 解答の記号 | イ | ロ | ハ | ニ | ホ | ヘ |
|---|---|---|---|---|---|---|
| （　A　） | 個人情報保護法 | 個人情報保護法 | 特定秘密保護法 | 特定秘密保護法 | 情報公開法 | 情報公開法 |
| （　B　） | 情報公開法 | 特定秘密保護法 | 情報公開法 | 個人情報保護法 | 個人情報保護法 | 特定秘密保護法 |

問２　文中の下線部①に関して、次の**あ**、**い**の文は日本の平和主義や近年議論されている自衛権について述べたものです。**あ**、**い**の正誤の正しい組合せを、あとのイ～ニから一つ選び記号で答えなさい。

**あ**．戦争放棄や戦力不保持については憲法第９条に定められている。

**い**．集団的自衛権とは、同盟国が武力攻撃を受けたときに、その国を守るために防衛活動に参加する権利である。

| 解答の記号 | イ | ロ | ハ | ニ |
|---|---|---|---|---|
| **あ** | 正 | 正 | 誤 | 誤 |
| **い** | 正 | 誤 | 正 | 誤 |

問３　文中の下線部②に関して、自由権のうち精神の自由に分類されるものを、次のイ～ニから一つ選び記号で答えなさい。

イ．職業選択の自由　　ロ．居住・移転の自由　　ハ．学問の自由　　ニ．奴隷《どれい》的拘束からの自由

問４　文中の下線部③に関して、参政権に分類されるものを、次のイ～ニから一つ選び記号で答えなさい。

イ．最高裁判所裁判官の国民審査権　　ロ．裁判を受ける権利

ハ．国家賠償請求権　　ニ．教育を受ける権利

問5　文中の下線部④に関して、次の臓器提供意思表示カードを見て、あとの（1）、（2）の問いに答えなさい。

表面

裏面

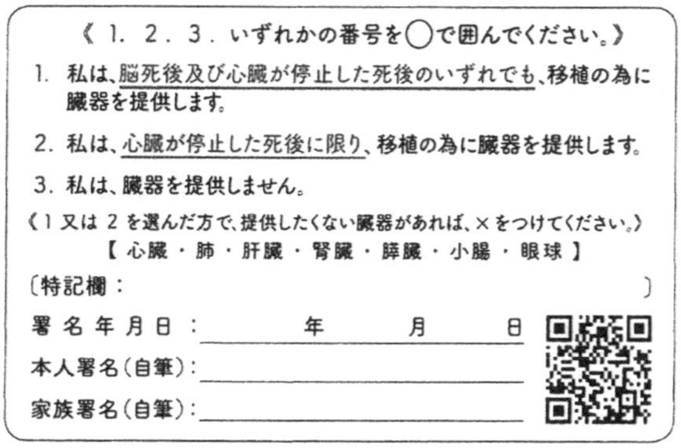
《 1. 2. 3. いずれかの番号を○で囲んでください。》

1. 私は、脳死後及び心臓が停止した死後のいずれでも、移植の為に臓器を提供します。

2. 私は、心臓が停止した死後に限り、移植の為に臓器を提供します。

3. 私は、臓器を提供しません。

《1 又は 2 を選んだ方で、提供したくない臓器があれば、×をつけてください。》

【 心臓 ・ 肺 ・ 肝臓 ・ 腎臓 ・ 膵臓 ・ 小腸 ・ 眼球 】

〔特記欄：　　　　〕

署名年月日：　　年　　月　　日

本人署名（自筆）：

家族署名（自筆）：

（1）　次の文中の　X　に当てはまる語句を、あとのイ～ニから一つ選び記号で答えなさい。

> 臓器提供意思表示カードは、各人が自分の生き方や生活の仕方について自由に判断できる権利としての　X　を尊重するものである。臓器提供の意思表示に関しては、このカードの他に健康保険証や運転免許証、マイナンバーカードにも記入欄がある。

イ．請願権　　ロ．自己決定権　　ハ．生存権　　ニ．損害賠償請求権

（2）　この臓器提供意思表示カードの裏面から読み取れる内容について述べた文として正しいものを、次のイ～ニから一つ選び記号で答えなさい。

イ．臓器を提供するという人だけでなく、提供しないという人も、その意思を表示できる。

ロ．脳死後の臓器の提供は認められているが、心臓停止後の提供は認められていない。

ハ．提供したくない臓器を、本人が選択することはできない。

ニ．本人が自筆で署名しなくても、家族や友人が本人に代わり署名できる。

問6　文中の下線部⑤に関して、日本国憲法では国民の三大義務が定められています。次の（1）、（2）の問いに答えなさい。

（1）国民の三大義務について述べた次の文中の［　X　］に当てはまる語句を漢字で答えなさい。

> 国民の三大義務は、子どもに普通教育を受けさせる義務、［　X　］の義務、納税の義務である。

（2）納税の義務に関して、日本の税の分類について述べた次の文中の［　Y　］と［　Z　］に当てはまる内容を答えなさい。

> 税には直接税と間接税という分類がある。直接税は［　Y　］と［　Z　］が同一となる税であるのに対して、間接税は［　Y　］と［　Z　］が異なる税である。なお、所得税や固定資産税は直接税に、消費税は間接税に分類される。

令和三年度　福岡大学附属大濠中学校

# 入学試験問題

# 国語

［時間　六〇分］

注　意

1．答えはすべて解答用紙に記入してください。

2．解答用紙には氏名・受験番号（算用数字　例10001）をきちんと書いてください。

## 一

次の文章を読んで、後の問いに答えなさい。

著作権に関係する弊社の都合により本文は省略いたします。

教英出版編集部

著作権に関係する弊社の都合により本文は省略いたします。

教英出版編集部

（注1）お茶を点《た》てる………茶葉を粉末にしたもの（抹茶）を少量茶碗に入れ、お湯を注ぎ、茶せんという竹製の道具で混ぜ合わせること。

（注2）床《とこ》の間《ま》…………座敷《ざしき》の壁面に設けられた床《ゆか》を一段高くした所。壁に掛け軸をかけ、床の上に花瓶《かびん》や置物などを飾る。

（注3）亭主《ていしゅ》……………客を接待する人。主人。

（注4）千利休《せんのりきゅう》……………安土桃山時代の茶人。日本の茶道を大成した。

（注5）畳《じょう》………………畳《たたみ》を数える語。

（注6）高階秀爾《たかしなしゅうじ》…………美術史家、美術評論家。

（注7）茶しゃく…………抹茶を容器からすくって茶碗に入れるための匙《さじ》。

（注8）お茶入れ…………抹茶を入れる容器。

（注9）タペストリー………多彩な糸を用いた絵画風の織物。壁かけ。

問一　＝＝＝a～dのカタカナを漢字に直しなさい。

問二　～～～A「高尚で」・B「閉口してしまう」の意味として最も適当なものを次の中からそれぞれ選び、記号で答えなさい。

A　高尚で
- ア　上品で
- イ　威厳《いげん》があって
- ウ　見事で
- エ　由緒があって

B　閉口してしまう
- ア　嫌悪感《けんおかん》を抱いてしまう
- イ　腹立たしくなってしまう
- ウ　空しくなってしまう
- エ　困惑《こんわく》してしまう

問三　――①・⑤を表す四字熟語として最も近いものを次の中からそれぞれ選び、記号で答えなさい。

①
- ア　心機一転
- イ　一意専心
- ウ　一念発起
- エ　千載一遇

⑤
- ア　東奔西走
- イ　臨機応変
- ウ　行雲流水
- エ　暗中模索

問四　――②とありますが、筆者が茶道に感じている魅力について説明したものとして**誤っているもの**を次の中から一つ選び、記号で答えなさい。

ア　一杯のお茶を点てるまでに細かくルールが決まっているが、誰もが習得できるということ。
イ　茶室や道具などに様々な趣向《しゅこう》をこらすことで、客に対する思いを表現できるということ。
ウ　同じ手順で同じように点てようとしても、点てたお茶は毎回異なるということ。
エ　亭主と客が、一杯のお茶を通して同じ空間を共有する楽しみが得られるということ。

問五　――③について、筆者が述べる「空気を読む」例として最も適当なものを次の中から選び、記号で答えなさい。

ア　忙しそうな店員さんを見て注文するのを少し待つ。
イ　歌舞伎《かぶき》の役者がセリフを言うタイミングを考える。
ウ　会議の進行具合に沿い、頃合《ころあ》いを見計らって反論する。
エ　クラスの合唱で指揮者に合わせて歌い出す。

問六　本文中の空欄《くうらん》［　　］に当てはまる語句として最も適当なものを次の中から選び、記号で答えなさい。

ア　相手は自分と同じ気持ちであるはずだ
イ　場というものは皆で成立させるものだ
ウ　言葉だけでは気持ちは伝わらない
エ　場が静かになるのは仕方がない

問七　――④とありますが、「『いい加減』ではなく『いい塩梅』が重要」であるとはどのようなことですか。解答欄に合わせて説明しなさい。

問八　――⑥について、「日本の家」の「開放性」とありますが、その性質はどのようなものですか。説明しなさい。ただし、「開放性」を持つようになった要因も含めて説明すること。

問九　次の感想は生徒Aさんによるものです。この感想に対して、**本文の内容をふまえて**助言をしたものとして最も適当なものを後の選択肢の中から選び、記号で答えなさい。

> Aさん
> 本文には、現代社会では多様な価値観を認め合わなくてはならないと書かれていました。それを実現するためには、その場の雰囲気をつかみ、一人ひとりの個性を尊重しつつ、自分の考えを捨ててでも他者の意見に合わせることのできる共感能力が必要だと感じました。

〔選択肢〕

ア　確かにAさんが言うように、多様性を重んじて他者の立場に配慮《はいりょ》する姿勢が必要だと思うけれど、情報があふれる現代社会では、正しい情報を見抜く力がなければ他者の立場は理解できないのではないかな。

イ　確かにAさんが言うように、他者の意見を正確に理解することは重要であると思うけれど、他者との違《ちが》いに寛容《かんよう》な現代社会では、自分自身の個性をアピールする機会を積極的に設けるべきではないかな。

ウ　確かにAさんが言うように、グローバルな現代社会ではコミュニケーション能力が求められていると思うけれど、自国の文化について正しく理解することなしに外国人に対して自己主張はできないのではないかな。

エ　確かにAさんが言うように、多様性が重視される現代社会においては現状を認識し、他者を重んじる姿勢は大切だと思うけれど、簡単に他者に同調するのではなく、他者との違いを受け入れるべきではないかな。

問十　本文の構成と内容について説明したものとして最も適当なものを次の中から選び、記号で答えなさい。

ア　まず、筆者の体験を挙げることで日本文化を紹介する導入とし、日本人の意識や行動の特徴《とくちょう》を述べている。次に、日本と西欧の建築を比較することで日本文化の特性を明らかにし、最後に、現代社会で日本人に求められる態度について考察している。

イ　まず、茶道の儀礼《ぎれい》を具体的に述べながら筆者が感じている茶道の魅力を挙げ、日本人の特性を示している。次に、日本の建築の特徴を強調することで日本人の思想の欠点を浮《う》き彫《ぼ》りにし、最後に、現代社会における日本人の行動の指針を示している。

ウ　まず、茶道の発展の歴史を紹介しながら日本人と他者との関わり方を浮き彫りにし、日本人のふるまいについて述べている。次に、日本と西洋の建築様式の相違点《そういてん》から日本の家の利便性を示し、最後に、現代社会における日本人の特徴を強調している。

エ　まず、筆者の体験に基づいて茶道に表れている日本人のしきたりを紹介しながら、日本人の開放性を指摘《してき》している。次に、茶道と建築における共通点を取り上げることで日本文化が抱える問題を明らかにし、最後に、その解決方法を提示している。

**二**　中学一年生の手塚みなみは自分に超能力《ちょうのうりょく》があると信じており、同級生の学が社会見学の日に事故で命を落とすことを予言した。それを聞いた学は、社会見学の日に欠席していた。以下の文章はそれに続く場面である。これを読んで、後の問いに答えなさい。なお、設問の都合上、本文を省略した箇所《かしょ》がある。

社会見学の翌日、登校したみなみは、教室の戸を開けるや、目を［　　　］。

学がいたからだ。

「あ」

学の机に手をついていた憲太がすぐに気づいて、声を発した。

「おはよう、手塚さん」

戸からすぐのところに棒立ちになってしまったみなみに、学は振り返ってにっこりと挨拶《あいさつ》してきた。

すでに教室にいた亮介も、その声でみなみに視線を送ってくる。

「なんでそんなにびっくりしているの？」

笑顔なのに学の心は違うと、みなみは敏感《びんかん》に悟《さと》る。でもそれは、みなみでなくともわかるのだろう、学級活動のために一年の教室に来た弥生も、すぐさま事の成り行きを見守る表情になった。

「昨日は、もともと法事で欠席する予定だったんだ。予言どおりに死んでなくて、残念？」

学はみなみの本音をAやすやすと暴いてみせた。「手塚さんは僕の命なんかより、自分に特別な力があると証明したかったようだし」

「……え、でも……」

みなみはaしどろもどろになった。「でも……本当に夢で」

「正夢くらい、誰だって一生のうちに何度か見るよ。それ、普通《ふつう》だよ」

学は椅子《いす》から立ち上がった。細身なのに、学からは威圧感《いあつかん》がほとばしり出ていた。①その威圧感は、次に怒《いか》りと軽蔑《けいべつ》に変わった。

「手塚さん。もし僕から、手塚さんは近いうちに死ぬよ、僕には超能力があるからわかるんだ、なんて言われたら、楽しい？」

磨《みが》かれたレンズの横のフレームを右手でくっと上げたと同時に、学は嘘臭《うそくさ》い微笑《ほほえ》みをあっさり手放して、みなみを冷たく睥睨(注1)した。

「僕は、とても不愉快《ふゆかい》だった」

どこの世界に、自分が夢を見たからおまえは死ぬなんて断言されて、嬉《うれ》しがる人がいるの？――学は容赦《ようしゃ》なかった――君は自分のために予言したんだ。自分の満足のために。

「特別な存在になりたくて。自分のアイデンティティを確立したくて。違う？」

「あ、あい……なに？」

学の口からこぼれた知らない単語をみなみは訊《き》き返したけれど、学は教えてはくれなかった。そんなこともわからないのかと言わんばかりに、さらに目つきに侮蔑《ぶべつ》を混じらせただけだった。

「手塚さん、最近急に予言とか霊能力とか言うようになったよね。小学校のころはそうじゃなかったのに。②昨日もトンネル跡《あと》でひと騒動起こしたんだってね。憲太から聞いたよ」

学は再び椅子に腰《こし》かけ、右手でシャープペンシルを躍《おど》らせ始めた。

「うちのお母さんが言っていた。君みたいな『自称《じしょう》・わたしには霊感《れいかん》があるの』っていう女の子、お母さんの中学時代にもいたって」

学は続ける。「お母さんが言うには、そういう子って、これだけは誰にも負けないっていうものがないくせに、自意識だけは過剰《かじょう》な子が多かったって。幽霊《ゆうれい》って、他人には見えないことが前提で、答え合わせの必要がないからね。言ったもの勝ちなんだ。なにもできないけど事実を認めたくない、勘違《かんちが》い気味の子が使いたがるのもわかるよ。手塚さんもそうなのかな？」

弥生がため息をつき、いつもの一番端《はし》の席に座る。みなみは混乱の極《きわ》みにいた。ものすごく馬鹿にされている気がする。でも、反面で学の言葉はあまりに痛い。心のもっともかなめの部分に当たっているからだ。

「大人になったら、いつの間にかそんな子はいなくなったって、お母さん笑ってた」

「でもわたしは、本当に江崎くんが授業で当てられるのを……」

「一年には四人しかいないんだよ？　当てられるのなんて珍《めずら》しくもなんともないよ。みんななにかかにかで、毎日当てられている」

「本の、霊能力チェックで……」

「あれ、ちらっと見たけど、僕もほとんど当てはまったよ。冬に静電気でぱちぱちするのなんて普通だし、肩揉《かたも》みをしたら、たいがい喜ばれるよ」

みなみは自分が崖《がけ》の上に佇《たたず》むB心象風景を見た。③その崖が学の一言一言で崩《くず》れ、どんどん立っていられるスペースが小さくなっていく。

「本当に……見たことがあるの。おじいちゃんの幽霊と、昨日だって……。オーラは金色で……予知夢も……」

「ああ。手塚さん、一年後の僕たちを予知してたね。四人は四人でかわらず教室にいる、って」

学は横の憲太を見上げた。「憲太、教えてやりなよ」

「あのさあ、手塚さん。俺のじいちゃん言ってたんだけど」

憲太は気まずそうに耳の後ろを掻《か》いた。「この分校、来年度からは本校と統合されるんだよ。四人で授業を受けるのは、今年が最後だよ。えっと、知らなかった？」

憲太の祖父は村長だ。みなみは初耳の情報に手から力が抜けた。

「残念だったね、これも外れだ」

どさり、という音がした。みなみの鞄《かばん》が床《ゆか》に落ちた。

「わたしは……小さいころから、電話や人が来るのがわかったり……勘がいいってお父さんやお母さんからも……」

「手塚さんは今まで目が見えたり耳が聞こえるのを、誰かに自慢《じまん》したことはある？」

「えっ？」

みなみには、学が急に話を変えたとしか思えなかった。しかし違った。学はあくまでみなみを追い詰《つ》め続けていた。

「世の中には体の不自由な人がいるけれど、ありがたいことに僕はそうじゃない。手塚さんも同じだ。僕らにとってなにかを見て聞くのは、普通にできる。物心ついたころから当たり前のこととして受け止めているよね。僕の言うこと、わかる？」

とりあえず、みなみは頷《うなず》いた。

「もし、最初から日常的に物事の先がわかったり、幽霊が見えたりしていたら、それだって手塚さんにとっては五感と同じに、当たり前のはずだよね。僕なら逆に、どうして自分はできるのに周りはできないのか、とても戸惑《とまど》うと思うよ。特別だとアピールするなんて、考えもつかないだろうな。だって、自分にとっては特別じゃないんだから」

学の指の間でダンスしていたシャープペンシルが、握《にぎ》られて止まる。

「僕、手塚さんが急に霊能力がどうこう言いだしたとき、どこか自慢げだなって感じた。自慢するのは手塚さんもそれが『特別』だと思っているからだ。普通だらけの中にたまたま出てきた、イレギュラーな、当たり前じゃない出来事だからだ。つまり、君には霊能力なんてないんだ。手塚さんはとりたてて取り柄《え》のない、ただの人なんだよ」

みなみの手足は冷たく、反対に顔は熱かった。頬《ほお》のにきびが痛い。そのにきびの上を、涙《なみだ》が流れ落ちていく。みなみは洟《はな》をすすった。

洟をかみたかった。けれども、みなみはティッシュを持ってきていなかった。ハンカチがあるかと、スカートのポケットに手を突っ込んだ。なかった。

鼻の穴から垂れてくる涙を、必死ですする。

――君には霊能力なんてないんだ。

――取り柄のない、ただの人なんだよ。

じゃあ、じゃあ、わたしは誰なの？　わたしはなんなの？　わたしにはなにもないの？

鞄を拾い、席に座る。弥生がそっとポケットティッシュを机に置いた。それをもらって思い切り洟をかむ。

違う、違う、わたしは特別。わたしにだって特別ななにかがある――諦《あきら》めきれないみなみは、丸めたティッシュを右手の中に握りしめ、目をつぶった。自分の力と金色のオーラを信じて、未来を見ようとした。

そのときだった。

「僕も、トンネルのところで女の人を見たよ」

亮介（注2）がふいに口を開いた。

「だから、手塚さんが幽霊を見たのも、本当だと思うよ」

教室に微妙《びみょう》な空気が流れ、みなみは我に返った。

息を吸って吐《は》くかのように、自然に嘘をつく亮介。その亮介が、幽霊を見たと言った。

ああ、そうか。

顔の熱が静かに引いていく。

みなみはようやくわかった。この冷めた感覚、嘘つきと思う気持ちは、今まで自分に向けられていたものなのだ。こんなふうに、④学やみんなを呆《あき》れかえらせていたのだ。

嘘つき亮介が言うなら、幽霊はいなかった。勝手に勘違いして霊能者気どりでいたから、それっぽいのが見えただけ。砂漠《さばく》で喉《のど》が渇《かわ》いた人が、オアシスの幻《まぼろし》を見るように。

人とは違うと思いたかった。もしそうだったら、これだけは誰にも負けないという力をbよすがに、胸を張って立つことができたのに。

わたしは普通。特別なことなんてなにもできない、どこにでもいる人間。

名前のない通行人A。
潮が引いていくように冷めゆく頭の中で、みなみは熱に浮かされていたいっときの自分を罰《ばつ》するように、ひたすらに念じ続けた。
わたしは、なにものでもないんだ、と。

（乾ルカ『願いながら、祈りながら』徳間書店）

（注1）睥睨《へいげい》……にらみつけること。
（注2）亮介……クラスメイトからは嘘つきと思われているが、その嘘には様々な配慮《はいりょ》が隠《かく》されている。ここでの発言もみなみへの配慮からの嘘である。

問一 ═══A「暴（いて）」・B「心象」の読みをひらがなで答えなさい。

問二 〰〰a「しどろもどろになった」・b「よすがに」の意味として最も適当なものを次の中からそれぞれ選び、記号で答えなさい。

a しどろもどろになった
- ア 弱点を突かれて弱気になった
- イ 混乱してうそをついた
- ウ あわてふためいて取り乱した
- エ 激怒《げきど》して語気を強めた

b よすがに
- ア 自慢して
- イ 人と比べて
- ウ 利用して
- エ 頼みとして

問三 本文1行目の空欄《くうらん》［　　］に当てはまる語句として、最も適当なものを次の中から選び、記号で答えなさい。

ア 見張った　イ 細めた　ウ そむけた　エ うるませた

問四 ──①とありますが、ここでの「学」の「怒りと軽蔑」は「みなみ」のどのような様子に対するものですか。最も適当なものを次の中から選び、記号で答えなさい。

- ア どれだけ指摘《してき》しても自らの非を認めようとせず、言い訳を繰り返しているように見える様子。
- イ 相手の気持ちよりも自分の気持ちを優先させて軽率な発言をしているように見える様子。
- ウ 誰もが経験することを自分だけの経験だと勘違いしているように見える様子。
- エ 学の本心を察しているにも関わらず、気づいていないふりをしているように見える様子。

問五　――②とありますが、「みなみ」が「トンネル跡」で起こした騒動とはどのようなことだと考えられますか。解答欄に合わせて十字以内で答えなさい。

問六　――③は「みなみ」のどのような気持ちを表現していますか。説明しなさい。

問七　本文52行目から64行目までの「学」の発言について説明したものとして最も適当なものを次の中から選び、記号で答えなさい。

ア　みなみが自分の能力について特別だと考えて自慢していることを示し、人は物心ついたころから普通にできることを自慢したりしないということを指摘した上で、みなみが自分の能力を自慢すればするほど他者からの信用を失うということを突きつけようとしている。

イ　物心ついたころから普通にできることを自慢するような人はいないはずだということを示し、みなみが誰でもできそうなことを誇《ほこ》っている現状について指摘した上で、それはみなみの心の中に他の人を見下す気持ちがあるからだということを突きつけようとしている。

ウ　自分たちが普通にできることも世の中にはできない人が大勢いるということを示し、自らの能力をひけらかすということは決してしてはならないことだということを指摘した上で、みなみが何も考えずに自分の能力を超能力だと言ってひけらかしていることを突きつけようとしている。

エ　人は普通にできることを特別だとは思わないし、誰かに自慢することもないということを示し、みなみに本当に超能力があるのならそれを当たり前だと感じるはずだと指摘した上で、自分の能力を自慢しているみなみには超能力などないということを突きつけようとしている。

問八　――④について、「呆れかえらせていた」とありますが、「みなみ」は「学やみんな」のどのような態度に気づいたのですか。説明しなさい。

問九　本文における「学」の人物像について説明したものとして、最も適当なものを次の中から選び、記号で答えなさい。

ア　感情を表に出さずに論理的な受け答えをする冷静な人物である。

イ　相手に逃げ道を与えず言い負かそうとする容赦のない人物である。

ウ　どんな状況においても自らの言い分を通そうとする自分勝手な人物である。

エ　様々な根回しをして相手に反論させまいとする用意周到《しゅうとう》な人物である。

問十　次の会話文は、本文を読んだ生徒たちのものです。空欄［　　］を補うのに最も適当なものを後の選択肢の中から選び、記号で答えなさい。

生徒Ａ……自分に超能力があると信じているなんて、不思議な女の子の話だったね。

生徒Ｂ……でも「みなみ」がそう思い込む要因になった気持ちは、決して不思議なものではないよ。思春期に誰もが抱く気持ちなのかも。

生徒Ａ……たしかにそうだね。これから「みなみ」はどうなっていくんだろう。

生徒Ｂ……この小説の続きを読んでみたんだけど、一年後に「みなみ」が次のように語っていたよ。大きく変化したみたい。

**「わたしにはなにもなかった。全然、特別じゃありませんでした。思い知らされたときは、悲しかった。主役になんて絶対なれない、個性も特技も能力もない、そのへんに普通にいる通行人Ａのまま、大人になって、ずっと生きるのって、なんか本当に、いてもいなくてもいい感じで、心の底から自分にがっかりしました」**

**（中略）**

**「わたしは、特別じゃないけれど、これでいいとわかりました。普通って、わたしが一年前に考えていたよりも、きっと価値がある……普通に学校に通って、普通に遊んで、普通に勉強して、普通の大人になって、普通に働いたり、結婚してお母さんになれたりしたら……なれたりしたら、わたし、幸せだと思います」**

生徒Ａ……［　　］。「みなみ」のその後について知ることができてよかった。ありがとう。

ア　一年前の事件で自分の人生を悲観的に捉《とら》えるようになってしまったけど、この発言を見ると、自らを客観視することができるようになり、ありのままの自分を受け入れられるようになったということがわかるね

イ　一年前の事件で自らの生き方を曲げようとしない頑固《がんこ》な性格になってしまったけど、この発言を見ると、柔軟《じゅうなん》に対応する力が身につき、他の人に合わせて生きることができるようになったということがわかるね

ウ　一年前の事件で自分の意見を主張することができなくなってしまったけど、この発言を見ると、自分に自信を持てるようになり、はっきりと持論を述べることができるようになったということがわかるね

エ　一年前の事件で理想と現実の間で苦しむようになってしまったけど、この発言を見ると、理想を捨てることでその苦しみから解放され、上手にあきらめながら生きることができるようになったということがわかるね

問十一　本文の表現について説明したものとして最も適当なものを次の中から選び、記号で答えなさい。

ア　28行目「シャープペンシルを躍らせ始めた」の部分は、それまで止まっていた手がリズミカルに動き出す様子を描くことで、学の機嫌《きげん》が徐々《じょじょ》に良くなっていることが表現されている。

イ　50行目「どさり、という音がした」の部分は、みなみが持っていた鞄を落とす様子を描くことで、みなみの学に対する不満が極限に達しているということが表現されている。

ウ　71行目「わたしは誰なの？　わたしはなんなの？　わたしにはなにもないの？」の部分は、「？」を連続で使用することで、みなみの心中の動揺《どうよう》がありありと表現されている。

エ　72行目「弥生がそっとポケットティッシュを机に置いた」の部分は、弥生のみなみに対する優しさを描くことで、弥生がみなみの超能力を信じているということが表現されている。

三

六本松小学校の六年生であるAさんとBさんが先生と話をしています。これを読んで、後の問いに答えなさい。

先生　昨日、学校が終わってからニュースを見ましたか。

Aさん　見ていません。何かあったんですか。

Bさん　Aさん、知らないんだ。昨日、大濠公園にイノシシが現れて大変だったみたいだよ。

先生　そうです。警察が出動して、捕《つか》まえるまで大騒動《おおそうどう》だったみたいです。

Aさん　そんなことがあったんですね。都会でイノシシを見ることはめったにないので、みんなびっくりしたでしょうね。

先生　ところで、二人はイノシシの捕獲《ほかく》数が全国的に増加しているというのは知っていますか。①【資料1】を見てください。

Bさん　へー。都会にいると実感がないんですが、毎年こんなに多くのイノシシが捕獲されているんですね。

Aさん　でも、なんでこんなにたくさん捕獲しないといけないんですか。

先生　イノシシは農作物に深刻な被害《ひがい》をもたらすからなんですよ。②【資料2】を見てください。

Aさん　なるほど。イノシシの出現はただの面白いニュースですませられない、深刻な社会問題でもあるわけですね。

先生　そうなんです。だから、国は狩猟《しゅりょう》者数を増やして、農作物被害を減らそうと躍起《やっき》になっています。狩猟免許《めんきょ》に関する【資料3】【資料4】を見てください。

Bさん　どういうことだろう。新規狩猟免許取得者数は増えているのに、狩猟免許所持者数はあまり増えていない……。

Aさん　③若者で狩猟免許を取得する人は増えているけど、それと同じくらい狩猟免許を持っていた高齢《こうれい》者が免許を返納したり、亡くなったりしているということじゃないかな。

先生　ところで、二人は「ジビエ」という言葉を聞いたことはありますか。

Aさん　ジビエ……。聞いたことありません。

Bさん　前に家族でジビエ料理を食べに行きました。確か「狩猟によって食材として捕獲された野生の鳥獣《ちょうじゅう》」のことですよね。

先生　そうです。日本では古くから「しし鍋《なべ》」や「ぼたん鍋」などでイノシシの肉を食材にしてきましたが、近年では農作物被害対策の一環《いっかん》としてジビエ料理がブームなんですよ。二人でジビエに関して調べてきてくれませんか。

A・Bさん　はい。

――一週間後――

Aさん　先生、ジビエについて二人でいろいろと調べてきたので、聞いてください。

先生　はい。

Bさん　【資料5】をご覧ください。ジビエ利用量ではシカとイノシシが圧倒的《あっとうてき》に多いみたいです。

Aさん　イノシシはジビエとして有効に利用されているようです。

先生　本当にそう言えますか。Aさん、前回お見せした［　I　］と【資料5】を合わせて見てごらん。

Aさん　あっ、イノシシはジビエとして五～六%しか有効に利用されていないということですね。うっかりしていました。

先生　その通りです。だから、国がジビエ利用のさらなる推進を主導しているわけですね。

Bさん　そういえば、日本政策金融《きんゆう》公庫が平成三十年に実施《じっし》した「消費者動向調査」というものを調べたのですが、「ジビエを食べたことがない」人のうち、「食べてみたい」と思う人は四〇%くらいしかいないんです。食べたことがないから仕方ないとはいえ、「食わず嫌《ぎら》い」が消費の伸《の》び悩《なや》んでいる一因かと思います。

Aさん　そうなんです。同じ調査で、「ジビエを食べたことがある」人のうち、「再度食べてみたい」と思う人は七五%を超えていて、最初に食べる機会さえうまくつくれれば、美味しいことに気づいて、気に入る人が多いみたいです。

先生　そうですね。国がどのような分野でジビエ利用を推進しているかも調べてきましたか。

Bさん　はい。④【資料6】をご覧ください。現在、国では観光・外食・小売・ペットフードなど、様々な分野でジビエ利用を推進する取り組みを進めているみたいです。

先生　なるほど。では、国の推進するジビエ振興《しんこう》事業の中でどのような取り組みが最も有効だと思いましたか。

Aさん　学校給食への展開です。うまく保護者や生徒の理解が得られて全国で一斉《いっせい》に給食に導入できれば、［　II　］です。

Bさん　確かにそう考えると、学校給食への展開はすぐに結果が出るし、長い目で見ても有効だし、一挙両得ね。

先生　二人ともよく調べましたね。私も勉強になりました。ありがとうございました。

A・Bさん　こちらこそありがとうございました。

【資料１】

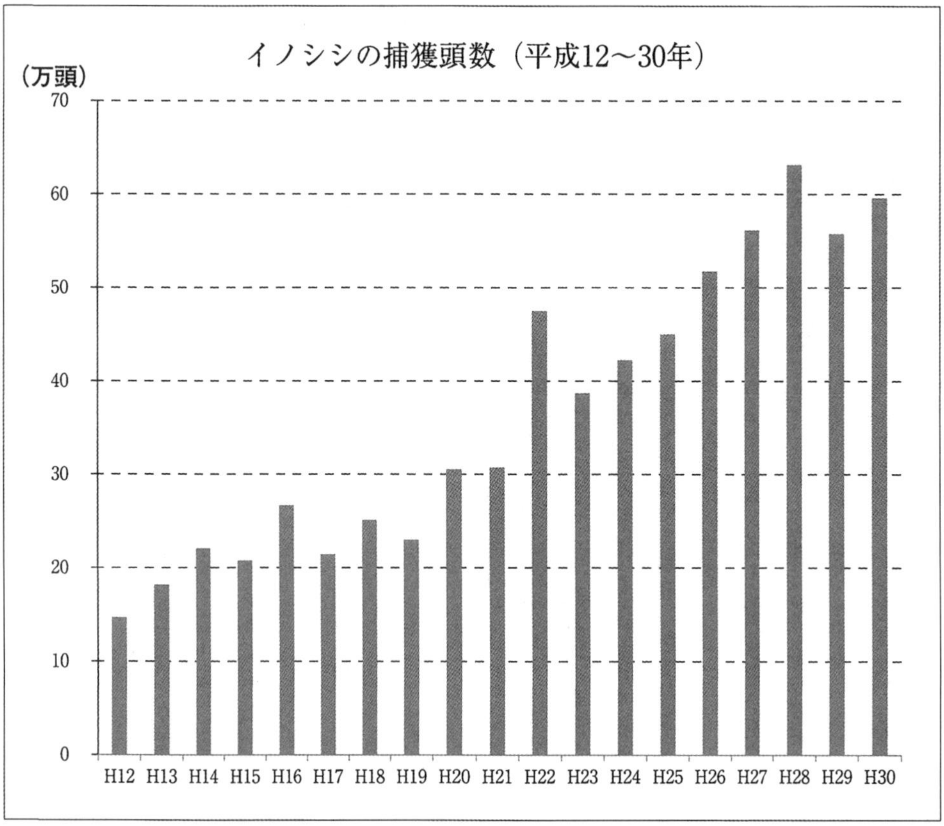


「捕獲数及び被害等の状況等」（環境省）を基に作成。

【資料２】

全国の野生獣による農作物被害状況（平成30年度）

| 区分 | 被害面積 | 対前年度 | 被 害 量 | 対前年度 | 被害金額 | 対前年度 |
|---|---|---|---|---|---|---|
| シカ | 35.8 | 0.4 | 392.1 | 19.2 | 5410 | -117.1 |
| イノシシ | 5.9 | -0.7 | 31.5 | -0.2 | 4733 | -48.6 |
| サル | 1.0 | -0.2 | 4.6 | -0.6 | 823 | -79.8 |
| クマ | 0.7 | -0.1 | 22.1 | 0.0 | 383 | -6.1 |
| その他獣類 | 2.1 | -0.1 | 14.2 | 0.7 | 1532 | -53.9 |
| 獣類計 | 45.5 | -0.7 | 464.5 | 19.1 | 12881 | -305.5 |

（単位：千ヘクタール）　（単位：千トン）　（単位：百万円）

「全国の野生鳥獣による農作物被害状況（平成30年度）」（農林水産省）を基に作成。

【資料３】

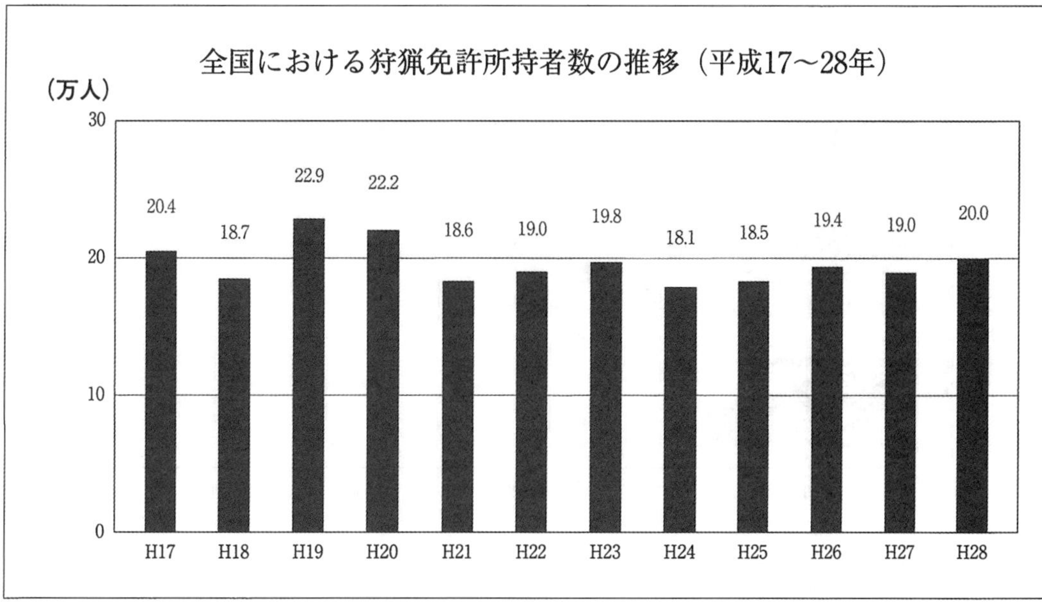


「全国における狩猟免許所持者数の推移」（環境省）を基に作成。

【資料４】

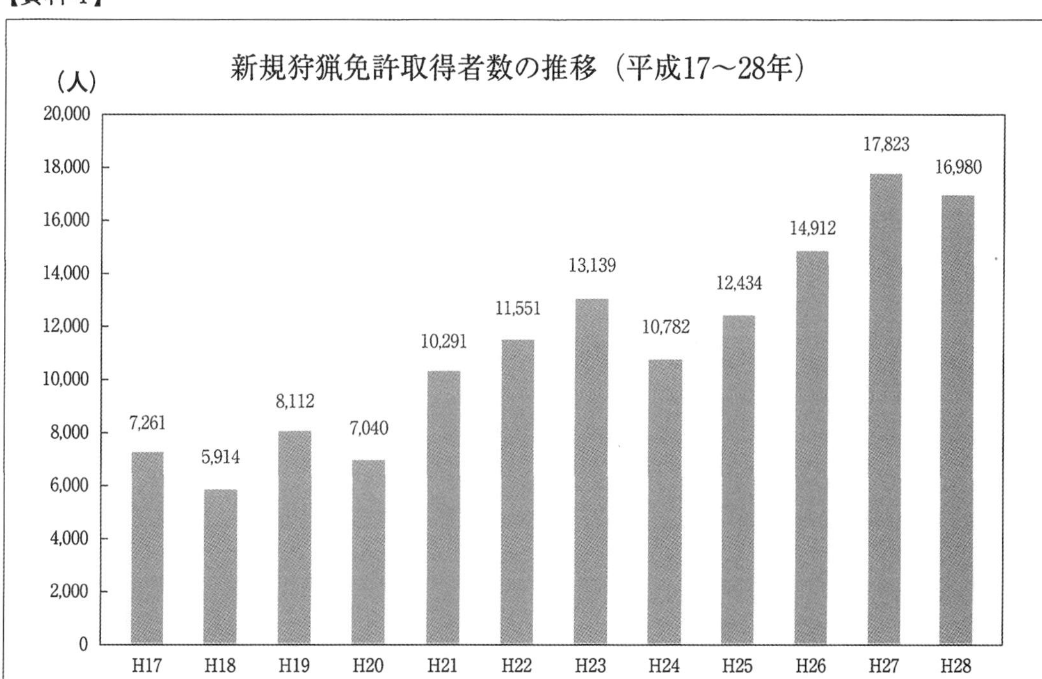


「新規　狩猟免許取得者数の推移」（環境省）を基に作成。

【資料５】

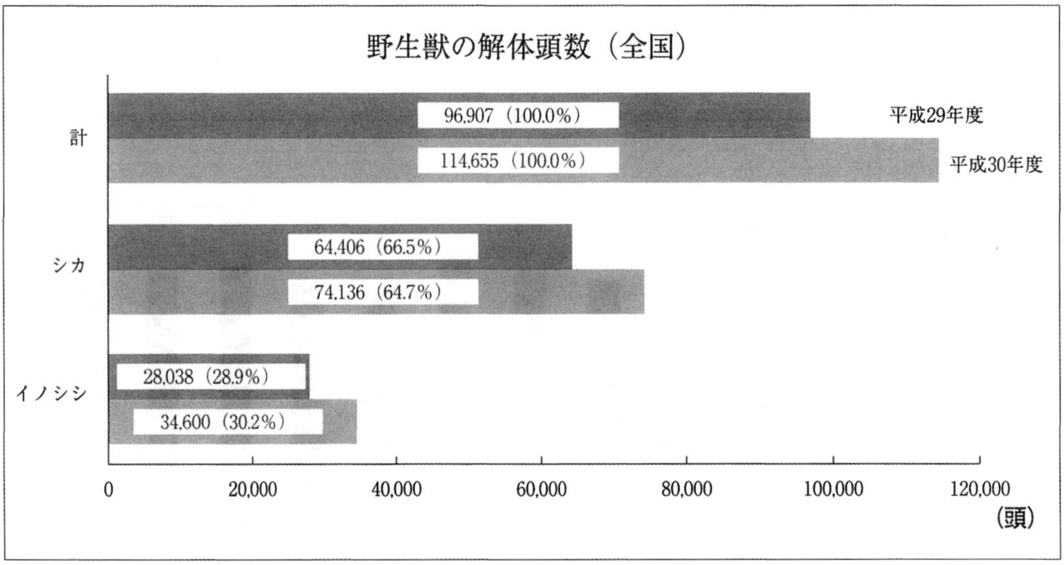


「野生鳥獣の解体頭・羽数（全国）」（農林水産省）を基に作成。

【資料6】

## 捕獲鳥獣のジビエ利用を巡る最近の状況

### なぜ今、ジビエ振興なのか

- 野生鳥獣による農作物被害は広域化・深刻化しており、現場の生産意欲に関わる大きな問題。
- 被害防止のために捕獲を進めるだけでなく、捕獲鳥獣を地域資源（ジビエ等）として利用し、農山村の所得に変えるような、野生鳥獣を「マイナス」の存在から「プラス」の存在に変える取組を全国に広げていくことが重要。

**マイナス面**

◆ 野生鳥獣による農作物被害の増大

▼

◆ 営農意欲の減退

▼

◆ 耕作放棄地の拡大

▼

◆ 農山村地域の衰退

◆ 有害鳥獣の捕獲

▼

◆ 捕獲鳥獣の埋却・焼却処理が負担

**ジビエ振興**

これまで廃棄していた捕獲鳥獣のジビエ利用拡大を推進

**プラス面**

◆ 積極的な捕獲の推進

▼

◆ 農作物被害の低減が期待

◆ 様々な分野でジビエ利用

□ 農泊・観光
□ 外食・小売
□ 学校給食
□ ペットフード　など

▼

◆ 農山村地域の所得向上が期待

### ジビエの利用拡大に向けた各段階の取組ポイント

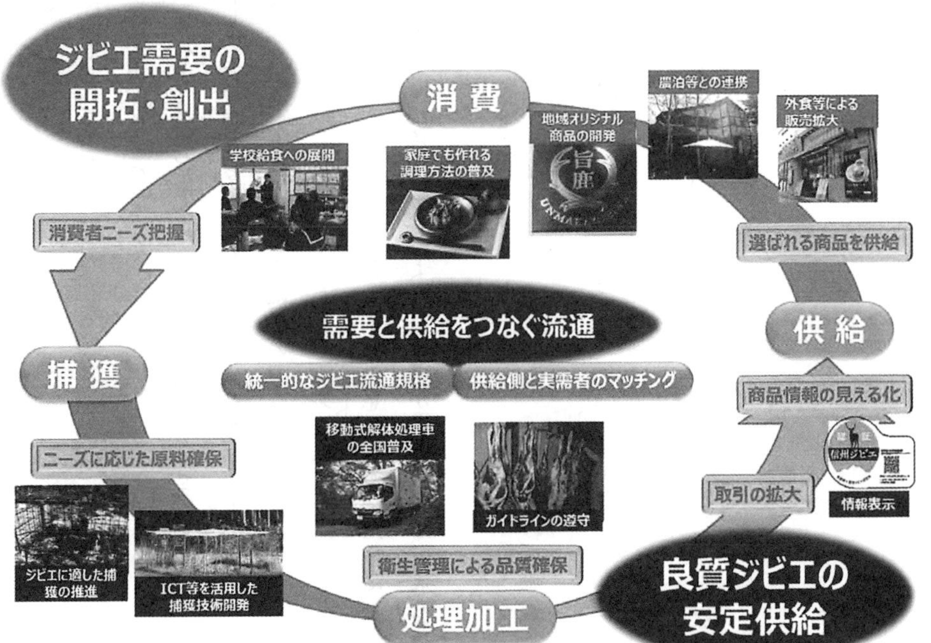


「捕獲鳥獣のジビエ利用を巡る最近の状況」（農林水産省）。

問一　――①とありますが、【資料1】から読み取れることとして最も適当なものを次の中から選び、記号で答えなさい。

ア　資料の十九年間のうち二度だけイノシシの捕獲頭数が減少に転じたことがある。

イ　平成二十一年から平成二十二年にかけて、イノシシの捕獲頭数は倍増している。

ウ　平成十二年に比べて、平成三十年ではイノシシの捕獲頭数は約四倍に増加している。

エ　資料の十九年間のイノシシの捕獲頭数増加の原因は、イノシシの生息数増加によるものだ。

問二　――②とありますが、【資料2】から読み取れることとして**誤っているもの**を次の中から一つ選び、記号で答えなさい。

ア　野生獣の中ではシカとイノシシによる被害額が特に多く、平成三十年度では合わせて百億円以上の損害を与えている。

イ　イノシシの平成三十年度の農作物の被害面積、被害量、被害金額はいずれも、野生獣でシカに次いで二番目に多い。

ウ　平成三十年度には対前年比三億円近く被害総額が減少しており、その減少額の半分以上はシカとイノシシの被害軽減による。

エ　イノシシによる被害面積、被害量はシカに及《およ》ばないが、それに比べ被害金額が近いのは、シカより生息数が多いためだ。

問三　――③とありますが、Aさんの発言内容が正しいかどうか確かめるためには、さらにどのような資料が必要ですか。最も適当なものを次の中から選び、記号で答えなさい。

ア　新規狩猟免許取得者数の年ごとの年齢別の内訳を表す資料。

イ　狩猟免許所持者数の年ごとの年齢別の内訳を表す資料。

ウ　高齢の免許所持者の年ごとの死亡者数と高齢者の狩猟免許返納者数を表す資料。

エ　若年層の年ごとの新規狩猟免許取得者数と所持者数を表す資料。

問四　空欄［Ｉ］には、【資料1】～【資料4】のいずれかが入ります。適当なものを一つ選び、解答欄に合わせて数字で答えなさい。

問五　――④とありますが、**【資料6】**に関する説明として**誤っているもの**を次の中から一つ選び、記号で答えなさい。

ア　写真などをうまく用いながら、ジビエ振興の支障となる各分野での問題点を指摘《してき》している。

イ　マイナス面とプラス面を分けて書くことで、ジビエ振興の有効性がつかみやすくなっている。

ウ　文字の大小や太さを変えることで、強調したい点がはっきりするようにつくられている。

エ　捕獲、処理加工、供給、消費のサイクルを図示して消費増大のための要点を示している。

問六　空欄［　Ⅱ　］に当てはまる言葉を、**会話の流れもふまえて**、解答欄に合わせて答えなさい。

令 和 3 年 度

福岡大学附属大濠中学校

# 入 学 試 験 問 題

# 算　数

[時 間　60分]

注　意

1．答えはすべて解答用紙に記入してください。

2．解答用紙には氏名・受験番号（算用数字　例10001）をきちんと書いてください。

# 1 次の各問いに答えなさい。

(1) $8 \times 4 - (5 \times 6 - 7) - 12 \div 3$ を計算すると [ ① ] です。

(2) $\frac{3}{8} \div \left( \frac{3}{4} + \frac{3}{4} \div \frac{3}{2} \right) \times \frac{5}{9}$ を計算すると [ ② ] です。

(3) 次の □ にあてはまる数は [ ③ ] です。

$$1\frac{1}{4} \times \left( \square - \frac{2}{5} \right) + 0.2 = \frac{19}{20}$$

(4) 6％の濃度の食塩水 300 g に [ ④ ] ％の濃度の食塩水を 200 g 加えると，8％の濃度の食塩水ができました。

(5) 鉛筆と消しゴムを1つずつ買うと代金は150円です。鉛筆の値段が消しゴムの値段より100円安いとき，消しゴムの値段は [ ⑤ ] 円です。

(6) 花子さんの今まで行われた算数のテストの得点の平均は60点です。
今回，100点をとったので，今回の点も含めて平均点を計算しなおすと，
平均点が5点上がりました。
今回のテストも含めて，算数のテストは全部で [ ⑥ ] 回行われています。

(7) 原価12500円の商品に，原価の4割の利益を見こんで定価をつけました。
いま，店頭では定価の10％引きのセール中で，さらに [ ⑦ ] 円値引きして販売すると利益は2500円になりました。

(8) 太郎くん，次郎くんの2人ですると15日間かかる仕事があります。
最初に2人でこの仕事を5日間した後，残りの仕事を太郎くん1人で16日間かかって仕上げました。この仕事を次郎くん1人ですると［⑧］日間かかります。

(9) 下の図のような点Oを中心とする半径4cmの半円と直線$\ell$があり，
直径ABと直線$\ell$は平行な状態で静止しています。この半円が直線$\ell$上をすべることなく矢印の方向に1回転したとき，点Oの動いた道のりは［⑨］cmです。
ただし，円周率は3.14とします。

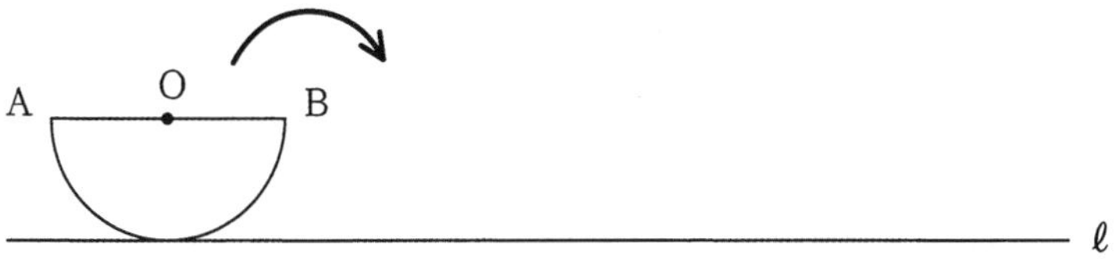


(10) 4種類の数字0，1，2，3を使って表される整数を，下のように左から小さい順に並べていきました。左から100番目の整数は［⑩］です。

0，1，2，3，10，11，12，13，20，21，22，……

**2** ある空港があり，受付から搭乗口《とうじょうぐち》まで420ｍ離れています。
この途中には，進行方向に対して『動く歩道』があり，誰でも利用することができます。
花子さん，良子さん，太郎くん，次郎くんの４人が受付から同時に出発し，
搭乗口まで移動しました。
花子さんは『動く歩道』を利用し，乗っている間は立ち止まっていました。
良子さんは『動く歩道』を利用し，乗っている間も歩いていました。
また，良子さんは，受付から搭乗口まで移動するのに５分かかり，
そのうち『動く歩道』には２分30秒乗っていました。
太郎くんと次郎くんの２人は『動く歩道』を利用しませんでした。
４人の歩く速さはみな同じで,４人の歩く速さと『動く歩道』の速さの比は２：３であるとします。

(1) 『動く歩道』の長さは［ ⑪ ］ｍです。

(2) ４人の歩く速さは分速［ ⑫ ］ｍです。

(3) 花子さんが『動く歩道』に乗っていた時間は［ ⑬ 分 秒 ］です。

(4) 太郎くんは受付から搭乗口まですべて歩いて移動しました。
太郎くんが移動するのに［ ⑭ 分 秒 ］かかりました。

(5) 次郎くんは，受付を出発してから［ ⑮ 分 秒 ］の間は歩いて移動しましたが，
途中で歩く速さの２倍の速さで走り出したので，良子さんと同時に搭乗口に到着しました。

## 3

算数の中山先生と２人の小学生の大木くんと濠川さんが，算数の問題について会話しています。次の会話文を読み，⑯ ～ ㉒ にあてはまる数値を答えなさい。

中山先生： 次のような分子が１である分数の新しい足し算“$\oplus$”と新しい引き算“$\ominus$”の計算を考えてみよう。$a$，$b$ を２以上の整数として，

新しい足し算を　$\dfrac{1}{a}\oplus\dfrac{1}{b}=\dfrac{b+a}{a\times b-1}$

新しい引き算を　$\dfrac{1}{a}\ominus\dfrac{1}{b}=\dfrac{b-a}{a\times b+1}$　（ただし，$b$ は $a$ 以上の整数とする。）

と約束します。例えば，$\dfrac{1}{5}\oplus\dfrac{1}{8}=\dfrac{8+5}{5\times 8-1}=\dfrac{13}{39}=\dfrac{1}{3}$ となります。

では，$\dfrac{1}{3}\ominus\dfrac{1}{5}$ の答えはわかりますか？ 大木くん。

大木くん： …わかりました。$\dfrac{1}{3}\ominus\dfrac{1}{5}=$ ⑯ です。

中山先生： その通りです。

濠川さん： ほかにも例えば，$\dfrac{1}{2}\oplus\dfrac{1}{2}=\dfrac{4}{3}$ や，$\dfrac{1}{4}\ominus\dfrac{1}{4}=0$ になりますね。

不思議な感じがしますね。

中山先生： では，$\dfrac{1}{6}\oplus\dfrac{1}{n}=\dfrac{1}{5}$ を満たす２以上の整数 $n$ の値は何になるでしょうか。

大木くん： $n$ に２以上の整数を小さい順に１つずつあてはめて，計算してみてはどうですか。

中山先生： う～ん，悪くはないですが，場合によっては時間がかかるかもしれませんね。

２＋□＝５となる□は，□＝５－２となるのでこれと同じように考えて

$\dfrac{1}{5}\ominus\dfrac{1}{6}$ を計算してみましょう。

大木くん： わかりました！$n$ の値は ⑰ です。

中山先生： その通りです。

濠川さん： 先生！この新しい足し算“$\oplus$”と新しい引き算“$\ominus$”の計算にはどのような意味があるのですか。

中山先生： とてもいい質問ですね。ではそれを理解してもらうために次の問題を考えてみましょう。

**問題**　右の【図１】のように，
同じ大きさの正方形を３つ横に並べたとき，
角アと角イの和を求めなさい。

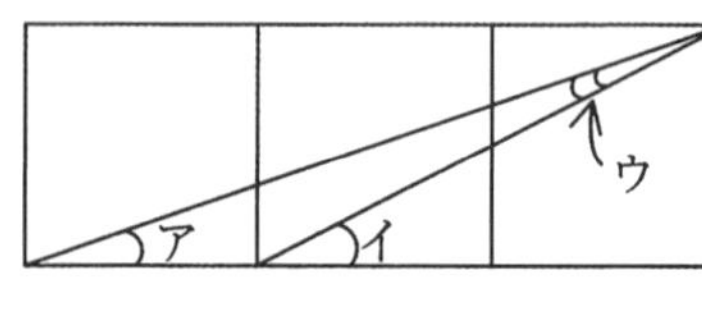


【図１】

濠川さん：　角アと角イの和を求めればいいので，
2つの角を1カ所に集めた右の【図 2】で
考えます。図より，角アと角イの和は
⑱ 度となります。
この問題と，どんな関係があるのですか。

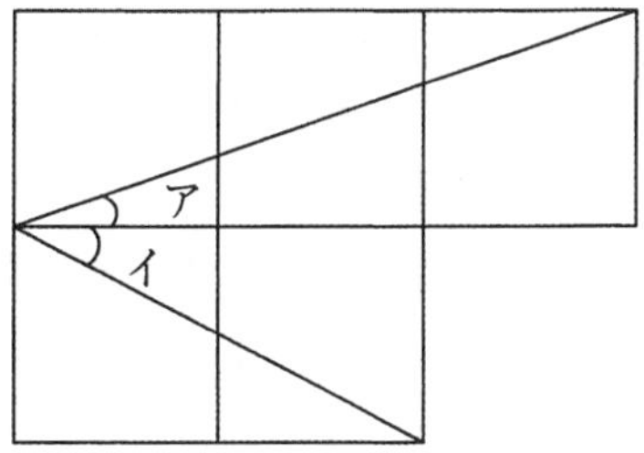

【図 2】

中山先生：　2人は右の【図 3】のような道路標識を見たことがありますか？

濠川さん：　あります。車に乗っているとき，山道や急な坂道で見かけました。

中山先生：　そうですね。これは『道路の登り勾配《こうばい》』を表す標識です。

この標識の9％というのは，$9\% = 0.09 = \frac{9}{100}$ となるので，

【図 4】のように『100 m水平に進んだときに 9 m登る坂道である。』
ということを意味しています。

【図 3】

つまり，水平方向と坂道の作る角エの大きさを，長さの比 $\frac{9}{100}$ で表しているのです。

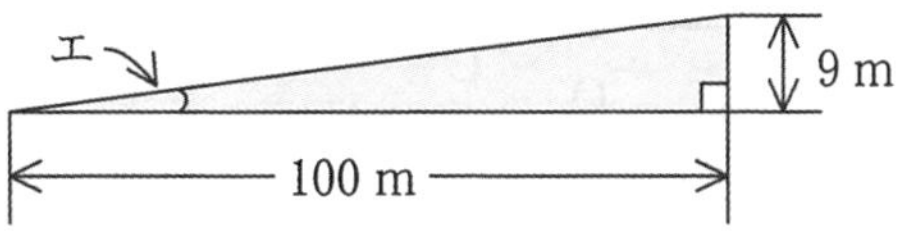

【図 4】

では同じように 90° より小さい角の大きさを，

水平方向の長さと高さの比 $\frac{(\text{高さ})}{(\text{水平方向の長さ})}$ で表される値と考えると，

問題 の【図 1】より角アは ⑲ ，角イは ⑳ と分数で表すことができますね。
このとき，新しい足し算“⊕”の計算により，

⑲ ⊕ ⑳ ＝ ㉑

であり，㉑ を改めて角度で表すと ⑱ 度となりますね。

大木くん：　なるほど，新しい足し算“⊕”の計算は，角の足し算を表しているんですね。

濠川さん：　では，新しい引き算“⊖”の計算は，角の引き算を表しているのですか。

中山先生：　その通りです。では，最後にもう1題，問題を考えてみましょう。
先ほどの 問題 の角ウの大きさを最も簡単な分数で表すとどうなりますか。

大木くん：　…わかりました！角ウの大きさを最も簡単な分数で表すと ㉒ になります。

中山先生：　その通りです。2人ともよく頑張りましたね。

**4**

下の【図 1】のように，辺 CD の長さが 4cm の台形 ABCD があります。
点 P は頂点 A を出発し，辺 AD 上を一定の速さで往復します。
点 Q は頂点 C を出発し，辺 BC 上を毎秒 5cm の速さで往復します。
点 P が辺 AD 上を 2 回往復したとき，2 点 P，Q は止まるものとします。
次に，下の【図 2】の斜線部分のように，台形 ABCD のうち，
2 点 P，Q を結んだ直線の左側にある斜線部分を『図形 T』とし，図形 T の面積を考えます。
ただし，4 点 A，B，P，Q が一直線上に並んだときは，図形 T の面積は $0\text{cm}^2$ であるとします。
下の【図 3】は，2 点 P，Q がそれぞれ点 A，C を同時に出発してからの時間と図形 T の面積の関係をグラフに表したもので，出発してから 8 秒後までのグラフをかいています。

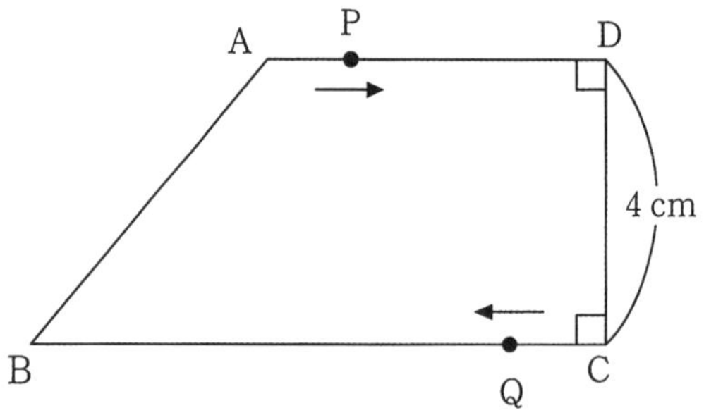

【図 1】

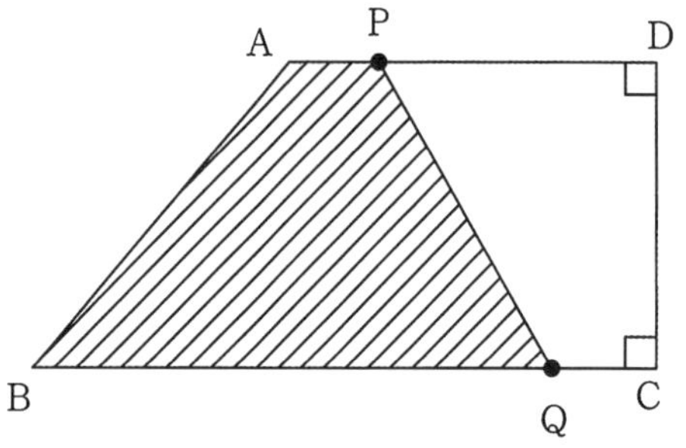

【図 2】

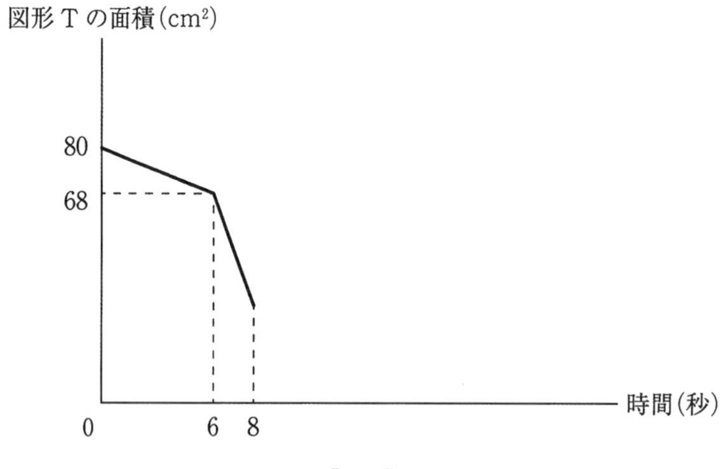

【図 3】

(1) 辺BCの長さは［ ㉓ ］cmです。

(2) 点Pの動く速さは毎秒［ ㉔ ］cmです。

(3) 図形Tの面積は最大で［ ㉕ ］$cm^2$になります。

(4) 図形Tの面積が40$cm^2$になるのは，全部で［ ㉖ ］回あります。

(5) 点Pが2回目の往復で，点Dから点Aに戻ってくるときを考えます。
点Pと点B，点Qと点Aをそれぞれ結び，2本の直線が交わった点をRとします。
三角形BQRの面積が25$cm^2$になるのは，2点P，Qが同時に出発してから［ ㉗ ］秒後です。

**5** 下の【図１】のように，１辺の長さが6cmの立方体の真正面からその面の反対側までまっすぐにくり抜いてできる立体をＰとします。

(1) 立体Ｐの体積は ㉘ $cm^3$ です。

(2) 立体Ｐのすべての面の面積を足すと ㉙ $cm^2$ です。

立体Ｐ

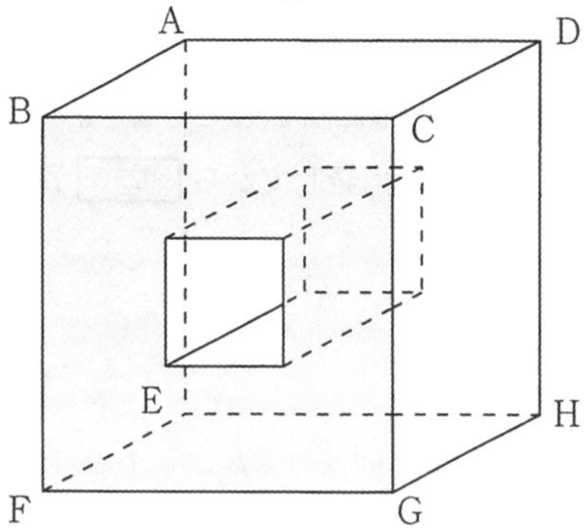


【図１】

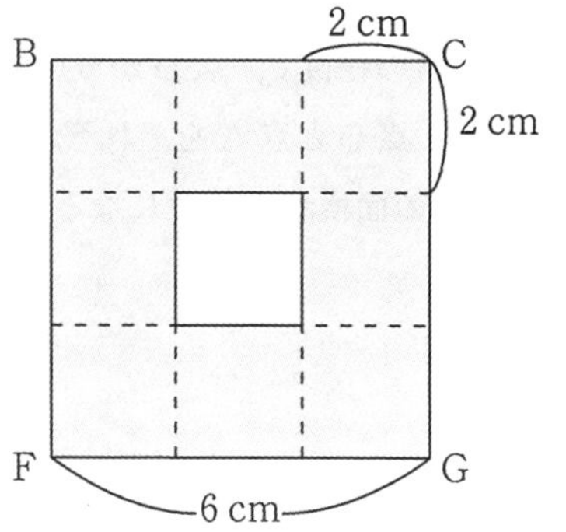


真正面から見た図（目盛りは２cm）

下の【図２】のように，立体Ｐの真上からその面の反対側までまっすぐにくり抜いてできる立体をＱとします。

(3) 立体Ｑの体積は ㉚ $cm^3$ です。

立体Ｑ

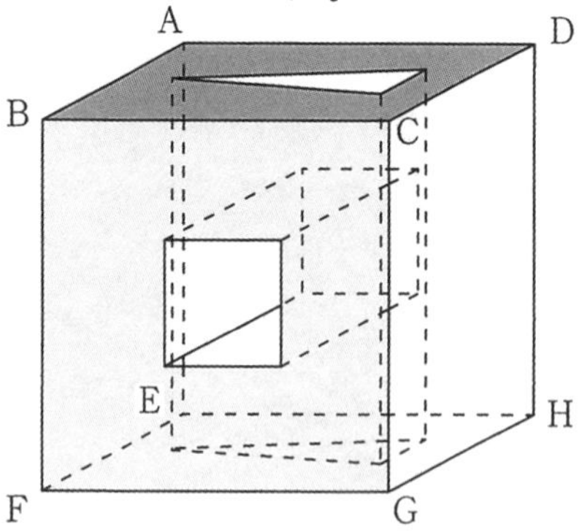


【図２】

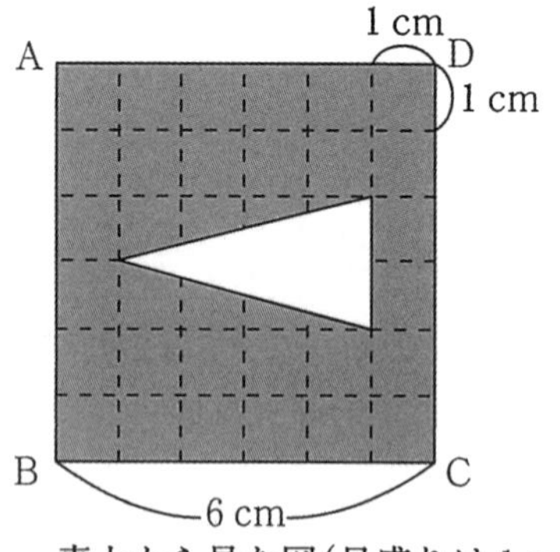


真上から見た図（目盛りは１cm）

下の【図3】のように，立体Qを真横からその面の反対側までまっすぐにくり抜いてできる立体をRとします。

(4) 立体Rの体積は ㉛ $cm^3$ です。

立体R

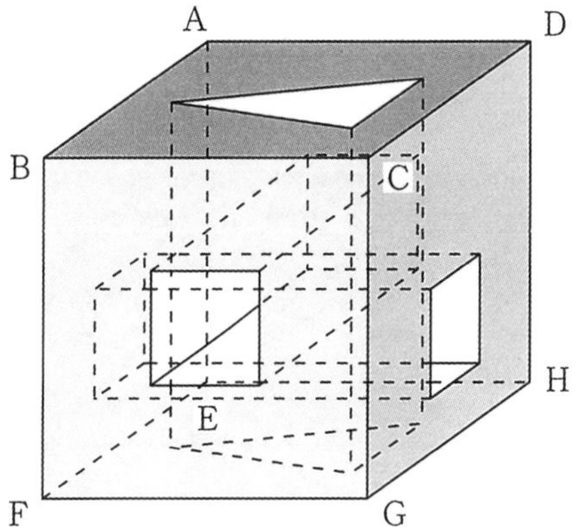


【図3】

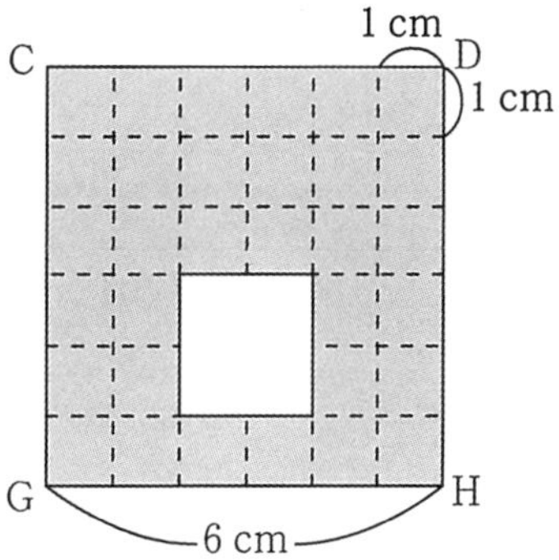


真横から見た図(目盛りは1 cm)

2021(R3) 福岡大学附属大濠中
K 教英出版

令 和 3 年 度

福岡大学附属大濠中学校

# 入 学 試 験 問 題

# 理　　科

[時 間　40 分]

注　意

1．答えはすべて解答用紙に記入してください。

2．解答用紙には氏名・受験番号（算用数字　例10001）をきちんと書いてください。

**1**　次のＡ～Ｄの図は、それぞれ異なる日の気象衛星による雲画像です。また、ａ～ｄはＡ～Ｄと同じ日の天気図ですが、順番はばらばらです。これを見て以下の各問いに答えなさい。

A

B

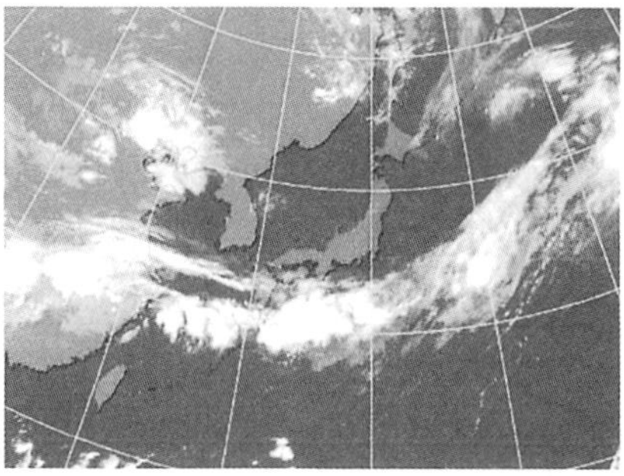
C

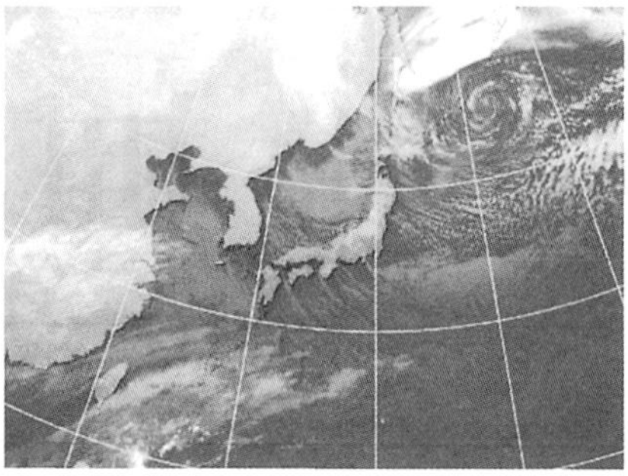
D

a

b

c

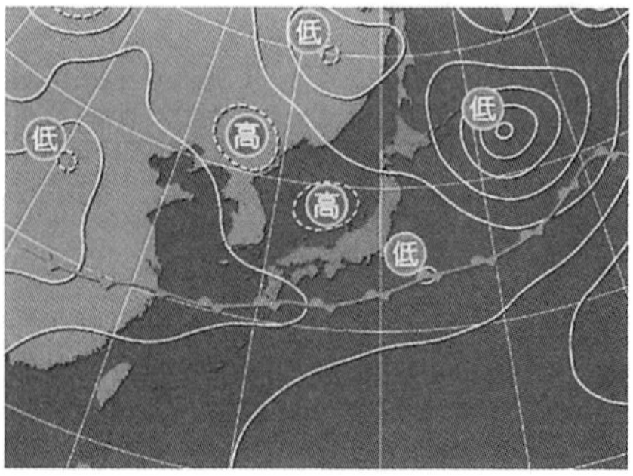

d

問１　次の文はある日の天気に関するニュース記事の一部です。この文中の①，②に当てはまる語句の組み合わせを下のア～カの中から１つ選び、記号で答えなさい。

「西日本から東日本太平洋側にかけて（　①　）気圧に覆われ、西日本と東日本の 152 地点で最高気温が 35℃を超える（　②　）日となった。」

| | ア | イ | ウ | エ | オ | カ |
|---|---|---|---|---|---|---|
| ① | 高 | 低 | 高 | 低 | 高 | 低 |
| ② | 夏 | 猛暑《もうしょ》 | 真夏 | 夏 | 猛暑 | 真夏 |

問２　次の(1)，(2)に答えなさい。

(1)　問１の日の雲画像はどれですか。Ａ～Ｄの中から１つ選び、記号で答えなさい。

(2)　問１の日の天気図はどれですか。ａ～ｄの中から１つ選び、記号で答えなさい。

問３　次の(1)，(2)に答えなさい。

(1)　Ａ～Ｄの中で、12 月の雲画像を表しているのはどれですか。Ａ～Ｄの中から１つ選び、記号で答えなさい。

(2)　ａ～ｄの中で、12 月の天気図を表しているのはどれですか。ａ～ｄの中から１つ選び、記号で答えなさい。

問４　ある日、大濠中学校で実際に気温と湿《しつ》度を観測し、観測結果をグラフにすると次のようになりました。このグラフを見ると、気温と湿度はグラフの上がり下がりが逆になっているのが分かります。その理由として最も適当なものを下のア～エの中から１つ選び、記号で答えなさい。

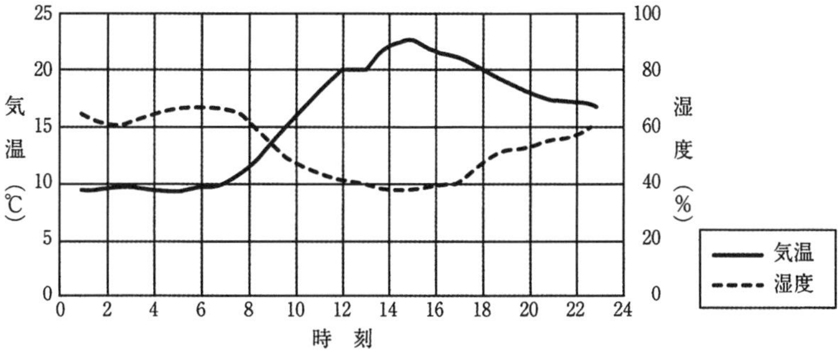


ア．気温が上昇すると、空気中の水蒸気の量が減少するから。

イ．気温が上昇すると、地面に含まれる水分が蒸発するから。

ウ．日射によって、上空の空気の温度よりも地面の温度が高くなるから。

エ．空気は、気温が高いほどたくさんの水蒸気を含むことができるから。

**2**

ある季節の午後8時に、大濠中学校の屋上で天体観測を行いました。図1はその時観測したある方角の星の位置をスケッチしたものです。この日、午後12時に同じ方角を観測すると、星Aは午後8時と同じ位置に見えました。これを見て、以下の各問いに答えなさい。

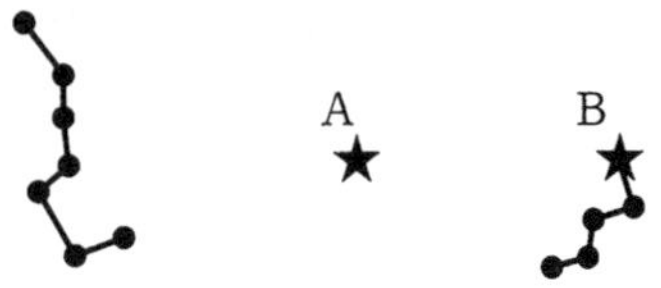

図1

問1　このスケッチの方角を次のア～エの中から1つ選び、記号で答えなさい。

ア. 南　　イ. 北　　ウ. 東　　エ. 西

問2　図1の星Aの名前を漢字で答えなさい。また、星Bをふくむ星座の名前を答えなさい。

問3　この日、午後12時に同じ方角を観測したとき、星Bはどこに見えますか。およその位置を図2のア～オの中から1つ選び、記号で答えなさい。

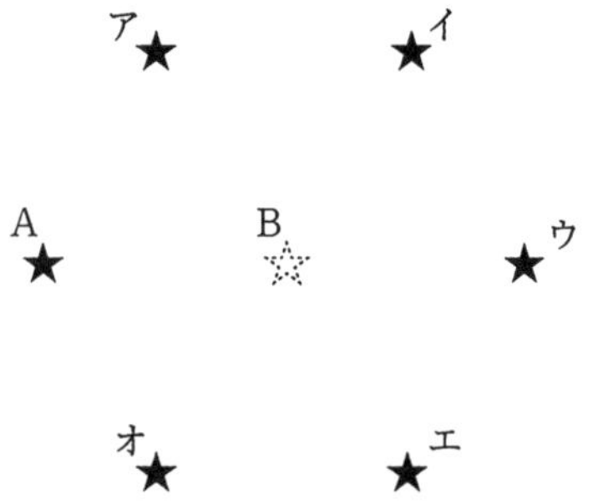

図2

問4　星Bを毎日同じ午後8時に観測すると、少しずつその位置が変わります。この日以降、初めて図3のB′の位置に見えるのはおよそ何ヶ月後ですか。整数で答えなさい。

図3

問5　問4のように位置が変わる理由を述べた、次の文中の（①），（②）に当てはまる語句の組み合わせを下のア～オの中から1つ選び、記号で答えなさい。

毎日同じ時刻に同じ方角を観測すると星は少しずつその位置が変わっていく。これは、（　①　）が、（　②　）一定の速さで回っているからである。

| | ア | イ | ウ | エ | オ |
|---|---|---|---|---|---|
| ① | 月 | 星座 | 星座 | 地球 | 地球 |
| ② | 地球のまわりを | 太陽のまわりを | 地球のまわりを | 太陽のまわりを | 地軸を中心に |

**3**　生き物の「食べる・食べられる」の関係について、以下の各問いに答えなさい。

問１　「食べる・食べられる」の関係でつながっている複数の種類の生き物のグループがあるとします。このうちのある一種類の生き物の数が変化すると、どのような影響《えいきょう》が出ると考えられますか。次のア～エの中から最もふさわしいものを１つ選び、記号で答えなさい。

ア．一種類の生き物の数が変化しても、他の生き物のグループには特に影響はない。
イ．一種類の生き物の数が変化すると、他の生き物のグループすべてがやがて必ず絶滅《ぜつめつ》する。
ウ．一種類の生き物の数が変化すると、「食べる・食べられる」の直接的な関係にある生き物にだけに影響が出る。
エ．一種類の生き物の数が変化すると、他の生き物のグループにも段階的に影響が出るが、やがて元にもどる。

問２　図１は、ある地域に生息する食べる側の生き物と食べられる側の生き物の２種類の数を調べたもので、ＸとＹは食べる側の生き物か食べられる側の生き物かのいずれかを表しています。このように生き物の数は時間の経過とともに周期的に変動しながらも、ある程度バランスを保っていることがわかります。以下の各問いに答えなさい。

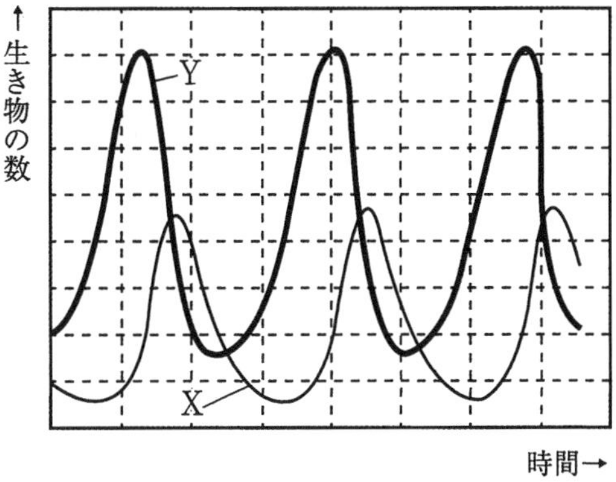

図１

(1)　図１のＸとＹに当てはまる生き物の組み合わせとして最もふさわしいものを次のア～オの中から１つ選び、記号で答えなさい。

| | ア | イ | ウ | エ | オ |
|---|---|---|---|---|---|
| X | フクロウ | カエル | ライオン | キャベツ | トビ |
| Y | アサガオ | ヘビ | タカ | モンシロチョウ | ネズミ |

(2) 次の文ａ，ｂについて、図１からわかることとして、あてはまる組み合わせを下のア～エの中から１つ選び、記号で答えなさい。

ａ．周期的な増減をくり返しの中で、Ｘの数の最大値がＹの数の最大値の後に出現している。
ｂ．周期的な増減をくり返しているが、常にＸの数のほうがＹの数より多い。

| | a | b |
|---|---|---|
| ア | あてはまる | あてはまる |
| イ | あてはまる | あてはまらない |
| ウ | あてはまらない | あてはまる |
| エ | あてはまらない | あてはまらない |

問３　ある海岸の岩場には図２のようなさまざまな生き物が生活していました。なお、図中の矢印の方向は食べられる側から食べる側への方向を表し、ヒトデと各生き物を結ぶ矢印上の数字は、ヒトデが各生き物を食べている割合（個体数比）を百分率で示しています。以下の各問いに答えなさい。

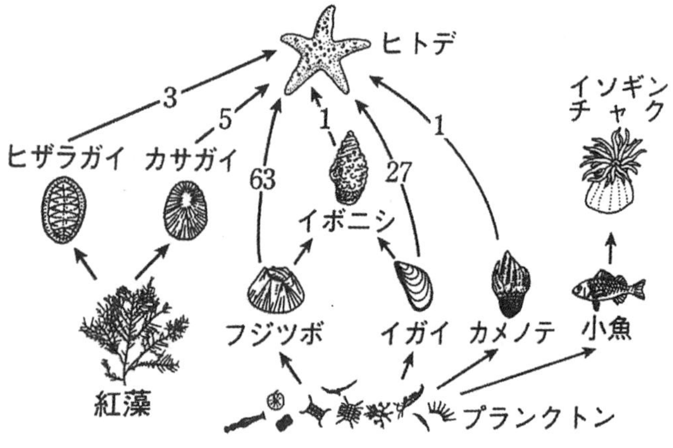

図２

ただし、フジツボ，イガイ，カメノテ，イソギンチャク，紅藻《こうそう》は岩場にくっついて生活していますが、イボニシ，ヒザラガイ，カサガイ，ヒトデは岩場を移動して生活しています。

(1) ヒトデに最も食べられる生物は何ですか。次のア～カの中から１つ選び、記号で答えなさい。

ア．ヒザラガイ　　イ．カサガイ　　ウ．フジツボ
エ．イボニシ　　オ．イガイ　　カ．カメノテ

⑵　この岩場の一部を区切ってその中のヒトデを完全に除去し続けたところ、その約１年間のあいだに、生き物の構成が大きく変化しました。まず、イガイとフジツボの数が著《いちじる》しく増えました。カメノテとイボニシはいたるところにいましたが、イソギンチャクと紅藻は増えたイガイやフジツボに生活空間をうばわれて姿を消しました。その後、食物を失ったヒザラガイやカサガイもいなくなりました。この実験から考えられることとしてふさわしくないものを次のア～オの中から２つ選び、記号で答えなさい。

ア．ヒザラガイとカサガイがいなくなったのは、天敵がいなくなって増えたフジツボやイガイに食べられたためである。

イ．イガイとフジツボが増えたのは、両種を食物としていたヒトデがいなくなったためである。

ウ．フジツボとヒザラガイの間には「食べる・食べられる」の関係はないが、どちらかの数が急激に増えると、もう一方に影響が出る。

エ．ヒトデの除去は、ヒトデの食物ではない生き物にも間接的に影響が出る。

オ．ヒトデがいることで、この岩場で生活する生き物の種類数が減少している。

**4**　次の会話文はあるクラスで行われた植物の発芽に関する授業の一部です。以下の各問いに答えなさい。なお、クラスのA～Lさんの班編成は次の通りです。

| 1班　A，B，C | 2班　D，E，F | 3班　G，H，I | 4班　J，K，L |
|---|---|---|---|

先生　それでは、種子の発芽についてそれぞれの班が調べてきたことを発表してください。

Aさん　はい。私たち1班はダイズ，イネ，マツ，クリ，カキのいろいろな種子について調べてきました。まず、わたしは種子が果実に覆《おお》われているかどうかを調べました。その結果、マツは種子が果実に覆われておらず、それ以外の種子は果実に覆われていることがわかりました。

Bさん　わたしは発芽後の子葉の数を調べました。その結果、ダイズとクリとカキは2枚で、イネは1枚で、マツは子葉が見られないことがわかりました。

Cさん　わたしは種子を切断し、胚乳《はいにゅう》の様子を観察しました。その結果、イネとカキは胚乳が発達していました。ダイズとクリは胚乳がほとんど見られず種子の中に子葉が発達していました。マツは胚乳が見られませんでした。

Aさん　このように、いろいろな種子にはちがっている点や$_a$<u>共通点</u>があることがわかりました。

先生　みなさん、よく調べましたね。それでは、2班の発表をお願いします。

Dさん　はい。私たちは$_b$<u>子葉が発芽に必要かどうか実験</u>を計画しています。ダイズを使うところまでは決まったのですが、意見がまとまっていません。先生やクラスのみんなの意見がほしいです。

先生　はい、ありがとう。あとでみんなで考えてみましょう。では、次は3班ですね。

Gさん　はい。私たちは$_c$<u>発芽に必要な栄養分</u>について調べました。ダイズの栄養分はほとんどがデンプンなので、ヨウ素液で青むらさき色に変化するかどうかで確かめることができます。

先生　なるほど。しっかり考えて実験ができていますね。それでは最後に4班の発表をお願いします。

Jさん　はい。私たちは種子の$_d$<u>密度</u>による発芽と成長のちがいを調べました。

先生　どの班も取り組みが素晴らしいですね。

問1　下線部aについて、次の表は1班が発表した3つのうち共通する点の数をまとめたものです。表中の①～④にあてはまる数字をそれぞれ記入しなさい。

| | カキ | クリ | マツ | イネ |
|---|---|---|---|---|
| ダイズ | 2 | ② | 0 | 1 |
| イネ | 2 | ③ | 0 | |
| マツ | 0 | ④ | | |
| クリ | ① | | | |

問２　下線部ｂについて、２班の計画は次のとおりです。実験計画としてふさわしいものをすべて選び、その組み合わせとしてふさわしいものを下のア～キの中から１つ選び、記号で答えなさい。

Ｄさん

だっし綿の上に子葉・茎《くき》・葉・根の全部ついたダイズの種子を置いて、もう１つは子葉を取って葉・茎・根だけを置いて、光の当たり方などはどちらも同じ条件で毎日水をあたえる。

Ｅさん

だっし綿の上に子葉・茎・葉・根の全部ついたダイズの種子を置いて、もう１つは葉・茎・根を取って子葉だけを置いて、光の当たり方などはどちらも同じ条件で毎日水をあたえる。

Ｆさん

だっし綿の上に葉・茎・根を取ったダイズの子葉だけを置いて、もう１つはだっし綿だけを置いて、光の当たり方などはどちらも同じ条件で毎日水をあたえる。

ア．Ｄさん，Ｅさん，Ｆさん　　イ．Ｄさん，Ｅさん　　ウ．Ｄさん，Ｆさん
エ．Ｅさん，Ｆさん　　オ．Ｄさん　　カ．Ｅさん　　キ．Ｆさん

問３　下線部ｃについて、図１はダイズの種子の断面をヨウ素液に反応した部分を表しています。正しいものをア～エの中から１つ選び、記号で答えなさい。

また図１で選んだ部分は発芽後ダイズのどの部分になったか、正しいものを図２のオ～キの中から１つ選び、記号で答えなさい。なお、ヨウ素液に反応した部分や成長後の部分は赤色で示しています。

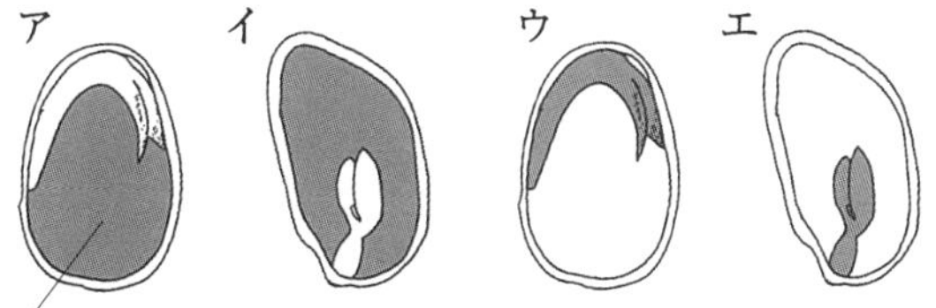

図１

赤色

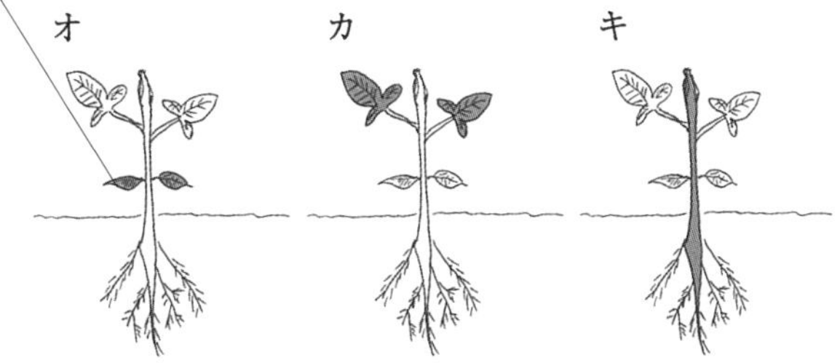

図２

問４　下線部ｄについて、同じ大きさのプランター１，２を用意し、図３のように密度を変えてダイズの種子（●で表す）をまき、その後の発芽と成長のようすを観察しました。なお、種子のまき方以外はすべて同じ条件で、光はそれぞれのプランターの真上から当てて育てました。下の文章はこの観察結果と考察を述べたものです。空らん①～③にあてはまる語を下のア～キの中からそれぞれ選び、記号で答えなさい。ただし、同じものを何度選んでもよい。

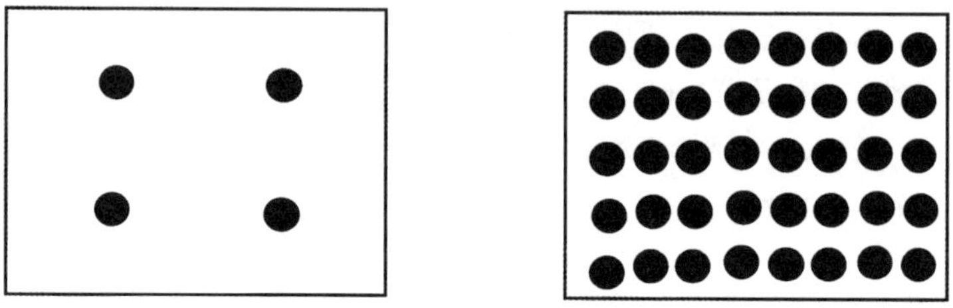

プランター１　　　　プランター２

図３

プランター２のダイズの茎の太さはプランター１に比べて（　①　）いものが多かった。また、プランター２のダイズの茎には成長に差がみられ、プランター内の中央のものほど背たけは（　②　）かった。これは密度が高いプランター２で種子が発芽し成長する過程で（　③　）のうばい合いが起こったためと考えられる。

ア．細　　イ．太　　ウ．高　　エ．低　　オ．肥料　　カ．酸素　　キ．光

**5**　次の実験について、以下の各問いに答えなさい。

酸素と水素を反応容器内で点火装置を用いて火花を飛ばして燃やすと、水ができます。

酸素（気体）　＋　水素（気体）　→　水（液体）

図１の装置の反応容器に 30 mL の酸素を入れ、次に様々な体積の水素を加え、これに火花を飛ばして燃やし、容器内に残った気体の体積を調べました。図２は実際に使った気体の体積と、反応後に容器内に残った気体の体積の関係をグラフにしたものです。ただし、反応で生じた水（液体）の体積は無視できるものとします。また、反応する物質の重さの合計と、反応してできた物質の重さの合計は等しいことがわかっています。気体の重さについては表の値を使いなさい。

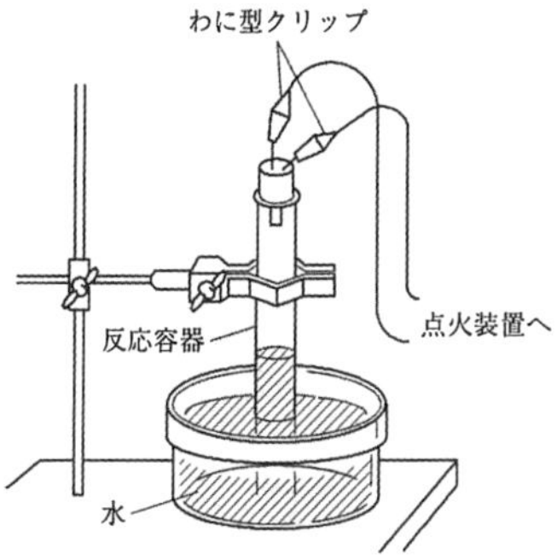


図１

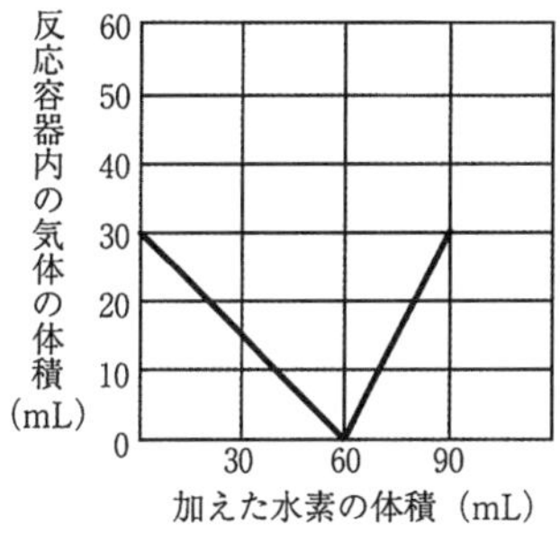


図２

| 気体の種類 | 1 mL あたりの重さ（mg） |
| --- | --- |
| 酸素 | 1.3 |
| 水素 | 0.082 |

表

問１　酸素の性質として正しいものを、次のア～オの中からすべて選び記号で答えなさい。

ア．鉄にうすい水酸化ナトリウム水よう液を加えると発生する。
イ．水に非常によくとける。
ウ．ものを燃やすはたらきがある。
エ．つんとするにおいがある。
オ．二酸化マンガンにうすい過酸化水素水を加えると発生する。

問２　30 mL の酸素と過不足なく反応する水素の体積は何 mL ですか。整数で答えなさい。

問３　40 mL の酸素に水素 30 mL を加えて点火したときに残る気体は何ですか。また、その気体の体積は何 mL ですか。整数で答えなさい。

問４　問３のときに生じる水の重さは何 mg ですか。答えは小数第１位を四捨五入し、整数で答えなさい。

問5　酸素35 mL、水素80 mLおよびある量の空気を混合して点火したところ、水素2 mL、ちっ素16 mLと水（液体）が残りました。この反応で加えた空気の体積は何mLですか。整数で答えなさい。また、この反応でできた水の重さは何mgですか。答えは小数第1位を四捨五入し、整数で答えなさい。

ただし、空気はちっ素と酸素が4：1の体積比で混ざっており、水素が燃えるときにちっ素は水素や酸素と反応しないものとします。

**6**

チョークの粉（主成分　炭酸カルシウム）と塩酸を使って実験しました。以下の各問いに答えなさい。

実験操作1　十分な量のチョークの粉に3.65%の塩酸100 gを加えると、2.2 gの気体Xが発生しました。

実験操作2　操作1で発生した2.2 gの気体Xを石灰水に吹き込むと、白色の物質5 gと水0.9 gが生じました。それ以外の物質は生じませんでした。

問1　気体Xの名称を漢字で答えなさい。

問2　操作1で、気体Xを発生させるのに、チョークの粉のかわりに用いることができる物質を次のア～オの中からすべて選び、記号で答えなさい。

ア．石灰石　　イ．鉄　　ウ．貝殻　　エ．石灰水　　オ．銅

問3　操作1で、十分な量のチョークの粉に、3.65%の塩酸150 gを加えると、何gの気体Xが発生しますか。小数第一位まで答えなさい。

問4　操作1で、十分な量のチョークの粉に、ある濃度の塩酸25 gを加えると、気体Xが1.1 g発生しました。この塩酸の濃度［%］を小数第一位まで答えなさい。

問5　操作2で生じた下線部の白色の物質の名称を次のア～エの中から1つ選び、記号で答えなさい。

ア．炭酸ナトリウム　　イ．炭酸カルシウム　　ウ．硫酸ナトリウム　　エ．硫酸カルシウム

問6　操作2で用いた石灰水の重さは100 gでした。この石灰水の濃度［%］を小数第一位まで答えなさい。ただし、石灰水と気体Xはいずれも完全に反応したとします。また、反応する物質の重さの合計と、反応してできた物質の重さの合計は等しいことがわかっています。

**7**

細長い棒に等しい間隔《かんかく》で13か所の穴を開け、重さの等しいおもりをつるして水平につりあわせる実験を行いました。中央の穴で棒を支えたときは、おもりをつるしていなくても、棒は水平につりあいました。以下の各問いに答えなさい。

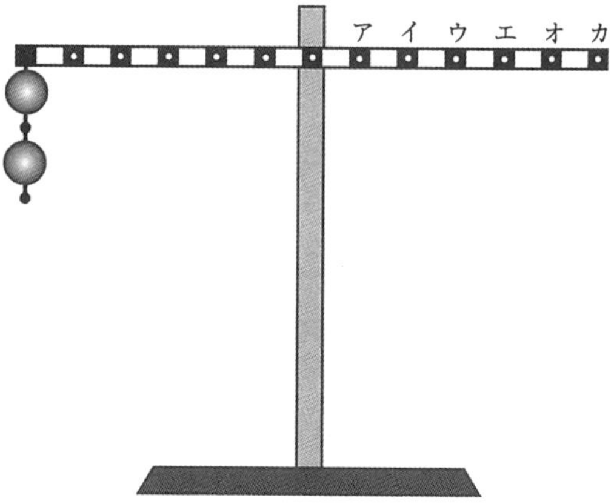


図1

問1　図1のように、棒の一番左の穴におもりを2個つるしました。おもり3個をどの位置につるすと、棒は水平につりあいますか。図の中のア～カの中から1つ選び、記号で答えなさい。

問2　次に、棒の一番左の穴におもりを2個つるしたまま、おもり3個を、2か所に分けてつるし、棒を水平につりあわせました。おもりをつるした位置とおもりの数の組合せとして、正しいものを右の①～⑧の中からすべて選び、番号で答えなさい。

| | |
|---|---|
| ① | イの位置に2個とオの位置に1個 |
| ② | イの位置に2個とカの位置に1個 |
| ③ | ウの位置に2個とオの位置に1個 |
| ④ | ウの位置に2個とカの位置に1個 |
| ⑤ | エの位置に2個とイの位置に1個 |
| ⑥ | エの位置に2個とウの位置に1個 |
| ⑦ | オの位置に2個とイの位置に1個 |
| ⑧ | オの位置に2個とウの位置に1個 |

問3　今度は、棒の一番左の穴におもりを2個つるしたまま、4個のおもりを2個ずつ2か所に分けてつるし、棒を水平につりあわせました。おもりをつるす位置2か所の組合せとして、正しいものを次の①～⑩の中からすべて選び、番号で答えなさい。

| ① | ② | ③ | ④ | ⑤ | ⑥ | ⑦ | ⑧ | ⑨ | ⑩ |
|---|---|---|---|---|---|---|---|---|---|
| アとイ | アとウ | アとエ | アとオ | イとウ | イとエ | イとオ | ウとエ | ウとオ | エとオ |

問4　棒を支えている位置を、図2のように棒の中央の穴から2つ左にすると、棒の一番左の穴におもりを3個つるすだけで、棒は水平につりあいました。棒の重さは、おもり1個の重さの何倍ですか。

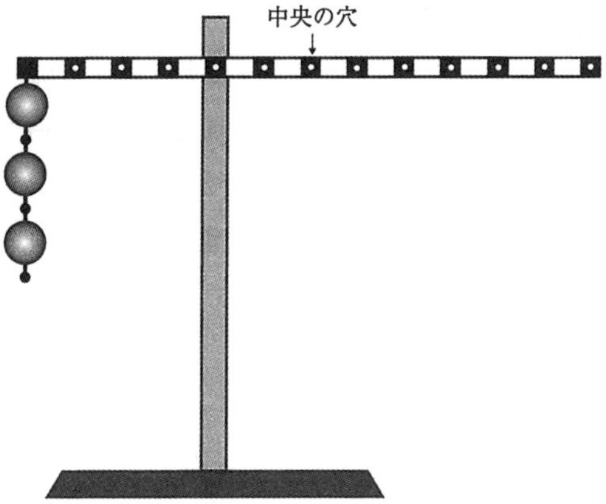


図2

**8**　豆電球と乾《かん》電池のつなぎ方を色々と変えて、実験をしました。最初に、図１のように、豆電球１個と乾電池１個をつないで、豆電球をつけました。つないだままにすると、豆電球は長い時間ついたままでしたが、しだいに暗くなり、やがてつかなくなりました。次に、図２のように、図１とは異なるつなぎ方をして、豆電球の明るさや、つかなくなるまでの時間を比べてみました。

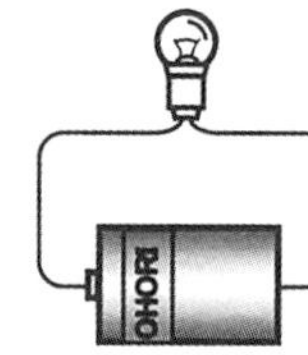

図１

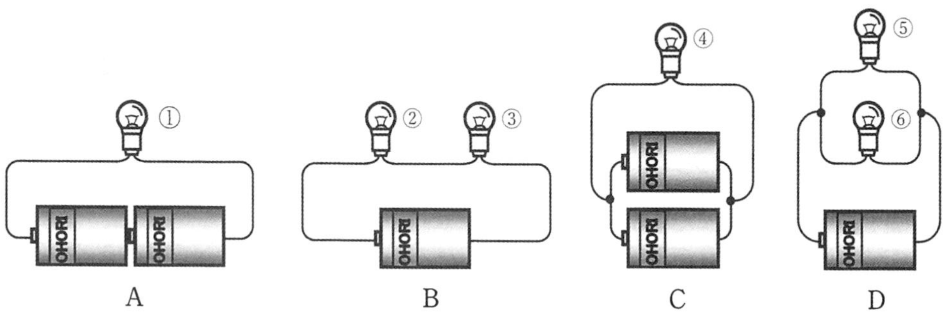

図２

問１　図１の豆電球よりも暗い豆電球を、図２の①～⑥の中からすべて選び、番号で答えなさい。

問２　図１のときよりも、短い時間で豆電球がつかなくなるつなぎ方を、図２のA～Dの中からすべて選び、記号で答えなさい。

問３　図２のCのつなぎ方で２つの乾電池のうち１つを取りはずしました。豆電球④の明るさはどのように変化しますか。次のア～エの中から最も適当なものを１つ選び、記号で答えなさい。

ア．明るくなる。　　　イ．ほとんど変わらない。
ウ．暗くなる。　　　　エ．豆電球はつかなくなる。

問４　図２のDのつなぎ方で、豆電球⑤をソケットから取りはずしました。豆電球⑥の明るさはどのように変化しますか。次のア～エの中から最も適当なものを１つ選び、記号で答えなさい。

ア．明るくなる。　　　イ．ほとんど変わらない。
ウ．暗くなる。　　　　エ．豆電球はつかなくなる。

問５　今度は、豆電球２個と乾電池２個を、図３のＥ～Ｈのようにつなぎました。２個の豆電球がつかなくなるまでの時間が最も長いつなぎ方を、Ｅ～Ｈの中から１つ選び、記号で答えなさい。

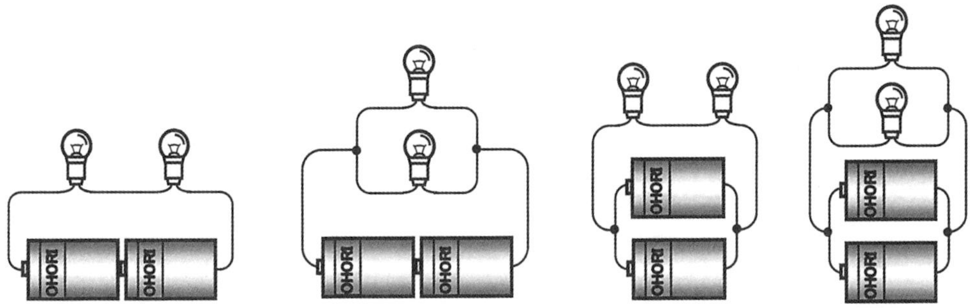

Ｅ　Ｆ　Ｇ　Ｈ

図３

令和３年度

福岡大学附属大濠中学校

# 入学試験問題

# 社　会

［時間　40分］

注　意

1．答えはすべて解答用紙に記入してください。

2．解答用紙には氏名・受験番号（算用数字　例10001）をきちんと書いてください。

**1** 次の**図1**は、標高別に色分けした日本のある地域の地図です。なお、河川や湖沼は描かれていません。**図1**をみて、あとの問いに答えなさい。

**図1**

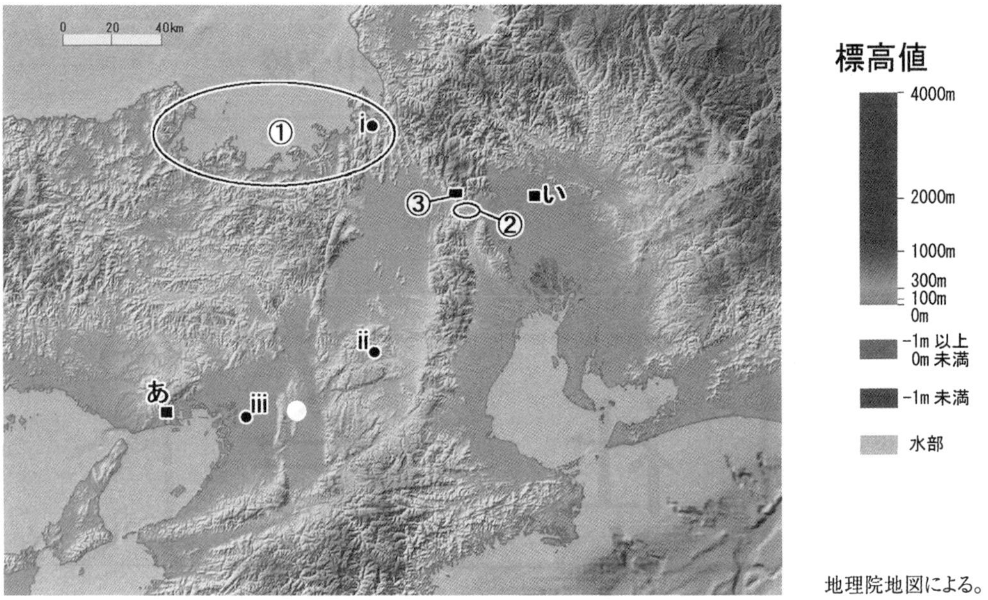


地理院地図による。

問1 **図1**中の**あ**と**い**は、都道府県庁所在都市です。それぞれ都市名を漢字で答えなさい。

問2 **図1**中の①の範囲には、半島と湾が複雑に入り組んだ海岸地形がみられます。この海岸地形を何というか答えなさい。

問3 **図1**中の②の地域は、南北の二つの山地にはさまれた盆地であり、古くからの交通の要地です。過去には大きな合戦の舞台となった場所でもあり、現在も主要な道路や鉄道が通過しています。次の（1）、（2）の問いに答えなさい。

（1） この地域で過去に起きた大きな合戦を、次のイ～ニから一つ選び記号で答えなさい。

イ．桶狭間の戦い　ロ．川中島の戦い　ハ．関ヶ原の戦い　ニ．長篠の戦い

（2） この地域を通る高速道路または新幹線を、次のイ～ニから一つ選び記号で答えなさい。

イ．山陽新幹線　ロ．東名高速道路　ハ．北陸新幹線　ニ．名神高速道路

問４　次のＡ～Ｃのグラフは、**図１**中の**ｉ～iii**のいずれかの地点の気温と降水量を表したものです。グラフと地点の正しい組合せを、あとのイ～ヘから一つ選び記号で答えなさい。

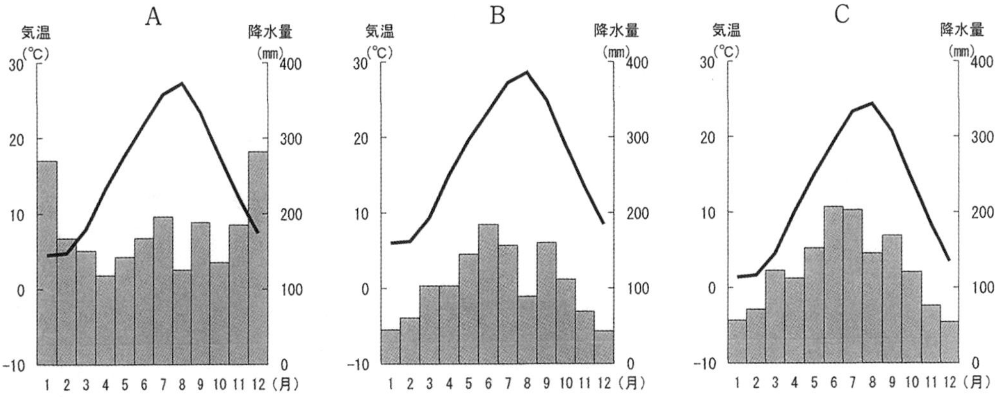


| 解答の記号 | イ | ロ | ハ | ニ | ホ | ヘ |
|---|---|---|---|---|---|---|
| Ａ | i | i | ii | ii | iii | iii |
| Ｂ | ii | iii | i | iii | i | ii |
| Ｃ | iii | ii | iii | i | ii | i |

問５　次の**図２**は、**図１**中の③の地域の地形図です（平成27年発行、原寸、一部改変）。**図２**をみて、次の（１）～（３）の問いに答えなさい。

**図２**

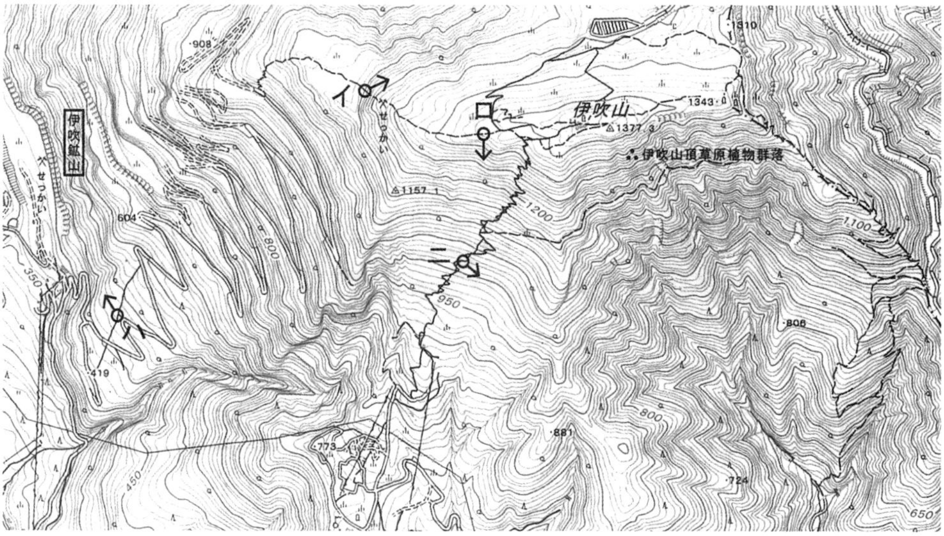


（１）　次の文の（　Ａ　）、（　Ｂ　）に当てはまる数字の正しい組合せを、あとのイ～ニから一つ選び記号で答えなさい。

| |
|---|
| 等高線が細い実線で高度（　Ａ　）ｍごとに描かれていることから、**図２**の地形図の縮尺は（　Ｂ　）分の１と判断できる。 |

| 解答の記号 | イ | ロ | ハ | ニ |
|---|---|---|---|---|
| （　Ａ　） | 10 | 20 | 10 | 20 |
| （　Ｂ　） | 25,000 | 25,000 | 50,000 | 50,000 |

（2） 次の**図3**は、山から吹き下ろす風の影響を受け、傾いて成長した樹木の写真です。**図3**の撮影地点および撮影方向を、**図2**中の**イ～ニ**から一つ選び記号で答えなさい。

**図3**

（3） **図2**中の「伊吹鉱山」で採掘されている鉱産資源の、日本におけるおもな産地を次のイ～ニから一つ選び記号で答えなさい。

イ．北海道夕張市　　ロ．島根県大田市　　ハ．山口県美祢市　　ニ．鹿児島県伊佐市

## 2

次の文を読んで、あとの問いに答えなさい。

就職情報を取りあつかう会社が実施したアンケート調査によると、2021年に卒業する大学生・大学院生の就職人気企業ランキング第1位に選ばれた企業は、商業を営む総合商社であった。

商社とは卸売業者である。一般に商品は、生産者から、卸売業者が売買を仲介し[ X ]業者へと渡ってから、消費者に向けて販売される。総合商社は近年、生産者から消費者までの取引の流れを全体的に見通し、効率を高めるため、[ X ]業を営む①スーパーマーケットやコンビニエンスストアとの結びつきをいっそう強化している。

また、総合商社の特徴は、積極的に他業種の企業にお金を出して、事業経営に参加する点である。例えば、サハリンで②天然ガスや石油などのエネルギー資源を開発する事業には、③ロシアの企業や日本の総合商社などが共同で出資して一つの会社をつくり、資源の採掘・加工・販売などを手がけている。この事業を通じて総合商社やその子会社は、日本の企業から建設用機械などを購入してロシアへ輸出し、ロシアで生産されたエネルギー資源を④輸入して日本の企業へ販売する。

総合商社のなかには、⑤繊維《せんい》や鉄鋼など特定の商品をあつかう専門的な卸売業者から発展してきた企業がある。今日の日本では、⑥さまざまな商品をあつかう総合商社の存在感が高まっている。

問1　文中の[ X ]に当てはまる語句を、漢字で答えなさい。

問２　文中の下線部①に関して、次の**図１**は日本の商業者の業態別年間販売額について、2000年の販売額を100としたときの変化を示しており、図中の**A～C**は百貨店、大型スーパー、コンビニエンスストアのいずれかです。**A～C**の正しい組合せを、あとのイ～へから一つ選び記号で答えなさい。

**図１**

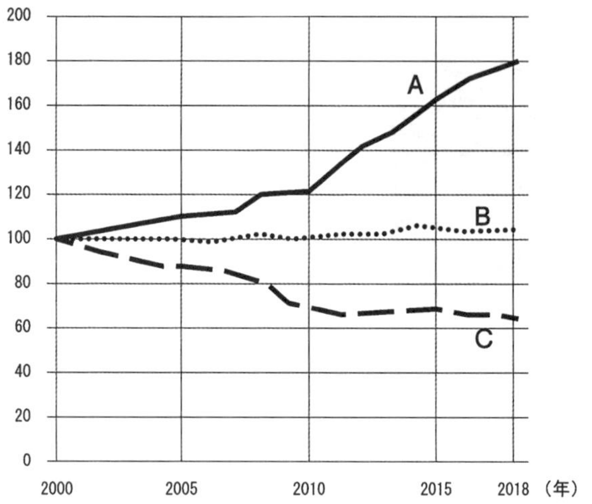


経済産業省資料による。

| 解答の記号 | イ | ロ | ハ | ニ | ホ | へ |
|---|---|---|---|---|---|---|
| 百貨店 | A | A | B | B | C | C |
| 大型スーパー | B | C | A | C | A | B |
| コンビニエンスストア | C | B | C | A | B | A |

問３　文中の下線部②に関して、エネルギー資源について述べた文として**誤っている**ものを、次のイ～ニから一つ選び記号で答えなさい。

イ．近年、日本に輸入される液化天然ガスの約８割は、西アジア諸国からもたらされている。

ロ．液化天然ガスを利用する火力発電所は、現在の日本では沿海部に立地することが多い。

ハ．石油を燃やすと、二酸化炭素などの地球温暖化を促進する物質が排出される。

ニ．石油はエネルギーを生み出す燃料の他に、化学工業の原料にも利用されている。

問４　文中の下線部③に関して、日本はロシアから大量の木材を輸入しています。そのおもな用途は、建築や製紙です。次の**図２**は、紙を作る工程を示しています。**図２**中の**D**は、植物繊維を集めたもので、紙の原料になります。**D**の名称をカタカナで答えなさい。

**図２**

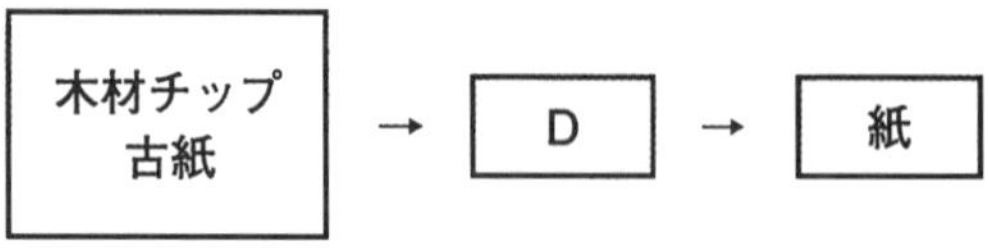

問5　文中の下線部④に関して、次の**表1**は四つの農水産物の日本の輸入相手国上位5か国と、輸入量全体に占めるその割合を示したものであり、イ～ニはとうもろこし、コーヒー豆、牛肉、えびのいずれかです。えびに当てはまるものを一つ選び、記号で答えなさい。

**表1**

イ

| 国名 | 割合（%） |
|---|---|
| オーストラリア | 49.2 |
| アメリカ合衆国 | 43.1 |
| ニュージーランド | 2.9 |
| カナダ | 2.7 |
| メキシコ | 1.9 |

ロ

| 国名 | 割合（%） |
|---|---|
| ベトナム | 20.8 |
| インド | 18.2 |
| インドネシア | 16.1 |
| アルゼンチン | 8.3 |
| タイ | 7.5 |

ハ

| 国名 | 割合（%） |
|---|---|
| ブラジル | 28.0 |
| コロンビア | 18.3 |
| ベトナム | 16.2 |
| インドネシア | 7.6 |
| グアテマラ | 7.5 |

ニ

| 国名 | 割合（%） |
|---|---|
| アメリカ合衆国 | 91.9 |
| ブラジル | 4.6 |
| 南アフリカ共和国 | 2.1 |
| ロシア | 0.5 |
| アルゼンチン | 0.3 |

統計年次は2018年。財務省資料による。

問6　文中の下線部⑤に関して、次の**図3**は日本のタオルの生産額およびその都道府県別割合を示しています。図中の**E**に当てはまる県を、あとのイ～ニから一つ選び記号で答えなさい。

**図3**

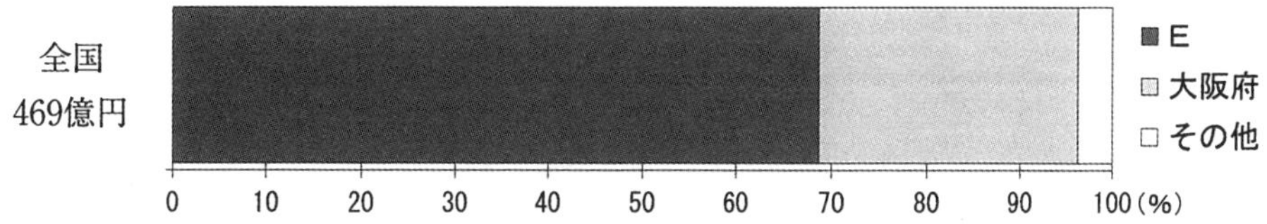


統計年次は2018年。経済産業省資料による。

イ．愛媛県　　ロ．福井県　　ハ．埼玉県　　ニ．秋田県問７　文中の下線部⑥に関して、次の**図４**は成田空港のおもな輸入品目と輸入額に占めるその割合を示しています。一般に、海外から自動車などの機械類や鉄鉱石などの資源を輸入する場合、安い運賃で輸送できる船が利用されます。船で輸送される品目に対して、運賃が高い航空機で輸送される品目にはどのような特徴があるか、**図４**中のおもな輸入品目に共通する特徴を説明しなさい。

**図４**

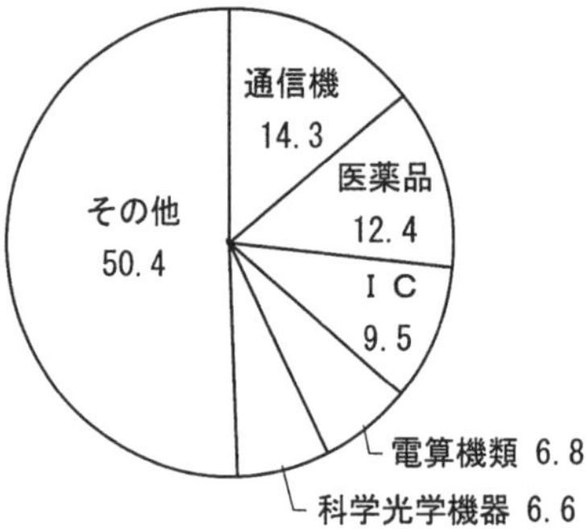


単位：％
統計年次は2016年。
「成田空港貿易概況」による。

**3**　次の図や史料は原始・古代から中世の人々に関係するものです。図や史料をみて、あとの問いに答えなさい。

**図１**

**史料１**

(和銅６＜713＞年)

また、天皇は命令の文書の中で次のように述べられた。「諸国の地は、河や山によって都から遠くへだてられているから、調庸の負担をする人々は、長い間ずっと旅の負担に苦しんでいる。旅のための物資や食料を十分に用意しようとすれば、納入すべき税の数量を欠き、反対に旅のための重い荷を減らせば、旅の途中で飢えることが少なくないのではないかと恐れる。そこで今後は各自に一袋の銭を持たせ、……」

『続日本紀《しよくにほんぎ》』から一部要約

**図２**

「平治物語絵巻」

**図３**

「月次風俗図屏風《つきなみふうぞくずびようぶ》」

問１　**図１**は低温で焼かれた厚手の土器で、表面の文様《もんよう》が特徴的です。この土器が用いられていた時代のことについて述べた文として正しいものを、次のイ～ニから一つ選び記号で答えなさい。

イ．銅鐸や銅鏡を用いた祭りが行われていた。

ロ．鉄製の武器とともに墓にほうむられる人がいた。

ハ．弓矢が用いられ、シカやイノシシがとらえられていた。

ニ．稲を収穫するときには石包丁が使われた。

問２　**史料１**は奈良時代の調・庸という税に関する文章です。**史料１**にある下線部の「旅」の目的を説明しなさい。

問３　**図２**は平安時代後半に発生した平治の乱を題材にした絵巻物の一部です。平治の乱ののち、院政を行う上皇と結びついた人物は、武士として初めて太政大臣となり、しだいに政治の実権をにぎっていきました。この人物を次のイ～ニから選び、記号で答えなさい。

イ．源頼朝　　ロ．藤原純友　　ハ．北条時政　　ニ．平清盛

問４　**図２**には都での武士の様子が描かれています。**図２**に関連して、平安時代から戦国時代までの武士について述べた文として**誤っているもの**を、次のイ～ニから一つ選び記号で答えなさい。

イ．平安時代には都にのぼった武士たちが、天皇や貴族の護衛を行っていた。

ロ．鎌倉幕府の御家人は、奉公として京都や鎌倉の警備を行った。

ハ．室町時代に宋から伝わった禅宗は、武士たちに好まれ広がった。

ニ．戦国大名は独自の法律を定め、家臣同士の戦いを厳しく取りしまった。

問５　**図３**は室町時代の田植えの風景を描いたものです。室町時代の近畿地方を中心とする地域には自治組織をもつ惣《そう》が成立し、集会を開いて自ら惣のおきてを定め、農作業も**図３**のように共同で行いました。惣の住人による集会のことを何というか、漢字２字で答えなさい。

問６　**図３**に関して、室町時代から戦国時代の農民や商業、流通に関係する語句に**当てはまらないもの**を次のイ～ニから一つ選び、記号で答えなさい。

イ．五人組　　ロ．馬借　　ハ．定期市　　ニ．座

二

問一
A
いて
B

問二
a
b

問三

問四

問五
こと。

問六

問七

問八

問九

問十

問十一

| 小　計 |
| --- |
| 04 |

| 小　計 |
| --- |
| 05 |

| 小　計 |
| --- |
| 06 |

三

問一

問二

問三

問四
【資料　】

問五

問六
から

| 小　計 |
| --- |
| 07 |

3

| ⑯ | ⑰ | ⑱ | ⑲ | ⑳ |
|---|---|---|---|---|
| | | | | |

| ㉑ | ㉒ |
|---|---|
| | |

| 小　計 |
|---|
| |

4

| ㉓ | ㉔ | ㉕ | ㉖ | ㉗ |
|---|---|---|---|---|
| | | | | |

| 小　計 |
|---|
| |

5

| ㉘ | ㉙ | ㉚ | ㉛ |
|---|---|---|---|
| | | | |

| 小　計 |
|---|
| |

5

| 問 1 | 問 2 | 問 3 | |
|---|---|---|---|
| | | 名称 | 体積 |
| | mL | | mL |

| 問 4 | 問 5 | |
|---|---|---|
| | 空気の体積 | 水の重さ |
| mg | mL | mg |

| 小 | 計 |
|---|---|
| | |

6

| 問 1 | 問 2 | 問 3 |
|---|---|---|
| | | g |
| 問 4 | 問 5 | 問 6 |
| % | | % |

| 小 | 計 |
|---|---|
| | |

7

| 問 1 | 問 2 | 問 3 | 問 4 |
|---|---|---|---|
| | | | 倍 |

| 小 | 計 |
|---|---|
| | |

8

| 問 1 | 問 2 | 問 3 | 問 4 | 問 5 |
|---|---|---|---|---|
| | | | | |

| 小 | 計 |
|---|---|
| | |

| 問3 | | 問4 | | 問5 | | 問6 | |
|---|---|---|---|---|---|---|---|

| 小 | 計 |
|---|---|
| | |

4

| 問1 | | 問2 | | 問3 | | 問4 | | 問5 | |
|---|---|---|---|---|---|---|---|---|---|
| 問6 | | | | | | | | | |

| 小 | 計 |
|---|---|
| | |

5

| 問1 | | 問2 | | 問3 | | 問4 | | 問5 | |
|---|---|---|---|---|---|---|---|---|---|

| 小 | 計 |
|---|---|
| | |

6

| 問1 | | 問2 | | 問3 | (1) | (2) |
|---|---|---|---|---|---|---|
| 問4 | | | | | | |
| 問5 | A 省 | B 委員会 | 問6 | | | |

| 小 | 計 |
|---|---|
| | |

令和３年度 **社会　解答用紙**

| 氏名 | |
|---|---|
| | |

| 受験番号 | | | | | |
|---|---|---|---|---|---|
| | | | | | |

※100点満点
（配点非公表）

**1**

| | | | | | | | | | |
|---|---|---|---|---|---|---|---|---|---|
| 問1 | あ　　市 | | い　　市 | | | 問2 | | | |
| 問3 | (1) | (2) | 問4 | | | 問5 | (1) | (2) | (3) |

| 小　計 |
|---|
| |

**2**

| | | | | | | | |
|---|---|---|---|---|---|---|---|
| 問1 | | 問2 | | 問3 | | 問4 | |
| 問5 | | 問6 | | | | | |
| 問7 | | | | | | | |

| 小　計 |
|---|
| |

**3**

| | |
|---|---|
| 問1 | |

【解答

令和３年度　**理科　解答用紙**

| 氏名 | |
|---|---|
| | |

| 受験番号 | | | | | |
|---|---|---|---|---|---|
| | | | | | |

※100点満点
（配点非公表）

**1**

| 問 1 | 問 2 | | 問 3 | | 問 4 |
|---|---|---|---|---|---|
| | (1) | (2) | (1) | (2) | |
| | | | | | |

| 小　計 |
|---|
| |

**2**

| 問 1 | 問 2 | | 問 3 | 問 4 | 問 5 |
|---|---|---|---|---|---|
| | 星Ａ | 星Ｂをふくむ星座 | | | |
| | | 座 | | ヶ月後 | |

| 小　計 |
|---|
| |

**3**

| 問 1 | 問 2 | | 問 3 | | |
|---|---|---|---|---|---|
| | (1) | (2) | (1) | (2) | |
| | | | | | |

| 小　計 |
|---|
| |

**4**

| 問 1 | | | | 問 2 | 問 3 | | 問 4 | | |
|---|---|---|---|---|---|---|---|---|---|
| ① | ② | ③ | ④ | | 図１ | 図２ | ① | ② | ③ |
| | | | | | | | | | |

| 小　計 |
|---|
| |

【解答

令和３年度 **算数　解答用紙**

| 氏名 | |
|---|---|
| | |

| 受験番号 | | | | | |
|---|---|---|---|---|---|
| | | | | | |

※150点満点
（配点非公表）

1

| ① | ② | ③ | ④ | ⑤ |
|---|---|---|---|---|
| | | | | |
| ⑥ | ⑦ | ⑧ | ⑨ | ⑩ |
| | | | | |

| 小　計 | |
|---|---|
| | |

2

| ⑪ | ⑫ | ⑬ |
|---|---|---|
| | | 分　秒 |

| ⑭ | ⑮ |
|---|---|
| 分　秒 | 分　秒 |

| 小　計 | |
|---|---|
| | |

【解答

令和３年度　**国語　解答用紙**

氏名

受験番号

※150点満点
（配点非公表）

（注）・字数制限のある場合は、句読点その他の記号も一文字とする。
・小計欄の黒枠内の小さい数字は解答と全く関係ない。

## 一

問一　a　b　c　d

問二　A　B

問三　①　⑤

問四

問五

問六

問七　茶道において亭主は　　ことが重要であるということ。

問八

問九

問十

小　計

小　計

小　計

## 4

次の文を読んで、あとの問いに答えなさい。

戦国時代の末期にキリシタン大名の領地であった肥前国長崎（現長崎県長崎市）は、①南蛮貿易の拠点として発展し、キリスト教の宣教師もこの地を訪れた。貿易港としての長崎の歴史はこの時期から始まった。

その後、②長崎は豊臣秀吉や江戸幕府が直接支配することになり、幕府によって鎖国の体制がつくられていくなかで、オランダ、中国という海外への窓口として重要な役割を果たすことになった。③長崎は幕府に命じられた九州の大名が警備を担当し、幕府の役職である長崎奉行がおかれ、対外貿易の管理などにあたった。

④江戸時代は諸産業や商業が発達し、各地の産物の流通や貨幣での取引きが活発になった時代であったが、このことが背景となって幕府は17世紀後半ごろから財政難に苦しむようになった。幕府の政治の担当者のなかには、この問題を解決するため長崎での貿易に関する政策を実行する者もあった。また、海外との窓口であった長崎には、⑤ヨーロッパなどの新たな文物がもたらされたため、海外の知識を学ぼうと、各地から多くの学者が訪れた。

19世紀に入り、欧米諸国の日本への接近が強まるなかで、1853年のアメリカ東インド艦隊長官ペリーの来航を機に日本は開国し、1858年には日米修好通商条約を結び、貿易を開始した。⑥長崎はこの条約によって開港地の一つとなり、幕末の時代をむかえることになった。

問１　文中の下線部①について、南蛮貿易の中心となる貿易品で、ポルトガルの商人らによって日本にもたらされた中国産の品物を、次のイ～ニから一つ選び記号で答えなさい。

イ．毛織物　　ロ．硫黄　　ハ．刀剣　　ニ．生糸

問２　文中の下線部②に関して、豊臣秀吉や江戸幕府が直接支配した地について述べた文として**誤っているもの**を、次のイ～ニから一つ選び記号で答えなさい。

イ．豊臣秀吉が支配した堺は、鉄砲の生産地として知られていた。

ロ．豊臣秀吉は佐渡の金山などの鉱山を支配し、開発を進めた。

ハ．江戸幕府が支配した京都には、六波羅探題がおかれた。

ニ．江戸幕府が支配した大阪（大坂）は、「天下の台所」とよばれる経済の中心地であった。

問３　文中の下線部③に関して、江戸時代の大名や江戸幕府の役職について述べた文として正しいものを、次のイ～ニから一つ選び記号で答えなさい。

イ．大名が幕府の許可なく城を修理することは、武家諸法度によって禁じられた。

ロ．譜代大名とは尾張・紀伊・水戸の徳川氏など将軍の一族の大名のことであった。

ハ．幕府の政治は、将軍が任命した管領によってとりまとめられた。

ニ．若年寄は寺社の取りしまりを行った。

問４　文中の下線部④について、江戸時代の各地の産物や貨幣について述べた文として**誤っているもの**を、次のイ～ニから一つ選び記号で答えなさい。

イ．蝦夷地の海産物は、長崎貿易で輸出品として取引された。

ロ．野田や銚子で生産された醤油《しようゆ》の多くは、江戸で使われた。

ハ．幕府は中国から銅銭を輸入したため、銅銭はつくらなかった。

ニ．財政難になった幕府は収入を増やすため、質を落とした小判をつくった。

問５　文中の下線部⑤について、漢文に訳された洋書の輸入の制限が享保の改革でゆるめられたことは、ヨーロッパの学問にふれる機会を増やし、蘭学が発展するきっかけとなりました。この改革を行った将軍の名を漢字で答えなさい。

問６　文中の下線部⑥に関して、幕末の京都や長崎などで活動し、薩長同盟を仲介した人物を次のイ～ニから選び、記号で答えなさい。

イ．吉田松陰　　ロ．坂本龍馬　　ハ．大久保利通　　ニ．岩倉具視

**5**　次の文は紙幣の肖像画《しょうぞうが》をテーマとした授業における先生と生徒の会話文です。これを読んで、あとの問いに答えなさい。

先生：　今日は、３年後の令和６年に新たに発行される紙幣の肖像画に採用される予定の人物について、学びましょう。さて、新１万円札の肖像画には渋沢栄一、新５千円札には津田梅子、新千円札には北里柴三郎が用いられることになっています。まず、財務省から発表されている新１万円札のデザインを紹介します。

生徒Ａ：　現在の１万円札の肖像画の福沢諭吉は思想家・教育者ですが、渋沢栄一についてはあまりよく知りません。どのような人物なのですか？

生徒Ｂ：　図書館で調べてみたのですが、明治から昭和にかけて100以上の企業を設立した実業家とのことです。

先生：　たしかに渋沢栄一は実業家ですが、金融機関や鉄道など日本の経済基盤を作るとともに、学校経営や慈善事業、アメリカや中国との民間外交につくした人物です。若いころには、江戸幕府最後の将軍徳川慶喜に仕え、明治維新後に現在の財務省にあたる大蔵省の官僚となり、通貨単位である「円」の決定や①生糸の輸出をすすめるために富岡製糸場の設立にもたずさわっています。

生徒Ｃ：　現在の１万円札は福沢諭吉、５千円札は②樋口一葉、千円札は野口英世と文化人ですが、実業家が紙幣の肖像画に用いられるのは、初めてなのですね。

生徒Ｄ：　実業家は初めてだと思います。ところで、戦後は明治時代の政治家で、豊かなひげのある人物を紙幣の肖像画として用いられたと聞いたことがあります。

生徒Ｅ：　渋沢栄一にはひげはありませんが、豊かなひげのある人物を選んだのは偽造防止のためと聞いたことがあります。

先生：　戦後、発行された旧千円札には豊かなひげのある伊藤博文、旧百円札には③板垣退助の肖像画が用いられています。しかし、現在は偽造防止技術も格段に進歩しているので、渋沢栄一のようにひげがなくても良いようです。

板垣退助の肖像画を採用した旧百円札

生徒C：　昭和59年に発行された１万円札の福沢諭吉、旧５千円札の④新渡戸稲造、旧千円札の夏目漱石以来、政治家ではなくて文化人の肖像画が用いられていますが、なぜでしょうか？

先生：　紙幣の肖像画の採用にはそれぞれの時代背景があるようです。⑤以前は、紙幣の肖像画には重みのある政治家が好まれましたが、最近では政治家よりも、文化人が好まれるようです。財務省では、国民のアンケートをもとに、紙幣の肖像画を決めているようです。

生徒B：　渋沢栄一はたんに利益を追求するだけの実業家ではなく、国家の繁栄や国際親善によって平和を望んだ人物なのですね。新１万円札の肖像画にふさわしい人物だと思います。

先生：　旧千円札の肖像画に伊藤博文が用いられた際に、渋沢栄一も候補にあがりましたが、政治家の方が紙幣にふさわしいとして選ばれませんでした。紙幣の肖像画には、それぞれの時代の期待のようなものが込められていると思います。理想の実業家として、渋沢栄一が選ばれたのでしょう。

問１　文中の下線部①に関して、次のグラフは日本から生糸を多く輸入していたアメリカの生糸輸入量を示したものです。グラフ中のXの時期にアメリカの生糸輸入量が減った理由として最も適当なものを、あとのイ～ニから一つ選び記号で答えなさい。

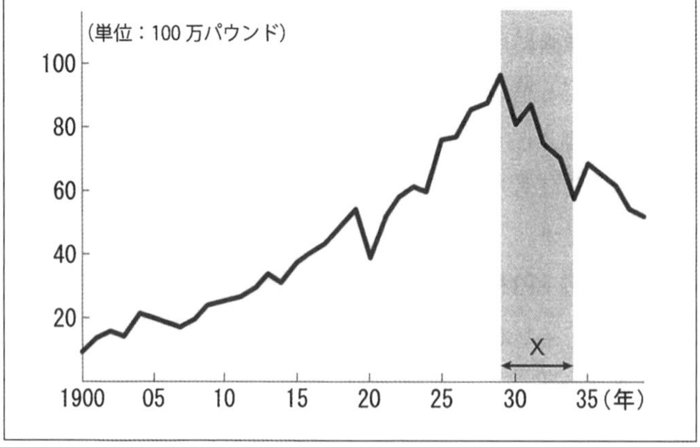


飯田市歴史研究所編『満州移民　飯田下伊那からのメッセージ』から

イ．南満州鉄道株式会社が設立されて、日米対立が激しくなったから。

ロ．アメリカで排日移民法が制定されて、日米関係が悪化したから。

ハ．世界恐慌の影響によって、アメリカ経済が大幅に落ち込んだから。

ニ．ＡＢＣＤ包囲網が結成されて、日本が経済的に孤立したから。

問２　文中の下線部②の樋口一葉がのこした作品を、次のイ～ニから一つ選び記号で答えなさい。

イ．『舞姫』　ロ．『羅生門』　ハ．『伊豆の踊子』　ニ．『たけくらべ』

問３　文中の下線部③の板垣退助について述べた文として正しいものを、次のイ～ニから一つ選び記号で答えなさい。

イ．民撰議院設立建白書を政府に提出した。

ロ．領事裁判権の撤廃に成功した。

ハ．立憲改進党を結成した。

ニ．足尾銅山の鉱毒被害を訴えた。

問４　文中の下線部④の新渡戸稲造について述べた次の文中の［ Y ］に当てはまる語句を、漢字4字で答えなさい。

> 教育者・思想家であった彼は、第一次世界大戦後に設立された国際平和のための組織である［ Y ］の事務局次長となった。

問５　文中の下線部⑤に関して、生徒Ｂは紙幣の肖像画に用いられた、もしくは用いられる予定の政治家、文化人について調べ、カードを作ってみました。次の**イ～ニ**のカードから、津田梅子、北里柴三郎、福沢諭吉、野口英世、伊藤博文、夏目漱石のいずれにも**当てはまらないもの**を一つ選び、記号で答えなさい。

**イ**

> 岩倉遣欧使節団に参加してアメリカに留学し、女性の社会進出のため女子教育につくしました。

**ロ**

> 民本主義をとなえ、政党や議会を中心とする政治の必要性を訴え、護憲運動を理論的にささえました。

**ハ**

> ヨーロッパに留学して大日本帝国憲法の作成につとめ、初代内閣総理大臣となりました。

**ニ**

> アメリカにわたって細菌学で優れた功績を残し、黄熱病の研究中に命を落としました。

# 6

図１、図２をみて、あとの問いに答えなさい。

図１

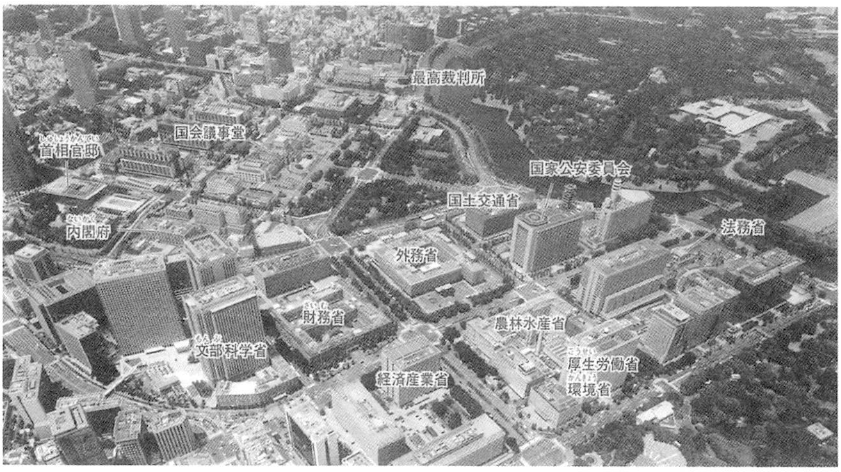


問１　**図１**は、日本のおもな国家機関が集まる地域を撮影したものです。このうち行政機関が集まる地区の名称を次のイ～ニから一つ選び、記号で答えなさい。

イ．日本橋　　ロ．霞が関　　ハ．六本木　　ニ．丸の内

問２　**図１**中の「最高裁判所」に関して、日本の裁判制度について述べた文として**誤っているもの**を、次のイ～ニから一つ選び記号で答えなさい。

イ．三審制がとられており、第一審、上告審、控訴審の順番で裁判が行われる。

ロ．第一審は簡易裁判所、地方裁判所、家庭裁判所のいずれかで行われる。

ハ．判決確定後に、判決に疑いが生じた場合、裁判のやり直しを求める制度がある。

ニ．最高裁判所の裁判官を国民が投票で審査する制度がある。

問３　**図１**中の「国会議事堂」に関して、次の（１）、（２）の問いに答えなさい。

（１）　日本の国会議員選挙と国会の権限について述べた文として**誤っているもの**を、次のイ～ニから一つ選び記号で答えなさい。

イ．参議院議員選挙は、比例代表制と都道府県を単位とした選挙区制とで行われる。

ロ．衆議院議員選挙は、比例代表制と小選挙区制との並立制で行われる。

ハ．国会は、外国と結ぶ条約を承認する権限をもつ。

ニ．国会は、最高裁判所長官を指名する権限をもつ。

（2） 次の**表1**は日本の国会の種類を示したものです。**表1**中の［あ］～［う］に当てはまる語句の正しい組合せを、あとのイ～ニから一つ選び記号で答えなさい。

**表1**

| 種類 | 招集の時期と条件 |
|---|---|
| 常会 | 年1回、1月に招集。 |
| ［あ］ | 衆議院解散後の総選挙の日から30日以内。 |
| ［い］ | 内閣または、いずれかの議院の総議員の［う］の要求がある場合。 |
| 参議院の緊急集会 | 衆議院解散中に、緊急の必要がある場合。 |

| 解答の記号 | イ | ロ | ハ | ニ |
|---|---|---|---|---|
| ［あ］ | 臨時会 | 臨時会 | 特別会 | 特別会 |
| ［い］ | 特別会 | 特別会 | 臨時会 | 臨時会 |
| ［う］ | 過半数 | 4分の1以上 | 過半数 | 4分の1以上 |

問4 **図1**中の「国会議事堂」と「内閣府」に関して、日本では議院内閣制がとられています。議院内閣制のもとでの内閣と国会の関係について述べた次の文中の［え］に当てはまる内容を、15字程度で答えなさい。

| |
|---|
| 内閣は国会の信任にもとづいて成り立っているので、内閣は［え］。 |

図2

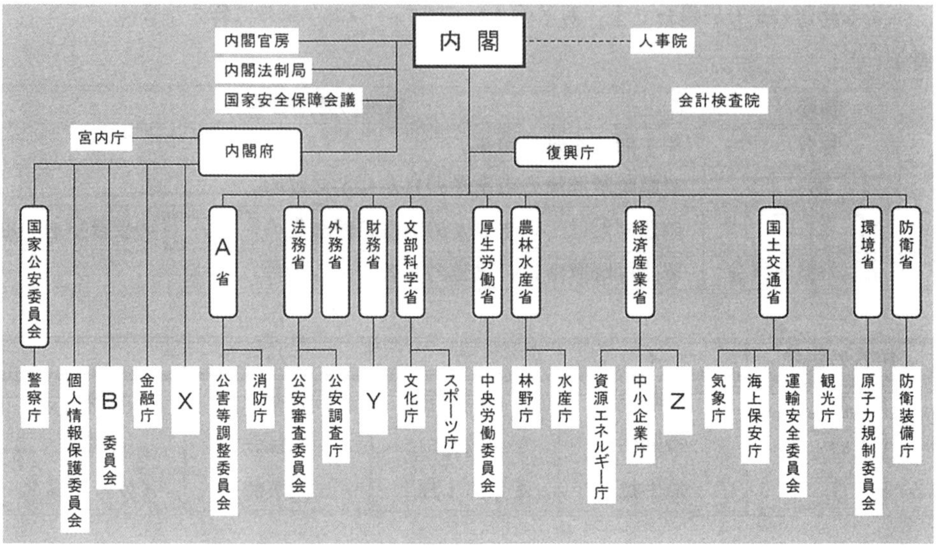


2020年現在

問５　**図２**は日本のおもな行政機関とその関係を示したものです。**図２**中の**A**省は各行政機関の管理・調整を担当する機関であり、**B**委員会は市場経済における「ルールある競争」の実現をめざす機関です。**A**省と**B**委員会をそれぞれ漢字で答えなさい。

問６　**図２**中の**X**～**Z**は国税庁、特許庁、消費者庁のいずれかです。正しい組合せを次のイ～へから一つ選び、記号で答えなさい。

| 解答の記号 | イ | ロ | ハ | ニ | ホ | へ |
|---|---|---|---|---|---|---|
| X | 国税庁 | 国税庁 | 特許庁 | 特許庁 | 消費者庁 | 消費者庁 |
| Y | 特許庁 | 消費者庁 | 国税庁 | 消費者庁 | 国税庁 | 特許庁 |
| Z | 消費者庁 | 特許庁 | 消費者庁 | 国税庁 | 特許庁 | 国税庁 |

2021(R3) 福岡大学附属大濠中
教英出版

令和二年度　福岡大学附属大濠中学校

# 入学試験問題

# 国語

［時間　六〇分］

注　意

1．答えはすべて解答用紙に記入してください。

2．解答用紙には氏名・受験番号（算用数字　例10001）をきちんと書いてください。

**一**　次の文章を読んで、後の問いに答えなさい。

「eスポーツ」が話題となっている。「eスポーツ」とは「エレクトロニック・スポーツ」の略で、パソコンゲームやビデオゲームを使った対戦をスポーツ競技としてとらえる際の名称《めいしょう》だ。2000年には韓国でeスポーツ協会が発足し、ドイツではeスポーツリーグの運営を行うエレクトロニック・スポーツ・リーグ社が設立された。それ以降数々の大会が開かれており、大会では選手たちのやっているゲームが巨大モニターに映し出され、多くの観客が熱狂《ねっきょう》する。大規模な大会では数万人の観客が集まるそうだ。［Ⅰ］、2024年のパリオリンピックに正式種目として加えるか否《いな》かという議論まで行われている。オリンピックは世界最大のスポーツのサイテン（a）だ。①いかにeスポーツが市民権を得つつあるかを示す一つの例であろう。

日本国内においても大会が開かれているが、eスポーツをスポーツとして認めるかという点については賛否両論があるのも事実である。従来、スポーツとして認められてきたものには、身体能力や技術を鍛《きた》え上げた選手同士が、決められたルールにしたがって速さや強さを競い合うものが多い。それが観客の心を動かし、スポーツとして定着してきた。では、②eスポーツ肯定《こうてい》派の人たちはどのような意見を持っているのだろうか。まずあげられるのは、eスポーツにはしっかりとしたルールがあり、卓越《たくえつ》した技術は観客を感動させるので、スポーツとして認めるべきというものだ。この意見は、古くからスポーツとして認められてきたものとの共通点を見出していると言える。さらに肯定派の人々は、その平等性にも注目している。eスポーツは男性と女性はもちろん、例えば車イスの人も同じ土俵《どひょう》で戦えるという考え方だ。［Ⅱ］性別や身体的条件についての平等性は保証されているし、その点においては従来のスポーツにはなかった魅力《みりょく》と言えるだろう。

一方で否定派の人々は（A）□口□音に、「指先だけを動かしてゲームをしているだけではないか。そんなものをスポーツ競技として認めることはできない」と主張する。その根底には「［　　　　］」という考え方があると思われる。皆さんも考えてみてほしい。③自分たちの学校の運動会に、eスポーツが競技として入ってきたらどうだろう。先ほど述べた肯定派の人々と同じような意見を持つ人もいるかもしれないし、否定派の人々と同じような違和感《いわかん》を持つ人もいるかもしれない。

日本におけるゲームの市場は世界的に見ても決して小さなものではないが、一方でeスポーツの分野においては（B）□戦□闘しており、後進国だと言われている。その原因の一つが先に述べた意見の対立にあることは間違いないだろう。

賛否が分かれているeスポーツだが、部活動として導入している学校もある。例えば福岡県のある高校は、2018年にeスポーツ部を作った。ゲームを部活動として教育活動に組み込んだのだ。[Ⅲ]反対意見もあったようだが、同校の校長先生は、「新しいことには賛否両論があって当然だ」と述べ、eスポーツをbスイシンし続けている。このように学校がcセッキョク的にeスポーツを教育活動に取り入れる例は全国でも増え続けている。

　eスポーツの学生に対する影響《えいきょう》について考えると、どうしても悪い影響ばかりを考えてしまいがちだ。例えば、ゲーム依存症《いそんしょう》になるのではないか、現実の場で人とうまく関わる力がなくなるのではないか、学力に悪影響があるのではないか、などがあげられる。実際の現場ではどのように考えられているのだろうか。

　東京都のある高校のeスポーツ部顧問《こもん》の先生は、「同じ目標に向かって生徒同士がときに議論し、ときに励《はげ》まし合っている。たとえバーチャルでの対戦であっても、得られるものは他のスポーツや部活動と同じなんです」と話す。そこでは先輩《せんぱい》が後輩に熱心に指導する姿や、仲間と切磋琢磨《せっさたくま》して自分を高めようとする姿が見られるそうだ。ゲームといえば一人で黙々《もくもく》とやるイメージを持つ人も多く、それが子どもたちの成長に悪い影響を及ぼすのではないかと考えがちだが、どうもそうではないらしい。

　さらに、eスポーツで勝利するためにはこのような能力の他に、高度な思考力も必要となる。対戦相手や自らを分析《ぶんせき》し、問題を見つけ、解決する。このような活動を通して将来役に立つ能力を伸ばすことができるだろう。

　最後に、ゲーム依存についてだが、社会学者の加藤裕康氏は「たしかにやりすぎは問題。でもそれはゲームも他のスポーツも同じだろう。部活動という形で大人がうまく関わることが大切だ」と語っている。④ゲームというものに対する負のイメージが先行し、eスポーツの悪影響ばかりに考えがおよんでしまっている可能性もあるのではないだろうか。

　部活動としても徐々《じょじょ》に広がってきているeスポーツ。否定派の人々は、先に述べたeスポーツの利点についてもまだまだC半□半□であろう。そのような人々に対して肯定派はどのような働きかけをしていくのか。今後のdドウコウにも注目したい。

問一 ═══a～dのカタカナを漢字に直しなさい。

問二 空欄［Ⅰ］～［Ⅲ］に当てはまる語の組み合わせとして最も適当なものを次の中から選び、記号で答えなさい。

ア（Ⅰ なぜなら　Ⅱ おそらく　Ⅲ もともと）

イ（Ⅰ また　Ⅱ つまり　Ⅲ あたかも）

ウ（Ⅰ その上　Ⅱ まるで　Ⅲ そもそも）

エ（Ⅰ さらに　Ⅱ たしかに　Ⅲ もちろん）

問三 〰〰A～Cの□にそれぞれ適当な漢字を一字ずつ入れて、四字熟語を完成させなさい。

問四 ──①とありますが、この筆者の意見の正しさを補《おぎな》うことのできるデータとして、**誤っているもの**を次の中から一つ選び、記号で答えなさい。

ア eスポーツ協会の設立数が世界的にどれくらい増えているかを示すデータ。

イ eスポーツの選手一人当たりの練習時間がどれくらい増えているかを示すデータ。

ウ eスポーツの大会の開催数がどれくらい増えているかを示すデータ。

エ eスポーツの競技記録が掲載《けいさい》された新聞記事がどれくらい増えているかを示すデータ。

問五 ──②とありますが、「eスポーツ肯定派の人たち」は、eスポーツのどのような点を高く評価していますか。説明しなさい。

問六 空欄［　］に当てはまる言葉として、最も適当なものを次の中から選び、記号で答えなさい。

ア ゲームは、競い合うことなく楽しんでやるものだ

イ スポーツは、懸命に努力し結果を求めてやるものだ

ウ スポーツは、体を動かし汗水垂らしてやるものだ

エ ゲームは、ルールがはっきりせず不平等なものだ

問七　――③とありますが、この一文には論を展開する上で、どのような働きがありますか。最も適当なものを次の中から選び、記号で答えなさい。

ア　あえて大きく話題を変化させて読者の意表をつくことで、筆者の主張の独自性を読者に印象づける働き。

イ　読者が想像しやすい具体例をあげることで、筆者が直後に示す新しい主張について読者にあらかじめ知らせる働き。

ウ　誰もが同じ見方になる例を提示することで、筆者が述べている問題意識に対する読者の共感を引き出す働き。

エ　読者にとって身近な具体例に置き換えることで、筆者が述べていることに対する読者の理解を深める働き。

問八　――④について、具体的に述べている箇所《かしょ》を含む一文を抜き出し、最初の五字で答えなさい。

問九　本文に関する説明として最も適当なものを次の中から選び、記号で答えなさい。

ア　ｅスポーツをめぐる現在の状況について述べ、それに関する異なる二つの見方とその理由について紹介している。そして、ｅスポーツの利点について具体的な証言をあげながら説明しているが、ｅスポーツへの賛否について明言することは避《さ》けている。

イ　ｅスポーツがいかに流行しているかという点について述べ、それに対する賛否とその理由について言及《げんきゅう》している。そして、ｅスポーツに対する肯定的な意見を複数紹介した上で、ｅスポーツがますます日本で普及《ふきゅう》すると信じて疑わない姿勢を示している。

ウ　ｅスポーツの問題点について明らかにし、それを解消しようとする取り組みを紹介している。そして、実際の教育現場でｅスポーツが良い効果をもたらした例を複数あげてはいるが、ｅスポーツの普及に関しては慎重に検討すべきだという立場を保っている。

エ　ｅスポーツの流行について言及し、そのことに対して賛否が分かれている現状を指摘《してき》している。そして、ｅスポーツの利点と欠点について教育現場における具体例をあげながら説明し、利点にのみ目を向けて普及していくべきだという意見を述べている。

問十　本文を読んだ先生と生徒が話し合いをしています。空欄［X］に当てはまる内容を十五字程度で答えなさい。また、空欄［Y］に当てはまるものとして最も適当なものを後の選択肢の中から選び、記号で答えなさい。

先生　ｅスポーツがオリンピックの種目に追加される可能性について考えてみましょう。次の文章は「オリンピック憲章」の一部です。オリンピックの基本精神（オリンピズム）が書かれています。

> オリンピズムは肉体と意志と精神のすべての資質を高め、バランスよく結合させる生き方の哲学である。オリンピズムはスポーツを文化、教育と融合させ、生き方の創造を探求するものである。その生き方は努力する喜び、良い模範であることの教育的価値、社会的な責任、さらに普遍的で根本的な倫理規範の尊重を基盤とする。

Aさん　「教育的価値」……そういえば本文では、ｅスポーツに取り組む学生には［X］が求められていました。

Bさん　その点に着目するならば、ｅスポーツは［Y］と言えますね。

先生　そうですね。今後もｅスポーツに注目していきましょう。

［Yの選択肢］

ア　オリンピックの基本精神に反している

イ　オリンピックの基本精神を超えている

ウ　オリンピックの基本精神に適合している

エ　オリンピックの基本精神を意識している

二　小学五年生になった千春《ちはる》はふとしたことで修理《しゅうり》屋のおじさんと知り合いになり、学校の帰り道にたびたびおじさんのお店に足を運ぶようになります。以下の文章はそれに続く場面です。これを読んで、後の問いに答えなさい。

五月の終わり、千春がお店へ入るなり、おじさんのほうから聞かれた。

「今日はたまねぎか？」

よっぽどゆううつそうな顔をしていたらしい。

発端《ほったん》は、週末に開かれた、サナエちゃんのお誕生日会《たんじょうびかい》だった。千春と紗希《さき》もふくめ、クラスの女子の半分以上が招待《しょうたい》されていた。

サナエちゃんから日程《にってい》を知らされるなり、紗希は悔《くや》しそうに断《ことわ》った。

「ごめん。あたし、行けない。塾《じゅく》の全国テストなんだ」

「そっか。じゃあ、しょうがないね」

サナエちゃんも残念そうに答えた。怒《おこ》っているふうには見えなかった。

でも、本音はそうじゃなかったらしい。①お誕生日会の当日、集まったみんなの前で、サナエちゃんはおおげさにため息をついてみせたのだ。

「ガリ勉ってやだよね。友だちより勉強のほうが大事って、どうなの？」

サナエちゃんちの広々としたリビングが、しんと静まり返った。

お誕生日会の主役だから、反論しづらいというだけではない。クラス委員をつとめ、先生からも頼《たよ》りにされているサナエちゃんは、しっかり者で気が強い。堂々と反対意見をぶつけられるのは、同じくらい気の強い、当の紗希くらいなのだ。

それでも勇気を振《ふ》りしぼって、千春は言い返した。

「だけど、紗希も来たがってたよ」

本当のことだった。パーティーには参加できないかわりに、サナエちゃんのためにプレゼントを買って、休み明けに学校で渡すつもりだと聞いていた。

サナエちゃんがあわれむような目で千春を見た。

「前から思ってたけど、千春ちゃんも大変だよね？　あの子、最近塾ばっかりで、学校なんかどうでもいいって思ってるっぽくない？」

今度は、なにも言い返せなかった。それは千春もうすうす感じていることだったから。

紗希に悪気がないのは、千春にもわかっている。悪気なく、学校の授業はたいくつだとけなし、塾の先生や友だちの話ばかりする。悪気がないとわかっていても、千春はなんだかすっきりしない。

お誕生日会の翌日《よくじつ》、紗希になにをどう伝えるべきかと千春は悩《なや》んだが、その必要はなかった。サナエちゃんの文句《もんく》は、すでに本人の耳にも入ってしまっていたのだ。お誕生日会に出席した誰《だれ》かが、こっそり告げ口したようだった。

「こそこそ悪口言うなんて最低」

紗希はA息巻《いきま》いていた。

「あたし、別にガリ勉じゃないし。将来のために必要なことをしてるだけだよ。いい学校を出て、いい会社に入って、いい人生を送りたいんだもん」

以来、紗希とサナエちゃんはひとことも口をきいていない。

紗希の味方につく女子もいて、②教室の中には冷たい風が吹《ふ》き荒《あ》れている。どういうわけか、担任《たんにん》の先生と男子たちは、まったく気づいているそぶりがないけれども。

千春の話を聞き終えたおじさんは、低くうなった。

「ややこしいことになっちまってるなあ」

そのとおりだ。ものすごく、ややこしいことになっている。

「いわゆる価値観《かちかん》の相違《そうい》ってやつだ。小五でもあるんだなあ。そりゃ、あるか」

「カチカンノソーイ?」

またしても、千春にとってははじめて聞く言葉だった。

「生きていくうえで大事にしたいものが、ちがうってこと」

おじさんが補《おぎな》った。それなら、千春にもなんとなくわかる。

「有名な学校や大きな会社に入るのが、すごく重要だって考えるひともいる。そうじゃないひともいる」

正直なところ、紗希の主張を、千春も完全に理解できているわけではない。もちろん、「悪い学校」よりも「いい学校」で学び、「悪い会社」よりも「いい会社」で働くに越《こ》したことはないだろう。でも、「いい人生」と言われても、それが具体的にどんなものなのか、どうもぴんとこない。

「価値観の相違っていうのは、おとなの世界でもよくあるんだ。それが原因でいろんな争いが起きてる。今も昔も、世界中でね」

おじさんは、［ Ⅰ ］した顔でため息をついている。

「友だちどうしのけんかだけじゃない。夫婦が離婚《りこん》したり、国どうしが戦争をおっぱじめたり」

「せ、戦争？」

「うん。極端な例だけどな」

千春にも、ため息が伝染《でんせん》した。そんなにむずかしい話だったのか。

「じゃあ、どうすれば仲直りできるの？」

「きみはどう思う？」

聞き返されて、頭を整理してみる。紗希とサナエちゃんの価値観とやらが食いちがってしまっているのが、問題らしい。ということは、

「どっちかに考えを合わせればいいの？」

「それは無理だろうな」

おじさんが首を振《ふ》った。

「え？　でもさっき、価値観がちがうのが問題だって……」

「原因だって言ったんだ。問題じゃない。問題は、そのちがいを受け入れられない人間がいるってこと」

［ Ⅱ ］と言う。

「別に、同じにしなくたっていい。いや、すべきじゃない。みんな同じじゃ、つまらんからな。③ほら、カレーだってそうだろ？」

「へ？　カレー？」

「いろんな種類のスパイスを入れるから、味に深みが出ておいしくなる。カレー、作ったことないか？」

「あるけど」

去年、調理実習で作った。いろんな種類のスパイスなんか使わなかった。板チョコみたいなかたちのルウを砕《くだ》いて、鍋《なべ》に放りこんだだけだ。おじさんのたとえ話は、たまにわかりにくい。

だけど今は、カレーの作りかたはどうでもいい。とにかく一番知りたいことを、千春はたずねた。
「だったら、仲直りはできないの？」
「いいや、そうとは限らない。たとえばさっきの話だけど、きみはいい学校やいい会社に入りたい？」
急に話が飛んで戸惑《とまど》いつつ、千春は正直に答えた。
「よくわかんない」
「ほら。きみの価値観と、その友だちの価値観も、ぴったり同じってわけじゃない」
「あ」
「だからって、その子も受験なんかやめちまえとは思わないよな？」
千春はこくりとうなずいて、でも、とつけ足した。
「ちょっとさびしい」
「そうか、そうだよな」
おじさんがつぶやいた。
「じゃあ、その子の受験がうまくいかなきゃいいと思う？」
「まさか」
そんなことは、思わない。クラスが上がったと報告してきた紗希のうれしそうな顔が、千春の頭に浮《う》かんだ。
「そういうことなんだよ。価値観がちがったって、友だちでいられる」
おじさんが千春の顔をのぞきこんだ。
「認《みと》めればいい。自分とはちがう考えかたも存在するってことを。そのふたりも、おたがいを認められれば、仲直りできる」
「うん」
でも、どうやって？
「きみが手助けしてあげれば？」
千春の疑問を読みとったかのように、おじさんがにっこり笑った。

翌日、千春はさっそく紗希に持ちかけてみた。

「サナエちゃんと仲直りしたら？」

「なにそれ、あたしからあやまるってこと？」

B紗希はあからさまに顔をこわばらせた。もともと大きな目をさらに見開いて、a千春をきっとにらみつける。

すんなり賛成《さんせい》してはくれないだろうと、千春も覚悟《かくご》はしていた。紗希はがんこなのだ。一度こうと決めたら、かんたんにはゆずらない。

「あやまるっていうか、とりあえず話をしてみるとか……」

「絶対いや」

紗希がぶるんと激しく首を振った。

「だって、あたしは悪くないもん」

「わたしもそう思うよ」

紗希は悪くない。そしてサナエちゃんも。ただ、ちがうだけなのだ。

おじさんに言わせれば、「価値観の相違」をめぐるもめごとは、たいていそうらしい。片方がよくてもう片方が悪い、あるいは片方が正しくてもう片方がまちがっている、ということは、ほとんどない。

大丈夫《だいじょうぶ》、本人たちも仲直りしたいと思ってるはずだから、とおじさんは自信たっぷりに請《う》けあってもいた。ふたりとも意地張《いじは》って、きっかけをつかみそこねてるだけだ。誰かが背中を押《お》してあげれば、きっとまるくおさまる。

「でも、早く仲直りしたほうがいいよ」

千春は思いきって続けた。紗希が不服そうに口をとがらせ、けわしい声でまくしたてる。「なんでそんなふうに言うの？　千春もサナエちゃんの味方なわけ？　がんばって勉強するのが、どうしていけないの？」

千春は紗希から目をそらさずに、ただ聞いていた。いつもおじさんが千春の話を聞いてくれているときに、そうするように。

「がんばらなきゃ、ついていけないんだもん」

ほんの少しずつ、紗希の声が小さくなった。

「あたしだって、千春やみんなと遊びたいんだよ……でも、どうしても時間が足りなくて……クラスもまた落ちちゃったし……」

口をつぐみ、目をふせる。

「わたしも紗希と遊べなくて、さびしいよ」

千春は注意深く口をはさんだ。

「サナエちゃんも、みんなもそうだと思う」

紗希がはじかれたように顔を上げた。怒ったかな、と千春は反射的《はんしゃてき》に身がまえた。

あらためて紗希とむきあって、はっとする。紗希の目はうっすらと潤《うる》んでいた。ほっぺたと鼻の頭は、真っ赤に染《そ》まっている。

おじさんの問いかけを、千春は唐突《とうとつ》に思い出した。その子の受験がうまくいかなきゃいいと思う？

「さびしいよ。さびしいけど、紗希を応援《おうえん》したいと思ってる」

伝われ、伝われ、と念じながら、つけ加えた。紗希がぱちぱちとまばたきをして、b千春の顔をじっと見つめた。

紗希がサナエちゃんにプレゼントを渡したのは、その次の日のことだった。

「遅《おそ》くなったけど、おめでとう」

よく通る声で言って、リボンのかかった包みをサナエちゃんに差し出した。紗希はがんこだけれど、いったん納得したら行動は早いのだ。

「お誕生日会、行けなくてごめん」

朝の会がはじまる直前で、教室にいるほぼ全員がふたりに注目していた。

「……ほんとは、行きたかった」

ためらうような間を置いて、紗希は言いそえた。サナエちゃんは探《さぐ》るような目で紗希をしばらく眺《なが》めてから、ぷいと目をそらした。

「ありがとう」

そっぽをむいたまま、小声で答えた。紗希が本気で言っていると、ちゃんとわかったようだった。

放課後、千春はもちろんおじさんの店に寄った。引き戸を開けると、おじさんがにやりと笑った。

「はちみつ？」

「はちみつ！」

千春は叫《さけ》び返して、お店の中へと駆《か》けこんだ。

（瀧羽麻子『たまねぎとはちみつ』）

問一 ══A「息巻いていた」・B「あからさまに」の意味として最も適当なものを次の中からそれぞれ選び、記号で答えなさい。

A「息巻いていた」

ア 深く傷ついていた
イ とても怒っていた
ウ ひどく慌《あわ》てていた
エ 少しこまっていた

B「あからさまに」

ア まっ赤にして
イ 心の底から
ウ 明らかに
エ とつぜん

問二 ――①とありますが、ここでの「サナエちゃん」についての説明として最も適当なものを次の中から選び、記号で答えなさい。

ア 紗希が塾のテストを理由にお誕生日会に来なかったことを悲しく感じており、みんなの前でわざとらしくあきれた様子をみせることで、同情を得ようとしている。
イ 紗希が塾のテストのせいでお誕生日会に来られないことを不満に思っており、みんなの前でがっかりしてみせることで、自分の本心を暗に示そうとしている。
ウ 紗希が友だちよりも塾のテストの方が大事だと言ったことを怒《おこ》っており、みんなの前ではっきりと問題にすることで、紗希の方が悪いのだと決めつけようとしている。
エ 紗希がお誕生日会に来ないのは自分が嫌われているからではないかと悩んでおり、みんなの前でおおげさに悲しんでみせることで、なぐさめてもらおうとしている。

問三 ――②とありますが、これはどのようなことを表していますか。最も適当なものを次の中から選び、記号で答えなさい。

ア 紗希とサナエがそれぞれ仲の良い女子たちを巻《ま》きこんだせいで、教室のあちこちで仲違《たが》いが新たに始まってしまったこと。
イ 紗希もサナエも相手に悪気がないことをわかっていながら強がるせいで、教室の人間関係がとげとげしたものになっていること。
ウ クラスの女子たちが紗希とサナエとの仲違いに巻きこまれて、教室の雰囲気がぎくしゃくしたものになっていること。
エ クラスの女子たちがみな紗希かサナエの味方についたため、教室の中に千春の居場所がなくなってしまったこと。

問四　空欄［Ⅰ］・［Ⅱ］に当てはまる語の組み合わせとして、最も適当なものを次の中から選び、記号で答えなさい。

ア（Ⅰ　どんより　Ⅱ　こっそり）
イ（Ⅰ　うんざり　Ⅱ　きっぱり）
ウ（Ⅰ　しんみり　Ⅱ　ゆっくり）
エ（Ⅰ　のんびり　Ⅱ　はっきり）

問五　次の文は――③のたとえについて説明したものです。空欄に当てはまる内容を補って答えなさい。

カレーがいろんな種類のスパイスを入れることで味に深みが出ておいしくなるように、友だちどうしの関係も［　　　　］ということ。

問六　〰〰ａからｂにかけての「紗希」の様子を説明したものとして最も適当なものを次の中から選び、記号で答えなさい。

ア　初めは千春が自分のことを理解してくれないことにいきどおりを感じていた。そのうちに、自分は悪くないと言ったことに千春も同意してくれたことから、素直な気持ちをとりもどした。一方で、これまで強がっておさえこんできた不安がこみあげてきて、千春に何でも打ち明けてしまいたいと思うようになっている。

イ　初めは千春がサナエも悪くないと言ったことに対して不満を感じていた。しかし、千春の説明を聞いているうちにサナエも自分と遊びたいと思っていることがわかり、自分の思い込みを反省するようになった。そして、どうしたらサナエと仲直りできるかを千春に教えてもらおうと真剣《しんけん》になっている。

ウ　初めはサナエと仲直りしたらという千春の提案に対して絶対に賛成しないようにしていた。そのうちに千春までもがサナエの味方についてしまったのではないかという不安から涙がこみあげてきた。しかし、千春がまだ自分のことを気づかってくれていることがわかり、何とかして千春の気持ちをつなぎとめようとしている。

エ　初めは自分は悪くないという思いから、サナエと仲直りさせようとする千春に反感を覚《おぼ》えていた。一方で、思いどおりにいかない現実とも向き合うようになり、悲しい気持ちが芽生えてきた。しかし、そんな自分に向かって千春が何かを伝えようとしているのを感じて、千春の思いを受け止めようという気になっている。

問七　90行目から120行目における「千春」についての説明として最も適当なものを次の中から選び、記号で答えなさい。

ア　紗希からサナエにあやまるしか解決方法がないということをそれとなく示しながら、サナエも本心では紗希との関係の改善を望んでいると伝えようとしている。

イ　おじさんが千春にくれた助言をもとにしながら、サナエと紗希との関係を改善するためには価値観の相違をなくしていくしかないと直接伝えようとしている。

ウ　サナエの味方だと紗希に誤解されないよう注意しながら、他のみんなもサナエと紗希の関係が早く元に戻ることを心から祈っていると伝えようとしている。

エ　自分の話を紗希に聞いてもらえるよう言葉や態度に気をつけながら、サナエと紗希の関係が改善してほしいという自分の思いを懸命に伝えようとしている。

問八　本文に描かれている「おじさん」の人物像を説明したものとして最も適当なものを次の中から選び、記号で答えなさい。

ア　ものごとをまじめに考えすぎるあまりに、子どもの話でも大げさに受けとめてしまう人物。

イ　だれに対しても平等にふるまうが、相手が小学生でも気づかうことなく難しい話をする人物。

ウ　相手が子どもでも自分の考えを押しつけることなく、親身になって向き合おうとする人物。

エ　今どきの小学生のなやみにくわしく、その解決方法をわかりやすく教えることができる人物。

問九　本文における「たまねぎ」と「はちみつ」という合言葉について、次のような表にまとめた。空欄 X ～ Z に当てはまる内容をそれぞれ答えなさい。なお、空欄 X は十字以内で答えること。

| 合言葉 | 特徴 | 本文からわかるその日の状況 | 合言葉の気持ち |
|---|---|---|---|
| たまねぎ | ・にがい<br>・ X | 紗希とサナエのすれ違いがあった日 | かなしい |
| はちみつ | ・あまい<br>・食べると笑みがこぼれる | Y | Z |

問十　本文の表現について説明したものとして**誤っているもの**を次の中から一つ選び、記号で答えなさい。

ア　5行目「紗希は悔しそうに断った」という表現から、気の強い性格をした紗希が、他人の機嫌《きげん》を損《そこ》ねることを恐れるような臆病《おくびょう》な一面も持っているということがわかる。

イ　38行目「カチカンノソーイ?」という表現では、カタカナが用いられていることから、おじさんの言葉が千春にとって意味のわからないただの音のようなものとして聞こえたということがわかる。

ウ　88行目「千春の疑問を読みとったかのように、おじさんがにっこり笑った。」という表現から、何も言わなくてもおじさんに伝わってしまうほど千春の気持ちがおもてに表れていたということがわかる。

エ　103行目「大丈夫、本人たちも仲直りしたいと思ってるはずだから」という表現では、「」が用いられていないことから、千春がおじさんの言葉を自分の考えとして紗希に向き合っているということがわかる。

三

六本松小学校の六年生であるAさんとBさんが先生と話をしています。これを読んで、後の問いに答えなさい。

先生　今日は「食品ロス」について一緒に考えてみましょう。皆さんは「食品ロス」を知っていますか。

Aさん　聞いたことがあります。まだ食べられる食品が捨てられていることですよね。

先生　そうです。日本は今後人口が減少すると言われていますが、世界的に見ると人口はどんどん増えており、深刻な食糧難が心配されています。だからこそ食品ロスを解消していこうと世界規模で取り組んでいるのですね。まず、①【資料1】で日本の現状を見てみましょう。

Bさん　日本の食品ロスはそんなに多いんですね。

先生　皆さんはどうですか、給食を残すことはありませんか。

Aさん　確かに、毎日クラスの食べ残しって出ていますね。

先生　実際、六本松小学校では一日に約25キログラムの食べ残しが出ているのですよ。給食を残してしまうのはなぜなのか、その理由を②【資料2】で見てみましょう。

Bさん　みんなの気持ちはよく分かります。

先生　給食には「学校給食の目標」というものがあり、その目標にそって給食は作られています。次の写真を見てください。実は六本松小学校では、③【資料3】の「目標5」を達成するために、④給食室をガラス張りにしました。その結果、給食の食べ残しが減ったそうです。

Aさん　なるほど。ガラス張りにした理由も食品ロスにつながっているのですね。

Bさん　私たちにも何かできることはないでしょうか。

Aさん　うーん……。そうだ、私は今年度給食委員をやっています。こんな風に「給食だより」で呼びかけたらどうでしょう。

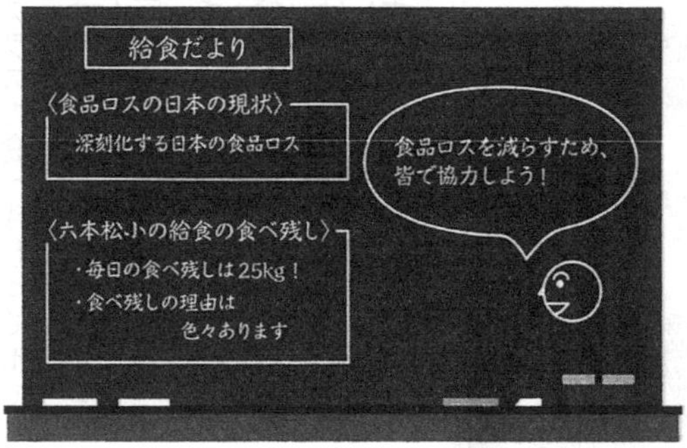


〔Aさんが黒板に書いてみた「給食だより」〕

先生　そうですね。⑤「給食だより」を使って皆さんから呼びかけるのはとてもいいと思いますが、六本松小学校の現状を考えたときに、これでは効果が低いと思います。もう少し調べて工夫してみるとよいでしょう。

Aさん　分かりました、色々調べてみたいと思います。

Bさん　Aさん、私も手伝うよ。

Aさん　ありがとう、どのような「給食だより」にすればいいか、考えてみよう。

（一週間後）

Aさん　先生、六本松小学校の現状や献立《こんだて》、「学校給食の目標」を参考にして「給食だより」を作ってみました。

先生　なるほど。確かに、最初の「給食だより」に比べると、様々な工夫が見られますね。

Bさん　ありがとうございます。給食についても理解を深めることができました。

先生　給食の食べ残しが減って、それが家庭や外食先の食品ロスを考えるきっかけとなるとよいですね。

給食だより

〈食品ロスの日本の現状〉

深刻化する日本の食品ロス

〈六本松小の給食の食べ残し〉

・毎日の食べ残しは25kg！
・食べ残しの最大の原因は きらいなものがあるから です

きらいなものだからって残していいの？

注目!!

〈六本松小の給食の献立《こんだて》表〉

| 日 | 曜 | 牛乳 | 献立 | 食材と主な働き | | | 栄養量 | | |
|---|---|---|---|---|---|---|---|---|---|
| | | | | 赤の仲間 おもに体をつくるもとになる | 黄色の仲間 おもにエネルギーのもとになる | 緑の仲間 おもに体の調子を整えるもとになる | エネルギー (kcal) | たんぱく質 (g) | 脂肪 (g) |
| 1 | 火 | ○ | 麦ご飯 がめ煮 キャベツとわかめの煮びたし | 牛乳，鶏肉，厚揚げ，油揚げ，わかめ，かつお節 | 精白米，白麦，さといも，菜種油，砂糖 | こんにゃく，にんじん，いんげん，れんこん，干ししいたけ，キャベツ | 588 | 21.5 | 16.7 |
| 2 | 水 | ○ | 食パン スライスチーズ ツナサンド 洋風スープ | 牛乳，チーズ，ツナ油漬け（まぐろ，だいず油），鶏肉 | 食パン，マヨネーズ，じゃがいも，菜種油 | キャベツ，きゅうり，にんじん，ほうれんそう，たまねぎ | 621 | 25.2 | 29.6 |
| 3 | 木 | ○ | 麦ご飯 豆腐の中華煮 野菜のじゃこ炒め | 牛乳，豚肉，豆腐，しらす干し | 精白米，白麦，菜種油，砂糖，でん粉 | にんじん，青ねぎ，たまねぎ，たけのこ，きくらげ，キャベツ，コーン | 593 | 24.0 | 17.1 |

色々調べてみると、給食室でも
様々なことを考えて作って下さっている、
ということが分かりました!!

〔Aさんと Bさんが１週間後に示した「給食だより」〕

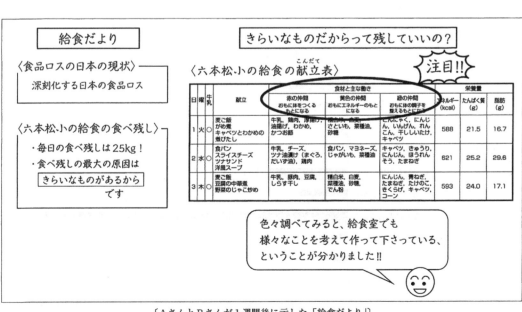

【資料1】

〈2015年〉

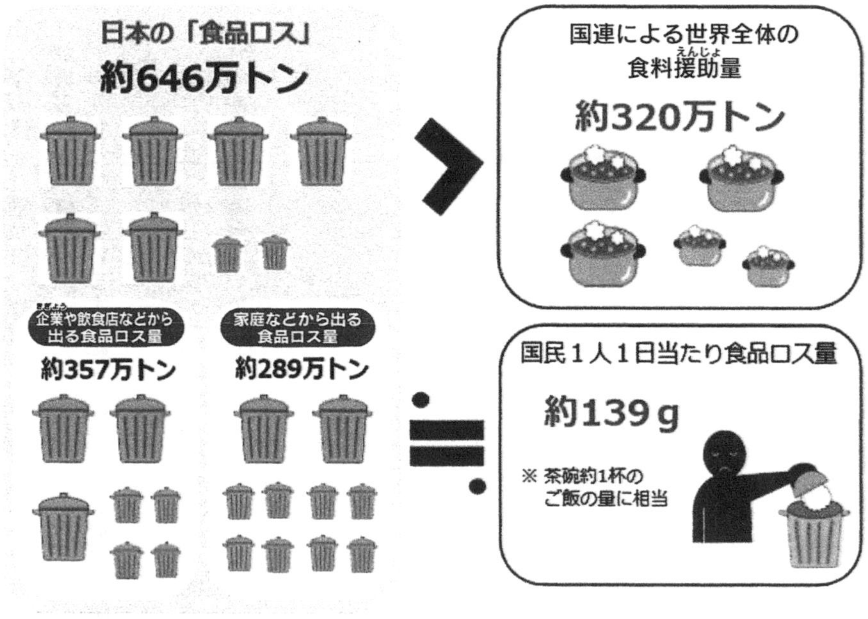


〈食品ロス（推計）の経年変化〉

| | 2012年度推計 | 2013年度推計 | 2014年度推計 | 2015年度推計 |
|---|---|---|---|---|
| 食品ロス（年間） | 642万トン | 632万トン | 621万トン | 646万トン |

出典：消費者庁、農林水産省のホームページをもとに作成

（注）トン：重さの単位。1トン＝1,000kg

【資料2】

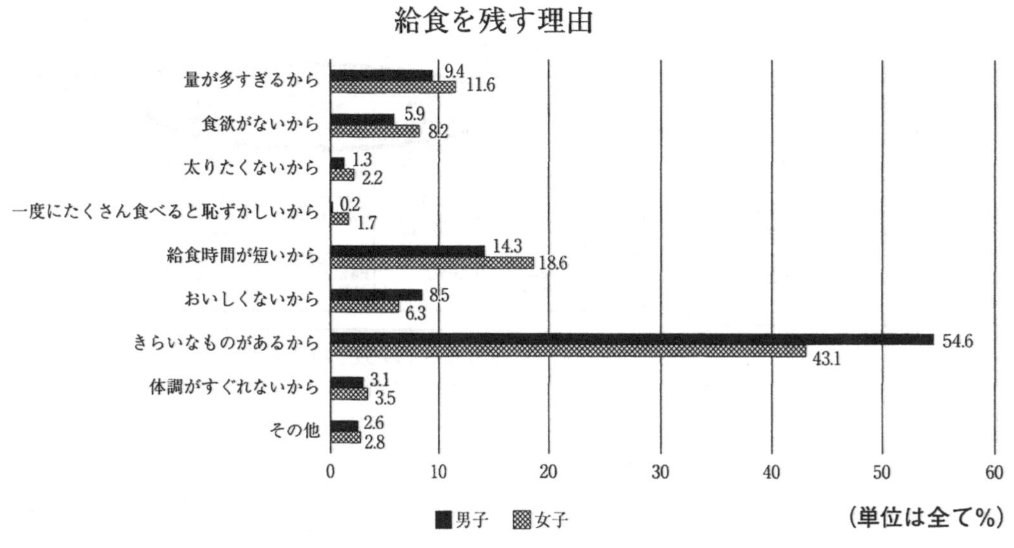


［六本松小学校調べ］

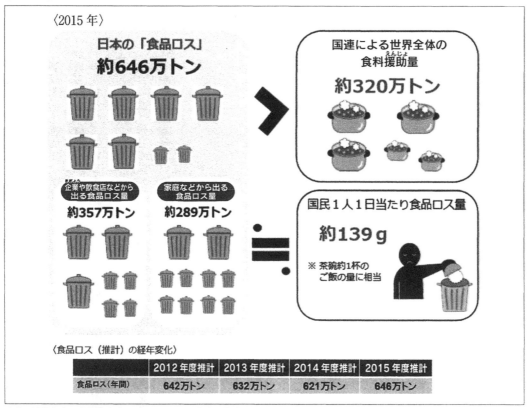

【資料３】

# 学校給食の目標

「学校給食法」が改正されました(平成20年6月18日法律第73号)。実に54年振りの大改正です。施行は平成21年4月1日です。
この法律の第2条に「学校給食の目標」として「7つの目標」が掲げられています。
目標実現のため学校給食関係者の一層の努力が求められています。

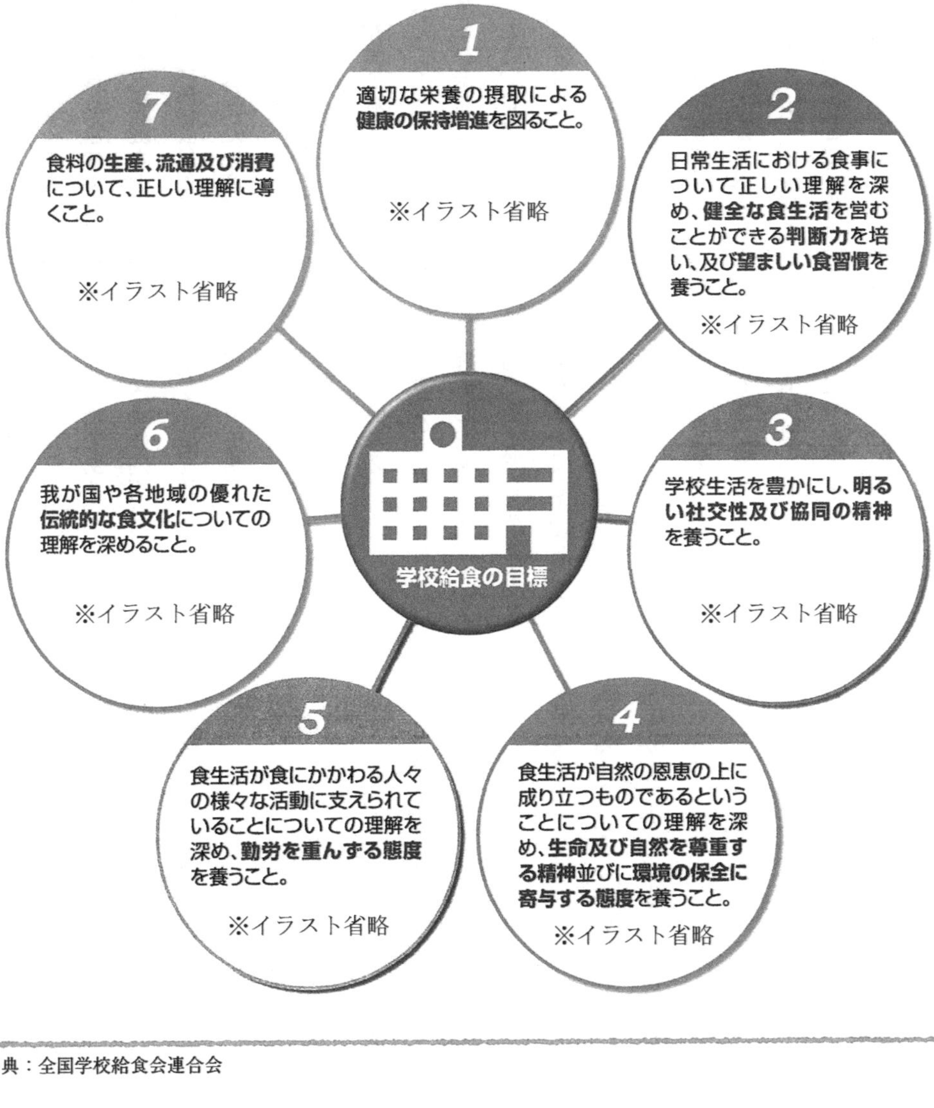


出典：全国学校給食会連合会

問一　――①とありますが、【資料1】から読み取れることとして適当なものを次の中から一つ選び、記号で答えなさい。

ア　企業《きぎょう》や飲食店などから出る食品ロス量は、日本の食品ロスの総量の半分以下である。

イ　日本の食品ロスの総量は、年間六〇〇万トンを超えており、毎年増加している。

ウ　日本の食品ロスの総量は、国連による世界全体の食料援助《えんじょ》量の約二倍である。

エ　企業や飲食店などから出る食品ロス量と家庭などから出る食品ロス量の内訳《うちわけ》は、この四年間変化していない。

問二　――②とありますが、【資料2】から読み取れることとして適当なものを次の中から一つ選び、記号で答えなさい。

ア　きらいなものがあるから給食を残すと答えた児童の割合は、女子よりも男子の方が多い。

イ　体調がすぐれないと常に感じている児童は、男女ともに三パーセント以上いる。

ウ　給食の量を減らせば、給食を残す量は十パーセント以上減ると考えられる。

エ　給食の時間を今より長くしても、給食を残す量は変わらないと考えられる。

問三　――③とありますが、【資料3】についての説明として**誤っているもの**を次の中から一つ選び、記号で答えなさい。

ア　それぞれの目標に関連するイラストを示すことで、その内容が理解しやすくなっている。

イ　それぞれの目標に数字を付けることで、目標の重要度に差があることを暗に示している。

ウ　それぞれの目標の真ん中に学校を図示することで、学校給食の目標であることがイメージしやすくなっている。

エ　それぞれの目標を丸で囲んで円状に配置することで、七つの目標があるということが一目でわかるようになっている。

問四　――④とありますが、六本松小学校が、給食室をガラス張りにすることによって給食の食べ残しが減ったのはなぜだと考えられますか。その説明として最も適当なものを次の中から選び、記号で答えなさい。

ア　給食が作られる場を見ることで、自分たちが食べるものの生産から流通までの過程を理解することができたから。

イ　給食を作っている人々とのコミュニケーションを図ることで、給食の食べ残しの実態を知ることができたから。

ウ　実際に給食を作っている人々の姿を見ることで、作っている人々に対して敬いの気持ちを抱《いだ》くことができたから。

エ　残されやすい食材も工夫して調理していることを知ることで、作り手の熱意を感じることができたから。

問五　――⑤の先生の発言に関して説明したものとして最も適当なものを次の中から選び、記号で答えなさい。

ア　Ａさんの提案に至《いた》るまでの努力は認めつつ、問題を考え直す必要性をうったえようとしている。

イ　Ａさんの提案を高く評価しつつ、その提案に対する自分の考えを理解させようとしている。

ウ　Ａさんの提案の間違いに気を使いつつ、実際にはどうすればよいか具体策を示そうとしている。

エ　Ａさんの提案の問題点を指摘しつつ、その解決策はＡさんたち自身で考えさせようとしている。

問六　ＡさんとＢさんが一週間後に示した「給食だより」について、このように改良したねらいはどのようなものか、説明しなさい。

令和２年度

福岡大学附属大濠中学校

# 入学試験問題

# 算　数

[時間　60分]

注　意

1．答えはすべて解答用紙に記入してください。

2．解答用紙には氏名・受験番号（算用数字　例10001）をきちんと書いてください。

**1** 次の各問いに答えなさい。

(1) $12 \times 3 - (78 - 6 \times 5) \div 4$ を計算すると ① です。

(2) $\frac{5}{6} \times \left(\frac{1}{2} - \frac{1}{5}\right) + \frac{1}{12} \div \frac{1}{3}$ を計算すると ② です。

(3) 次の □ にあてはまる数は ③ です。

$$\left(\square \times \frac{4}{5} - 1.4\right) \div \frac{1}{4} = 8.8$$

(4) 分子と分母の和が 2020 であり，約分すると $\frac{1}{4}$ になる分数の分母は ④ です。

(5) 縦 140cm，横 308cm の長方形のスペースに，合同な正方形のタイルをすき間なくしきつめます。
できるだけ大きなタイルを使うと ⑤ 枚でしきつめることができます。

(6) A 町から B 町までの距離を，行きは時速 7km の速さで走り，
帰りは時速 3km の速さで歩いて往復したところ，かかった時間は 100 分でした。
A 町から B 町までの距離は ⑥ km です。

(7) 100 円玉，50 円玉，10 円玉が全部で 24 枚あり，その合計金額は 1480 円です。
100 円玉の枚数は，50 円玉の枚数の 3 倍です。
50 円玉は ⑦ 枚あり，10 円玉は ⑧ 枚あります。

(8) ある年の大濠中学の 1 年 1 組で数学の問題 A，B の 2 題のテストをしました。
問題 A が解けた生徒は全体の $\frac{1}{2}$，問題 B が解けた生徒は全体の $\frac{2}{3}$，
両方とも解けた生徒は全体の $\frac{1}{4}$，両方とも解けなかった生徒は 4 人でした。
このクラスの人数は ⑨ 人です。

(9)　下の図のように，半径 9cm の半円があり，辺 AB の長さが辺 AD の長さの 2 倍の長方形 ABCD がぴったりと入っています。色のついた部分の面積は ⑩ $cm^2$ です。
ただし，円周率は 3.14 とします。

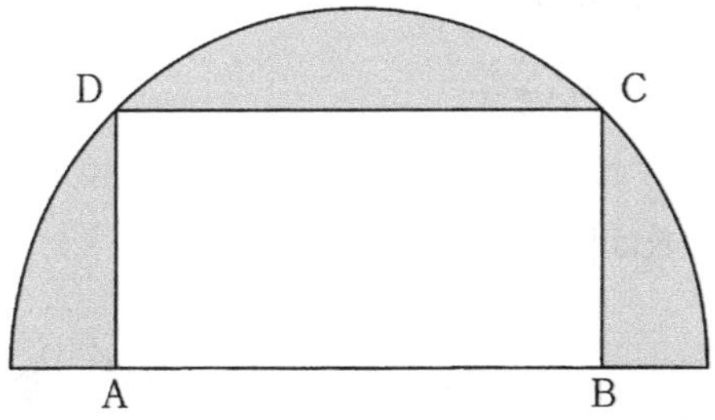


(10)　下の図のように，AB = 12cm，AC = 8cm，BE = 5cm の三角柱の容器があり，長方形 ABED を底面としたときに，高さ 6cm のところまで水が入っています。
この容器を，三角形 ABC が底面となるように置きかえたとき，
水面の高さは ⑪ cm です。

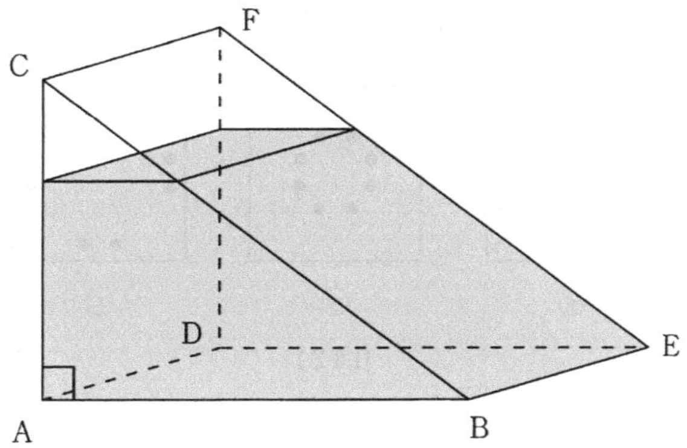

## 2　次の各問いに答えなさい。

(1)　次の数の列は，ある規則にしたがって並んでいます。

1，2，1，3，3，1，4，4，4，1，5，5，5，5，1，……

（ア）　数9は［⑫］個並んでいます。

（イ）　左から100番目の数は［⑬］です。

(2)　下の【図1】のように，正方形の折り紙を矢印の向きに折り，●のところに穴を開けました。

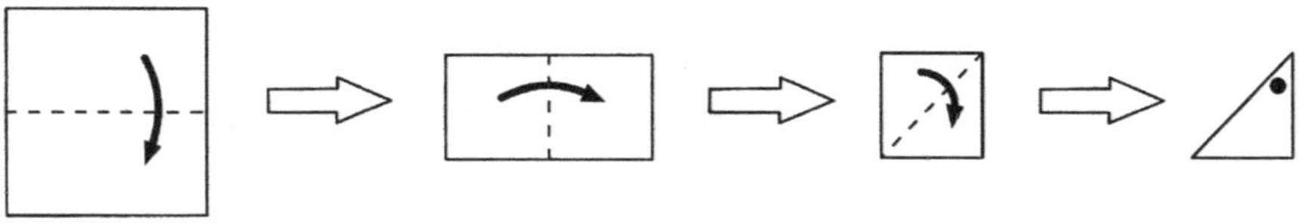

【図1】

この折り紙を開いたときにできる，穴があいた折り紙の図として，もっともあてはまるものは下の【図2】の㋐から㋔までのうち［⑭］です。（●は開いている穴を意味します。）

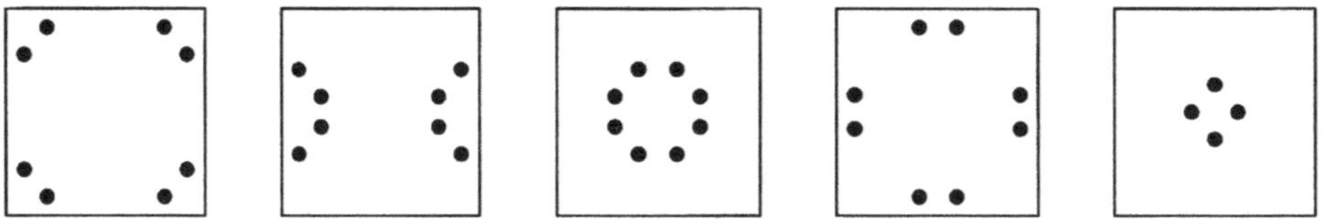

㋐　㋑　㋒　㋓　㋔

【図2】

(3)　下の図のような，三角形ABCがあります。辺AC上にAD：DC＝1：5となるように点Dをとり，辺BC上に点EをBCの真ん中の点となるようにとります。
さらに，DE上に三角形ADFと三角形BEFの面積が等しくなるように点Fをとります。
三角形ABFの面積が10cm$^2$のとき，三角形ABCの面積は［⑮］cm$^2$です。

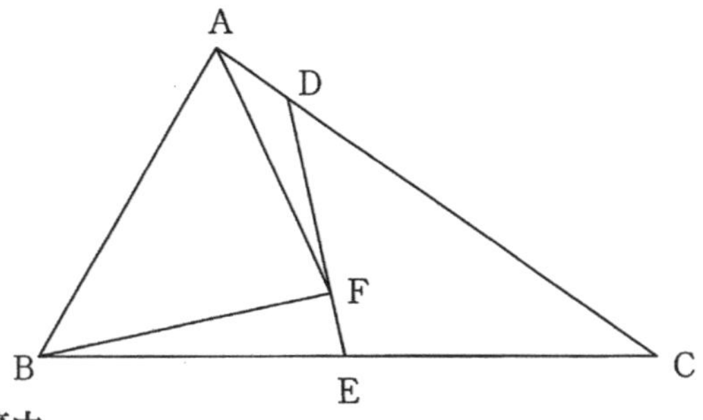

(4) 同じ大きさの正方形の紙をいくつかつなげて平面の図形を作ります。
ただし，つなげるときは下の【図3】のように，お互いの正方形の辺と辺が，ぴったりそろうようにつなげるものとします。例えば，【図4】のようにはつなぎません。
また，回転させたり表裏をひっくり返して一致するものは同じ図形とみなして考えます。

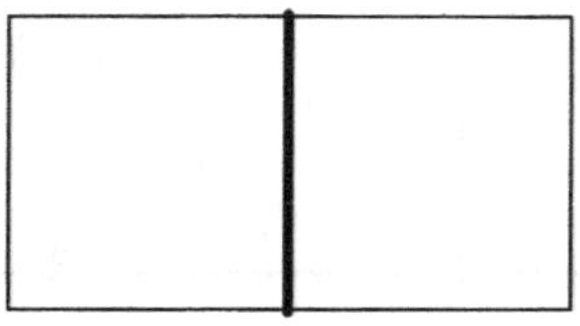

【図3】

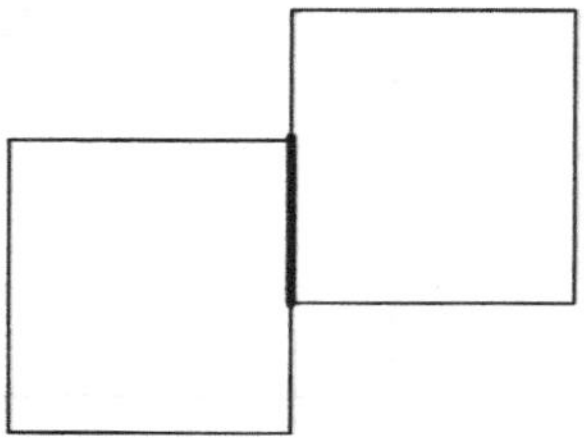

【図4】

（ア） 4枚の同じ大きさの正方形を使って作るときにできる図形の種類は，全部で ⑯ 種類です。

（イ） 5枚の同じ大きさの正方形を使って作るときにできる図形の種類は，全部で ⑰ 種類です。

## 3

下の【図1】のように，ボールをある高さの場所から落とし，床と3回はずませます。

ボールは床と1回はずむごとに，落ちた高さの $\frac{2}{3}$ 倍の高さまではね返ります。

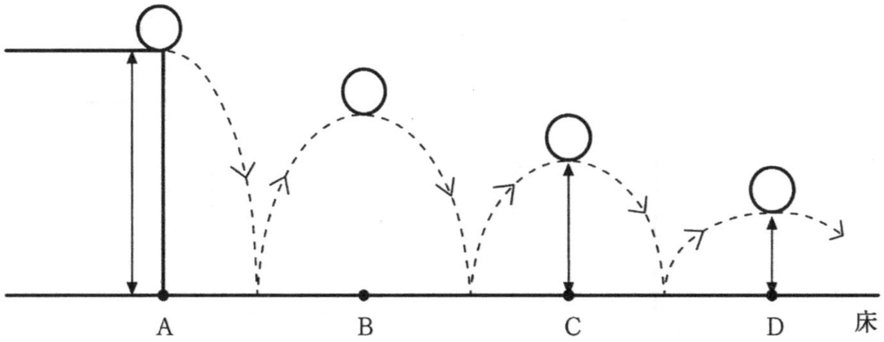


【図1】

(1) Aの位置で，床からボールまでの高さは27cmでした。
このとき，Dの位置で，床からボールまでの高さは ⑱ cmです。

(2) Cの位置で，床からボールまでの高さが8cmになりました。
このとき，Aの位置で，床からボールまでの高さは ⑲ cmです。

下の【図2】のように，階段状で高さが異なる床があり，階段のFからGの部分は，
一番下の床から3cm，EからFの部分は，一番下の床から8cmの高さのところにあります。
ある高さの場所からボールを落とし，この床と3回はずませます。
ただし，Gの左側にある，色がついていない階段の床は，1回はずむごとに
落ちた高さの $\frac{2}{3}$ 倍の高さまではね返り，Gの右側にある，色がついた一番下の床は，
1回はずむごとに落ちた高さの $\frac{1}{2}$ 倍の高さまではね返ります。

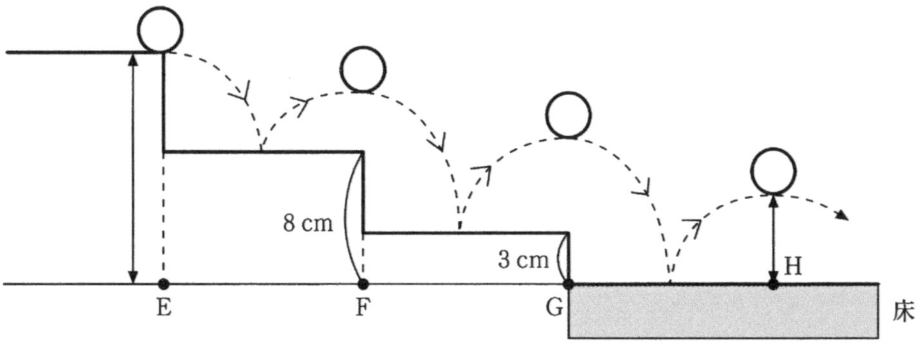


【図2】

(3) Ｅの位置で，一番下の床からボールまでの高さは14cmでした。
このとき，Ｈの位置で，一番下の床からボールまでの高さは ⑳ cmです。

(4) Ｈの位置で，一番下の床からボールまでの高さが6.5cmになりました。
このとき，Ｅの位置で，一番下の床からボールまでの高さは ㉑ cmです。

## 4

2から100までの数字が書かれたカードがそれぞれ10枚ずつ，合計990枚あります。
このカードを使って，次の〈ルール1〉で数を作ります。

> 〈ルール1〉
> カードを何枚か選び，そのカードに書かれた数字をすべてかけて数を作る。

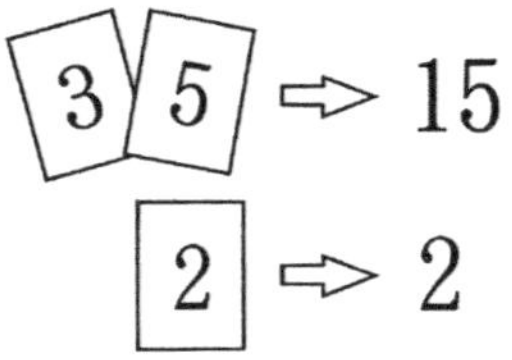


例えば，
[3]のカード1枚と[5]のカード1枚を選んだとき，できる数は15になり，
[2]のカード1枚だけを選んだとき，できる数は2になります。

(1) 数12の作り方は全部で[ ㉒ ]通りあり，数49の作り方は全部で[ ㉓ ]通りあります。

次に，〈ルール1〉に〈ルール2〉も合わせて数を作ります。

> 〈ルール2〉
> 〈ルール1〉で数を作るとき，カードをできるだけ多く選んで作る。

例えば，数18を作るとき，
1枚のカードで作ると，[18]のカード1枚です。
2枚のカードで作ると，[2]のカード1枚と[9]のカード1枚または，
[3]のカード1枚と[6]のカード1枚です。
3枚のカードで作ると，[2]のカード1枚と[3]のカード2枚です。
しかし，4枚以上のカードでは，数18を作ることはできません。
したがって，数18を作るときは，
『[2]のカード1枚と[3]のカード2枚の合計3枚のカードを選んで作ります。』です。

今，〈ルール2〉で，2から100までの数を作ることを考えます。

(2) 数30を作るとき，[ ㉔ ]枚のカードを選んで作ります。

(3) カードを4枚使って作ることができる数は全部で[ ㉕ ]個あります。

(4) 使うカードが最も多い枚数でできる数をすべて求めると[ ㉖ ]です。
このとき，使うカードの枚数は[ ㉗ ]枚です。

最後に，〈ルール 2〉で作った 2 から 100 までの数を〈ルール 3〉で作りかえます。

> 〈ルール 3〉
> 〈ルール 2〉で 2 から 100 までの数を作った後，選んだカードに同じカードがあれば，2 枚ごとにそのカードを捨てる。こうして手元に残ったカードに書かれた数字をすべてかけて，あらためて数を作り直す。ただし，すべてのカードを捨てて，手元にカードがなくなったときは，かけてできる数は 0 とする。

例えば，〈ルール 2〉で数 18 は，[2] のカード 1 枚と [3] のカード 2 枚の合計 3 枚のカードで作っているので，[3] のカードを 2 枚捨てると，手元に残ったのは [2] のカード 1 枚だけです。よって，作り直してできる数は 2 です。

また，〈ルール 2〉で数 9 は，[3] のカード 2 枚だけで作っているので，手元のカードはすべてなくなります。よって，作り直してできる数は 0 です。

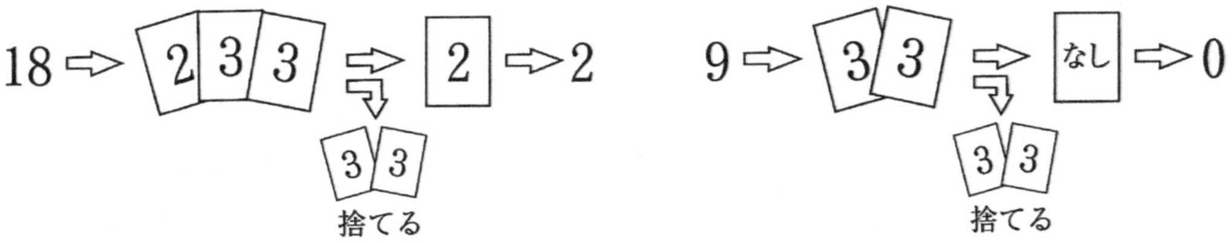


(5) 〈ルール 3〉で，2 から 100 までの数をすべて作り直しました。
このときできる数は，全部で [ ㉘ ] 種類です。

**5** 右の【図1】のように，水平な机の上から 4cm の高さの位置に，机と平行に張られたひもがあり，点Aの位置に豆電球が取りつけられています。
豆電球はひもにそって自由に動かすことができます。
机の上にある立体を置き，豆電球に明かりをつけたときに机の上にできる立体の影について考えます。
ただし，影はすべて机に写るものとし，机に接している立体の底面部分は影とみなしません。

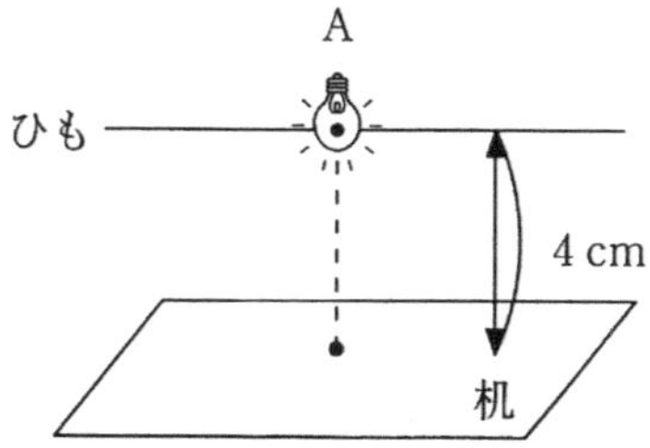


【図1】

はじめに，下の【図2】のように，一辺の長さが 3cm の立方体を机の上に置きました。
この立方体は，真上から見たとき，立方体の上面の辺 PQ の真ん中の点が，点 A のちょうど真下で，辺 PQ がひもに垂直になるように置いてあります。
その後，豆電球を点 A の位置から点 B の位置に移動してから明かりをつけました。
真上から見ると，机の上には，下の【図3】の斜線部分のような影の図形ができました。

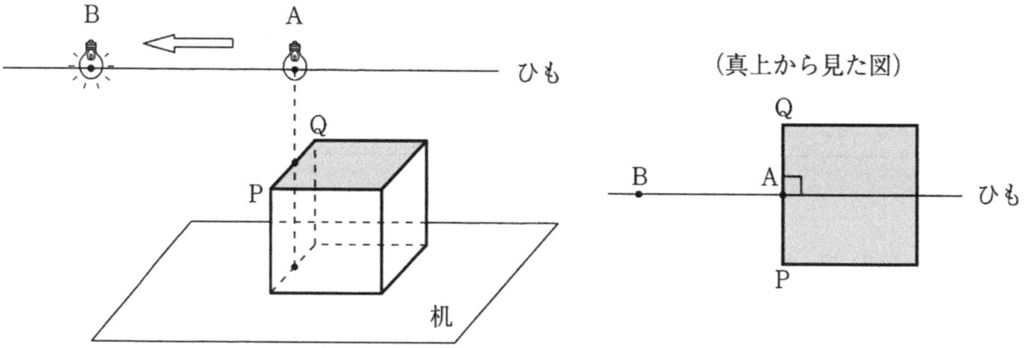


【図2】

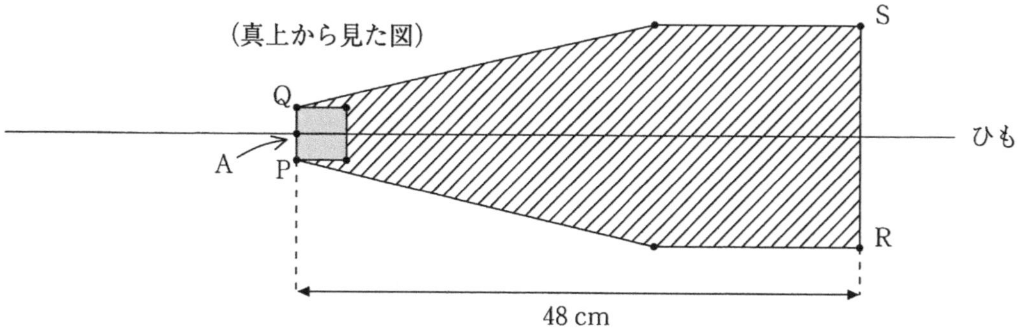


【図3】

(1) 【図3】の影の RS の長さは ㉙ cm です。

また，【図2】のひもの点 A から点 B までの長さは ㉚ cm です。

豆電球を点 A の位置に戻します。
次は，右の【図 4】のように，半径が 2cm，
高さが 2cm の円柱を，底面の円の中心が
点 A の真下にくるように置きました。
(円周率は 3.14 とします。)

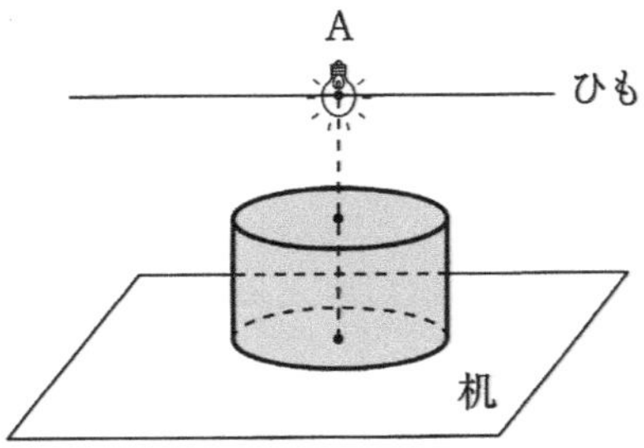

【図 4】

(2) 点 A の位置で豆電球に明かりをつけたとき，
机の上に円柱の影でできる図形の面積は [ ㉛ ] $cm^2$ です。

(3) 右の【図 5】のように，点 A の位置で豆電球の
明かりをつけたまま，6cm 離れた点 C の位置まで
ひもにそって豆電球を移動すると，
机の上にできる円柱の影も移動します。
このとき，机の上にできる影が通過した
すべての部分の面積は [ ㉜ ] $cm^2$ です。

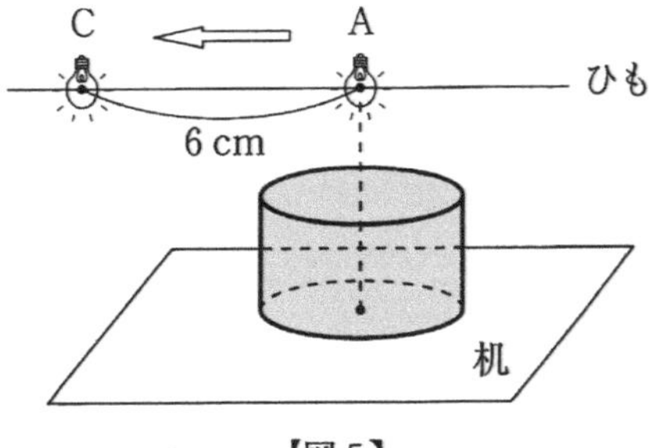

【図 5】

令 和 2 年 度

福岡大学附属大濠中学校

# 入 学 試 験 問 題

# 理　科

[時 間　40 分]

注　意

1．答えはすべて解答用紙に記入してください。

2．解答用紙には氏名・受験番号（算用数字　例10001）をきちんと書いてください。

**1**　7種類の水溶液《すいようえき》A～Gを用意しました。その水溶液は下に示すいずれかであることが分かっています。これらの水溶液について、次に示す実験をしました。その結果をもとにして、あとの各問いに答えなさい。

| | | | |
|---|---|---|---|
| ①食塩水 | ②石灰水《せっかいすい》 | ③アンモニア水 | ④砂糖水 |
| ⑤塩酸 | ⑥炭酸水 | ⑦水酸化ナトリウム水溶液 | |

実験1．水溶液AとBは、つんとするにおいがした。

実験2．水溶液Gを観察すると、泡《あわ》が発生していた。

実験3．リトマス紙につけると、水溶液B, Gは青色リトマス紙が赤色に変わり、水溶液A, C, Fは赤色リトマス紙が青色に変わり、水溶液D, Eはどちらのリトマス紙も色の変化はなかった。

実験4．蒸発《じょうはつ》皿に少量の水溶液を取りガスバーナーで加熱すると、水溶液C, D, E, Fからは固体が残った。

実験5．水溶液BとFを混ぜ、その水溶液を蒸発させて残った固体の粒《つぶ》を観察すると、実験4で水溶液Eから得られた固体と同じ形であった。

問1　水溶液A、C、D、Gは何ですか。上に示す①～⑦の番号で答えなさい。

問2　炭酸水とは何がとけた水溶液ですか。名称を漢字で答えなさい。

問3　ガスバーナーの使用手順を以下に示します。正しい使用手順になるように、次のア～オの記号を並びかえなさい。

ア．ガスの元せんをあけ、さらにガスバーナーのコックをあける。

イ．ガス調節ねじをおさえ、空気調節ねじだけを回し、青い炎にする。

ウ．ガス調節ねじを回し、炎の大きさを調節する。

エ．ガス調節ねじと空気調節ねじがとじているかを確認する。

オ．マッチに火をつけ、ガス調節ねじを回し点火する。

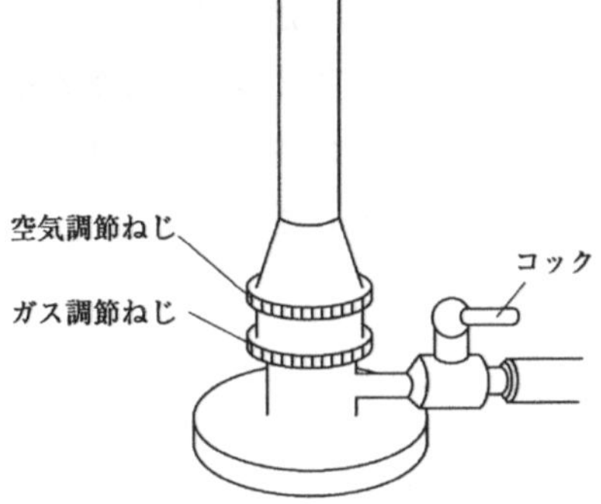

**2**　次の文章を読んで、以下の各問いに答えなさい。

ある濃《こ》さの塩酸 100 mL を入れた 5 つのビーカー①～⑤に、炭酸カルシウムの粉末に少量の食塩を含む**混合物X**を加え、加えた混合物Xの重さ（g）と発生した**気体Y**の体積（mL）との関係を調べたところ、次の表のような結果になりました。

| ビーカー | ① | ② | ③ | ④ | ⑤ |
|---|---|---|---|---|---|
| 混合物Xの重さ（g） | 1.0 | 2.0 | 3.0 | 4.0 | 5.0 |
| 気体Yの体積（mL） | 180 | 360 | 540 | 612 | 612 |

問 1　実験に用いた塩酸100 mLがすべて反応するためには、少なくとも混合物Xが何 g 必要ですか。

問 2　実験に用いた塩酸と同じ濃さの塩酸250 mL に混合物 X 8.0 g を加えました。このとき発生する気体Yの体積（mL）を答えなさい。

問 3　実験に用いた塩酸と同じ濃さの塩酸200 mL に純粋《じゅんすい》な炭酸カルシウム1.0 g を加えたところ、気体Yが 225 mL 発生しました。混合物X 5.0 g 中に含まれている食塩の重さ（g）を答えなさい。

問 4　気体Yの性質として正しい記述を、次のア～オの中から１つ選び、記号で答えなさい。

ア．空気中の約 80％を占めている気体で、この気体を集めた容器に火のついたろうそくを入れると、火はすぐに消えた。

イ．うすい過酸化水素水に二酸化マンガンを加えると発生する気体で、この気体を集めた容器に火のついたろうそくを入れると、ほのおが大きくなって明るく燃えた。

ウ．ろうそくや木が燃えたときに発生する空気より重い気体で、この気体を集めた容器に火のついたろうそくを入れると、火はすぐに消えた。

エ．水酸化ナトリウム水溶液にアルミニウムを加えたときに発生する気体で、火をつけるといきおいよく燃える。

オ．塩酸にアルミニウムを加えたときに発生する最も軽い気体で、水に溶けにくい。

問5．気体Yの発生後、残った水溶液をろ過しました。ろ過の方法として正しいものを次のア～エの中から1つ選び、記号で答えなさい。

ア．
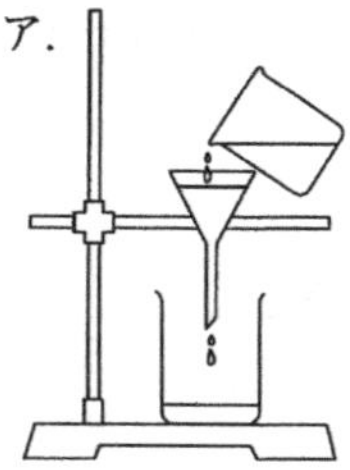

イ．
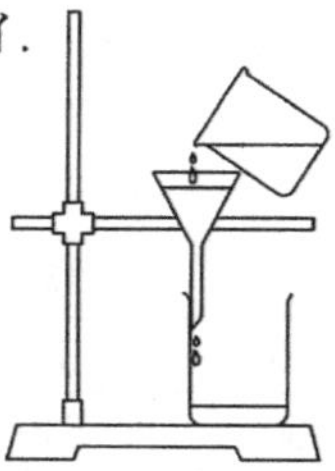

ウ．
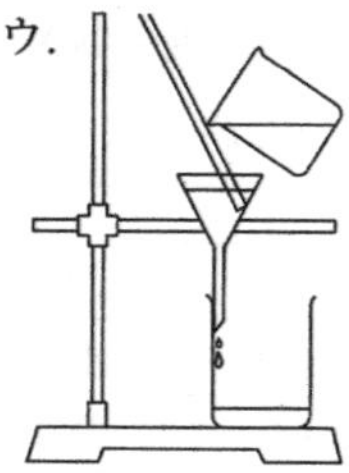

エ．
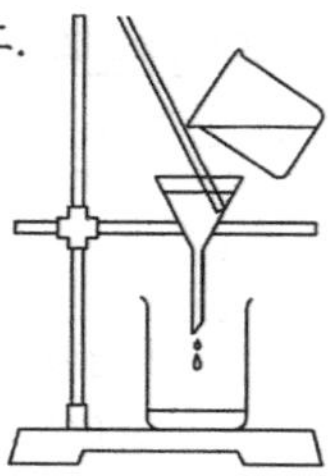

問6．問5のろ過のあと、ろ紙に残った固体をしっかりと乾燥させ、その固体の重さを調べました。そのときの結果を最もよく表しているグラフを、次のア～オの中から1つ選び、記号で答えなさい。ただし、グラフの縦軸はろ紙に残った固体の重さ（g）、横軸は加えた混合物Xの重さ（g）を表しています。

ア．
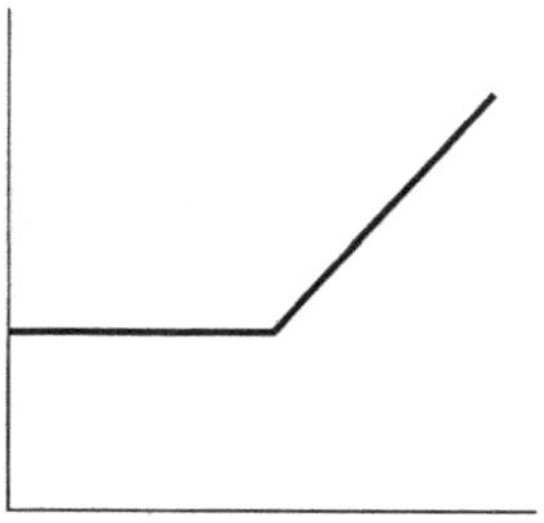

イ．
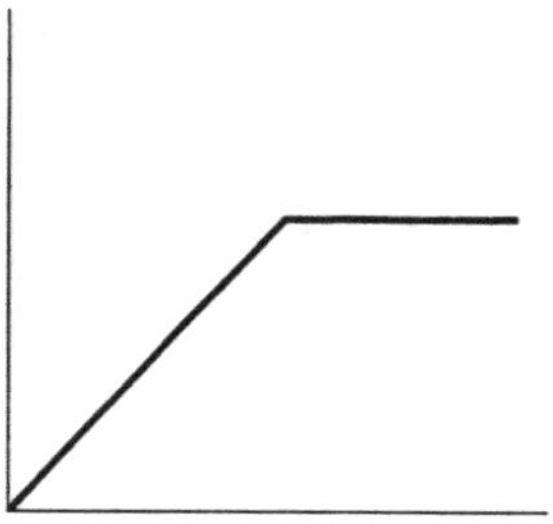

ウ．
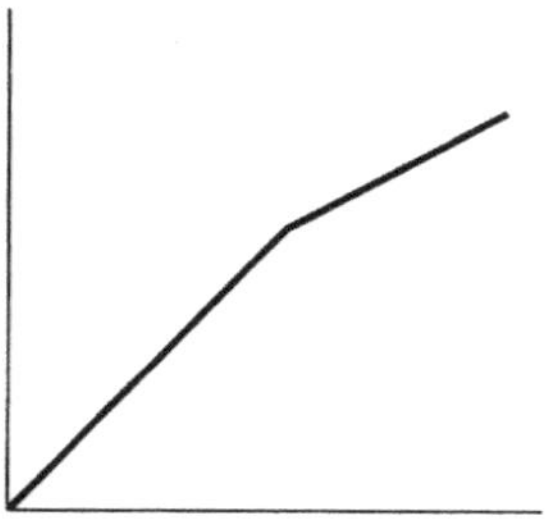

エ．
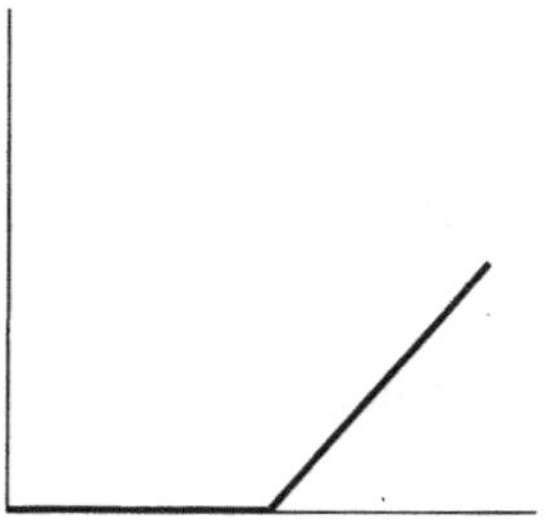

オ．
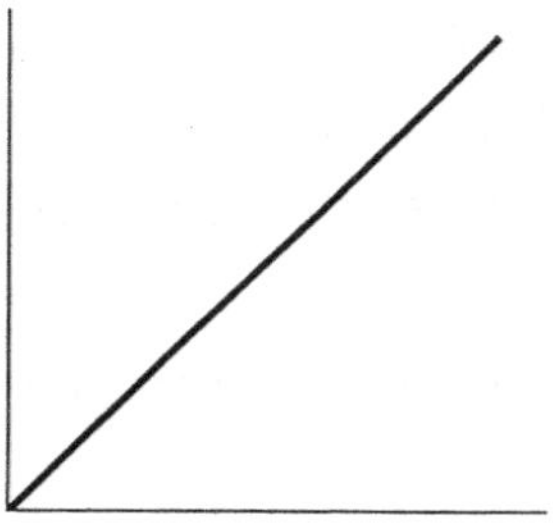

# 3

次の文章を読んで、下の各問いに答えなさい。

りかさんは、公園に出かけました。公園では、いろいろな生き物が観察されました。あちこち飛んでいる①トンボに②モンシロチョウ、木と木の間には③クモの巣、地面を見ると④ダンゴムシが何匹も歩いていました。

りかさんは、ダンゴムシの歩くようすを見ていると、ある一定のパターンで歩いていることに気がつきました。そこで⑤ダンゴムシをつかまえ、自分でつくった迷路に入れてダンゴムシを歩かせました。するとまっすぐ歩いて壁《かべ》に突き当たったとき、最初に右に曲がったときは、次の角は左に、そしてその次の角は右にと、角を交互に曲がりながら進んでいるのがわかりました。

一方で、ばいお君はコオロギに興味を持ち、詳しく調べることにしました。コオロギの幼虫は成虫と似た姿をしていて、⑥草や虫などを食べ脱皮を繰り返して成長します。ばいお君は、コオロギをつかまえようとしたときに、跳《は》ねて逃《に》げるようすを見て、⑦逃げるしくみについて実験することにしました。

問１　下線部①～④の動物について、正しく述べている文を次のア～エの中から１つ選び、記号で答えなさい。

ア．トンボは、はねが２枚あり、たくさんの眼が集まった複眼が２つある。
イ．モンシロチョウは、はねが４枚あり、さなぎの状態で冬を越《こ》す。
ウ．クモは眼が８つあり、腹部から足が４対出ている。
エ．ダンゴムシは植物の根を好んで食べる。

問２　下線部①～④の動物の中で、分類上昆《こん》虫ではないものをすべて選び、番号で答えなさい。

問３　下の図は迷路を上から見たものである。りかさんが行った下線部⑤の実験について、迷路のスタート位置にダンゴムシを置いて歩かせた場合、最終的にダンゴムシがたどり着く場所として予想されるものを、ア～オの中から２つ選び、記号で答えなさい。

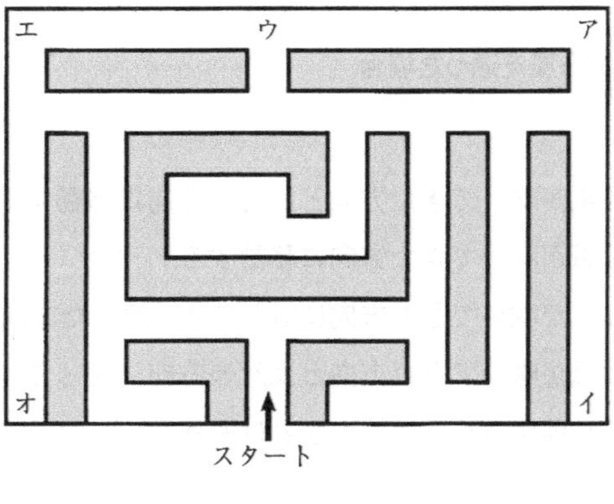

問４　下線部⑥のように、コオロギのような不完全変態（幼虫からさなぎにならずに成虫になる）のなかまを次のア～カの中から３つ選び、記号で答えなさい。

ア.

イ.

ウ.

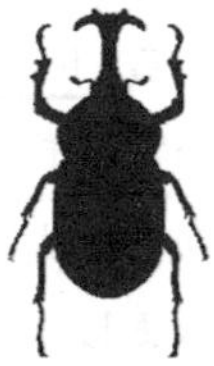

エ.

オ.

カ.

問５　下線部⑦について、次のような【実験】を行いました。この結果から考えられるコオロギの動きとして最もふさわしいものを下のア～オの中から１つ選び、記号で答えなさい。

【実験】　コオロギの成虫１匹を机の上に置き、透明なプラスチックカップをかぶせる。しばらくしてコオロギが動かなくなったら、プラスチックカップを外し、様々な方向からストローで一定の強さと長さの息をふきかけ、風を送る。左下の図は、そのようすを表したものである。風を送った方向を横軸《じく》とし、移動した方向を縦軸として結果を右下のようにグラフにまとめた。

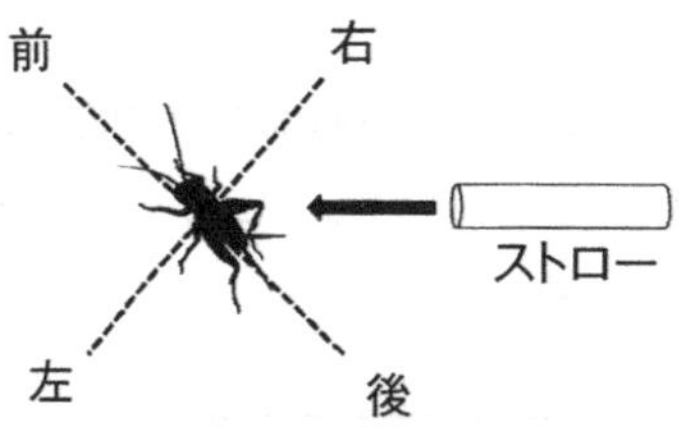


右斜《なな》め後ろから風を送った場合

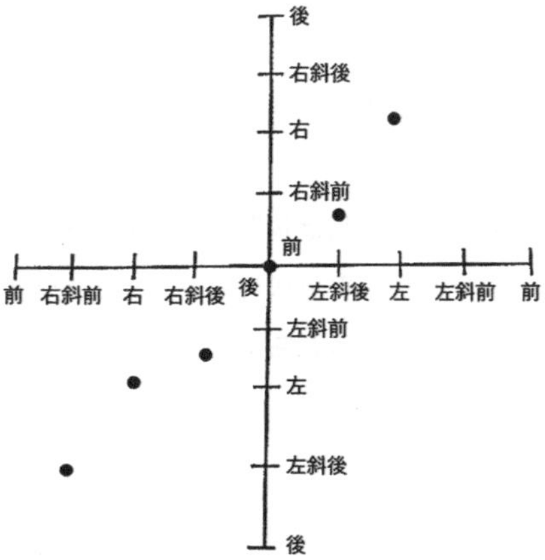


ア．コオロギは風が吹いてきた方向と反対の方向に移動する。

イ．コオロギは風が吹いてきた方向に移動する。

ウ．コオロギは風が吹いてきた方向に対して 45° 傾いた方向に移動する。

エ．コオロギは風が吹いてきた方向と反対の方向に対して 45° 傾いた方向に移動する。

オ．コオロギが移動する行動は風向きとは関係ない。

**4**

りかさんとばいお君は去年の秋にチューリップの球根を購入《こうにゅう》し、育てることにしました。次の春にはつぼみがつき、花が咲《さ》きました。二人が花のようすを観察していると、チューリップの花は数日にわたり、朝に開いて晩に閉じていることに気がつきました。花の開閉についてくわしく調べるため、二人は次の表のように、4月の最高気温、最低気温、日照時間、一日の天気とチューリップの花の開閉を記録しました。日照時間とは太陽が照った時間のことを示します。りかさん、ばいお君、先生の会話文を読み、以下の各問いに答えなさい。

| 日 | 最高気温<br>(℃) | 最低気温<br>(℃) | 日照時間<br>(時間) | 一日の天気 | 花の開閉 |
|---|---|---|---|---|---|
| 1 | 13.3 | 7.8 | 7.8 | 晴れ時々曇り | 閉じたままだった |
| 3 | 15.5 | 7.5 | 10.8 | 晴れ時々曇り | 閉じたままだった |
| 6 | 22.0 | 10.9 | 11.4 | 快晴 | 日中は花が開いた |
| 10 | 17.2 | 12.2 | 0.0 | 雨 | 日中は花が開いた |
| 11 | 14.8 | 10.4 | 0.7 | 曇り時々雨 | 閉じたままだった |
| 14 | 18.8 | 12.2 | 0.6 | 曇り時々雨 | 日中は花が開いた |
| 16 | 23.4 | 9.5 | 9.8 | 曇り時々晴れ | 日中は花が開いた |
| 17 | 21.9 | 15 | 6.2 | 曇り時々晴れ | 花が散っていた |

ばいお君：チューリップの花は朝に開いて晩には閉じていたし、花の開閉には光が関係していると思います。

りかさん：でも、（ ① ）日や（ ② ）日の記録を見ると、日照時間が1時間未満でも花は開閉していたし、3日のように、日照時間が10時間を超えても花が閉じている場合もありましたよ。花の開閉に光が影響しているとは断定できないかもしれません。

ばいお君：確かにそうですね。では、花の開閉が光以外の条件で行われるのかを調べるための実験をしてみたいですね。

りかさん：温度で調べるのはどうでしょう。

先　　生：では、次のような仮説と実験をしてみたらどうかな。黒板を見て下さい。

仮説A：チューリップの花は光によって開閉する。
実験A：温度を一定に保ち、光の強弱を変化させて、チューリップの花が開閉するか調べる。

仮説B：チューリップの花は温度によって開閉する。
実験B：光を一定に保ち、温度を変化させて、チューリップの花が開閉するか調べる。

ばいお君：これなら、チューリップの花の開閉の仕組みがわかりそうですね。それにしても、植物には筋肉がないのに花が開いたり閉じたりして動くのは不思議ですね。

先　　生：それは花びらの内側と外側の表皮の成長速度の差によるものだよ。花びらの内側の表皮が外側の表皮に比べて大きく成長すると、花びらが③(ア内，イ外) 側に反り返ることで花は④(ア開いて，イ閉じて)、花びらの外側の表皮が内側の表皮に比べて大きく成長すると、花びらが⑤(ア内，イ外) 側に反り返ることで花は⑥(ア開く，イ閉じる) という仕組みなんだよ。

ばいお君：なるほど。チューリップの花が日に日に大きくなっているのはそのせいなのですね。

りかさん：やがて花が開ききって散ったら、種子ができるはずですよね。それなのに園芸店ではチューリップの球根ばかり販《はん》売していました。先生、これはなぜですか。

先　　生：それは、種子より球根の方が売るのに便利だからだよ。

問１　文中①・②にあてはまる数字をそれぞれ答えなさい。ただし、順不同とします。

問２　実験Ａ・Ｂから得られる結果として予想できるものを、３人の会話や表のデータをもとに次のア～クの中から２つ選び、記号で答えなさい。

ア．温度を一定にして当てる光を徐々に強くすると、ある強さを上回ると開いていた花が閉じる。

イ．温度を一定にして当てる光を徐々に強くすると、ある強さを上回ると閉じていた花が開く。

ウ．温度を一定にして当てる光を徐々に弱くすると、ある強さを下回ると開いていた花が閉じる。

エ．温度を一定にして当てる光を徐々に弱くすると、ある強さを下回ると閉じていた花が開く。

オ．一定の光を当てた状態で温度を徐々に下げていくと、ある温度を下回ると開いていた花が閉じる。

カ．一定の光を当てた状態で温度を徐々に下げていくと、ある温度を下回ると閉じていた花が開く。

キ．暗黒にした状態で温度を徐々に上げていくと、ある温度を上回ると開いていた花が閉じる。

ク．暗黒にした状態で温度を徐々に上げていくと、ある温度を上回ると閉じていた花が開く。

問３　文中③～⑥にあてはまる語句をそれぞれ１つ選び、記号で答えなさい。

問４　下線部について、チューリップが球根の状態で販売されている理由としてふさわしくないものを次のア～ウの中から１つ選び、記号で答えなさい。

ア．種子を植えた場合、球根を植えたときよりも花が咲くまでに時間がかかるから。

イ．球根の場合は咲く花の色や形が予想できるが、種子の場合は咲く花の色や形が予想できないから。

ウ．球根は種子と比べて生命力が強いため、季節や環境を選ばずに花を咲かせることができるから。

問５　３人の会話やデータからわかることとしてふさわしくないものを次のア～エから２つ選び、記号で答えなさい。

ア．最高気温がおよそ17℃を上回る日は花が開く。
イ．雨や曇りでも花が開くことがある。
ウ．日照時間は花の開閉に大きな影響を与える。
エ．最高気温がおよそ20℃を上回る日は花が散る。

**5**　以下の各問いに答えなさい。ただし、ばねと糸の重さ、かっ車と糸の摩擦《まさつ》は無視できるものとします。

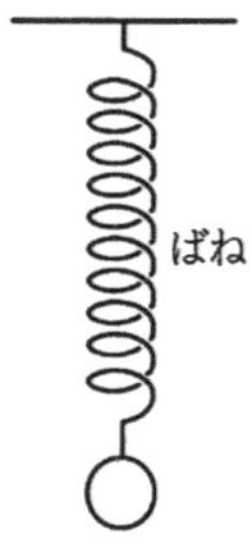

図1

おもりをつるさないときの長さが10.0 cmの実験用のばねAに、図1のように、いろいろな重さのおもりをつるし、そのときのおもりの重さとばねAの長さの関係をまとめたところ、次の表のようになりました。

| おもりの重さ［g］ | 0 | 20 | 40 | 60 |
|---|---|---|---|---|
| ばねAの長さ［cm］ | 10.0 | 10.4 | （ア） | 11.2 |

問1　表の（ア）にあてはまる数字はいくらですか。

問2　ばねAをちょうど1.0 cmのばすためには何gのおもりをつるす必要がありますか。

次に、ばねAをちょうど半分の長さに切断し、ばねBをつくり、図1と同じようにおもりをつるしました。

問3　ばねBをちょうど1.0 cmのばすためには何gのおもりをつるす必要がありますか。

次に、ばねBと糸、かっ車を用いて図2のようにばねの両端に50 gのおもりをつるしました。

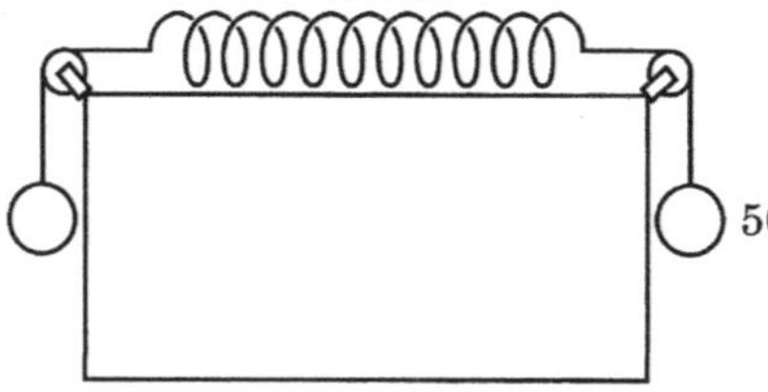

図2

問4　図2のばねBののびは何cmですか。

次に、ばねAをある長さに切断してできたばねCに、図1と同じように100 gのおもりをつるしたところ、ばねCは0.8 cmのびました。

問5　ばねCは、ばねAを何cmに切断してできたと考えられますか。

**6**　以下の各問いに答えなさい。

光は、空気中や水中をまっすぐ進みますが、空気中から水中に入るときは、水面で進む方向が変わります。このような現象は光のくっ折と呼ばれています。光が空気中から水中に入るときには、図1のように光の進む方向が変わることが知られています。

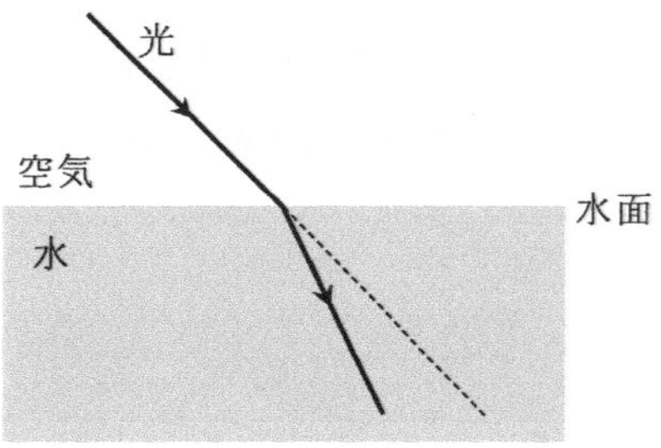


図1

問1　光が水中から空気中に出るときの進み方として最も適当なのはどれですか。図2のア～エの中から1つ選び、記号で答えなさい。

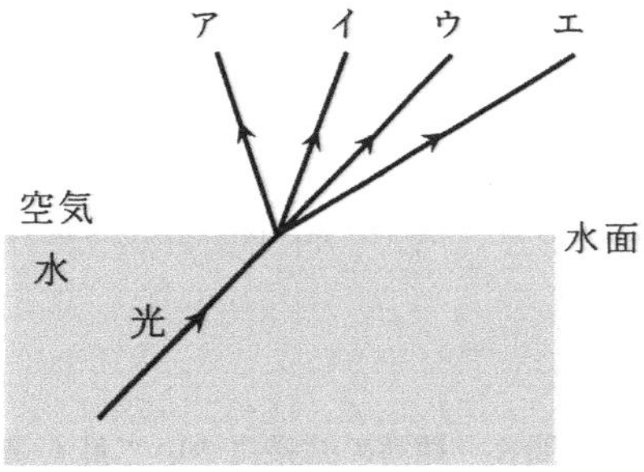


図2

この現象についてさらに次のような実験をおこないました。まず、図3のように口の開いた黒い直方体の容器の底に物体を沈《しず》め、容器の口のギリギリのところまで水を入れました。この物体を空気中の様々な角度から観察しました。図中のaの位置から観察を始め、物体と容器の端《はし》を結ぶ線の延長線上であるbを通り、cの位置まで少しずつ角度を変えて観察を行いました。

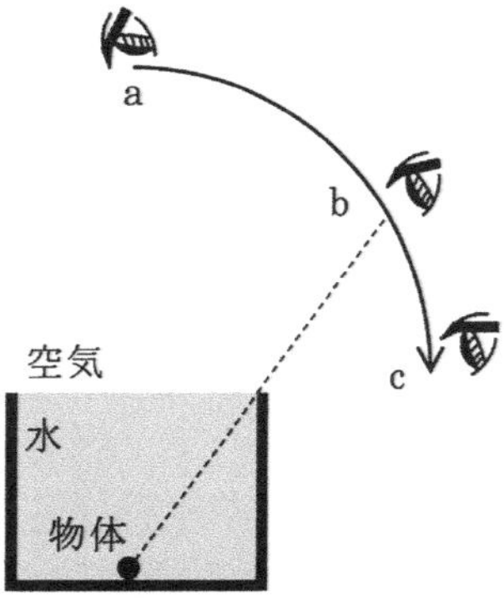


図3

問2　観察の結果について最も適当なものを次のア～ウの中から1つ選び、記号で答えなさい。

ア．aでは物体が見えたが、bに達する前に物体は見えなくなった。

イ．aからbに達するまでは物体は見えたが、bに達した直後に物体は見えなくなった。

ウ．aからbに達するまでは物体は見え、bを通過してもしばらくは物体が見えた。

次に、図4のように口の開いた黒い直方体の容器の底に物体をはり付けて空気中で逆さにし、容器の口がギリギリ水面に接するようにしました。この物体を水中の様々な角度から観察しました。図中のaの位置から観察を始め、物体と容器の端を結ぶ線の延長線上であるbを通り、cの位置まで少しずつ角度を変えて観察を行いました。

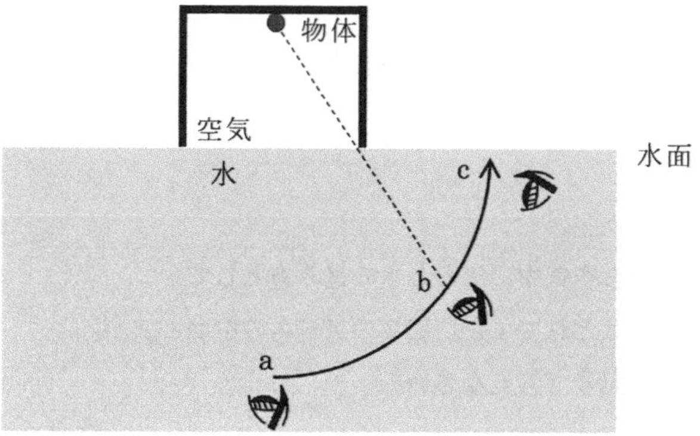


図4

問3　観察の結果について最も適当なものを次のア～ウの中から1つ選び、記号で答えなさい。

ア．aでは物体が見えたが、bに達する前に物体は見えなくなった。

イ．aからbに達するまでは物体は見えたが、bに達した直後に物体は見えなくなった。

ウ．aからbに達するまでは物体は見え、bを通過してもしばらくは物体が見えた。

**7**

次の表は、ある日の福岡の日の出の時刻、南中時刻（太陽が真南にきたときの時刻)、日の入りの時刻、昼の長さ、南中高度（太陽が南中したときの高さを角度で表したもの）をそれぞれ記録したものです。A, B, Cには記録した日付《ひづけ》が入ります。また、福岡の位置は北緯33.6度，東経130.4度です。これを見て、以下の各問いに答えなさい。

| | A | B | C |
|---|---|---|---|
| 日の出の時刻 | 5時09分 | 6時23分 | 7時18分 |
| 南中時刻 | 12時20分 | （ b ） | 12時16分 |
| 日の入りの時刻 | 19時31分 | 18時29分 | 17時14分 |
| 昼の長さ | （ a ） | 12時間06分 | 9時間56分 |
| 南中高度 | 79.8° | 56.2° | 33.0° |

問1 表の（ a ）に当てはまる時間として正しいものを次のア～ウの中から１つ選び、記号で答えなさい。

ア．14時間16分　　イ．14時間22分　　ウ．15時間56分

問2 表の（ b ）に当てはまる時刻として正しいものを次のア～ウの中から１つ選び、記号で答えなさい。

ア．11時46分　　イ．12時06分　　ウ．12時26分

問3 表のA, B, Cの日付に当てはまる季節として最も正しい組み合わせを次のア～エの中から１つ選び、記号で答えなさい。

| | A | B | C |
|---|---|---|---|
| ア | 夏 | 春 | 冬 |
| イ | 冬 | 夏 | 春 |
| ウ | 夏 | 冬 | 秋 |
| エ | 冬 | 秋 | 夏 |

問4 Aの日の鹿児島（北緯31.6度，東経130.6度）での太陽の南中高度として最も正しいものを次のア～エの中から１つ選び、記号で答えなさい。

ア．35.0°　　イ．58.4°　　ウ．77.8°　　エ．81.8°

## 8

次の文章を読んで、あとの各問いに答えなさい。

地震《じしん》のゆれは、最初にガタガタと小さな震動《しんどう》（震動A）が起こり、途中からユサユサと大きな震動（震動B）に変わります。このゆれ方の変化は、地震の震動が２種類あり、伝わるスピードの速い震動Aが先にやって来て、そのあとスピードの遅《おそ》い震動Bが遅《おく》れてやって来るために起こる現象です。この震動Aと震動Bの時間差は、震源《しんげん》の場所を知る上で重要な手がかりとなります。

これを説明するには、進む速さの異なる自転車A，Bで例えると分かりやすいかもしれません。例えば自転車A（秒速３m）とB（秒速２m）がまっすぐな道路上で、同じ場所から同時に並んでスタートしたとすると、スタート地点から30 m離《はな》れた地点を通過するのは、Aが10秒後、Bが15秒後なので、その時間差は５秒です。これがスタート地点から60 m（つまり距離が２倍）離れた地点を通過する場合、時間差は［ a ］秒（つまり30 mの時と比べて［ b ］倍）になるのです。

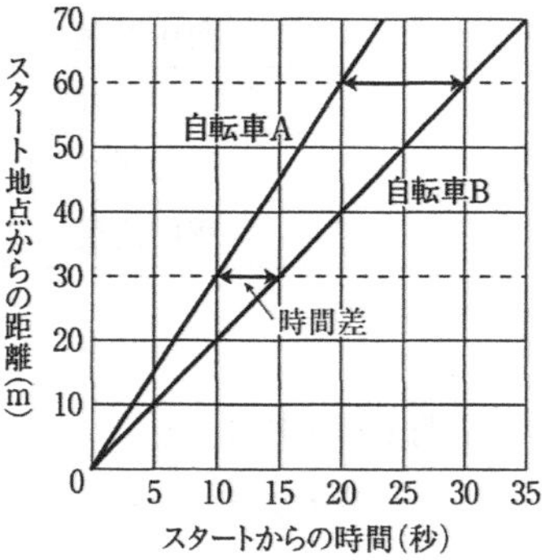


これを地震に当てはめて考えると、伝わる速さの異なる震動A，Bが震源から同時にスタートするので、例えば震源から30 km離れた地点まで震動A，Bがやって来るときのAとBの時間差と、震源から60 km離れた地点まで震動A，Bがやって来るときのAとBの時間差を比べると、60 kmのときの時間差は30 kmのときの時間差と比べて［ b ］倍になるのです。

この関係を用いて震源から観測地点までの距離を割り出すことができます。

次の表は、あるとき起こった地震の、２つの観測地点X，Yにおける記録です。それぞれの地点で震動A，Bが始まった時刻が記されています。このとき、XY間の距離は36 kmで、この地震の震源の深さはごく浅かったとします。

| 地点 | 震動Aが始まった時刻 | 震動Bが始まった時刻 |
|---|---|---|
| X | 10時30分00秒 | 10時30分03秒 |
| Y | 10時30分06秒 | 10時30分15秒 |

この表の時刻と、下線部で述べた関係を合わせて考えると、震源からYまでの距離は、震源からXまでの距離の［ c ］倍であることが分かります。

問１　文中の［ a ］，［ b ］にはいる数字として正しい組み合わせを次のア～エの中から１つ選び、記号で答えなさい。

| | ア | イ | ウ | エ |
|---|---|---|---|---|
| a | 10 | 10 | 20 | 20 |
| b | 1 | 2 | 3 | 10 |

問2　文中の［　c　］にはいる数字として正しいものを次のア～エの中から１つ選び、記号で答えなさい。

ア．1　　イ．2　　ウ．3　　エ．10

問3　XY間の距離が36 kmであることから、震動の伝わる速さが計算できます。震動Aの伝わる速さは秒速何kmですか。次のア～オの中から１つ選び、記号で答えなさい。

ア．秒速3 km　　イ．秒速4 km　　ウ．秒速5 km　　エ．秒速6 km　　オ．秒速7 km

問4　震源から地点Yまでの距離は何kmですか。次のア～エの中から１つ選び、記号で答えなさい。

ア．45 km　　イ．54 km　　ウ．63 km　　エ．72 km

問5　震源でこの地震が発生した時刻は何時何分何秒ですか。次のア～エの中から１つ選び、記号で答えなさい。

ア．10時29分51秒　　イ．10時29分54秒
ウ．10時29分57秒　　エ．10時30分00秒

令 和 2 年 度

福岡大学附属大濠中学校

# 入 学 試 験 問 題

# 社　会

[時 間　40分]

注 意

1. 答えはすべて解答用紙に記入してください。
2. 解答用紙には氏名・受験番号（算用数字　例10001）をきちんと書いてください。

**1**　次の**図１～図３**はいずれも河川の河口付近が県境となっている地域の縮尺20万分の１の地勢図です(平成23～24年発行、原寸、一部改変)。**図１～図３**をみて、あとの問いに答えなさい。

**図１**

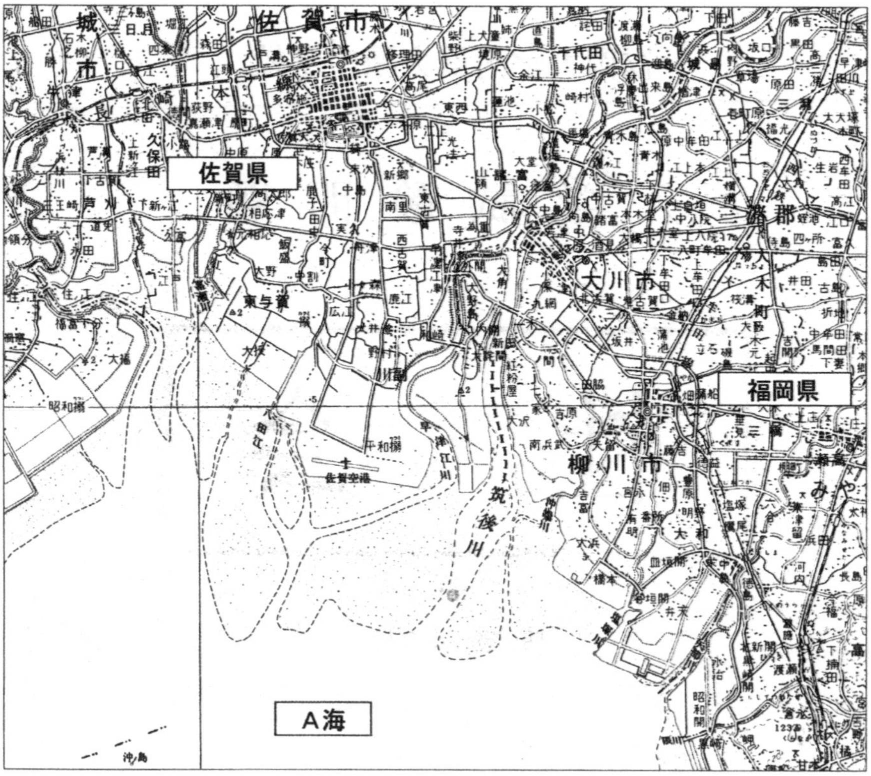


問１　**図１**中の［ A海 ］に当てはまる地名を漢字で答えなさい。

問２　**図１**中の佐賀空港と柳川市役所の図上での距離は約５cmです。この二つの地点の実際の距離として適当なものを次のイ～へから一つ選び、記号で答えなさい。

イ．1.00km　　ロ．1.25km　　ハ．2.50km

ニ．10.00km　　ホ．12.50km　　へ．25.00km

問３　**図１**から読み取れることや**図１**中の地域について述べた文として**誤っているもの**を、次のイ～ニから一つ選び記号で答えなさい。

イ．柳川市役所からみて、佐賀市役所は北西の方角にある。

ロ．この地域の沿岸部では、古くから埋立てによって陸地が広げられてきた。

ハ．この地域では、多くの水路が整備され、農業用水路として利用されてきた。

ニ．この地域では、同じ農地で夏に水稲を、冬に麦を栽培する二毛作が行われてきた。

**図2**

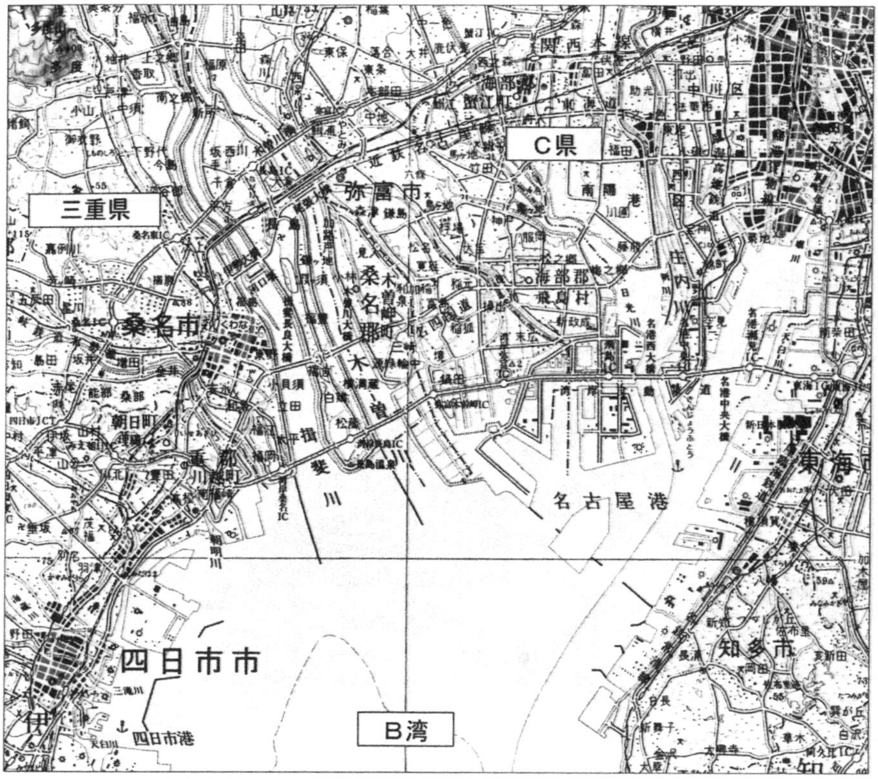


問4　**図2**中の B湾 と C県 に当てはまる地名、県名をそれぞれ漢字で答えなさい。

問5　**図2**から読み取れることや**図2**中の地域について述べた文として**誤っているもの**を、次のイ～ニから一つ選び記号で答えなさい。

イ．名古屋港に面して、複数の発電所や工場が立地している。

ロ．木曽川の下流域では、集落とその農地全体を堤防で囲んだ輪中がつくられてきた。

ハ．桑名市の「くわな」駅と弥富市の「やとみ」駅の間のJRの鉄道は単線である。

ニ．四日市市では、かつて大気汚染が深刻化し、公害病が発生した。

図3

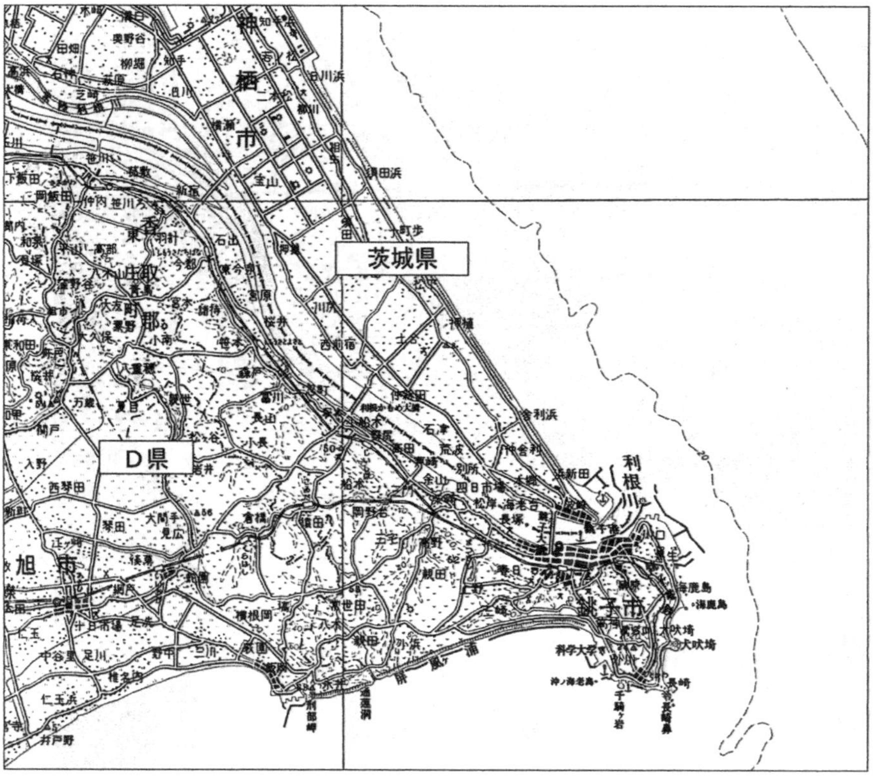


問6　図3中の D県 に当てはまる県名を漢字で答えなさい。

問7　図3中の利根川は流域面積日本最大の河川です。流域面積の定義として正しいものを、次のイ～ニから一つ選び記号で答えなさい。

イ．その河川の水面の面積

ロ．降水がその河川に流れ込む範囲の面積

ハ．その河川が通過する市町村の面積

ニ．人間がその河川から取水して、利用している範囲の面積問８　次の**表１**は四つの農産物の生産量第５位までの都道府県と全国に占めるその割合を示したものであり、イ～ニは大豆、米、レタス、ブロイラーのいずれかです。**図３**中の銚子市は醤油《しょうゆ》づくりが盛んな都市です。醤油の原料の一つである大豆に当てはまるものを、イ～ニから一つ選び記号で答えなさい。

**表１**

イ

| 都道府県 | 割合(%) |
|---|---|
| 北海道 | 35.5 |
| 宮城県 | 7.2 |
| 秋田県 | 5.3 |
| 佐賀県 | 5.1 |
| 福岡県 | 4.9 |

ロ

| 都道府県 | 割合(%) |
|---|---|
| 新潟県 | 7.8 |
| 北海道 | 7.4 |
| 秋田県 | 6.4 |
| 山形県 | 4.9 |
| 茨城県 | 4.6 |

ハ

| 都道府県 | 割合(%) |
|---|---|
| 鹿児島県 | 19.8 |
| 宮崎県 | 19.7 |
| 岩手県 | 16.1 |
| 青森県 | 6.2 |
| 北海道 | 5.2 |

ニ

| 都道府県 | 割合(%) |
|---|---|
| 長野県 | 35.2 |
| 茨城県 | 14.7 |
| 群馬県 | 8.5 |
| 長崎県 | 6.1 |
| 兵庫県 | 4.9 |

統計年次は米が2017年、他は2016年。レタスはサラダ菜を含む。ブロイラーは出荷羽数にもとづく。

農林水産省資料による。

## 2

次の文を読んで、あとの問いに答えなさい。

20世紀後半以降、①水上交通や②航空交通における技術革新や交通網の整備がすすみ、情報通信技術が発展してきた。交通・通信の発展にともなって、地球規模でモノや人の移動・輸送が活発化し、移動・輸送の速度は速まった。

第二次世界大戦後、③日本と外国との間の貿易は増加してきた。④燃料や原料を輸入し、⑤輸入原料からつくった工業製品を輸出する貿易を加工貿易といい、長年にわたって日本の貿易において重要な役割をになってきた。しかし近年、外国との間で中間原料や部品を輸出入しあうことが多くなっているなど、貿易のあり方は変化している。また、日本と外国との間の⑥人の移動も増加してきた。とくに⑦21世紀に入って外国から日本を訪れる人々は急増し、日本で暮らす外国籍の人々も増加している。交通・通信の発展は、私たちの生活と外国の人々の生活との関係をより深く、複雑なものに変化させている。

問１　文中の下線部①に関して、水上交通の特徴や世界の水上交通について述べた文として**誤っているものを**、次のイ～ニから一つ選び記号で答えなさい。

イ．同量の物資を輸送する場合、二酸化炭素排出量は、船の方が航空機よりも少ない。

ロ．船、航空機、自動車を比較した場合、世界貿易では船による輸送量が最も多い。

ハ．天然ガスは液化天然ガス（LNG）に加工されて、コンテナ船で輸送されている。

ニ．アメリカ大陸の大西洋岸と太平洋岸を結ぶ運河が輸送路として利用されている。

問２　文中の下線部②に関して、韓国のインチョン国際空港やシンガポールのチャンギ空港のように、世界の主要空港との間に航空路線をもつとともに周辺の空港との間に航空路線をもち、乗客の乗り継ぎや貨物の中継の利便性が高い、地域の拠点空港を何というか、答えなさい。

問３　文中の下線部③に関して、次の**図１**は1950年以降の日本の貿易額（輸出額と輸入額）の推移を示したものです。日本の貿易について述べた文として**誤っているもの**を、あとのイ～ニから一つ選び記号で答えなさい。

**図１**

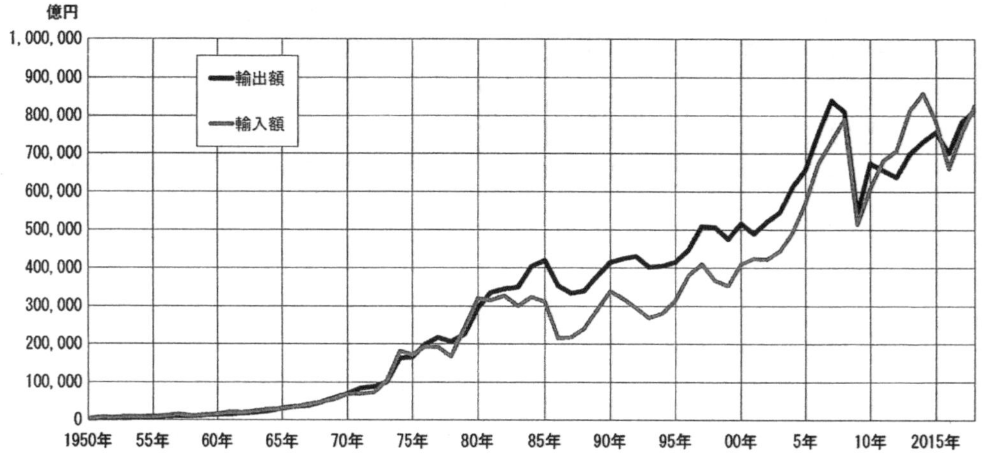


財務省貿易統計による。

イ．1960年代の輸出額の増加率は、1990年代の輸出額の増加率よりも低い。

ロ．1980年代から1990年代にかけて大部分の年で輸出超過であり、貿易黒字であった。

ハ．1980年代には、自動車輸出をめぐってアメリカ合衆国との間で貿易摩擦が生じた。

ニ．2009年には、世界的な不況の影響で貿易額が前年よりも少なかった。

問４　文中の下線部④に関して、次の**図２**は日本の原油輸入相手上位５か国と輸入量全体に占めるその割合を示したものです。**図２**中のサウジアラビアの位置を、**図３**中の**イ～ヘ**から一つ選び記号で答えなさい。

**図２**

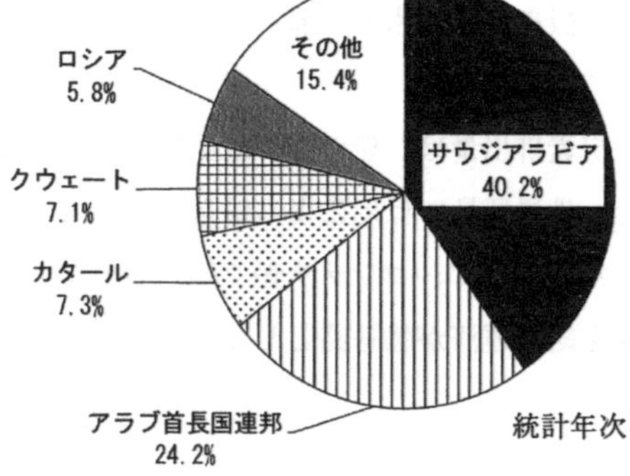


統計年次は2017年。財務省貿易統計による。

図3

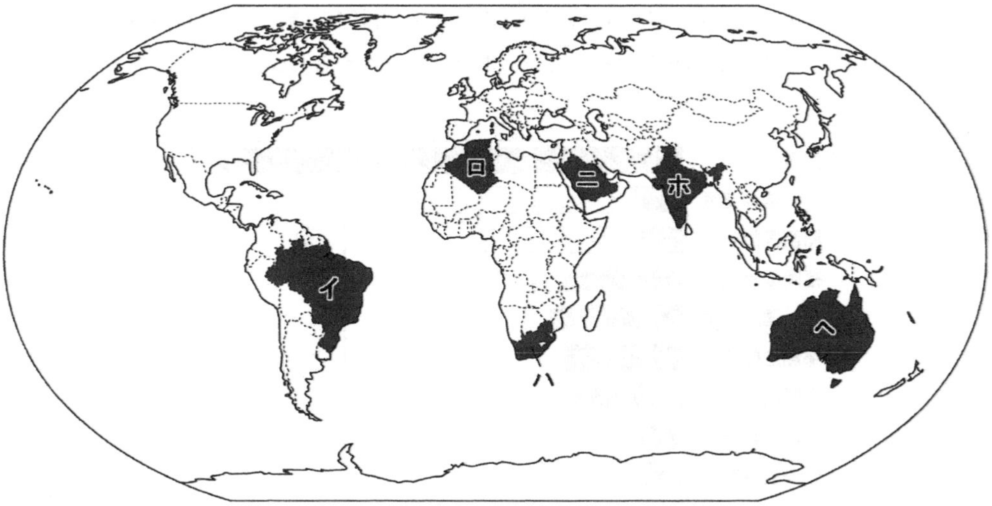


問5　文中の下線部⑤に関して、次の文は日本のある工業都市の説明文です。当てはまる都市を、あとのイ～ニから一つ選び記号で答えなさい。

> 瀬戸内の山陽地方に位置するこの都市は日本を代表する工業都市の一つである。この都市の南部の水島地区は、石油化学工業、鉄鋼業、自動車工業などの大工場が立地する臨海工業地区であり、一群の工場は「水島コンビナート」とよばれる。また、この都市の南東部の児島地区は、学生服やジーンズの製造など繊維工業が盛んなところである。

イ．倉敷市　　ロ．呉市　　ハ．姫路市　　ニ．福山市問６　文中の下線部⑥に関して、次の**図４**は乗客数10位までの日本の空港の路線別の乗降客数を示したものであり、**図４**中の**A〜C**の国際空港は新千歳国際空港、成田国際空港、中部国際空港のいずれかです。**A〜C**の正しい組合せを、あとの**イ〜ヘ**から一つ選び記号で答えなさい。

**図４**

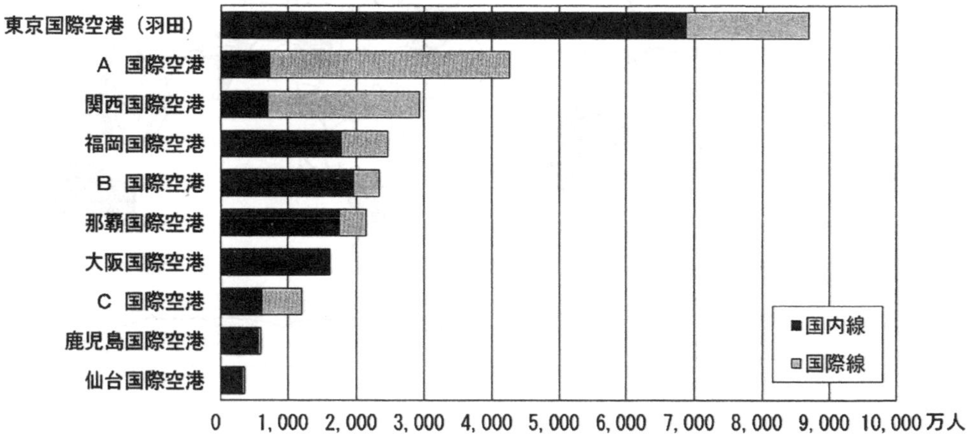


統計年次は2018年。国土交通省資料による。

| 解答の記号 | イ | ロ | ハ | ニ | ホ | ヘ |
|---|---|---|---|---|---|---|
| A | 新千歳 | 新千歳 | 成田 | 成田 | 中部 | 中部 |
| B | 成田 | 中部 | 新千歳 | 中部 | 新千歳 | 成田 |
| C | 中部 | 成田 | 中部 | 新千歳 | 成田 | 新千歳 |

問７　文中の下線部⑦に関して、次の**図５**は、2003年と2018年の中国からの訪日客数を示したものです。**図５**に示されているように、中国から日本を訪れる人々は大幅に増加しています。中国の統計を示したあとの**表１**を参考にして、中国から日本を訪れる人々が増加した主な理由を、中国の国内の状況から説明しなさい。

**図５**

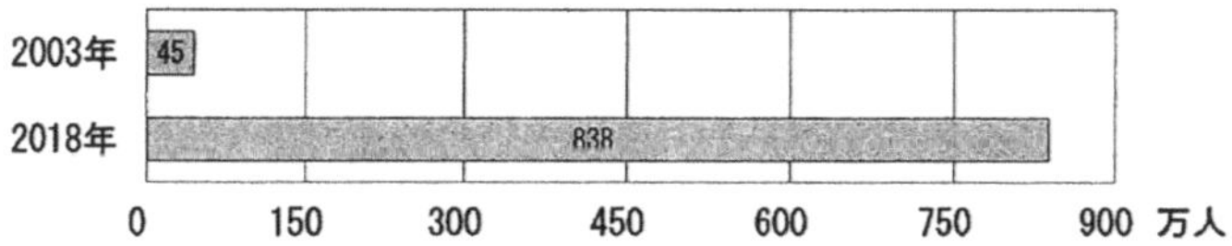


台湾・香港からの訪日客数を含まない。日本政府観光局（JNTO）資料による。

**表１　中国の統計**

| | 2003年 | 2018年 |
|---|---|---|
| 国内総生産（兆ドル） | 1.66 | 13.61 |
| 一人当たり国民総所得（ドル） | 1,280 | 9,470 |

台湾・香港・マカオを含まない。世界銀行資料による。

## 3

次の文を読んで、あとの問いに答えなさい。

原始から古代にかけて、女性は政治や宗教に深くかかわりを持つ存在であった。自然の豊かな恵みを受けて生活した縄文時代の人々は、女性をかたどった土偶をつくり、祈りをささげたと考えられている。①稲作や金属器の伝来した弥生時代には、ムラ同士の争いが起こるようになり、各地に小国の王が生まれたが、なかでも邪馬台国の女王卑弥呼は、まじないによって諸国を治めたことで知られる。３世紀半ばに始まる②古墳時代は、ヤマト政権が大陸と交渉を持ちつつ力をたくわえ、国内の支配を強化していった時代であった。当時の古墳から出土した埴輪の中には、巫女《みこ》をモデルにしたものもみつかっている。

飛鳥時代から奈良時代にかけては、多くの女性天皇が誕生した。飛鳥時代に即位した（　③　）天皇は日本初の女帝であり、その下で聖徳太子や蘇我馬子が天皇中心の政治体制づくりをすすめた。８世紀に始まる④奈良時代には本格的な律令政治が行われるようになり、天皇や貴族をにない手とするはなやかな文化がさかえた。その間に即位した７代の天皇のうち、４代が女帝であったことから、奈良時代は女帝の時代だったともいえる。平安時代の初めには天皇中心の政治が行われ、のちには⑤天皇の下で藤原氏が権力をにぎるようになり女帝は立てられなくなったが、一方で宮廷に仕える女性たちによって新しい文学作品が生み出された。

中世には本格的な武家政治が開始されたが、武家の女性は夫と共同で所領を支配するなど、武家社会で重要な役割を果たした。なかでも「尼将軍」とよばれた⑥北条政子は、1221年に起こった承久の乱の際、朝廷と戦うことを恐れた御家人を団結させて幕府を勝利に導くなど、初期の鎌倉幕府にとってなくてはならない存在であった。

問１　文中の下線部①に関して、弥生時代の農耕や遺跡について述べた文として**誤っているもの**を、次のイ～ニから一つ選び記号で答えなさい。

イ．石包丁でつみとった稲は、高床倉庫にたくわえられた。

ロ．鉄製のくわが作られ、農作業に使われた。

ハ．岩宿遺跡で、弥生時代の磨製石器の武器が発見された。

ニ．吉野ケ里遺跡で、弥生時代の深いほりや物見やぐらが発見された。

問２　文中の下線部②に関して、古墳時代のヤマト政権の大陸との交渉や国内支配について述べた文として正しいものを、次のイ～ニから一つ選び記号で答えなさい。

イ．朝鮮半島の南部の高句麗と対立した。

ロ．朝鮮半島の伽耶地方に進出した。

ハ．豪族の家柄に応じて冠位十二階を定めた。

ニ．最古の貨幣である和同開珎がつくられた。

問3　文中の（　③　）天皇に当てはまる天皇名を答えなさい。

問4　文中の下線部④に関して、奈良時代に建てられた寺院や成立した作品として正しいものを、次のイ～ニから一つ選び記号で答えなさい。

イ．東大寺　　　ロ．延暦寺　　　ハ．『古今和歌集』　　　ニ．『平家物語』

問5　文中の下線部⑤に関して、藤原氏の政治や国風文化について述べた文として正しいものを、次のイ～ニから一つ選び記号で答えなさい。

イ．藤原道長は、日宋貿易をすすめるために神戸の港を整備した。

ロ．藤原頼通は、幼少の天皇の代理となる関白となった。

ハ．清少納言は、世界初の長編小説である『源氏物語』を書いた。

ニ．浄土信仰がおこり、阿弥陀如来が信仰された。

問6　文中の下線部⑥に関して、次の**史料1**は、承久の乱に際して北条政子が御家人たちに向けて語ったとされる言葉を現代語訳したものです。北条政子は御家人たちを説得するためにどのようなことをうったえたのかを、**史料1**を参考にしつつ、**史料1**中の下線部の人物の名を明らかにしながら説明しなさい。

**史料1**

　みな、心を一つにして聞きなさい。これが私の最後の言葉です。亡き右大将軍が平家一門をたおし、幕府を開いて以来、みなの官位は上がり土地も増えた。その恩は山よりも高く海よりも深い。恩に報《むく》いる気持ちが浅くてよいものだろうか。しかし、今その恩を忘れ、天皇や上皇をたぶらかす者が現れ、朝廷から理不尽《りふじん》な命令書が下された。名誉を失いたくない者は、朝廷側についた敵をうち、三代将軍の築いてきた幕府を守りなさい。

（『吾妻鏡』より）

## 二

問一
A
B
問二
問三
問四
問五

小　計
04

問六
問七
問八
問九
X
Y
Z
問十

小　計
05

## 三

問一
問二
問三
問四
問五
問六

小　計
06

3

| ⑱ | ⑲ | ⑳ | ㉑ |
|---|---|---|---|
| | | | |

| 小　計 | |
|---|---|
| | |

4

| ㉒ | ㉓ | ㉔ | ㉕ | ㉖ |
|---|---|---|---|---|
| | | | | |
| ㉗ | ㉘ | | | |
| | | | | |

| 小　計 | |
|---|---|
| | |

5

| ㉙ | ㉚ | ㉛ | ㉜ |
|---|---|---|---|
| | | | |

| 小　計 | |
|---|---|
| | |

5

| 問 1 | 問 2 | 問 3 | 問 4 | 問 5 |
|---|---|---|---|---|
| | g | g | cm | cm |

| 小　計 |
|---|
| |

6

| 問 1 | 問 2 | 問 3 |
|---|---|---|
| | | |

| 小　計 |
|---|
| |

7

| 問 1 | 問 2 | 問 3 | 問 4 |
|---|---|---|---|
| | | | |

| 小　計 |
|---|
| |

8

| 問 1 | 問 2 | 問 3 | 問 4 | 問 5 |
|---|---|---|---|---|
| | | | | |

| 小　計 |
|---|
| |

| 問6 | |
|---|---|

4

| 問1 | | 問2 | | 問3 | | 問4 | | 問5 | |
|---|---|---|---|---|---|---|---|---|---|
| 問6 | | | | | | | | | |

小　計

5

| 問1 | X　　　Y | 問2 | | | |
|---|---|---|---|---|---|
| 問3 | | 問4 | | 問5 | |

小　計

6

| 問1 | | 問2 | | 問3 | | 問4 | | 問5 | |
|---|---|---|---|---|---|---|---|---|---|
| 問6 | | | | | | | | | |
| 問7 | | | | | | | | | |

小　計

令和２年度 **社会　解答用紙**

| 氏名 | |
|---|---|
| | |

| 受験番号 | | | | | |
|---|---|---|---|---|---|
| | | | | | |

※100点満点
（配点非公表）

**1**

| 問1 | A　海 | 問2 | | 問3 | |
|---|---|---|---|---|---|
| 問4 | B　湾 | C　県 | | 問5 | |
| 問6 | D　県 | 問7 | | 問8 | |

| 小計 |
|---|
| |

**2**

| 問1 | | 問2 | | 問3 | | 問4 | | 問5 | |
|---|---|---|---|---|---|---|---|---|---|
| 問6 | | | | | | | | | |
| 問7 | | | | | | | | | |

| 小計 |
|---|
| |

令和２年度　**理科　解答用紙**

| 氏名 | |
|---|---|

| 受験番号 | | | | | |
|---|---|---|---|---|---|

※100点満点
（配点非公表）

**1**

| 問 1 | | | |
|---|---|---|---|
| A | C | D | G |
| | | | |

| 問 2 | 問 3 |
|---|---|
| | → → → → |

| 小計 |
|---|
| |

**2**

| 問 1 | 問 2 | 問 3 | 問 4 | 問 5 | 問 6 |
|---|---|---|---|---|---|
| g | mL | g | | | |

| 小計 |
|---|
| |

**3**

| 問 1 | 問 2 | 問 3 | 問 4 | 問 5 |
|---|---|---|---|---|
| | | | | |

| 小計 |
|---|
| |

令和２年度　**算数　解答用紙**

| 氏名 | |
|---|---|

| 受験番号 | | | | | |
|---|---|---|---|---|---|

※150点満点
（配点非公表）

**1**

| ① | ② | ③ | ④ | ⑤ | ⑥ |
|---|---|---|---|---|---|
| | | | | | |
| ⑦ | ⑧ | ⑨ | ⑩ | ⑪ | |
| | | | | | |

| 小　　計 | |
|---|---|
| | |

**2**

| ⑫ | ⑬ | ⑭ | ⑮ | ⑯ | ⑰ |
|---|---|---|---|---|---|
| | | | | | |

| 小　　計 | |
|---|---|
| | |

# 令和２年度　国語　解答用紙

氏名

受験番号

※150点満点
（配点非公表）

（注）・字数制限のある場合は、句読点その他の記号も一文字とする。
・小計欄の黒枠内の小さい数字は解答と全く関係ない。

## 一

問一
a
b
c
d

問二

問三
A
口
音
B
戦
闘
C
半
半

問四

小計 01

問五

問六

問七

小計 02

問八

問九

問十
X
Y

小計 03

【解答

**4** 中世・近世に関する次の図１～６を見て、あとの問いに答えなさい。

図１

図２

図３

図４

図５

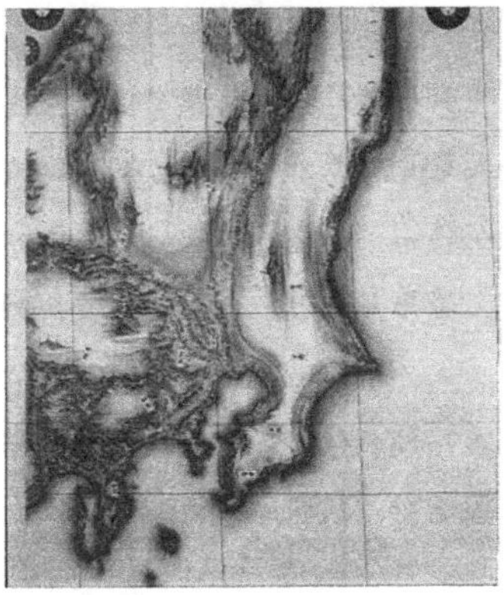

図６

問1　鎌倉時代には分かりやすい教えを説く仏教の宗派が生まれ、武士や庶民に支持されるようになりました。**図1**には、鎌倉時代に生まれた新しい宗派の僧侶たちが、念仏をとなえながら足をふみならす様子が描かれています。この宗派を、次のイ～ニから一つ選び記号で答えなさい。

イ．浄土宗　　ロ．時宗　　ハ．臨済宗　　ニ．曹洞宗

問2　室町時代には公家文化と武家文化が融合して新しい文化が生まれ、**図2**のような建築物が作られました。室町時代の文化について述べた文として**誤っているもの**を、次のイ～ニから一つ選び記号で答えなさい。

イ．**図2**は、足利義政が建てた銀閣である。

ロ．連歌が、庶民の間でも親《した》しまれるようになった。

ハ．観阿弥と世阿弥の演じる能が人気を集めた。

ニ．禅僧の雪舟は、茶の湯を完成させた。

問3　**図3**は南蛮人との交流を描いた屏風《びょうぶ》絵であり、教会が描かれていることからキリスト教が伝来していたことがわかります。この絵が描かれた頃に天下統一をすすめた人物とその人物による対キリスト教政策の正しい組合せを、次のイ～ニから一つ選び記号で答えなさい。

イ．織田信長－絵踏の実施　　ロ．織田信長－宣教師の追放

ハ．豊臣秀吉－絵踏の実施　　ニ．豊臣秀吉－宣教師の追放

問4　江戸時代には、農業や商工業の発達によって民衆が文化のにない手として成長し、町人の好みを反映した浮世絵版画が作られました。**図4**は『婦女人相十品』の「ポッピンを吹く女」です。この作品の作者を、次のイ～ニから一つ選び記号で答えなさい。

イ．喜多川歌麿　　ロ．菱川師宣　　ハ．歌川広重　　ニ．尾形光琳

問5　江戸時代の後半には、西洋の学問を研究する蘭学が発達しました。蘭学を学び、全国を測量して**図5**の『大日本沿海輿地《よち》全図』という日本地図を作った人物を漢字で答えなさい。

問6　幕末には、通商条約にもとづいて欧米諸国との貿易が始まり、横浜は**図6**に描かれたように外国との貿易港としてさかえました。次の**表1**は1865年の貿易における貿易品目と貿易額に占めるその割合を示したものです。**表1**中の X ・ Y が輸出入されたことで、日本の産業は大きな影響を受けました。**表1**中の X ・ Y に当てはまる品目の正しい組合せを、あとのイ～ニから一つ選び記号で答えなさい。

**表1**

| | 輸出 | | 輸入 | |
|---|---|---|---|---|
| | 品目 | 割合（%） | 品目 | 割合（%） |
| 1位 | X | 79.4 | 毛織物 | 40.3 |
| 2位 | 茶 | 10.5 | Y | 33.5 |
| 3位 | 蚕卵《さんらん》紙 | 3.9 | 武器 | 7.0 |
| 4位 | 海産物 | 2.9 | 艦船 | 6.3 |
| | その他 | 3.3 | その他 | 12.9 |
| | 合計 | 100.0 | 合計 | 100.0 |

（『幕末貿易史の研究』より作成）

イ．X －生糸　Y －絹織物　　ロ．X －生糸　Y －綿織物
ハ．X －銀　Y －絹織物　　ニ．X －銀　Y －綿織物

**5**　大濠中学校２年のＡさんとＢさんは、歴史の時間に行う近代以降の日本に関する発表のため、調査を行なっています。以下は、ＡさんとＢさんが先生と相談しながらテーマ、および調査のための史料を選んでいる場面の会話文です。これを読んで、あとの問いに答えなさい。

Ａ　「外国人の視点から見た明治以降の日本を紹介する、というテーマで、図書館やインターネット検索で当時の外国人が日本について書き残したものを探してみよう。」

Ｂ　「……いざ探してみると、情報の量が膨大《ぼうだい》で、限定が必要だね。ヨーロッパから一人、アジアから一人、というのでどうかな？」

先生「ヨーロッパから一人、アジアから一人選ぶという方向性は良いと思います。では、ヨーロッパ側からは、明治時代の史料として定評のある『ベルツの日記』はどうでしょうか。高校の日本史の史料集にも部分的に紹介があるので、すぐに見せてあげられますよ。」

Ａ　「アジアの方はどうでしょうか？」

先生「そうですね……日本に長く住んだことのある、アジア圏からの留学生や研究者、政治家などから探してみてはどうでしょうか？」

Ｂ　「わかりました。では、Ａさんは『ベルツの日記』から、私はアジア側からの史料を探して興味を持った部分を選んできます。」

（後日）

Ａさんが選んだ史料の一部

> ２月９日（東京）
>
> 東京全市は、11日の憲法発布をひかえてその準備のため、言語に絶《ぜっ》した騒ぎを演じている。到《いた》るところ、奉祝門、照明《イルミネーション》、行列の計画。だが、こっけいなことには、誰も憲法の内容をご存知ないのだ。
>
> ２月16日（東京）
>
> ……日本憲法が発布された。もともと、国民に委《ゆだ》ねられた自由なるものは、ほんのわずかである。しかしながら、不思議なことにも、以前は「奴隷化された」ドイツの国民以上の自由を与えようとはしないといって憤慨《ふんがい》したあの新聞が、全て満足の意を表しているのだ。
>
> トク＝ベルツ編・菅沼竜太郎訳『ベルツの日記』

Ａさんの史料について

Ａ　「ベルツは、1876（明治９）年から1902（明治35）年までの期間、東京大学の医学部で教授をつとめ、近代日本の医学の発展に貢献した人物ですね。主に日本の明治時代について、鋭い観察眼から批判的な考察を日記に書き残しました。」

B　「この部分を読むと、大日本帝国憲法の発布を喜ぶ人々に皮肉を言っているように思えるね。特に２月16日の記述は、辛口だね。でも、なぜ多くの人々はこの憲法に満足したのだろう？　新聞というのは、ここでは民権派の運動家たちの影響を受けたものも含まれていたけど、民権派の人々は、なぜ大日本帝国憲法を評価していたのだろうか？」

A　「①おそらく、 X からじゃないかな。その部分を民権派は評価していたのだろうと思う。実際、のちにその規定を根拠に Y からね。」

先生「大日本帝国憲法の意義はさまざま考えられると思います。受け取り方は人それぞれだったようですが、②明治政府にとっては、大日本帝国憲法の制定は外交上の悲願に向けて、追い風になりました。」

Bさんが選んだ史料の一部

> 諸君、本日諸君の最も熱誠《ねっせい》なる歓迎に応じて自分は誠《まこと》に感謝にたえぬのであります。今日皆さんに申上《もうしあ》げる所の問題はすなわち大アジア主義であります。……
>
> 30年前におきましてアジアの人間は、ヨーロッパの学術の発達を見、また欧米各国の殖産興業の発達を見、彼等の文化の隆盛《りゅうせい》を見、また武力の強盛《きょうせい》を見ても、とても我《われ》らがアジア各民族がヨーロッパ人種と同じような発達を致《いた》すということが出来《でき》ないという観念を持ったのです。……日露戦争が始まり、日本がヨーロッパにおける最も強盛なる国と、戦って勝ったという事実によって、アジアの民族がヨーロッパの最も強盛なる国よりも強い、またアジア民族がヨーロッパよりも発達し得《う》るという信念を全アジア民族に伝えたのであります。……
>
> 大阪毎日新聞（1924［大正13］年11月28日の講演の記事）

**Bさんの史料について**

A　「これは話し言葉で書かれているね。」

先生「日本との交流も深い、中国の革命家【　③　】の演説ですね。」

B　「はい、そうです、当時の演説の内容を新聞記事から見つけました。彼は演説の中で、日本の近代化を非常に称《たた》えており、アジアに活気をもたらしたと言っていました。これはそのことがよくわかる部分だと思って抜粋《ばっすい》してきました。」

A　「後半部分には、たしかに日本がアジアに自信を持たせた、というような意味の内容が書いてあるね。」

B　「④日露戦争の後、アジアでは民族運動が活気づいていったと教科書に書いてあったしね。」

先生「そうですね。でも一方では、⑤この演説は、全体としては日本の帝国主義政策を批判するようにも解釈できる、とも言われています。とらえ方はさまざまあるようですが、この演説が行われた当時の、彼の日本に対する願いも含まれていたのかもしれませんね。」

問１　文中の下線部①について、会話文中の［　X　］と［　Y　］に当てはまる内容を、次のイ～へから一つずつ選び記号で答えなさい。

［　X　］

イ．天皇が元首として位置づけられていた

ロ．予算や法律の成立には、議会の同意が必要だった

ハ．枢密院が、天皇の相談に応じる組織として設置されていた

［　Y　］

ニ．軍部の政治的な発言力が大きくなっていく

ホ．衆議院が、政府の政策に影響を与えられるようになっていく

ヘ．藩閥内閣がつくられるようになっていく

問２　文中の下線部②について、先生の発言中の「外交上の悲願」は、欧米との間に結ばれた不平等条約の改正のことを指していますが、これについて述べた次の文中の［　Z　］に当てはまる内容を答えなさい。

| |
|---|
| 大日本帝国憲法の制定後、1894（明治27）年、外相の陸奥宗光が日英通商航海条約を結んだことで、［　Z　］。 |

問３　文中の【　③　】には、1911（明治44）年に中国で起こった辛亥革命の指導者が入ります。次の写真は1890（明治23）年に撮影された、この人物と、彼を支援した日本人が一緒に写っているものです。この人物を漢字で答えなさい。

【　③　】

問４　文中の下線部④に関して、このような国際情勢の中、多くのアジア諸国の指導者と交友を持ち、助言や援助をしたことで知られ、五・一五事件で殺害された人物を、次のイ～ニから一つ選び記号で答えなさい。

イ．原敬　　ロ．犬養毅　　ハ．尾崎行雄　　ニ．加藤高明

問５　文中の下線部⑤に関して、この演説では日本とアジアとの連帯が唱えられていますが、日本はアジア、とくに中国への軍事的な進出を強めていきました。次の事件は、日本の中国進出に関するあとの年表中でどこに入るか、イ～ニから一つ選び記号で答えなさい。

張作霖爆殺事件が起こった。

| | |
|---|---|
| 1915（大正４）年 | 二十一か条の要求を行った。 |
| | イ |
| 1921（大正10）年 | ワシントン会議がはじまった。 |
| | ロ |
| 1931（昭和６）年 | 柳条湖事件が起こった。 |
| | ハ |
| 1937（昭和12）年 | 盧溝橋事件が起こった。 |
| | ニ |

## 6　次の文を読んで、あとの問いに答えなさい。

日本国憲法をはじめとして近代の憲法は、基本的人権を保障し、権力分立にもとづく政治制度を規定している。

日本国憲法が保障する①基本的人権には、たとえば教育を受ける権利や裁判を受ける権利、生存権などがある。また近年における社会状況の変化のなかで、憲法に書かれていないさまざまな②新しい人権が主張されるようになった。

権力分立に関して日本国憲法は三権分立制を明確にしている。③国会が唯一の立法機関であり、行政権は④内閣に属し、⑤司法権は裁判所に属するとしている。国会と内閣との関係については、国民の代表機関である国会の信任にもとづいて内閣が存立《そんりつ》する議院内閣制をとり、国会によって指名された内閣総理大臣がその他の大臣を任命して内閣を組織する。内閣は、⑥閣議をひらいて⑦国の政策方針などについて決定する。

問１　文中の下線部①に関して、次の文中の（　X　）に当てはまる語句を漢字で答えなさい。

> 基本的人権の中心をなす自由権は、（　X　）の自由、身体の自由、経済の自由の三つに分類される。

問２　文中の下線部②に関して、新しい人権に**当てはまらないもの**を、次のイ～ニから一つ選び記号で答えなさい。

イ．環境権　　ロ．自己決定権　　ハ．知る権利　　ニ．請願権

問３　文中の下線部③に関して、次の**表１**は国会議員の任期と被選挙権年齢をまとめたものです。**誤っているもの**を表中のイ～ニから一つ選び、記号で答えなさい。

**表１**

| | 議員の任期 | 被選挙権 |
|---|---|---|
| 衆議院 | （イ）４年 | （ロ）満25歳以上 |
| 参議院 | （ハ）３年 | （ニ）満30歳以上 |

問4　文中の下線部④に関して、内閣について述べた次のa、bの文の正誤の正しい組合せを、あとのイ～ニから一つ選び記号で答えなさい。

a．内閣は、国会で決議された法律や予算に対して拒否権を行使《こうし》することができる。

b．内閣は、衆議院による内閣不信任決議がなくても衆議院を解散することができる。

| 解答の記号 | イ | ロ | ハ | ニ |
|---|---|---|---|---|
| a | 正 | 正 | 誤 | 誤 |
| b | 正 | 誤 | 正 | 誤 |

問5　文中の下線部⑤に関して、2001年に国民の司法参加や司法サービスの提供を実現するため司法制度改革推進法が制定されました。近年の司法制度改革の内容として**誤っているもの**を、次のイ～ニから一つ選び記号で答えなさい。

イ．法律相談をおこなう「法テラス」を設けた。

ロ．行政裁判に裁判員制度を導入した。

ハ．刑事裁判に被害者参加制度を導入した。

ニ．法科大学院の創設を決定した。

問6　文中の下線部⑥に関して、閣議について述べた文として正しいものを、次のイ～ニから一つ選び記号で答えなさい。

イ．内閣総理大臣がひらき、意思決定は全会一致で行われる。

ロ．内閣総理大臣がひらき、意思決定は多数決で行われる。

ハ．衆議院議長がひらき、意思決定は全会一致で行われる。

ニ．衆議院議長がひらき、意思決定は多数決で行われる。

問7　文中の下線部⑦に関して、内閣は、各種の行政機関と協力や調整をして政策方針を決定しています。行政機関で仕事をしている公務員を、憲法はどのようなものとして位置づけているか、次の語句を用いて説明しなさい。

| 奉仕者 |
|---|